Schlesien

Militsch
Trebnitz
Groß Wartenberg
Oels
Namslau
Kreuzburg
Ohlau
BRIEG
Rosenberg
Blachstädt
Guttentag
Strehlen
OPPELN
Lublinitz
Grottkau
Falkenberg
NEISSE
Warthenau
Groß Strehlitz
Tarno-witz
Tost
ODER
GLATZER
BEUTHEN
Bendsburg
HINDENBURG
SOSNO-WITZ
Ilkenau
NEISSE
Neustadt
Cosel
GLEIWITZ
KÖNIGS HÜTTE
KATTO-WITZ
Krenau
Freiwaldau
Leobschütz
Rybnik
Pleß
Jägerndorf
RATIBOR
Freudenthal
Mähr.Schönberg
Troppau
Oderberg
Bielitz
MÄHR. OSTRAU
Teschen
Saybusch
Friedeck
Neutitschein

HEINZ RUDOLF FRITSCHE

Schlesien

WEGWEISER DURCH EIN UNVERGESSENES LAND

Heinz Rudolf Fritsche

Schlesien

WEGWEISER DURCH EIN UNVERGESSENES LAND

512 Abbildungen
darunter 124 Zeichnungen
von Johannes Hinz

Bechtermünz Verlag

Landkarten auf Vor- und Nachsatz: Ernst R. Döring

Genehmigte Lizenzausgabe für
Bechtermünz Verlag im
Weltbild Verlag GmbH, Augsburg 1996

Umschlaggestaltung: Peter Engel, München
Umschlagbild: Hirschberg: Laubenmarkt mit Neptunbrunnen
(aus ‚Land im Osten / H. Schreiber')
Gesamtherstellung: Graphischer Großbetrieb Pößneck GmbH
Ein Mohndruck-Betrieb
Printed in Germany
ISBN 3-86047-180-5

SCHLESIEN LEBT

„Die schlesischen Wälder, die mich umgeben, sind meine Wälder. Diese Berge sind meine Berge, mein Himmel ist der Himmel über mir. Und das alles zusammen hat eine Seele, die meine Seele ist." Gerhart Hauptmann, der große Schlesier, hat uns dieses Wort hinterlassen. Jede Landschaft hat ihre eigene, besondere Seele; das wissen längst auch jene, die des Beistandes der Dichter nicht bedürfen. Und die Geschichte, die das Land und die Menschen oft unter Qualen geprägt und gebildet hat, bleibt ewig gültige Erfahrung der lebenden wie jeder kommenden Generation.

Dieses Buch, das sich bescheiden SCHLESIEN-WEGWEISER nennt, sieht sich dieser Erkenntnis verpflichtet, so nüchtern und zweckbedingt es in der herkömmlichen Anordnung seiner Stichworte auf den ersten Blick auch erscheinen mag. Schlesiens geschichtlicher Weg ist der Leitfaden für den Leser und das Mosaik seiner Bausteine das bleibende Bild seiner Erscheinung.

Der Autor fand für seine Aufgabe mancherlei publizistische Hilfen vor, die ihm nützlich waren. Sie haben das Panorama, das der SCHLESIEN-WEGWEISER zu bieten versucht, bereichert und gesichert. Die Liste der verwendeten und weiterführenden Literatur am Schluß des Bandes weist dies und noch manches andere nach.

Ein handlicher Band kann nicht alles über Schlesien bringen. Denn der SCHLESIEN-WEGWEISER ist kein Reiseführer, wohl aber will er Wege weisen, dem Wissenden zur Erinnerung, dem Suchenden zu Erkenntnissen über ein Land, das in der Geschichte Deutschlands und Europas stets einen hervorragenden Platz eingenommen hat.

Gerhart Hauptmann hat bei einer Kundgebung für Oberschlesien am 15. Juli 1921 in der Philharmonie zu Berlin gesagt: „Niemand, Franzose oder Pole, wird, sofern er nur ein halb zurechnungsfähiges Hirn und Herz besitzt, dem Deutschen zumuten, in die Diskussion einer Frage einzutreten, die dahin lautet, ob er auf sein uraltes, angestammtes Eigentum ein größeres Recht besitzt als ein beliebiges anderes Volk. Oberschlesien war bereits ein Teil des alten Römischen Kaiserreiches deutscher Nation, es ist alsdann ein Teil Preußens und also ein Teil des neuen Deutschen Reiches gewesen. Wie gesagt, es gibt in dieser Frage für den Deutschen keine Diskussion."

Wer den SCHLESIEN-WEGWEISER in die Hand nimmt, um darin nach einem Stichwort zu suchen oder auch nur mit Wißbegier darin zu blättern, der sollte sich dieser Worte erinnern. Was einst für Oberschlesien galt, ist heute zwischen Vergangenheit und Zukunft der Vorbehalt für das ganze Land.

Oktober 1985 — Heinz Rudolf Fritsche

BRÜCKENLAND SCHLESIEN

Die Ereignisse des Jahres 1990 in Deutschland und in Europa haben den Blick stärker als bisher auch wieder auf Schlesien gelenkt. Die Bestrebungen, die niederschlesische Identität in der Schlesischen Lausitz neu zu beleben und für die Zukunft zu bewahren, die auf Selbstbestimmung zielenden Gründungen von Deutschen Freundschaftskreisen vor allem in Oberschlesien, nicht zuletzt die auf ganz Schlesien gerichteten Denkmodelle eines „Zentralrates der Deutschen in der Republik Polen" haben das Land wieder mehr in das Diskussionsfeld der allgemeinen Öffentlichkeit nicht nur in Deutschland gerückt.
In einem künftigen vereinten Europa wird der Gedanke, daß einzelne, lebensfähige Regionen die Einheit in Vielfalt begründen könnten, zunehmend deutlich. Auch Schlesien kann hier seinen künftigen Platz finden, seine einstige historische Brückenfunktion zum europäischen Osten und Südosten hin neu begründen.
Im Blick auf diese Entwicklung hat sich, nicht zuletzt auf Wunsch vieler Leser, die Notwendigkeit ergeben, eine zweite, überarbeitete, verbesserte und ergänzte, da und dort auch aktualisierte Auflage für den SCHLESIEN-WEGWEISER vorzubereiten und nunmehr vorzulegen. Er hat sich bisher nicht nur als helfender Beistand vieler Schlesienreisender bewährt, er dient, wie wir wissen, auch manchem polnischen Reisebegleiter zur eigenen Information. Ein polnischer Journalist schrieb: Was für eine Nation an Bürgerbauten, Rathäusern, Kirchen, Schlössern und Burgen geschaffen habe, bleibe „für immer ihre Errungenschaft und ihr Ruhm."
Als Spiegelbild Schlesiens soll der SCHLESIEN-WEGWEISER dazu beitragen, daß die kulturellen Überlieferungen des Landes nicht untergehen und daß seine wissenschaftlichen und künstlerischen, seine wirtschaftlichen und technischen Leistungen, seine geistige und geschichtliche Eigenart im Bewußtsein nicht nur der Schlesier bleiben.

Ostern 1991 — Heinz Rudolf Fritsche

EIN LAND GEWINNT GESTALT

Wechselvolle Wirkungen prägten Schlesien, das Land an der Oder, zwischen den Sudeten im Süden und der weiten Ebene hinter dem schlesischen Landrücken im Norden, bevor es in das Licht der Geschichte trat.

Während die ältesten Zeugnisse einer frühen Besiedlung bis in das 4. Jahrtausend v. Chr. zurückreichen, wird das Bild des Landes deutlicher erst mit dem Eindringen der ostgermanischen Wandalen mit ihren Teilstämmen der Silingen und Lugier im letzten vorchristlichen Jahrhundert. Die Silingen geben dem Land seinen Namen und entwickeln erste Formen einer königsherrschaftlichen Verwaltung.

Natürlicherweise wird auch Schlesien von den Veränderungen der Völkerwanderungszeit betroffen, wenn auch nicht sofort und nicht unmittelbar. Teile der einstigen silingischen Bevölkerung bleiben in Schlesien zurück, etwa im Raum zwischen Breslau und Trebnitz, in der alten Siedlungslandschaft östlich des Zobtengebirges,

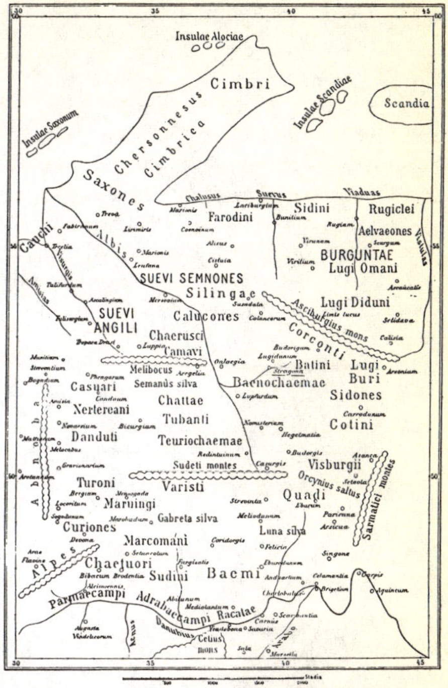

Karte des Ptolemäus

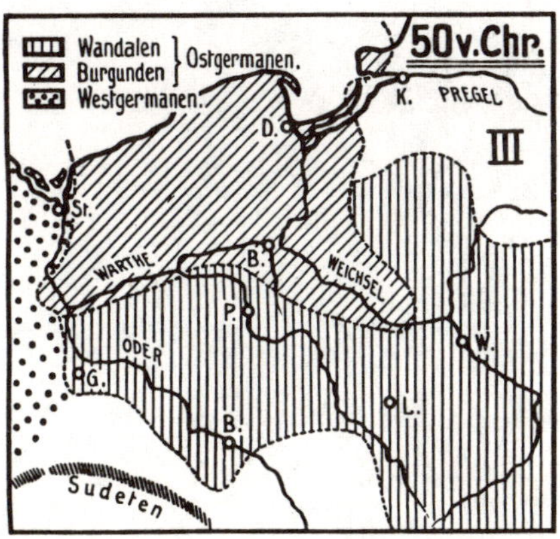

Ostgermanen in Schlesien (50 v. Chr.)

schließlich in den schützenden Randgebieten der Gebirge. Die silingischen Ordnungsprinzipien bleiben weitgehend erhalten, auch als am Ende des 6. Jahrhunderts neue Bevölkerungsgruppen, vorwiegend slawische Stämme, in das Land eindringen.

Über ihre Herkunft kann die Wissenschaft bisher nur Vermutungen anstellen. Wahrscheinlich ist dieses Eindringen keine umfassende Bewegung, eher wohl ein Einsickern kleinerer Gruppen, das sich über einen längeren Zeitraum erstreckt. Gleichwohl bilden sich aus den Familien und Sippen der eingesessenen und zugewanderten

Völkergruppen allmählich jene Gaustämme und Gaue, aus denen alsbald Adelsherrschaften entstehen, welche die alten silingischen Ordnungsformen übernehmen und weiter entwickeln.

Der Zeitpunkt, zu dem Schlesien als ganzheitliches Gefüge in das Licht der Geschichte tritt, fällt zusammen mit der bäuerlichen Siedlung. Spätestens um das Jahr 1000 n. Chr. kann das Land Schlesien als eine Einheit betrachtet werden, die indes bis dahin noch mancherlei Gefährdungen ausgesetzt ist. Der Raum gerät von Süden her in den Einfluß des böhmischen Machtbereichs, während von Norden her ein in Posen-Gnesen entstehendes polnisches Staatsgebilde seinen Einfluß ebenfalls nach Schlesien auszudehnen beginnt. Zunächst wird die Oder zur Grenzscheide zwischen den böhmischen Przemysliden und den polnischen Piasten, die jedoch bald bis zu den Sudeten und bis nach Oberschlesien vordringen. Der böhmische Herzog Wratislaw I. gründet Wratislawia, das spätere Breslau, als Grenzfeste gegen das Vordringen der Piasten, jener von einem Bauern Piast sich herleitenden und mit Mieszko I. entstandenen posen-polnischen Dynastie.

Mit der Gründung des Erzbistums Gnesen im Jahre 1000, dem das Bistum Breslau neben Kolberg und Krakau unterstellt ist, durch den deutschen Kaiser Otto III. festigt sich die schlesische Herrschaft der Piasten, die sich freilich in den folgenden beiden Jahrhunderten immer wieder kriegerischen Auseinandersetzungen zwischen Polen und Böhmen ausgesetzt sehen. In diese Auseinandersetzungen greifen zur Sicherung ih-

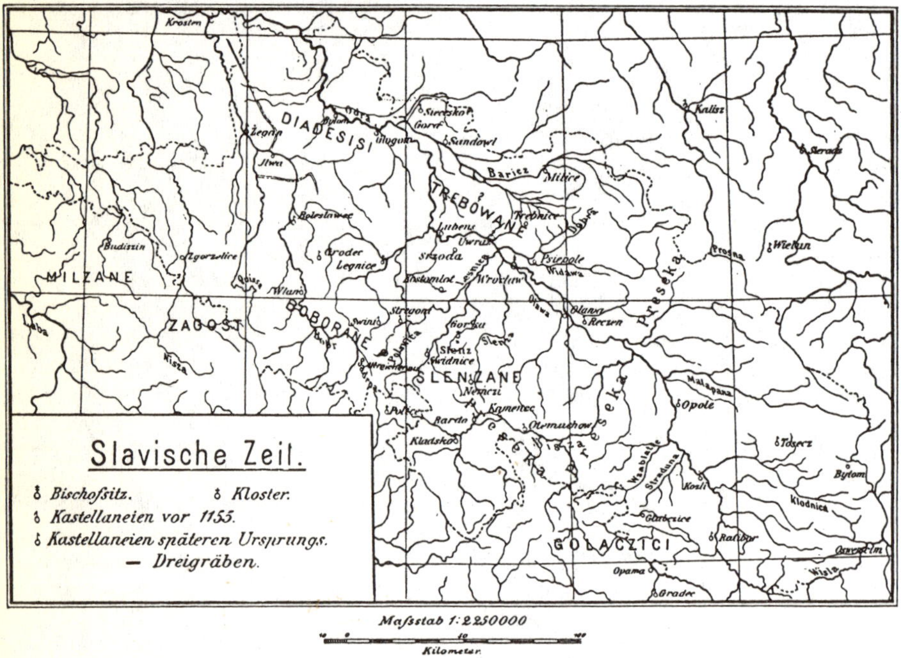

Schlesien in der slawischen Zeit

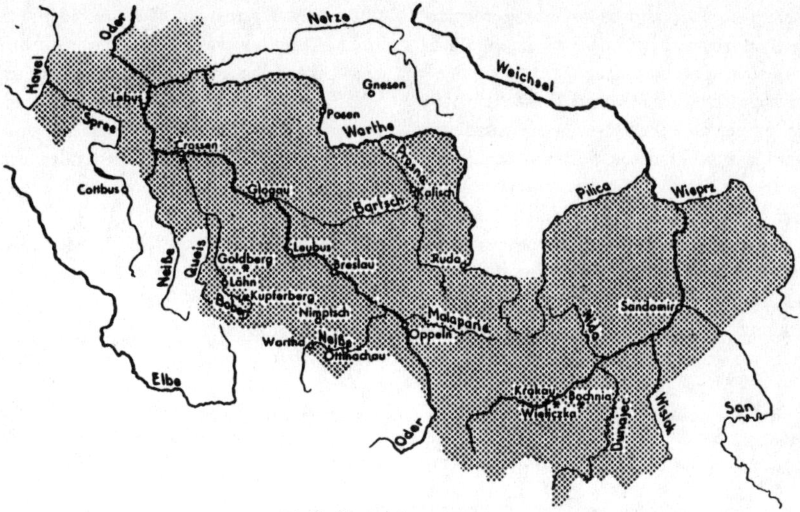

Einflußbereich Heinrichs I.

rer Lehnshoheit mehrfach die deutschen Kaiser ein, deren Kriegszüge unter Heinrich V. (1109), Konrad III. (1146) und Friedrich I. Barbarossa (1157) tief nach Schlesien und Polen führen.
Mieszko I. hatte schon 966 versucht, sich durch die Annahme des Christentums dem Westen anzuschließen, sein Sohn und Nachfolger Boleslaus I., der Tapfere, von Kaiser Otto III. zum „Bruder und Mithelfer des Reiches“ ernannt, erkennt den deutschen Kaiser Heinrich II. 1013 als Lehnsherrn an. Nachdem die böhmisch-polnischen Auseinandersetzungen um Schlesien 1137 durch den Glatzer Pfingstfrieden beendet sind, beginnen schon ein Jahr später die aus der polnischen Senioratsverfassung sich herleitenden langwierigen Erbstreitigkeiten innerhalb der piastischen Dynastie.
Sie führen zur Vertreibung des schlesischen Piastenfürsten Wladislaus II., eines Schwagers Kaiser Konrads III. Er bezieht unter der Obhut des Kaisers 1146 auf Schloß Altenburg in Thüringen ein freiwilliges Exil.
Im Jahre 1163 errichtet Kaiser Friedrich I. Barbarossa die schlesischen Herzogtümer Breslau und Ratibor unter Boleslaus I. und Mieszko und macht sie dem Reich tributpflichtig. Die beiden Söhne des Wratislaw erfahren am Hofe der Stauferkaiser deutsche Bildung und werden mit ihrer Rückkehr nach Schlesien zu den nun auch geschichtlich bedeutsamen deutschen Kulturpionieren und zugleich zu den Wegbereitern einer eigenständigen schlesischen Dynastie.
Diese Bedeutung kommt vor allem Boleslaus dem Langen von Niederschlesien zu, zumal er bei der Landesteilung mit den Gebieten Breslau und Liegnitz und bis 1202 auch Oppeln ohnehin den größten und bedeutendsten Anteil des Gebietes erhält. Ausgangspunkt der Deutschwerdung des Landes ist zu jener Zeit das ehemals von polnischen Benediktinern verwaltete Kloster Leubus, das Boleslaus im Jahre 1175 den aus Pforta in Thüringen herbeigerufenen Zisterziensern übergibt. Freilich bedeutet die Teilung auch eine fast 250 Jahre andauernde Trennung zwischen dem

bereits herausgebildeten und gefestigten Niederschlesien und dem später als Sondergebiet sich entwickelnden Oberschlesien.

Herzog Heinrich I., der Sohn Boleslaus des Langen, verheiratet mit Hedwig von Andechs-Meran, wird zur bedeutendsten Herrscherpersönlichkeit des schlesischen Mittelalters. Seine deutsche Gemahlin, die, 1267 heilig gesprochen, seitdem als Schutzpatronin Schlesiens verehrt wird, gründet mit Zisterzienserinnen aus Bamberg 1202/1203 in Trebnitz bei Breslau das erste Frauenkloster in Schlesien. Damit beginnt zugleich die

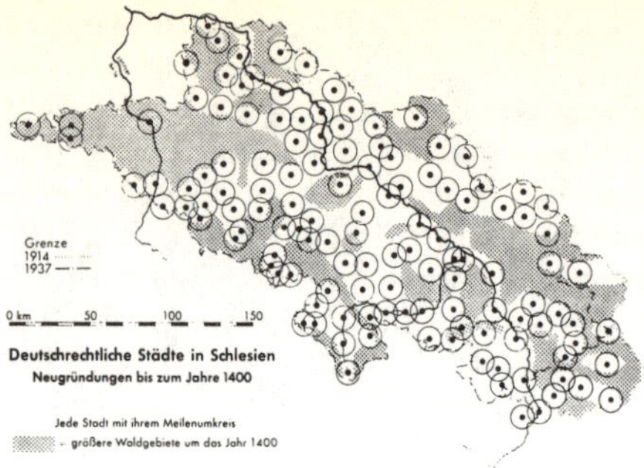

Deutschrechtliche Städte (bis 1400)

„Seid nicht bange; Gott kann gut für euch sorgen!“

Die hl. Hedwig, Schutzpatronin Schlesiens

systematische Ansiedlung deutscher Bauern, Handwerker und Bergleute, die vorwiegend aus Mitteldeutschland kommen.

Die für sie planmäßig angelegten Dörfer sichern als starke bäuerliche Ansiedlungen die Grenzen des herzoglichen Herrschaftsbereiches und bilden zugleich den Kern des deutschen Neustammes der Schlesier.

Die Gründung zahlreicher Klöster als gleichermaßen kulturelle wie wirtschaftliche Mittelpunkte, die deutschrechtliche Aussetzung von Städten und Marktorten, schließlich die Ausnutzung der vorhandenen Bodenschätze – Goldberg (1211) und Löwenberg (1217) sind die ältesten belegten deutschrechtlichen Städte Schlesiens – sind die äußeren Zeichen einer wohlüberlegten Siedlungspolitik. In den folgenden 150 Jahren werden in Schlesien an die 120 Städte und mehr als 1200 Dörfer angelegt. Besonders die neu entstandenen Städte entlang des Gebirgsrandes, von Naumburg am Queis bis Ziegenhals, sind die Zentren solcher Neusiedlungsgebiete.

Nach dem Tode Heinrichs I. 1238 setzt sein Sohn Heinrich II. (1191–1241) die Politik seines Vaters fort. Die verheißungsvolle Entwicklung wird indes durch ein weltgeschichtliches Ereignis unterbrochen, mit dem das deutsche Schlesien, ohne Hilfe des staufischen Kaisertums ganz auf sich selbst gestellt, seine erste große Belastungsprobe zu bestehen hat. Die in Ungarn und Schlesien eingefallenen Mongolen vernichten am 9. April 1241 auf der Wahlstatt bei Liegnitz große Teile des durch Ordensritter und polnische Ritter sowie durch Bürgerwehren der Goldberger Bergknappen verstärkten schlesischen Ritterheeres. In der Schlacht fällt Herzog Heinrich II., die Mongolen ziehen sich jedoch, veranlaßt durch den Tod ihres Großkhans, trotz ihres Sieges entlang des Gebirges zurück. Ein Nachfolger mußte gewählt werden. Das Datum der Schlacht bleibt eine entscheidende Wegmarke in der schlesischen und deutschen wie europäischen Geschichte. Es markiert das Scheitern der auf das Abendland gerichteten Mongoleninvasion.

Der frühe Tod Heinrichs II. führt bald zu einer zunehmenden Schwächung der Einheit nicht nur des niederschlesischen Herzogsgebietes. Noch unter der Regierung seines Sohnes Boleslaus II. beginnt die sich auch in der nächsten Generation fortsetzende Teilung des Territoriums in kleine und kleinste Fürstentümer, die alle ihr Recht auf Selbständigkeit und Unabhängigkeit suchen. Lediglich Herzog Heinrich IV. von Breslau, unter der Vormundschaft König Ottokars II. von Böhmen am Prager Hof erzogen, bleibt noch die vor allem auch geistig beherrschende Persönlichkeit. Gleichwohl führt das zunehmende Machtvakuum erneut zu Einflußversuchen sowohl aus Böhmen als auch aus dem 1320 wiedererrichteten Königreich Polen.

In diesem Spannungsfeld fällt die Entscheidung zugunsten Böhmens. Nach dem Aussterben der Przemysliden gelangen die Luxemburger auf den Prager Thron. König Johann von Luxemburg, Sohn Kaiser Heinrichs VII., fügt dem böhmischen Erbe die durch die Huldigung der schlesischen Fürsten gewonnene Lehnshoheit über Schlesien hinzu. Der polnische König Kasimir

Klostergründungen (12. – 15. Jh.)

Mongolenschlacht (aus der Hedwigs-Legende)

III. erkennt die Haltlosigkeit seiner polnischen Ansprüche und verzichtet am 24. August 1335 im Vertrag von Trentschin in Ungarn auf jeglichen Anspruch auf die schlesischen Fürstentümer, jetzt und für alle Zeit und „bei automatischem Verfall der Exkommunikation bei Zuwiderhandlung". Der Vertrag tritt am 9. Februar 1339 in Kraft.

Spätestens dieses Datum bezeugt nun: Schlesien ist deutsches Land. Seine Geschichte nimmt unter dem Schutz und der Obhut Böhmens, Österreichs und schließlich Preußens ihren weiteren, freilich wiederum wechsel- und schließlich schicksalhaften Weg.

BINDUNG AN DIE KRONE BÖHMENS

Nach dem Trentschiner Vertrag ist die böhmische Krone Trägerin der Gesamtentwicklung in Schlesien. König Johann von Böhmen aus dem Hause Luxemburg (1296–1346) hält die Oberherrschaft über Schlesien in seiner Hand und setzt den seit 1335 in Breslau amtierenden Landeshauptmann als seinen Statthalter ein. Der Name Schlesien bezeichnet nun das ganze Land, das Stammesbewußtsein der Schlesier fördert Einheit und Zusammenhalt.

Noch zu Lebzeiten des Königs huldigen die Schlesier dessen Sohn Karl (1316–1378). Er, der kurz vor Johanns Tod 1346 deutscher König und 1355 in Rom als Karl IV. zum römisch-deutschen Kaiser gekrönt wird, erweitert seine Hausmacht durch die staatsrechtliche Einbeziehung der schlesischen Fürstentümer in die Krone Böhmens, und dies an jenem 7. April 1347, an dem er mit der Gründung der Prager Universität dem Deutschen Reich jenen geistigen Mittelpunkt gibt, der auch die Blütezeit Schlesiens weitgehend bestimmt. Prag ist jetzt die Haupt- und Residenzstadt des Deutschen Reiches, seine Universität die

König Johann von Böhmen

erste deutsche Hochschule und zugleich die erste in Mitteleuropa überhaupt.

In Schlesien entstehen jene bedeutenden Zeugnisse der hohen Gotik, die, wie die Stadtpfarr- und Klosterkirchen in Breslau, Liegnitz, Schweidnitz und Neisse und an vielen anderen Orten, das Bild der schlesischen Städte für die Zukunft bestimmen. Auch das Breslauer Rathaus erfährt jetzt seinen ersten, stilbestimmenden Ausbau.

Schlesiens Bindung an Böhmen und umgekehrt zeigt sich sinnbildhaft auch darin, daß Karl IV. als deutscher König zwei Jahre vor seiner Kaiserkrönung die Ehe mit Anna von Schweidnitz, der Erbin des kinderlosen Bolko II. von Schweidnitz, eingeht.

Als Kaiser bestätigt er 1355 noch einmal den staatsrechtlichen Akt von 1348, ohne dadurch die Hoheitsrechte der schlesischen Fürsten anzutasten. In den Erbfürstentümern vertreten Landeshauptleute den König. Ordnungspolitische Bedeutung hat hier der von ihm anbefohlene und von 1349–1351 abgeschlossene „Landfriede“ aller Fürsten, dessen Einhaltung Herzog Konrad I. von Oels als oberster Richter und Obmann zu gewähren hat.

Kaiser Karl IV.

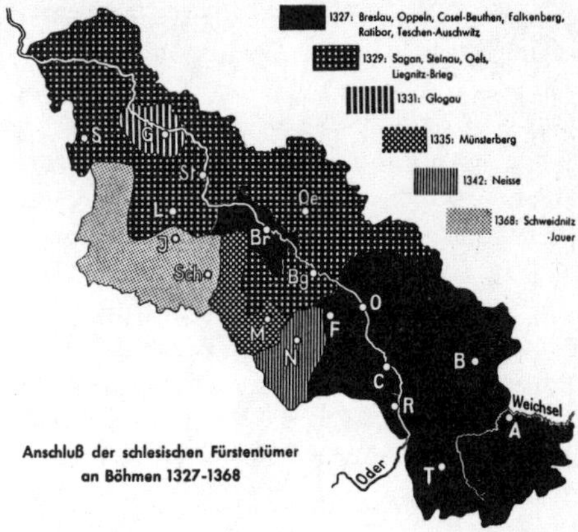

Fürstentümer unter Böhmen (1327 – 1368)

Der Tod Kaiser Karls am 29. November 1376 führt nach der Aufteilung seiner Länder auf seine drei Söhne zu Zwistigkeiten im Hause Luxemburg, die bald auch für Schlesien Unfriede und Unsicherheit bringen. Raubrittertum macht sich allenthalben breit.

In Prag regiert jetzt Karls ältester Sohn Wenzel (1361–1419), der bereits 1363 zum böhmischen und 1376 zum deutschen König gewählt, als solcher aber 1400 als „der Faule“ wegen Unfähigkeit und Vernachlässigung seiner Herrscherpflichten wieder für abgesetzt erklärt wird. Als König von Böhmen begünstigt er in Prag den tschechischen gegenüber dem deutschen Bevölkerungsteil. Das „Kuttenberger Dekret“, das die Ausschaltung des deutschen Einflusses an der Prager Universität bestimmt, führt 1409 zum Weggang der deutschen Professoren und Studenten von Prag nach Leipzig und zur Gründung der dortigen Universität (Universitas Lipsiensis). Deren erster Rektor ist der Schlesier Johannes Otto von Münsterberg (1360–1416).

Religiöse und nationale Unruhen, die der gleichermaßen unduldsame wie nachgiebige und unentschlossene König Wenzel eher fördert als verhindert, werden 1415 durch die Verbrennung des Johannes Hus in Konstanz ausgelöst. Johannes Hus (1368–1415), der tschechische Vorreformator in Böhmen, Prediger an der Bethlehemskirche zu Prag und 1409/1410 Rektor der dortigen Universität, ist der Begründer einer böhmisch-nationalkirchlichen Bewegung. Seine Anhänger verfolgen gleichermaßen reformatorische wie national-böhmisch-tschechische Ziele, die sie auch mit Mitteln der kriegerischen Auseinandersetzung zu erreichen suchen.

Als Wenzel 1419 stirbt, verweigern die Tschechen seinem jüngeren Bruder Sigismund (1368–1437) die Anerkennung als neuer König von Böhmen, weil er als deutscher König trotz seines Geleitbriefes die Hinrichtung des Johannes Hus nicht verhindert hat. Sigismund beruft daraufhin nach Breslau den ersten östlich der Elbe abgehaltenen Reichstag ein (1420), auf dem er die Huldigung von 28 schlesischen Fürsten entgegennimmt, die ihm im Streit mit seinen Gegnern 1421 mit einem schlesischen Heer zu Hilfe kommen. Die Anhänger des Johannes Hus behalten jedoch die Oberhand, ihre Abwehr greift in der Folgezeit auch nach Schlesien über.

Barbarakirche in Kuttenberg

Siegel der Prager Universität

Zwischen 1425 und 1435 wird Schlesien von den immer wieder eindringenden Hussiten weitgehend verwüstet. Am verlustreichsten ist das Jahr 1428, Gleiwitz und Kreuzburg, Nimptsch und Ottmachau bleiben lange in hussitischer Hand. Die gegen die Hussiten als „Strehlener Einung" gerichtete gesamtschlesische militärische und politische Organisation (1427) bleibt unwirksam, nachdem nicht nur Schweidnitz, sondern auch mehrere oberschlesische Fürsten eine neutrale Haltung einnehmen.

Nach der Krönung Sigismunds zum König von Böhmen 1420 im St. Veitsdom des Hradschin zu Prag und den „Iglauer Kompaktaten" von 1436, die das Ende der Hussitenkriege besiegeln, kommt es erneut zu einem unter dem Breslauer Bischof Konrad von Oels als Oberhauptmann herbeigeführten „Landfrieden" in Schlesien.

Sigismund wird zwar 1436 endgültig als König

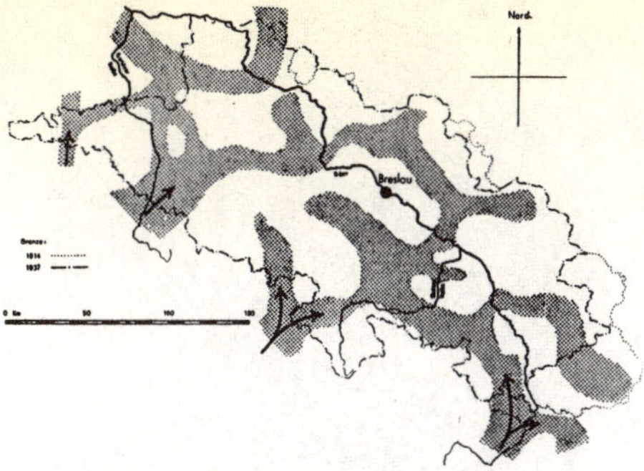

Hussitische Verwüstungszüge (1409 – 1439)

von Böhmen anerkannt, aber schon nach seinem Tode am 9. Dezember 1437 beginnt wiederum der Streit um die böhmische Krone. Nun treten auch die litauisch-polnischen Jagellonen als Thronprätendenten auf. Das zwischen Polen und Böhmen eingeschlossene Schlesien gerät in die Machtkämpfe um die böhmischen Länder und wird sogar deren Schauplatz.

Da die Herren Schlesiens unter Sigismund, seinem Schwiegersohn Albrecht von Österreich (1397–1439) – als deutscher Kaiser trägt er den Namen Albrecht II. – und unter den Jagellonen zugleich Könige von Ungarn sind, wird auch dieses Land in die Auseinandersetzungen einbezogen. Sie dauern bis in das Ende des 15. Jahrhunderts. Matthias Corvinus (1440–1490), 1458 zum König von Ungarn gewählt, besetzt 1468/1469 Mähren, Schlesien und die Lausitz und läßt sich von der Stadt Breslau huldigen.

Schlesien erleidet zwar neben einem wirtschaftlichen auch einen fühlbaren Siedlungsrückgang, gewinnt jedoch andererseits an innerer Bindung durch Ansätze einer Gesamtstaatsverfassung. Matthias Corvinus errichtet 1474 einen Generallandtag für ganz Schlesien und Fürstentage für Nieder- und Oberschlesien.

König Wladislaus V. von Böhmen (1456–1516), als Wladislaus II. seit 1490 auch König von Ungarn, Sohn König Kasimirs IV. von Polen aus dem Hause der Jagellonen, verfügt 1498 mit dem „Großen Landesprivileg", der Oberlandeshauptmann von Schlesien habe stets ein schlesischer Fürst zu sein. Als oberstem Richter obliegt ihm die Schlichtung von Streitigkeiten zwischen dem König und den schlesischen Fürsten oder Standesherren und zwischen diesen untereinander.

Wenige Jahre später schon bahnt sich indes eine entscheidende Wandlung in der Geschichte der böhmischen Länder an, die nun auch für die Zukunft Schlesiens die Weichen stellt. Die in Wien 1515 von König Wladislaus und Kaiser Maximilian I. (1459–1519) beschlossene Doppelhochzeit zwischen den beiden Herrscherhäusern macht den Weg frei für die Schaffung eines habsburgischen Großreiches im Südosten und führt schließlich zum Übergang der böhmischen und ungarischen Krone an das Haus Habsburg. Erzherzog Ferdinand von Österreich (1503–1564), der Bruder Karls V., erhält 1521 die österreichischen Erblande der Habsburger und wird vom böhmischen Generallandtag im Oktober 1526 zum König von Böhmen gewählt. Schlesien

König Matthias Corvinus

Böhmische Krone

schließt sich im Dezember 1526 auf dem Leobschützer Fürstentag dieser Wahl an.

Nach rund 200 Jahren der Zugehörigkeit zu Böhmen (1348–1526) wird Schlesien nun für wiederum zwei Jahrhunderte Teil des Habsburgerreiches (1526–1740). Die Fortsetzung der für die schlesische Geschichte charakteristischen Zeitintervalle kennzeichnet dann auch Schlesiens preußische Epoche (1740–1945).

TEIL DER HABSBURGER MONARCHIE

Die Einbeziehung Schlesiens in das Habsburgerreich fällt zeitlich zusammen mit zwei geschichtlichen Vorgängen, die nicht ohne Auswirkung auch für das Land an der Oder bleiben: Die Reformation, die sich hier schon frühzeitig, etwa von 1520 an, also noch vor dem Übergang Schlesiens an Habsburg, auszubreiten beginnt und für Schlesien erneut eine Bindung an den mitteldeutsch-elbischen Raum und damit zum deutschen Kernland hin bedeutet, und die Türkenkriege, in denen Österreich von 1526 an die Hauptlast der Verteidigung Mitteleuropas zu tragen hat.

Ferdinand I. (1503–1564), seit 1526 durch Heirat König von Böhmen und Ungarn, verbindet die Duldung der Reformation mit dem Bestreben, seinen Kronbesitz in Schlesien zu erweitern und damit zugleich die Macht der Fürsten einzuschränken. Noch im Huldigungsjahr 1527 verlangt der König eine zunächst für drei Jahre als Türkenhilfe gedachte Abgabe, die als erste allgemeine Landessteuer zur Grundlage für alle weiteren unmittelbaren Steuerforderungen und Landesumlagen in den nächsten beiden Jahrhunderten habsburgischer Herrschaft wird.

Das Land erfreut sich eines zunehmenden wirtschaftlichen Aufschwunges und kann die ihm auferlegten Belastungen vorerst ertragen. Tatsächlich ist Schlesien zu jener Zeit eines der wohlhabendsten Länder im Habsburgerreich. So führt der seit etwa 1470 betriebene Bergbau im 16. Jahrhundert zur Gründung neuer Bergbaustädte in den Sudeten und im oberschlesischen Raum. Etwa zur selben Zeit entstehen neben der Eisenverhüttung die Glashütten im Iser- und Riesengebirge, im Waldenburger und Glatzer Bergland und die von den Weberzünften getragene Leinenweberei. Handel und Gewerbe des Bürgertums gehen Hand in Hand mit einer sich selbstbewußt ausbreitenden Adelskultur, die sich in bedeutenden Herrschaftsbauten ausdrückt.

Ferdinand würdigt diese Entwicklung, indem er das Land im Gegensatz zu seinen Nachfolgern mehrfach besucht. Der Fürstentag 1546 in Breslau, den er persönlich leitet, ist sein dritter Aufenthalt in Schlesien.

Kaiser Ferdinand I.

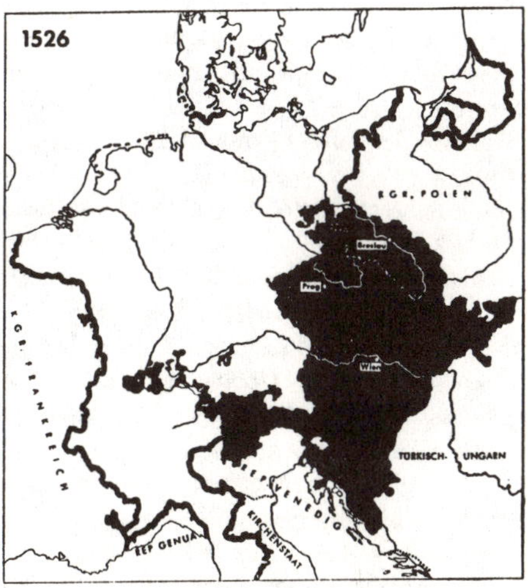

Schlesien unter den Habsburgern (1526)

Hier allerdings muß er sich auch gegen den wachsenden Einfluß der Hohenzollern im Lande zur Wehr setzen. Den zwischen Friedrich II. von Liegnitz und dem Kurfürsten Johann II. von Brandenburg 1537 vereinbarten Erbverbrüderungsvertrag erklärt der König für nichtig, Friedrich habe nicht das Recht, auf solche Weise über seine Länder zu verfügen. Knapp zweihundert Jahre später leitet sich hieraus jener Anspruch der Hohenzollern auf Teile Schlesiens her, der 1740 dem preußischen König Friedrich II. den Anlaß zum Einmarsch bietet.

Noch liegt das Schwergewicht der habsburgischen Bestrebungen auf dem Gebiet verfassungs- und finanzpolitischer Maßnahmen. Die Glaubensfrage bleibt vorerst weiterhin im Hintergrund. Für kurze Zeit (1526–1529) gibt es in Schlesien sogar eine von Herzog Friedrich II. von Liegnitz gegründete evangelische Hochschule, die einzige in Europa, der neben dem Goldberger Pädagogen Valentin Trotzendorf bedeutende Gelehrte nicht nur aus Schlesien angehören.

Im Reich gründen die protestantischen Fürsten und Stände 1531 den Schmalkaldischen Bund zur

Verteidigung ihres Glaubens gegen Kaiser Karl V. (1500–1558) und die katholischen Stände, unterliegen jedoch 1547 in der Schlacht bei Mühlberg an der Elbe.

Unter dem Eindruck des „Geharnischten Reichstages“ zu Augsburg 1548, auf dem der Kaiser versucht, die Protestanten durch einen bis zu einer endgültigen Konzilsentscheidung geltenden Kompromiß für den Katholizismus zurückzugewinnen, beginnt noch im selben Jahr die Auswanderung der „Böhmischen Brüder“ nach Ungarn, Polen und hauptsächlich Preußen, und dies zumeist auf dem Wege nach oder über Schlesien.

Dennoch ist die evangelische Konfession unter Ferdinand I. und seinem Sohn und Nachfolger Maximilian II. (1527–1576) kaum Verfolgungen ausgesetzt. Während Ferdinand die Duldung der Reformation noch dem Zwang politischer Bedrängnisse unterordnet, neigt Maximilian deutlich dem Luthertum zu. Er gewährt den evangelischen Ständen in Österreich und Schlesien freie Religionsausübung und ist zugleich, wenn auch vergeblich, um den Ausgleich religiöser und politischer Gegensätze bemüht.

Nach dem Tode Kaiser Ferdinands I. im Jahre 1564 wird das Haus Habsburg in eine österreichische, eine steirische und eine Tiroler Linie geteilt.

Valentin Trozendorf

Friedrich II., Herzog v. Schlesien-Liegnitz

Unter Kaiser Maximilian II., der als Erzherzog von Österreich und König von Böhmen und Ungarn schon 1563 zur Huldigung und 1567 zum Troppauer Fürstentag nach Schlesien kommt, erreicht der Protestantismus im deutschen Sprachgebiet seine weiteste Verbreitung. Drei Viertel der Bevölkerung sind lutherisch, in Schlesien sind es neun Zehntel. Hier sind nur der Bischof von Breslau und die Herren von Loslau, Pleß und Trachenberg Anhänger der altkirchlichen Lehre geblieben.

Das ändert sich mit dem Regierungsantritt Kaiser Rudolfs II. (1552–1612), des Sohnes Kaiser Maximilians, im Jahre 1576. Rudolf versucht, im Gegensatz zu der toleranten Regierung seines Vaters, die Gegenreformation durchzusetzen. In Schlesien findet er die Unterstützung des strenggläubigen Erzherzogs Karl als Fürstbischof von Breslau. Die schlesischen Stände aber schließen mit den böhmischen Ständen ein Verteidigungsbündnis und verweigern dem Kaiser auf dem Fürstentag zu Pfingsten 1609 die Steuern.

Rudolf, der in seinem Majestätsbrief vom 20. August 1609 die völlige Gleichberechtigung der

Kaiser Rudolf II.

Bekenntnisse gewährt, setzt sich andererseits mit Entschiedenheit gegen die Festsetzung der märkischen Hohenzollern in Oberschlesien zur Wehr. Dort hat Kurfürst Johann Friedrich im Zusammenhang mit dem Erbfall des Herzogtums Jägerndorf das gesamte schlesische Erbe seines Ansbacher Vetters Georg Friedrich angetreten.
Unter dem Erzherzog Matthias (1557–1619), dem Sohn des Kaisers Maximilian und jüngeren Bruder Kaiser Rudolfs II., der inzwischen neben der Herrschaft über Ungarn, Österreich und Mähren auch die über Böhmen und die böhmischen Länder angetreten hat, tritt der böhmische Einfluß auf die schlesischen Angelegenheiten wieder zurück. Schlesien erhält 1611 eine von der böhmischen Hofkanzlei unabhängige deutsche Kanzlei für Schlesien und die Lausitz in Prag und entsendet unabhängige schlesische Rechtsvertreter in die dortige Appellationskammer.
Die Duldsamkeit in Glaubenssachen wird wieder hergestellt. Die Festigung des evangelischen Besitzstandes gewährleistet bei wachsender Bedeutung der Landeshauptstadt das Fürstentum Breslau. Schlesien gibt im Sinne des Augsburger Religionsfriedens von 1555 das Beispiel vollkommener religiöser Toleranz.
Andererseits erfährt der Katholizismus eine Stärkung durch eine Gruppe von Fürsten und Standesherren, in Troppau und Ratibor, in Gleiwitz und Neisse, aber auch in Breslau. Zugleich macht sich neben dem Luthertum eine kalvinistische Bewegung bemerkbar. Als besonders protestantenfeindlich erweist sich jedoch der Jesuitenzögling Ferdinand von Steiermark (1578–1637). Er führt in Böhmen und den übrigen österreichischen Erblanden die Gegenreformation durch. Sein Versuch, auch im Reich den Protestantismus zu verdrängen, schlägt jedoch fehl. Er ist der letzte Oberherr aus dem Hause Habsburg, der zum Fürstentag in Breslau im November 1617 nach Schlesien kommt.
Die Verletzung des Majestätsbriefes Kaiser Rudolfs II. aus dem Jahre 1609 führt zum Aufstand der protestantischen böhmischen Adligen, dem sich die Schlesier anschließen. Der „Prager Fenstersturz" vom 23. Mai 1618 ist der letzte Anlaß zum Ausbruch des Dreißigjährigen Krieges, in dem zunächst der konfessionelle Gegensatz zwischen Katholiken und Protestanten und im Zusammenhang damit der politische Gegensatz zwi-

Kaiser Matthias

Spottbild auf Friedrich von der Pfalz

schen dem Kaiser und den Reichsständen, später der Kampf um die Hegemonie unter den kontinentaleuropäischen Staaten ausgetragen wird. Deutschland, und damit auch Schlesien, wird zum Kampfplatz der rivalisierenden Mächte.

Der Dreißigjährige Krieg ist eine Folge einzelner, zunächst regionaler Kriege und Kriegszüge, so des böhmischen-pfälzischen (1618–1623), des dänisch-niedersächsischen (1625–1629), des schwedischen (1631–1635) und des schwedisch-französischen Krieges (1635–1648). Die Ereignisse in Schlesien sind gekennzeichnet durch die Wahl des Führers der protestantischen Union, des Kurfürsten Friedrich V. von der Pfalz (1596–1632), zum König von Böhmen und durch den Kriegszug des evangelischen Grafen Ernst von Mansfeld durch Schlesien nach Ungarn.

Kurfürst Friedrich nimmt noch am 23. Februar 1620 in Breslau die Huldigung der schlesischen Stände entgegen, aber schon nach seiner Niederlage in der Schlacht am Weißen Berge am 8. November 1620 muß er als „Winterkönig“ das Land verlassen.

Der Kriegszug des Grafen Mansfeld führt zum Gegenstoß des kaiserlichen Heeres nach Schlesien. Das Oberamt verliert 1629 seinen ständischen Charakter und wird eine rein kaiserliche Behörde. Der kaiserliche Feldherr Albrecht von Wallenstein wird 1628 mit dem Fürstentum Sagan, 1632 auch mit Glogau belehnt. Die gefürchteten „Liechtensteiner Dragoner“ zwingen die Bürger in den Städten der Erbfürstentümer zur Rückkehr zur katholischen Kirche oder zur Auswanderung. Evangelische Grundherren verlieren wegen ihrer Anhängerschaft zum „Winterkönig“ ihre Besitzungen.

Im Jahre 1632 schließlich dringen Truppen der gegen den Kaiser gerichteten evangelischen Mächte Schweden, Brandenburg und Sachsen nach Niederschlesien ein, schwedische und kaiserliche Truppen stehen sich von 1639 an mit ständig wechselndem Machteinfluß erneut in

Schlesien gegenüber und fügen dem Lande vernichtende Schäden zu, die zur Verarmung des Bürgertums und des Bauernstandes führen.
Erst der Westfälische Friede zu Münster und Osnabrück vom 14. Oktober 1648 garantiert den evangelischen Fürstentümern Liegnitz, Brieg und Oels sowie der Stadt Breslau Religionsfreiheit und gesteht den niederschlesischen Erbfürstentümern drei evangelische Gotteshäuser, die „Friedenskirchen“, jeweils vor den Toren von Glogau, Jauer und Schweidnitz zu. Trotzdem geht die systematische Unterdrückung der evangelischen Konfession weiter. Eine neue Fluchtwelle in die Nachbarländer setzt ein. Für die im Lande verbliebenen evangelischen Gläubigen werden in den Nachbarländern bestehende Gotteshäuser zu

Albrecht von Wallenstein

V(ivat) F(erdinandus) II. R(omanorum) I(mperator) S(emper) A(ugustus).

Wappen Kaiser Ferdinands II.

„Zufluchtkirchen“ erweitert oder neue als „Grenzkirchen“ gebaut.
Der schwedische König Karl XII. (1682–1718) tritt als Sprecher der Schlesier auf und zwingt den Kaiser in der „Altranstädter Konvention“ vom 1. September 1707 zur Wiederherstellung der Religionsfreiheit in Schlesien. Der Kaiser gewährt aus Gnade die Errichtung von sechs „Gnadenkirchen“ in Freystadt, Sagan, Militsch, Hirschberg, Landeshut und Teschen.
Obwohl die schlesische Bevölkerung durch den Dreißigjährigen Krieg, durch Pest und Auswanderung schwere Verluste erleidet, entwickelt das Land zu jener Zeit eine ungewöhnliche geistige Produktivität. Neben dem protestantischen Mystiker Jakob Böhme (1575–1624) aus Alt Seidenberg bei Görlitz und neben Martin Opitz (1597–1639) aus Bunzlau, dem Schöpfer der Grundlagen einer deutschen Verslehre, erreicht die deutsche Barockdichtung eine weit über Schlesien hinaus in den deutschen Kulturraum wirkende führende Stellung. Zu ihren geachteten Vertretern gehören Friedrich von Logau (1604–1655), Andreas Gryphius (1616–1664),

Christian Hofmann von Hofmannswaldau (1616–1679) und Daniel Casper von Lohenstein (1635–1683).
Mit der Durchsetzung der Gegenreformation und des kaiserlichen Absolutismus erlahmen diese geistigen Anstöße. Sie gehen jetzt auf die Jesuiten und ihre Schulen über, so auf die 1702 in Breslau gegründete Jesuiten-Hochschule, die „Leopoldina". Zugleich auch werden die Jesuiten und andere Orden zu Trägern einer regen Bautätigkeit, die Schlesien zu einer reichen Landschaft der Barockkunst macht. Die Grundherren errichten bedeutende Schlösser, neben deutschen sind italienische, böhmische und österreichische Baumeister im Lande tätig.
Trotz vieler kriegerischer Einwirkungen und konfessioneller Drangsale verdankt Schlesien seiner Habsburger Zeit einen zeitweise beispiellosen wirtschaftlichen, geistigen und künstlerischen Aufschwung, der im Lande bleibende Denkmäler hinterläßt. Mit dem Einfall Preußens in Schlesien 1740 ändert sich das Bild. Waren bisher neben Breslau das böhmische Prag und das habsburgische Wien die zentralen Punkte der schlesischen

Gnadenkirche in Freystadt

ANDREÆ GRYPHII
CATHARINA
von Georgien.
Oder
Bewehrete Beständigkeit.
Trauer-Spiel.

Ein Werk von Andreas Gryphius

Geschichte, so wendet sich im preußischen Abschnitt seiner weiteren Entwicklung der Blick hinüber zum preußischen Berlin.

SCHICKSALSBINDUNG AN PREUSSEN

Der Regierungsantritt Friedrichs II. (1712–1786) am 31. Mai 1740 als König von Preußen leitet einen neuen Abschnitt in der Geschichte Schlesiens ein. Der König erhebt, noch bevor der durch die Thronbesteigung der Erzherzogin von Österreich und künftigen Kaiserin Maria Theresia ausgelöste österreichische Erbfolgekrieg beginnt, Ansprüche auf Teile Schlesiens, die er aus alten Erbrechten herleitet. Diese Ansprüche beziehen sich auf die im Zusammenhang mit dem böhmischen Aufstand von 1621 dem Markgrafen Johann Georg enteigneten Besitzungen Jägerndorf, Oderberg und Beuthen und auf die aus der Erbverbrüderung von 1537 den Brandenburgern zugefallenen Fürstentümer Liegnitz, Brieg und Wohlau.
Friedrich II. führt um den Besitz Schlesiens mit unterschiedlichen Koalitionen und wechselndem

Der Alte Fritz

Kriegsglück zur „Arrondierung Preußens“ drei schlesische Kriege. Am 16. Dezember 1740 beginnt mit dem Einmarsch preußischer Truppen in Schlesien der Erste Schlesische Krieg, in dessen Verlauf bis Mitte März 1741 fast ganz Schlesien besetzt wird. Nach der Niederlage der Österreicher bei Mollwitz am 10. April 1741 tritt Maria Theresia im Vorfrieden von Breslau vom 11. Juni 1742 fast ganz Schlesien mit der Grafschaft Glatz an Preußen ab. Bei Österreich verbleiben nur Teile des Bistumslandes und des Fürstentums Troppau-Jägerndorf, wodurch sich bereits jetzt die künftige Teilung zwischen Preußisch-Schlesien und Österreichisch-Schlesien abzeichnet. Die Vereinbarungen werden endgültig im Frieden zu Berlin am 27. Juli 1742 bestätigt.

Als sich 1743 die Lage Österreichs im Verlaufe des Erbfolgekrieges bessert, greift Friedrich II. erneut in Schlesien ein, um dessen Besitz für Preußen zu retten. Mit dem Einmarsch in Böhmen im August 1744 eröffnet er den Zweiten Schlesischen Krieg, der ihm zunächst schwere Verluste einbringt und ihn zum Rückzug nach Schlesien zwingt. Hier führt sein Sieg bei Hohenfriedeberg am 4. Juni 1745 zum Frieden von Dresden am 25. Dezember 1745, der ihm den Besitz Schlesiens bestätigt. Zugleich erkennt er Maria Theresias Gemahl Franz I. als Kaiser an.

Die Sicherheit Schlesiens ist aus preußischer Sicht auch weiterhin bedroht. Preußen muß sich jetzt gegen die inzwischen zustandegekommene große Koalition zwischen Österreich, Frankreich, Rußland und Schweden und den meisten Reichsfürsten zur Wehr setzen, um seine Existenz zu sichern. Friedrich fällt ohne Kriegserklärung in Sachsen ein und löst damit den Dritten Schlesischen Krieg, den Siebenjährigen (1756–1763), aus.

Wechselvolle Kämpfe erweisen sowohl seine Feldherrnkunst als auch die Übermacht seiner Feinde. Seine Siege bei Roßbach 1757 über die Franzosen und die Reichsarmee, am 5. Dezember 1757 über die Österreicher bei Leuthen, schließlich am 15. August 1760 bei Liegnitz sind schwer erkämpft und bleiben überschattet von Friedrichs

Maria Theresia

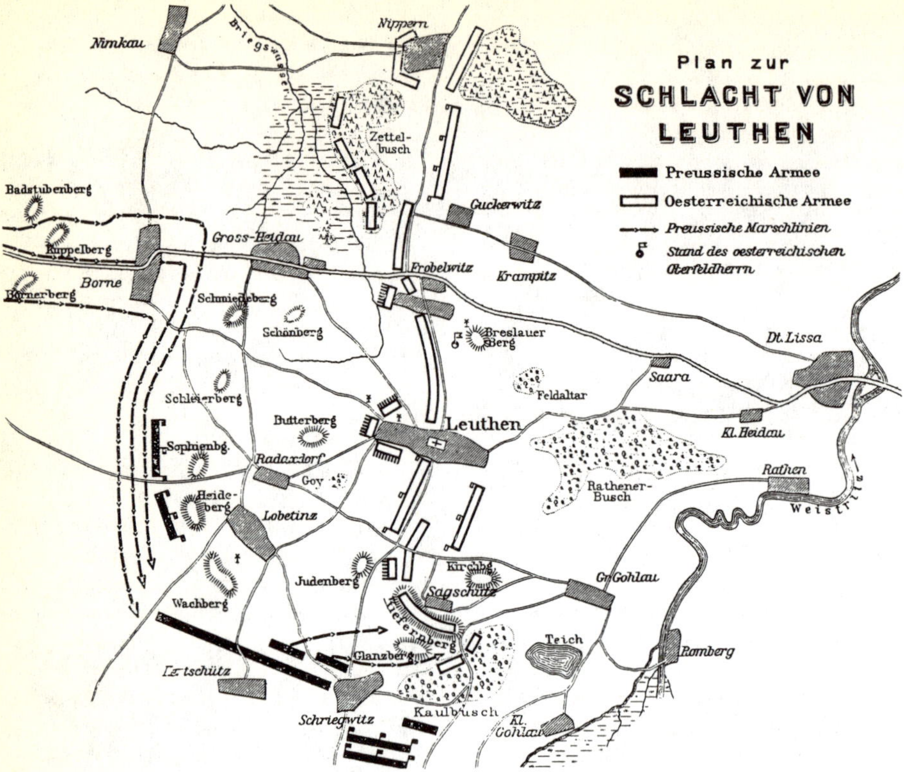

Schlacht von Leuthen

schwerster Niederlage gegen die Österreicher am 12. August 1759 bei Kunersdorf in der Neumark. Hart umkämpft ist die Festung Schweidnitz, die zuerst 1758, dann noch einmal 1762 zurückerobert werden kann.

Ein Umschwung zugunsten Preußens tritt erst durch den Tod der Zarin Elisabeth von Rußland am 5. Januar 1762 ein. Ihr Nachfolger, Zar Peter III., schließt mit Friedrich II. Frieden. Die allgemeine Kriegsmüdigkeit führt alsbald auch zu Verhandlungen mit Österreich, Sachsen und Rußland. Der Friede, der am 15. Februar 1763 auf dem sächsischen Schloß Hubertusburg geschlossen wird, bestätigt für Preußen den schon 1742 und 1745 vereinbarten Gebietsstand. Der größte Teil Schlesiens ist nun endgültig preußisch und wird dem preußischen Staat eingegliedert.

Schlesien ist als neue Provinz dem preußischen König unmittelbar unterstellt und wird seit 1742 von einem Provinzialminister regiert. Eine neue Verwaltungsordnung wird eingeführt. Zwei Kriegs- und Domänenkammern in Breslau und Glogau sind für die Finanz- und Wirtschaftsverwaltung zuständig. Ihre Untergliederung reicht

bis in die Städte und Kreise des Landes und sichert die Einbringung der Steuern, die schwer auf dem Land lasten.
Daneben steht die militärische Sicherung Schlesiens im Vordergrund der preußischen Politik. Die Festungslinie zu Böhmen und Mähren wird erheblich verstärkt, die Festungen Schweidnitz und Cosel werden ausgebaut, in Neisse und Glatz neue Forts und am Paß von Silberberg eine neue Festung angelegt. Zugleich fördert der König zur Stärkung der Finanzkraft Schlesiens die Neuansiedlung durch Einwanderer aus Mittel- und Westdeutschland und durch die Aufnahme protestantischer Glaubensvertriebener vorwiegend aus Böhmen. Seine Förderung erfahren der Bergbau und das Hüttenwesen zunächst in den niederschlesischen Gebirgsgegenden und später mit besonderem Gewicht in Oberschlesien.
Die erste Dampfmaschine wird 1788 in der Friedrichsgrube in Tarnowitz aufgestellt und der erste

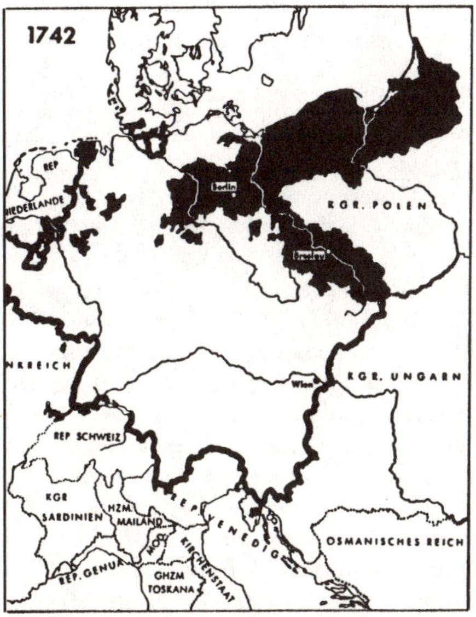

Schlesien unter Preußen (Friedrich II.)

Joseph Freiherr von Eichendorff

Koksofen 1796 in der Gleiwitzer Hütte in Betrieb genommen. Die Rolle des vom König geförderten Adels wirkt sich positiv auf die Industrieansiedlung aus. Zur Erhaltung des herrschaftlichen Grundbesitzes wird 1770 die „Schlesische Landschaft“ als Krediteinrichtung gegründet.
Im konfessionellen Bereich erlangen die Protestanten die Aufhebung der Glaubensbeschränkungen, während die Bildungsarbeit der katholischen Kirche, die überwiegend von den Jesuiten getragen wird, vom König gleichermaßen gefördert wird. Noch während des Ersten Schlesischen Krieges genehmigt er die Errichtung provisorischer evangelischer Bethäuser oder Bethauskirchen, die Jesuiten macht er nach der Auflösung des Ordens durch den Papst 1773 zu Mitgliedern des „Königlichen Schul-Instituts“ und tastet ihre Gymnasien wie auch die Breslauer „Leopoldina“ nicht an. Dem Ausbau des Schulwesens dienen das 1767 in Breslau errichtete katholische Lehrerseminar und die für die Ausbildung evangelischer Lehrer bestimmten Seminare in Bunzlau (1765) und ebenfalls in Breslau (1768).
Auch das äußere Bild Schlesiens erhält neue Züge.

Der österreichische Barock weicht dem preußischen Klassizismus. Der Breslauer Architekt und Baumeister Carl Gotthard Langhans (1732–1808), Erbauer des Brandenburger Tores in Berlin, wirkt von Schlesien aus stilbildend für ganz Deutschland.

Im geistigen Bereich wirken der evangelische Theologe und Philosoph Friedrich Ernst Schleiermacher aus Breslau (1768–1834), der große schlesische Romantiker Joseph Freiherr von Eichendorff aus Lubowitz (1788–1857), der Lyriker Johann Christian Günther aus Striegau (1695–1702) und der Schriftsteller, Schauspieler und Theaterdirektor Karl von Holtei aus Breslau

Friedensbündnis von Tilsit (1807)

Franzosen belagern Cosel (1807)

(1798–1880) als bedeutende Schlesier in den deutschen Sprachraum hinein.

Mehr als vier Jahrzehnte Frieden ermöglichen dem Land selbst vor dem Hintergrund neuer kriegerischer Gefahren in Europa eine zunächst ungestörte weitere Entwicklung. Nach dem Tode Friedrichs II., des Großen, am 17. August 1786 in Sanssouci bei Potsdam wird Friedrichs Neffe Friedrich Wilhelm II. König von Preußen. Er beschließt 1791 mit Kaiser Leopold III. die „Pillnitzer Deklaration“ zugunsten der französischen Monarchie, die in Frankreich als Herausforderung angesehen wird und den Fortgang der Revolution beschleunigt. Ein Jahr später führt das Verteidigungsbündnis zwischen Österreich und Preußen zum ersten der drei Koalitionskriege gegen das revolutionäre Frankreich.

Nach dem unglücklichen Ausgang der Schlacht bei Jena und Auerstädt, in der Napoleon am 14. Oktober 1806 die Preußen besiegt, treten Rück-

Universität zu Breslau

wirkungen für Schlesien ein. Im November 1806 rücken bayerische und württembergische Truppen als Verbündete Napoleons unter dem Befehl von dessen jüngstem Bruder Jérôme in das Land ein. Nach Belagerung durch napoleonische Truppen kapituliert Breslau, während die Festungen Silberberg, Glatz und Cosel in preußischer Hand bleiben.

Mit dem Frieden von Tilsit vom 7. bis 9. Juli 1807 ist die Großmachtstellung Preußens gebrochen, seine Gebietsverluste betreffen indes Schlesien nicht. Zugleich beginnt die Reform des Staates unter dem philosophischen Einfluß Kants und Fichtes durch die Freiherren vom Stein und von Hardenberg und durch die preußischen Generale Scharnhorst und Gneisenau, schließlich im Bildungsbereich durch Wilhelm von Humboldt, den Gründer der Berliner Universität.

Die 1506 in Frankfurt an der Oder gegründete Universität wird 1811 mit dem Breslauer Jesuitenkolleg zur „Alma Mater Viadrina Wratislawiensis“ vereinigt. Sie ist die erste Universität Preußens mit evangelischer und katholischer Fakultät.

Im Gegensatz zu anderen Teilen Deutschlands und auch Preußens wird die Säkularisierung des katholischen Kirchenbesitzes in Schlesien erst um und nach 1810 durchgeführt.

Vom Krieg Napoleons I. gegen Rußland, in dem Preußen und Österreich zwangsweise mit Frankreich verbündet sind, bleibt Schlesien vorerst verschont, da es abseits des preußischen Durchmarschgebietes liegt. Gleichwohl muß Schlesien auch eigene Truppenkontingente für den „Großen Krieg“ zur Verfügung stellen.

Am 22. Januar 1813 zieht sich der preußische König Friedrich Wilhelm III. (1770–1840) mit seiner Familie von Berlin nach Breslau zurück und vereinbart hier am 27. Februar mit Rußland das Bündnis gegen Napoleon, das am 28. Februar im russischen Hauptquartier zu Kalisch an der Prosna unterzeichnet wird.

Am 10. März 1813 stiftet der König in Breslau für die Dauer des Krieges gegen Napoleon das „Eiserne Kreuz“ als Kriegsauszeichnung und erläßt am 17. März, zwei Tage nach seinem Zusammentreffen mit dem Zaren Alexander I. in Kalisch, seinen „Aufruf an mein Volk“, der am Sonnabend, dem 20. März, in der Ausgabe 34 der „Schlesischen privilegierten Zeitung“ in Breslau veröffentlicht wird. Die Erhebung gegen Napoleon geht von den Professoren und Studenten der Breslauer Universität aus, in Rogau bei Zobten

Befreiungskriege – Rettung der kgl. Kasse

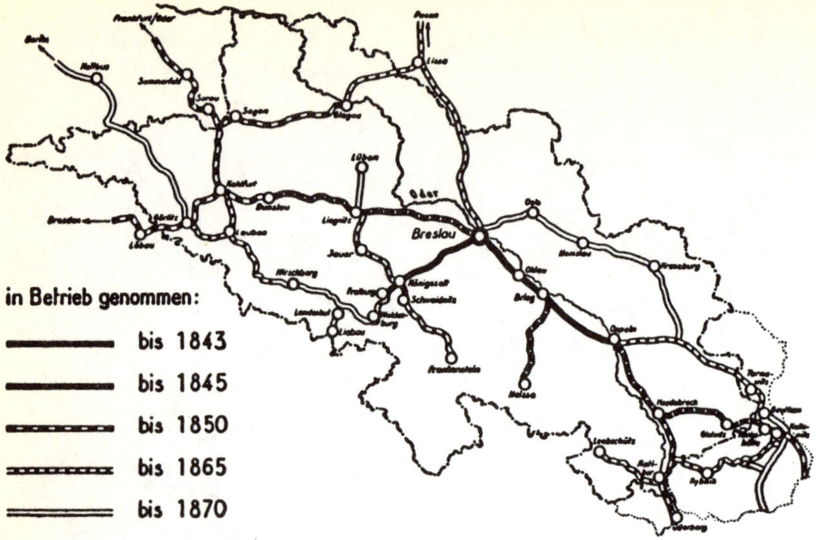

Das schlesische Eisenbahnnetz (bis 1870)

werden die Lützower Jäger feierlich eingesegnet. Der Frühjahrsfeldzug, der die deutschen Befreiungskriege eröffnet, verläuft zunächst jedoch ungünstig. Die preußischen und russischen Truppen werden nach der Niederlage bei Großgörschen und Bautzen am 20. und 21. Mai nach Schlesien zurückgedrängt. Mit dem Waffenstillstand von Poischwitz bei Striegau vom 4. Juni, der bis zum 10. August befristet ist, und dem erneuten Beitritt Österreichs zu der aus Preußen, Rußland, England und Schweden bestehenden Koalition sind die Voraussetzungen für den entscheidenden Herbstfeldzug geschaffen.

Durch Blüchers Sieg an der Katzbach am 26. August werden die Franzosen endgültig aus Schlesien hinausgedrängt. In der Neujahrsnacht 1814 überschreitet ein schlesisches Heer unter Blücher den Rhein bei Kaub und Koblenz und befreit damit ganz Deutschland von der französischen Vorherrschaft. Die Befreiungsbewegung, von Schlesien ausgegangen, führt für die Schlesier zu einer festen inneren Bindung an Preußen und seine Hauptstadt Berlin.

Zu einer Neuordnung der politischen Verhältnisse in Europa führt der Wiener Kongreß, der vom September 1814 bis zum Juni 1815 dauert. Die Gebietsveränderungen Preußens berühren auch Schlesien. Zwar wird der schlesische Kreis Schwiebus an Brandenburg angegliedert, der Anschluß großer Teile der sächsischen Oberlausitz vergrößert das Land aber auf nunmehr über 40.000 qkm.

Die Organisationsbereiche der Kirchen werden den neuen Provinzgrenzen angepaßt. Im katholischen Raum wird das Bistum Breslau aus der Abhängigkeit von der Kirchenprovinz Gnesen herausgelöst und unmittelbar der Kurie unterstellt. Nicht davon betroffen ist der Grenzbereich zu Böhmen, Mähren und Österreichisch-Schlesien, das 1849 unter Einschluß der mährischen Enklaven auch politisch wieder selbständiges Kronland wird.

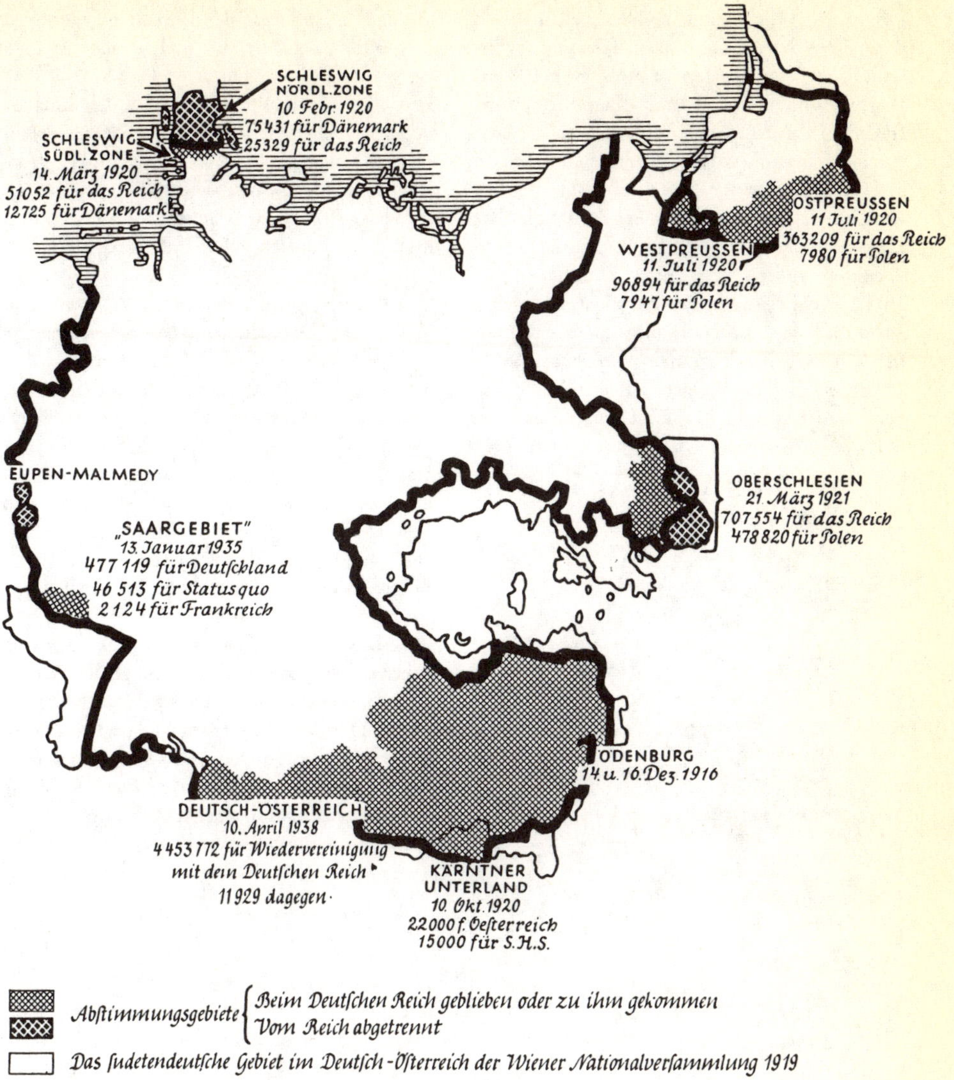

Volksabstimmungen nach Versailles

Der wirtschaftliche Aufstieg Deutschlands nach den Jahren der napoleonischen Herrschaft wird wesentlich gefördert durch die preußische Wirtschaftsreform und die damit eingeleitete frühe Industrialisierung. Auch Schlesien ist in diese Entwicklung einbezogen. Die durch den Einsatz von Maschinen mechanisierte Textilherstellung führt zu sozialen Unruhen und zu Aufständen der Hausweber im Juni 1844 in Peterswaldau und Langenbielau im Eulengebirge.

In Oberschlesien entsteht ein dicht besiedeltes Industrierevier, das bis zur Mitte des 19. Jahrhunderts dem rheinisch-westfälischen an Kapazität überlegen ist. Die ersten Eisenbahnlinien in Schlesien führen von 1842 an von Breslau zunächst nach Oberschlesien und wenig später auch in das Waldenburger Bergland. Die Oder wird von 1891 an reguliert, in Cosel entsteht bis 1895 ein großer Umschlaghafen.

Im politischen Raum macht sich in der Revolution von 1848/1849 auch und besonders in Schlesien das Aufbegehren gegen den preußischen Absolutismus bemerkbar. Neben Bauernaufständen ist es der Breslauer Maiaufstand vom 6. und 7. Mai 1849, mit dem sich der allgemeine Unwille Luft verschafft.

Ohne unmittelbare Auswirkung auf das Land bleiben der „Deutsche Krieg" zwischen Preußen und Österreich 1866 und der „Deutsch-französische Krieg" 1870/1871, der mit der Kaiserproklamation im Schloß von Versailles am 18. Januar 1871 zur Gründung des Deutschen Reiches führt. Dagegen erreicht der Kulturkampf, die Auseinandersetzung zwischen dem preußischen Staat und der katholischen Kirche in den Jahren 1872 bis 1887, auch die Provinz Schlesien.

Eingebunden in die weitgehend von Preußen aus bestimmte Politik des Reiches und in die von imperialistischen und nationalistischen Interessen beherrschten politischen Spannungen in Europa steht nun auch Schlesien an der Schwelle des 20. Jahrhunderts vor tiefgreifenden Wandlungen der gesamten politischen Situation. Das Land wird in den kommenden Auseinandersetzungen mehrfach ein bedrohtes und schließlich in seiner Existenz gefährdetes Objekt.

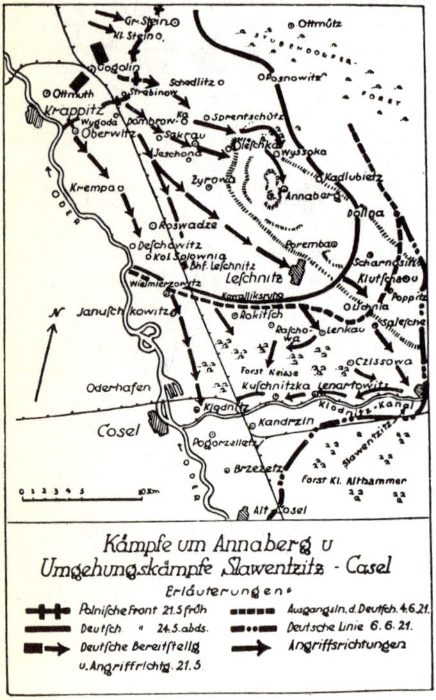

Kämpfe um den Annaberg

FOLGEN ZWEIER WELTKRIEGE

Die Verwicklung der europäischen Großmächte in ein internationales Bündnissystem kennzeichnet die Lage auf dem Kontinent zu Beginn des 20. Jahrhunderts. Die Ermordung des österreichischen Thronfolgers Franz Ferdinand und seiner Gemahlin am 28. Juni 1914 in Sarajevo setzt als unmittelbarer Anlaß für die Auslösung des Ersten Weltkrieges den Bündnismechanismus in Gang.

Das Ergebnis der Volksabstimmung vom 20. März 1921

	Stimmberechtigte Kategorie A	Stimmberechtigte Kategorie B	Stimmberechtigte Kategorie C	insges.	Ergebnisse der Abstimmung: abgegebene Stimm.	Ergebnisse der Abstimmung: für Polen	Ergebnisse der Abstimmung: für D.-Land	Ergebnisse der Abstimmung: ungültig
Stadtkreis Beuthen	34796	5464	2730	42990	40091	10101	29890	100
Landkreis Beuthen	98785	7824	3139	109748	107126	63021	43677	425
Landkreis Cosel	65709	20465	2131	88305	86415	16717	69476	221
Stadtkreis Gleiwitz	32381	6009	3559	41949	40700	8558	32029	113
Landkreis Tost-Gleiwitz	42371	5128	654	50766	47435	27198	20098	139
Landkreis Groß-Strehlitz	38361	7399	768	46528	45590	23046	22415	129
Landkreis Hindenburg	79934	8008	2851	90793	89152	43261	45219	672
Stadtkreis Kattowitz	22556	3562	2712	28531	26715	3900	22774	41
Landkreis Kattowitz	107324	10912	4104	122342	119458	66119	52892	447
Stadtkreis Königshütte	37436	4674	1942	44052	42758	10764	31864	130
Landkreis Kreuzburg (einschl. Teil Namslau)	25915	18283	2010	46208	45196	1785	43323	88
Landkreis Leobschütz	42686	22090	1921	66697	65428	259	65128	41
Landkreis Lublinitz	24999	4571	421	29991	29195	13679	15453	63
Stadtkreis Oppeln	14890	5531	2509	22930	21984	1098	20816	70
Landkreis Oppeln	62840	17783	1670	82293	80692	24710	55770	212
Landkreis Pleß	66157	6502	1262	73923	72277	53378	18675	220
Stadtkreis Ratibor	17647	5836	1853	25336	24675	2227	22291	157
Landkreis Ratibor	37147	7624	1129	45900	45053	18518	26349	185
Landkreis Rosenberg	26189	9167	620	35976	35108	11150	23857	101
Landkreis Rybnik	70265	10077	2003	82350	80438	52347	27919	172
Landkreis Tarnowitz	40123	4362	1076	45561	44739	27513	17078	148
zusammen	988511	191271	41064	1223169	1190225	479349	706993	3874

Schlesien bleibt von den Ereignissen zunächst unberührt. Die von russischen Truppen aus dem Osten drohende Gefahr wird durch das Vorrücken der Front nach Osten gebannt, das Kaiserliche Große Hauptquartier im Frühjahr 1915 für zwei Jahre nach Pleß in das dortige Schloß verlegt. Schlesien erlebt gleichwohl die durch den Krieg ausgelösten Bedrängnisse, wie sie das Leben in Deutschland zunehmend bestimmen. Die alliierte Hungerblockade gegen das Deutsche Reich ist besonders fühlbar während des berüchtigten „Kohlrübenwinters“ 1916/1917. Zwei Jahre später bedroht der Großpolnische Aufstand nach der Besetzung Posens am 28. Dezember 1918 auch das nördliche Schlesien. Andererseits werden tschechische Ansprüche auf die Grafschaft Glatz und auf das Leobschützer Revier erhoben. In Berlin ruft der Sozialdemokrat Philipp Scheidemann am 9. November 1918 eigenmächtig die Republik aus, zwei Tage später wird in Warschau die Republik Polen mit Josef Pilsudski als Staatschef und Oberbefehlshaber der polnischen Armee konstituiert.

Der Waffenstillstand vom 11. November 1918, das Inkrafttreten der Weimarer Verfassung am 11. August 1919 und des Versailler Vertrages vom 28. Juni 1919 am 10. Januar 1920 sind nun jene Stationen der deutschen Geschichte, die die weiteren Ereignisse in Preußen und damit auch in Schlesien bestimmen.

Das noch während des Ersten Weltkrieges in Paris gegründete „Polnische Nationalkomitee“ meldet im August 1919 Ansprüche auf Teile Schlesiens an, denen die Pariser Friedenskonferenz mit der Abtretung von Teilen der niederschlesischen Kreise Guhrau, Militsch, Groß Wartenberg und Namslau an den neu erstandenen polnischen Staat ohne vorherige Volksbefragung zustimmt. Ebenfalls ohne Abstimmung wird das Hultschiner Ländchen als südlicher Teil des Kreises Ratibor der neu geschaffenen Tschechoslowakei überlassen, das Teschener Gebiet schließlich zwischen dieser und Polen geteilt.

Unter dem Druck der internationalen Öffentlichkeit, besonders des britischen Premierministers Lloyd George, einigen sich die Alliierten entge-

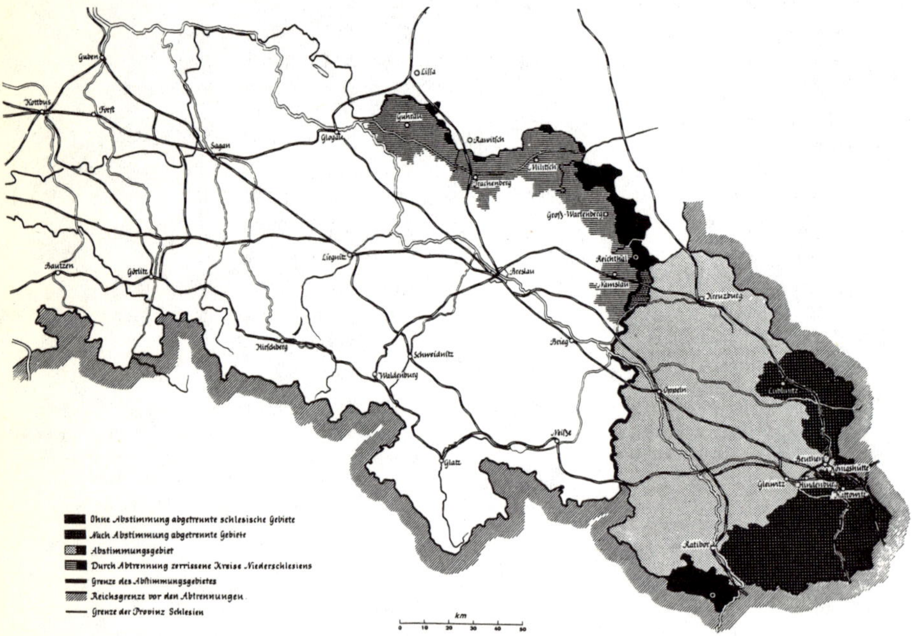

Schlesien nach Versailles

gen ihrer ursprünglichen Absicht auf die Zulassung einer Volksabstimmung in großen Teilen Oberschlesiens, das inzwischen durch ein preußisches Gesetz vom 14. Oktober 1919 eine eigene Provinz ist. Eine internationale Regierungs- und Plebiszit-Kommission übernimmt am 11. Februar 1920 die Macht in Oberschlesien mit dem Sitz in Oppeln. Das Abstimmungsgebiet wird von französischen, italienischen und britischen Truppen mit insgesamt 15.000 alliierten Soldaten besetzt.

Seit August 1919 versucht Polen, durch Aufstände die Entwicklung in Oberschlesien zu seinen Gunsten zu beeinflussen. Der erste polnische Aufstand, von Sosnowitz aus gesteuert, wird von den deutschen Grenzschutztruppen schnell beendet. Der zweite Aufstand kann nur noch von der deutschen Sicherheitspolizei bekämpft werden, die daraufhin von der Interalliierten Kommission aufgelöst wird.

Inzwischen ist die Abstimmung vorbereitet. Wahlberechtigt ist, wer 20 Jahre alt ist, in Oberschlesien lebt oder dort geboren oder vor dem 1. Januar 1904 dorthin zugezogen ist. Aus dem Reich kommen mit Sonderzügen in einer gewaltigen Demonstration 180 000 gebürtige Oberschlesier, um ihr Wahlrecht auszuüben und ihre Heimat zu retten.

Am Tage der Abstimmung, am 20. März 1921, geben 97 v. H. der Berechtigten ihre Stimme ab. Von den gültigen Stimmen entfallen 706 993 (= 60 v. H.) auf Deutschland und 479 349 auf Polen. Alle großen Städte haben eine eindeutige deutsche Mehrheit aufzuweisen.

Das Ergebnis ruft den dritten polnischen Aufstand hervor. Entsprechend den Gebietsforderungen des aus dem Kreis Kattowitz stammenden Organisators der Polenaufstände in Oberschlesien, Wojciech Korfanty, besetzen die Insurgenten am 3. Mai 1921 Oberschlesien bis etwa zur Oderlinie. Der oberschlesische Selbstschutz unter der Führung des Generals a. D. Höfer, ver-

Carl Hauptmann

stärkt durch Freiwillige aus ganz Deutschland, bereitet den Polen mit dem Sturm auf den Annaberg, den Symbolberg Oberschlesiens, am 21. Mai eine vernichtende Niederlage. Die geplante Befreiung der von den Polen noch eingeschlossenen Städte des Industriegebietes wird von dem französischen Kommandierenden General Le Rond verhindert. Er erzwingt die Auflösung des deutschen Selbstschutzes und später auch die der polnischen Verbände.

Am 20. Oktober 1921 übermittelt die Botschafterkonferenz in Paris der deutschen Reichsregierung den Beschluß der Regierungen Frankreichs, Großbritanniens, Italiens und Japans, Oberschlesien zu teilen. Die mit dem Inkrafttreten der Genfer Konvention vom 15. Juni 1922 vollzogene Teilung zerschneidet das dicht besiedelte Industriegebiet und ruft schwere wirtschaftliche und soziale Probleme hervor. Der wertvollste Teil Oberschlesiens mit 74 v. H. der Steinkohlenförderung, 96 v. H. der Eisenerzförderung und 82 v. H. der Zinkerzförderung fällt an Polen.

Am 15. Juni 1922 übernehmen das Reich und Polen die ihnen belassenen oder zugesprochenen Gebiete. Am 9. Juli tritt wieder die deutsche Verwaltung in dem bei Deutschland verbliebenen

Hermann Stehr

Teil Oberschlesiens mit Oppeln als Hauptstadt in Kraft. Am 15. Juli ist Oberschlesien durch die neue Grenze geteilt. Ostoberschlesien wird mit dem am 18. Juli 1920 an Polen gefallenen Ostteil des Teschener Schlesiens polnische Wojewodschaft, Verwaltungssitz ist Kattowitz. Der bei der Tschechoslowakei verbliebene Teil von Österreichisch-Schlesien bildet mit dem Hultschiner Ländchen das Land Schlesien mit Troppau als Hauptstadt.

Nach 15 Jahren ändert sich das Bild wiederum. Im Zuge der Aufhebung der Genfer Konvention von 1922, die ohnehin nur für die Dauer von 15 Jahren abgeschlossen worden ist, werden die preußischen Provinzen Nieder- und Oberschlesien zum 1. April 1938 wieder vereinigt, ein halbes Jahr später erhält Schlesien einen Teil der aufgelösten Grenzmark Posen-Westpreußen und zum 15. April 1939 das der Tschechoslowakei wieder abgenommene Hultschiner Ländchen zugewiesen.

Territoriale Veränderungen lösen der Einmarsch deutscher Truppen in Österreich am 12. März 1938, in die sudetendeutschen Gebiete der Tschechoslowakei am 1. Oktober 1938, in deren tschechische Landesteile am 15. März 1939 und die Errichtung des Reichsprotektorates Böhmen und Mähren am 16. März 1939 aus. Die Einmarschbewegungen vollziehen sich großenteils auch von schlesischem Boden aus. Das Dritte Reich sieht sich auf dem Höhepunkt seiner Macht.

Die beiden Jahrzehnte zwischen den Weltkriegen spiegeln in Schlesien nahezu synchron die Ereignisse im übrigen Reichsgebiet wieder. Die kommunistischen Unruhen der frühen zwanziger Jahre in Mitteldeutschland wie auch der Höhepunkt der Inflation sind hier ebenfalls spürbar. Andererseits wirkt das geistige Leben Schlesiens weit nach Deutschland und in das Ausland hinein.

Das Dreigestirn der schlesischen Dichter Carl Hauptmann (1858–1921), Gerhart Hauptmann (1862–1946) und Hermann Stehr (1864–1940) steht neben der großen Gruppe schlesischer Nobelpreisträger, zu denen in dieser Zeit die Chemiker Fritz Haber (1868–1934) aus Breslau und Friedrich Bergius (1884–1949) aus Goldschmieden gehören. Die am 26. Mai 1924 in Breslau eröffnete Schlesische Funkstunde gewinnt im Kreis der deutschen Sendegesellschaften schnell einen bedeutenden Platz. Am 21. Juli 1925 wird hier das erste deutsche Originalhörspiel – „Spuk" nach E. T. A. Hoffmann von Rolf Gunold – gesendet. Die Reichskanzler Hermann Müller, Gustav Bauer und Heinrich Brüning erhalten wie der Reichstagspräsident Paul Löbe aus Liegnitz ihre Mandate aus schlesischen Wahlkreisen.

Mit der Machtübernahme durch den Nationalsozialismus ändert sich das Bild erneut. Im Vollzug der Gleichschaltung der Länder wird im Oktober 1933 der preußische Landtag aufgelöst, die preußischen Ministerien, mit Ausnahme des Finanzministeriums, werden mit den Reichsministerien zusammengelegt. Durch das Gesetz über den Neuaufbau des Reiches vom 30. Januar 1934 gehen die Hoheitsrechte der Länder auf das Reich über. Reichsstatthalter in den Ländern repräsentieren den Einheitsstaat, Gauleiter übernehmen die Verwaltung der Provinzen, in Schlesien zumeist in Personalunion mit dem Amt des Oberpräsidenten in Nieder- und Oberschlesien.

Am Vorabend des Zweiten Weltkrieges ist das oberschlesische Grenzgebiet zu Polen Schauplatz provokatorischer Zwischenfälle, die zu Propagandazwecken vom Reichssicherheitshauptamt der SS inszeniert werden. Objekte solcher Scheinüberfälle durch angebliche polnische Aufständische sind das Zollhaus Hochlinden im Kreis Ratibor, das Forsthaus Pitschen im Kreis Kreuzburg und der Rundfunksender in Gleiwitz.

Wenige Stunden danach, am 1. September 1939, überschreiten deutsche Truppen um 4.45 Uhr auch von Schlesien aus die deutsch-polnische Grenze. Entsprechend dem Operationsplan tritt die Heeresgruppe Süd unter Generaloberst Gerd von Rundstedt mit der motorisierten 10. deutschen Armee unter Generaloberst Walter von Reichenau nach Nordosten den Vormarsch auf Warschau an. Am 4. Oktober bezieht der Militärbefehlshaber des Grenzschutz-Abschnitt-Kommandos 3 mit dem Chef der Zivilverwaltung das bisherige Wojewodschaftsgebäude in Kattowitz, nachdem Vertreter der Gauleitung Breslau schon am 5. September dort ihre Aufgaben übernommen haben.

Der Feldzug wird mit der Kapitulation der polnischen Hauptstadt am 27. September 1939 schnell beendet. Im Oktober 1939 kehren die durch den Versailler Vertrag an Polen abgetretenen Gebiete wieder zum Reich zurück. Die Provinz Schlesien wird durch den Anschluß Ostoberschlesiens und angrenzender altpolnischer Gebiete um 10.586 qkm mit rund 2,7 Millionen Einwohnern vergrößert und mit dem Gesetz vom 20. Dezember 1940 über die Bildung der Provinzen Oberschlesien und Niederschlesien erneut zweigeteilt. Gleichzeitig erfolgt die Errichtung der Gaue Nieder- und Oberschlesien der NSDAP. Kattowitz wird Sitz eines neuen Regierungspräsidiums.

Schlesien gilt lange Zeit als der „Luftschutzkeller" des Reiches, weil es außerhalb der Reichweiten der anglo-amerikanischen Luftflotten liegt. Produktionsstätten der Industrie, wertvolle Kunstschätze und Bibliotheken, aber auch Behörden werden aus dem kriegsgefährdeten Reichsgebiet nach Schlesien verlegt, Bombengeschädigte aus dem Rheinland, aus Mitteldeutschland und Berlin finden hier Unterkunft. Die Einwohnerzahl der Landeshauptstadt Breslau wächst auf über eine Million.

Das Kriegsende freilich trifft Schlesien mit besonderer Härte. Am 19. Januar 1945 erreicht die Rote Armee das oberschlesische Industriegebiet. Am 21. werden die Oderbrücken in und vor der Stadt zur Sprengung vorbereitet, am 22. Januar verlassen die Provinzialbehörden die Stadt, die Universität und die Technische Hochschule werden nach Dresden verlegt, das Funkhaus des Reichssenders Breslau wird am 25. Januar aufgegeben. Oppeln wird am 24. Januar, Hindenburg am 25. Januar, Kattowitz am 27. Januar besetzt. Das oberschlesische Industriegebiet fällt unzerstört in sowjetische Hand. Am 15. Februar wird Breslau zur Festung erklärt. In Niederschlesien erreichen Stoßkeile der sowjetischen Armeen am 25. Febru-

Sender Gleiwitz der Schlesischen Funkstunde

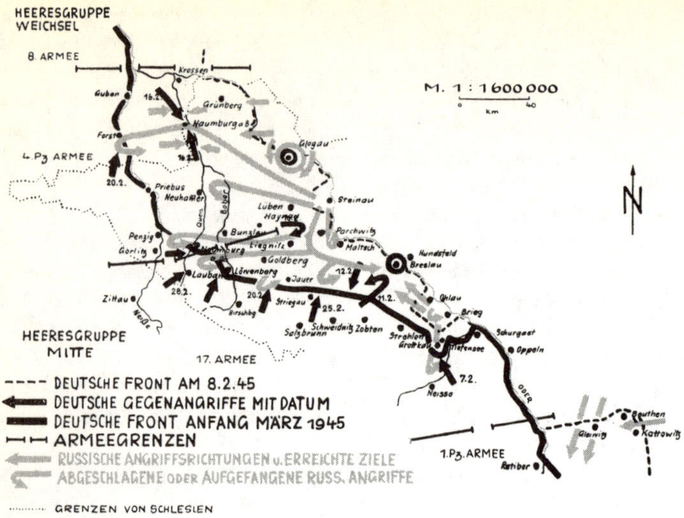

Heeresgruppe Mitte (Feb. / März 1945)

ar die Görlitzer Neiße; besonders hart umkämpft ist Lauban, das mehrfach den Besitzer wechselt. Im Südwesten bleiben die Gebirgsregionen bis zum Kriegsende in deutscher Hand.

Am 4. Februar meldet das Oberkommando der Wehrmacht: „An der Oder steht die 6. russische Armee in breiter Front von Gleiwitz bis Waldenburg. Gegen Breslau ist die Bildung einer Zange über Ohlau-Maltsch zu erwarten." Zwischen dem 11. und 13. Februar stoßen sowjetische Panzerkräfte beiderseits der Autobahn in Richtung Kanth vor, vom Westen her wird die Einschließung Breslaus eingeleitet, die am 18. Februar vollzogen ist.

Am Ostersamstag 1945 beginnt der Großangriff auf die eingeschlossene Stadt, die nach elfwöchigen Straßen- und Häuserkämpfen am 7. Mai kapituliert. Zwei Drittel der Stadt sind zerstört, die Opfer unter den Verteidigern und der zurückgebliebenen Zivilbevölkerung werden auf über 80000 geschätzt.

Im letzten Bericht der Oberkommandos der Wehrmacht vom 9. Mai 1945 heißt es: „Die Verteidiger von Breslau, die über zwei Monate lang den Angriffen der Sowjets standhielten, erlagen in letzter Stunde nach heldenhaftem Kampf der feindlichen Übermacht." Kommandanten der Festung Breslau waren von September 1944 bis Januar 1945 Generalmajor Johannes Krause, vom 1. Februar bis 8. März 1945 Generalmajor Hans von Ahlfen und vom 9. März 1945 bis zur Einstellung des Kampfes General Hermann Niehoff.

UNTER POLNISCHER VERWALTUNG

Nach der Gesamtkapitulation der deutschen Wehrmacht am 7. Mai 1945 bestätigt die Potsdamer Konferenz der drei Regierungschefs Stalin, Truman und Churchill bzw. Attlee und ihrer Außenminister Molotow, Byrnes und Eden bzw.

Bevin am 2. August die vorausgegangenen Vereinbarungen von Jalta vom Februar 1945. Danach wird Deutschland in seinen Grenzen vom 31. Dezember 1937 in vier Besatzungszonen eingeteilt. Die deutschen Ostgebiete ostwärts von Oder und Görlitzer Neiße werden einschließlich Stettin und Swinemünde sowjetischer und polnischer Verwaltung unterstellt. Die endgültige Festlegung der deutschen Ostgrenze bleibt einem künftigen Friedensvertrag mit einem gesamtdeutschen Souverän vorbehalten.

Noch bevor die Alliierten im Juli 1945 in Potsdam zusammentreten, übergibt die Sowjetunion im Vorgriff auf die Beschlüsse die umstrittenen Gebiete schon im Juni 1945 der provisorischen Regierung Polens zur Verwaltung. Daraufhin beginnen in Schlesien und den übrigen deutschen Ostgebieten noch im Juni die ersten Austreibungen der deutschen Bevölkerung. Im August folgt eine zweite bis zum November andauernde, von Februar bis Ende 1946 eine dritte Austreibungswelle. Unmittelbar betroffen sind 3 121 000 Schlesier.

Nach den Feststellungen des Statistischen Bundesamtes in Wiesbaden verlieren 386 870 schlesische Menschen durch Ermordung, Verschleppung oder Vertreibung ihr Leben.

Die durch Flucht und Vertreibung entstandenen Siedlungslücken werden eiligst durch zuwandernde Polen ersetzt, um vollendete Tatsachen zu schaffen.

Die Deutsche Demokratische Republik erkennt im Görlitzer Abkommen vom 6. Juli 1950 die Oder-Neiße-Linie als endgültige Grenze an. Dagegen halten die von der Bundesrepublik Deutschland mit Moskau und Warschau 1970 abgeschlossenen und 1972 ratifizierten Verträge die Deutschlandfrage offen.

Die gemeinsame Entschließung des Deutschen Bundestages vom 27. Mai 1972 besagt: Die Verträge nehmen eine friedensvertragliche Regelung für Deutschland nicht vorweg und sind keine Rechtsgrundlage für die heute bestehenden Grenzen. Diese Aussage ist vom Bundesverfassungsgericht am 30. September 1973 und am 7. Juli 1975

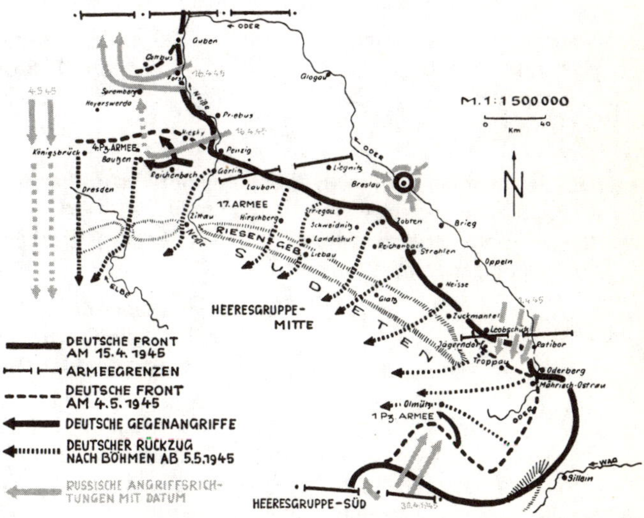

Letzte Kämpfe, Heeresgruppe Mitte

Kapitulationsbedingungen

Herrn Festungskommandanten der Festung Breslau, General der Inf. Niehoff.

Entsprechend Ihrer Zusage betr. der ehrenvollen Übergabe der Eingekesselten Ihrer Festung und der Festungseinheiten schlage ich folgende Bedingungen vor:

1. Alle unter Ihrem Befehl stehenden Truppen stellen die Kampftätigkeit am 6. 5. 1945 ab 14 Uhr (Moskauer Zeit) ein. (13 Uhr deutscher Zeit.)
2. Sie übergeben den Mannschaftsbestand, Waffen, alle Kampfmittel, Transportmittel und technische Einrichtungen unbeschädigt.
3. Wir garantieren Ihnen, allen Offizieren und Soldaten, welche den Widerstand eingestellt haben, das Leben, Ernährung, Belassung des persönlichen Eigentums und Auszeichnungen und nach Beendigung des Krieges Heimkehr in die Heimat. Dem ganzen Offizierkorps ist das Tragen der blanken Waffe gestattet.
4. Allen Verwundeten und Kranken wird sofortige medizinische Hilfe durch unsere Heilmittel zuteil.
5. Der Zivilbevölkerung werden Sicherheit und normale Lebensbedingungen garantiert.
6. Ihnen persönlich und anderen Generälen werden Pkw mit Bedienung belassen, ebenso die entsprechende Bedienung für Generäle in der Gefangenschaft.

Der Befehlshaber der 6. Russ. Armee
der 1. Ukrainischen Front
gez. **Glusdowski**
General

Der Chef des Stabes
gez. **Panow**
6. 5. 1945

Ich habe noch zu „Allgemeinen Richtlinien der Übergabe" hinzuzufügen, daß die von mir versicherten Garantien betreffs kommandierender Offiziere, Unteroffiziere und Mannschaften der Einheiten sich ebenso auf die Waffen-SS erstrecken, die an der Verteidigung Breslaus teilgenommen haben.

Der Befehlshaber der 6. Russ. Armee
der 1. Ukrainischen Front
gez. **Glusdowski**

sowie vom Bundessozialgericht am 30. September 1976 bekräftigt worden.
Gleichwohl ändert sich die Sachlage nach der deutschen Einigung vom 3. Oktober 1990. Ein deutsch-polnisches Vertragswerk wird vorbereitet, das die deutsch-polnische Grenze an Oder und Neiße endgültig festschreibt. Der Vorgang bleibt völkerrechtlich umstritten, Schlesiens Zukunft auch weiterhin offen.

Die deutschen Ostgebiete nach 1945

Mein Schlesierland

2. In dem Schatten einer Eiche,
ja da gab ich ihr den Abschiedskuß.
»Schatz, ich kann nicht länger bleiben,
weil, ja weil ich von dir scheiden muß!«
Da seufzt sie still . . .

3. »Liebes Mädel, laß das Weinen,
liebes Mädel, laß das Weinen sein.
Wenn die Rosen wieder blühen,
ja, dann kehr ich wieder bei dir ein!«
Da seufzt sie still . . .

Adelsdorf (poln. *Zagrodno*), Kr. Goldberg, Dorfgemeinde mit einer der acht Wasserburgen im Umkreis der Gröditzburg (s. d.). 1939: 1356 Einw.

Adlergebirge (tschech. *Orlické hory*), auch Böhmischer Kamm oder Erlitzgebirge, kristalliner Gebirgszug der mittleren Sudeten südwestlich von Glatz mit der Hohen Mense (1085 m) auf schlesischer und der Deschneyer Großkoppe (1114 m) auf böhmischer Seite am Grenzfluß Erlitz oder Adler.

Agnetendorf (poln. *Jagniątków*), Kr. Hirschberg, unweit von Schreiberhau am Fuße der Schneegruben, 1654 von böhmischen Protestanten gegründet und nach der Gemahlin Barbara Agnes des als Vertrauter Wallensteins am 23.7.1635 in Regensburg hingerichteten Freiherrn Hans Ulrich von Schaffgotsch benannt. Beliebte Sommerfrische (480–600 m).
Wohnort Gerhart Hauptmanns vom 10.8.1901 bis zu seinem Tode am 6.6.1946. Die Halle seines nach den Plänen des Architekten Hans Grisebach errichteten Hauses „Wiesenstein" ist mit einem 1922 von Prof. Johannes M. Avenarius (1887–1954) geschaffenen Wandgemälde ausgestattet, das Motive aus Hauptmanns Traumdichtung „Hanneles Himmelfahrt" (1894) enthält. Der Name des Hauses (heute polnisches Kinderheim) „war gegeben durch die ‚Wiesensteine', die auf dem Grundstück lagen und den Namen schon vorher trugen" (Hauptmann). 1939: 952 Einw.

Gerhart Hauptmann

Haus Wiesenstein in Agnetendorf

Albendorf (poln. *Wambierzyce*), Kr. Glatz, das „schlesische Jerusalem", Schlesiens berühmtester Wallfahrtsort am Fuße der Heuscheuer in der Grafschaft Glatz, seit 1936 päpstlich privilegiert. Der Ort verdankt seine geschichtliche Bedeutung dem Gedanken des Daniel Paschasius von Osterberg, der unter dem Eindruck zweier Reisen in das Heilige Land hier ein „Jerusalem in deutschen Landen" errichten wollte. Von 1683 an entstanden so die Nachbauten aller Erinnerungsstätten Jerusalems und von 1715–1730 auch die durch den Grafen Anton von Götzen errichtete Basilika Maria Heimsuchung als Nachahmung des Tempels des Königs Salomo. Pfarrei und Wallfahrtsort werden jetzt von Jesuiten betreut. 1939: 1358 Einw.

Albendorf, Wallfahrtsbasilika

Georg *Goebel*, Geistlicher Rat, Gründer und langjähriger Herausgeber des „Grafschafter Boten“, * 25. 9. 1900 in Albendorf, † 7. 6. 1965 in Lüdenscheid.

Albrechtsdorf (poln. *Olbrachtowice*), Kr. Breslau, erstmals 1336 erwähnt. Das 1736 erbaute und zwischen 1925 und 1937 erneuerte Schloß war bei Kriegsende 1945 im Besitz der Familie von Mutius. 1939: 389 Einw.

Alt Berun (poln. *Bieruń Stary*), Kr. Pleß, 1387 eine der letzten mittelalterlichen Stadtgründungen in Oberschlesien an der Straße von Gleiwitz über Auschwitz nach Krakau. Land- und Teichwirtschaft, Sprengstoffabrik aus der Zeit vor dem Ersten Weltkrieg. 1931: 3100 Einw.; 1970: 6480 Einw.

Altbielitz (poln. *Stare Bielsko*), Kr. Bielitz, größte schlesische Dorfgründung des 13. Jh., Waldhufendorf westlich von Bielitz zwischen den Flüssen Lobnitz und Biala.

Die gotische Stanislauskirche aus der zweiten Hälfte des 14. Jh. mit einem Freskenzyklus aus derselben Zeit ist in ihrem alten Baubestand weitgehend erhalten.

Nach 1787 führte der Ausbau der Vorwerke zur Gründung der Kolonie Alexanderfeld, benannt nach dem Grafen Alexander von Sulkowski, Vater des Grafen Franz, eines einflußreichen Ministers des Königs Friedrich August II. von Sachsen und Polen. Heute sind beide Orte in die Stadt Bielitz eingemeindet.

Altbielitz 1910: 2887 Einw., darunter 2629 Deutsche; Alexanderfeld 1910: 2317 Einw., darunter 2082 Deutsche.

Altenrode (poln. *Gniechowice*), bis 1937 Gnichwitz, Kr. Breslau, erstmals 1288 erwähnt. Gutsherrschaft und Schloß seit 1566 bis zur Vertreibung 1945 im Besitz der Grafen von Saurma-Jeltsch, Parkanlagen aus der Mitte des 19. Jh. 1939: 1150 Einw.

Althammer (poln. *Trachy*), Kr. Tost-Gleiwitz, um 1703 angeblich erster, mit Holzkohle befeuerter Hochofen in Oberschlesien, errichtet von Graf Jakob Heinrich von Flemming. Die Anlagen wurden nach Fertigstellung des Klodnitzkanals um 1820 nach Slawentitz, dem späteren Ehrenforst (s. d.), verlegt. 1939: 873 Einw.

Altheide, Bad (poln. *Polanica Zdrój*), Kr. Glatz, 361 m, am Ausgang des von der Weistritz durchflossenen Höllentals, 1347 erstmals erwähnt.

Die seit dem 17. Jh. bekannten Heilquellen wurden erst im 19. Jh. ausgewertet. Der „Prinzen-

Alt Bielitz, Stanislauskirche

sprudel" geht heute wieder in alle Welt. Das Bad erwarb 1904 der Breslauer Geheime Kommerzienrat Dr. h. c. Georg Haase und baute es großzügig aus. 1939: 3436 Einw.; 1945 von der polnischen Verwaltung zur Stadt erhoben.

Alt Kemnitz (poln. *Stara Kamienica*), Kr. Hirschberg, einer der Stammsitze der Familie Schaffgotsch.

Die Überlieferung, wonach die zwischen den einstigen Dominialgebäuden und der aus dem 15. Jh. stammenden kath. Pfarrkirche St. Johannes gelegene Kemnitzburg 1243 durch Herzog Boleslaw dem Kastellan Siboth Schoof, dem Stammvater der Familie Schaffgotsch, gegen Jahreszins übergeben worden sein soll, ist umstritten. Eine entsprechende Urkunde scheint eine Fälschung zu sein.

Ev. Kirche als achteckiges Fachwerkhaus 1743 erbaut und 1765 durch Anbauten für Altar und Orgel und die Herrschafts-Loge erweitert. 1939: 1321 Einw.

Alt Patschkau (poln. *Stary Paczków*), Kr. Neisse. Die erhaltene und gepflegte barocke Dorfkirche enthält einen holzgeschnitzten Altar

Bethaus in Alt Kemnitz

Mariä Krönung mit dem Bildnis der hl. Hedwig im Hauptaltar. 1939: 639 Einw.

Altreichenau (poln. *Stare Bogaczowice*), Kr. Waldenburg, Dorfgemeinde nordwestlich von Waldenburg. Die von dem Stiftsbaumeister Martin Urban 1685–1689 erbaute kath. Barockkirche wurde mit Mitteln des Klosters Grüssau, zu dem der Ort bis 1810 gehörte, errichtet. Die ev. Kirche von 1759 schuf der Baumeister Leopold Niederäcker, ein Schüler des aus Landeshut stammenden Carl Gotthard Langhans (1732–1808), des Erbauers des Brandenburger Tores in Berlin. 1939: 1773 Einw.

Altvatergebirge (tschech. *Jeseníky*), auch Hohes Gesenke, südöstlicher Teil der Sudeten im nördlichen mährischen Schlesien, wellige, bewaldete Hochfläche (um 1000 m) mit dem Altvater, früher auch Neisser oder Mährischer Schneeberg genannt, als höchster Erhebung (1492 m) und der Bischofskoppe (890 m) am nördlichen Bergvorsprung des Gesenkes.

Früher Eisen- und Metallbergbau, später Marmor-, Schiefer- und Graphitgewinnung, in den Tälern Holz-, Glas-, Kleineisen- und Leinenindustrie. Auf der flachen Bergkuppe stand der 1958 eingestürzte Altvaterturm. An seiner Stelle steht heute ein Betonturm für die Ausstrahlung

von Fernsehsendungen und die Vermittlung von Ferngesprächen.
Heilbäder und Kurorte: Karlsbrunn, Gräfenberg, Nieder Lindewiese und Bad Groß Ullersdorf.

Alt Warthau (poln. *Warta Bolesławiecka*), Kr. Bunzlau, Schreibweise auch ohne ‚h', Gutsdorf. Das in den zehn Steinbrüchen gewonnene Baumaterial ging bis nach Berlin. 1939: 1244 Einw.

Altwasser (poln. *Stary Zdrój*), Stadtkreis Waldenburg, als herzogliches Kammergut „aqua antiqua" 1357 erstmals erwähnt, seit 1412 Silberbergbau, seit 1548 Kohlebergbau, seit 1644 Heilquellen bezeugt. Die zwischen 1771 und 1857 entdeckten weiteren Quellen machten Altwasser bis 1873 zu einem beliebten Badeort, den 1831 auch König Friedrich Wilhelm IV. von Preußen besuchte.
Durch den Tiefbau der Segen-Gottes-Grube versiegten die Quellen, nachdem um 1850 die Umwandlung in einen modernen Industrieort begonnen hatte: Bergbau, Porzellanfabrik, Flachsgarnspinnerei. Mit 16021 Einw. 1919 nach Waldenburg eingemeindet.

Andreashütte (poln. *Zawadskie*), Kr. Groß Strehlitz, 18 km nordöstlich der Kreisstadt an der

Altvaterturm (1492 m)

Bad Altwasser

Malapane gelegen, bis 1936 Zawadzki. Der Ort entstand um das 1836 als Frischhütte errichtete Eisenwerk, das 1841 zu einem Stahlwerk ausgebaut wurde.
Durch die Teilung Oberschlesiens (1922) wurde das Werk stark in Mitleidenschaft gezogen. Gleichwohl waren hier 1944 noch rund 4700 Personen beschäftigt. Andreashütte wurde unter polnischer Verwaltung als Zawadzkie 1962 zur Stadt erhoben. 1971: 7700 Einw.

Anhalt (poln. *Hołdunów*), Kr. Pleß, ehemaliges Vorwerk des Dorfes Lendzin (poln. *Lędziny*) im Plesser Waldgebiet. Hier wurden 1770 die von der Gegenreformation und der polnischen Unterdrückung in das preußisch gewordene Schlesien geflohenen Bewohner von Seibersdorf (poln. *Kozy*) nordöstlich von Bielitz, die den reformierten Glauben angenommen hatten, angesiedelt.
Die Kolonie bekam den Namen des Grundherrn. Bei ihrer Gründung hatte der reformierte Feldprediger von Schlesien, Johann Gottlieb Schleiermacher, der Vater des Theologen und Philoso-

phen Friedrich Ernst Daniel Schleiermacher, der aus Breslau stammte, entscheidend mitgewirkt.

Im zweiten oberschlesischen Aufstand von 1920 wurde der Ort von polnischen Insurgenten niedergebrannt. Bis 1945 war Anhalt ein kultureller Stützpunkt der deutschen Volksgruppe. 1908: 880 Einw., darunter 747 Deutsche; 1961: mit über 6000 Einw. mit Lendzin vereinigt.

Annaberg (poln. *Góra Świętej Anny*), Kr. Groß Strehlitz, bis 1941 Sankt Annaberg, nordwestlich von Gleiwitz, mit 410 m höchster Punkt Oberschlesiens, religiöses und politisches Wahrzeichen.

In der von Franziskanern 1733–1749 errichteten Klosterkirche wird eine schlichte, aus Holz geschnitzte Figur der hl. Anna selbdritt verehrt, die aus dem Ende des 15. Jh. stammt. Die erste Kapelle ist um 1516 datiert. Zwischen 1700 und 1709 wurden auf dem Kalvarienberg 33 (heute 40) kleine Kapellen errichtet.

Annaberg mit Kirche, Kloster und Kalvarie wurden durch Vertrag mit dem Preußischen Staat vom 31. 3. 1832 dem bischöflichen Stuhl zu Breslau überlassen, 1856 ganz in dessen Besitz übergeführt und in den Rang eines Diözesanheiligtums erhoben. Die kath. Arbeiterbewegung richtete 1928 eine besondere Männerwallfahrt ein, an der Ende Juni 1942 noch etwa 120000 Männer und Jungmänner teilgenommen haben, obwohl das Pilgerheim schon 1941 von den Nationalsozialisten beschlagnahmt war und die Franziskaner aus dem Kloster ausgewiesen wurden.

Am 21. 5. 1921 stürmten deutsche Freiwillige den im dritten polnischen Aufstand von Insurgenten besetzten Berg. Ein 1934 erbautes Ehrenmal mit Feierstätte erinnerte an die im Kampf um Oberschlesien Gefallenen und an die Volksabstimmung vom 20. 3. 1921, bei der sich fast 60 v. H. für das Verbleiben bei Deutschland ausgesprochen hatten.

Das Denkmal wurde 1945 von den Polen gesprengt, die Wallfahrtskirche jedoch 1958 restauriert. Die Wallfahrt wird weiterhin von Franziskanern betreut. 1939: 2198 Einw.

Armenruh (poln. *Rochów*), Kr. Goldberg, Gemeinde Harpersdorf (s. d.), am Probsthainer Spitzberg gelegen. Der 1390 erstmals nachgewiesene Ort wurde um 1650 Zufluchtsstätte der Anhänger der Sekte des aus Osseg bei Liegnitz stammenden Kaspar von Schwenckfeld (1489–1561).

Barockschloß aus dem Jahre 1780, erbaut auf den Grundmauern eines bereits 1610 vorhanden gewesenen Hauses. Burg und Schloß 1942–1945 im Besitz der Schlesischen Landgesellschaft, 1959 polnisches Magazin. 1939 mit Harpersdorf: 1363 Einw.

Auras (poln. *Uraz*), Kr. Wohlau, unterhalb von Breslau am rechten Oderufer (117 m), 1204 erstmals als Dorf erwähnt und 1312 durch den Herzog von Oels zur Stadt erhoben, aber vermutlich bereits 1288 zu deutschem Recht ausgesetzt. Das aus der zweiten Hälfte des 15. Jh. stammende, in Dreiecksform erbaute und ursprünglich als Wasserburg angelegte Schloß ist 1945 ausgebrannt und liegt in Trümmern.

Als Sitz zahlreicher Schiffseigner und einer

Wallfahrt zum Annaberg

Burg Auras

Schiffswerft hatte Auras bis zum Ende des Zweiten Weltkrieges eine große Bedeutung für die Oderschiffahrt.
Die Stadt, am 27. 1. 1945 durch sowjetische Truppen besetzt, wurde erheblich zerstört und verlor 1970 auch das Stadtrecht. 1939: 1719 Einw.

Auschwitz (poln. *Oświęcim*), Kr. Bielitz, Hauptstadt des ehemaligen schlesischen Herzogtums Auschwitz und Zabor.
Die seit 1246 bezeugte Stadt kam 1457 durch Kauf an Polen, war von 1773 bis 1918 österreichisch, administrativ zu Galizien gehörend, und wurde nach dem Ersten Weltkrieg wieder polnisch, seitdem als Kreisstadt zur Wojewodschaft Krakau gehörend. Chemische Großindustrie und Zinkwalzwerke.
In unmittelbarer Nähe das 1940 eingerichtete größte nationalsozialistische Vernichtungslager auf einem rund 40 qkm großen KZ-Bereich. 1971: rund 40000 Einw.

Bauerwitz (poln. *Baborów*), Kr. Leobschütz, Landstadt am rechten Oder-Nebenfluß Zinna, 14 km südöstlich der Kreisstadt an der Straße nach Ratibor, 261 m. Erste Stadtgründung zweite Hälfte des 13. Jh., Name erstmalig 1296 erwähnt. Kath. Pfarrkirche Zur Geburt Mariens von 1340, Neubau 1852/1853, Holzkirche St. Joseph von 1700/1702, erneuert 1912. Die kath. Gemeinde gehörte zum Generalvikariat Branitz und damit zur Erzdiözese Olmütz. Landwirtschaft und Handwerk, Zuckerrüben- und Kartoffelflockenfabrik.
Bei der Volksabstimmung am 20. 3. 1921 stimmten 2112 Einw. für Deutschland, 19 für Polen. Am 24. 3. 1945 durch sowjetische Truppen besetzt. 1939: 4536 Einw.; 1969: 3705 Einw.

Bechau (poln. *Biechów*), Kr. Neisse, 10 km nordwestlich der Kreisstadt, Grundherrschaft der Grafen von Matuschka (1856–1945). Nach dem Brand des alten Schlosses 1854 nach Plänen des Breslauer Baurates Karl Johann Lüdecke 1856–1863 Errichtung eines neuen, groß angelegten Schlosses im Stil der Renaissance. 1939: 419 Einw.

Beneschau (tschech. *Benešov*), Bez. Hultschin, in der Oppa-Niederung nordwestlich von Hultschin, 1920 mit dem Hultschiner Ländchen zur Tschechoslowakei. Ursprünglich zum Herzogtum Troppau gehörend, wurde die seit 1377 urkundlich belegte Stadt 1742 preußisch, gehörte zeitweilig zum Kreis Leobschütz, von 1816–1920 und wieder von 1939–1945 zum Kreis Ratibor. Die Gutsherrschaft im Besitz des Louis Freiherrn von Rothschild umfaßte fünf Rittergüter mit zusammen 2400 ha. 1939: 1966 meist mährischsprachige Einw.

Bergen (poln. *Borzygniew*), Kr. Schweidnitz, bis 1936 Borganie, Dorfgemeinde 20 km nordöst-

Bauerwitz

lich der Kreisstadt im Weistritztal, zu deutschem Recht mit Kirche und Pfarrei 1241 belegt und bis in das 19. Jh. Herrensitz.
Auf einem Hügel weithin sichtbar das 1613 im Stil der Spätrenaissance erbaute zweigeschossige Schloß, das 1937 an den Staat verkauft verden mußte, weil hier und auf einem 528 ha umfassenden Gelände ein großes Staubecken für die Weistritz angelegt werden sollte. Das Schloß wurde Sitz des Staubecken-Planungsamtes und ist im April 1945 durch Artilleriebeschuß zerstört worden. Nur die Giebel blieben stehen.
Ev. Kirche aus dem 16. Jh., nach 1626 wieder kath. 1939: 394 Einw.

Bergstadt (poln. *Leśnica*), Kr. Groß Strehlitz, bis 1936 Leschnitz, am südöstlichen Abhang des Annaberges, 220 m. Stadt als „forum" erstmalig 1217 nachgewiesen, 1327 böhmisch, 1625 mit Böhmen an Habsburg (Österreich), 1742 preußisch.
Die 1717 erneuerte Stadtpfarrkirche St. Trinitatis stammt aus der Mitte des 13. Jh. Obstanbau und Obsthandel, bis in das 19. Jh. auch Leineweberei. Bei der Volksabstimmung am 20. 3. 1921 stimmten 899 Einwohner für Deutschland, 101 für Polen. Die Stadt wurde am 21. 1. 1945 von sowjetischen Truppen besetzt. 1939: 3121 Einw.; 1969: 2544.
Hans *Lipinsky-Gottersdorf*, Schriftsteller,

Schloß Bechau

Schloßturm von Bernstadt

Hauptpreisträger 1977 des Kulturpreises Schlesien des Landes Niedersachsen, *5. 2. 1920 in Leschnitz, lebt in Köln.

Bernstadt (poln. *Bierutów*), Kr. Oels, 15,5 km südöstlich der Kreisstadt am rechten Ufer der Weide, 148 m. Von Herzog Heinrich III. von Breslau gegründet und 1266 erstmalig „Fürstenwald", wohl nach dem Gründer, genannt. Der Name Bernstadt taucht erst 1495 auf.
Das 1887 erneuerte Rennaissanceschloß aus dem Ende des 17. Jh. gehörte nach dem Tode des Herzogs Wilhelm von Braunschweig (1884) der preußischen Krone. Letzter Besitzer war Kronprinz Wilhelm von Preußen (1882–1951).
Die Stadt litt 1430 schwer unter den Hussitenkriegen und mußte im Dreißigjährigen Krieg kaiserliche und schwedische Besatzung hinnehmen.
Am 24. 1. 1945 wurde Bernstadt durch sowjetische Truppen besetzt. Trotz Zerstörung des Stadtkerns bis zu 50 v. H. sind von den alten Bauten die ev. Katharinenkirche und das Schloß erhalten geblieben. 1939: 4953 Einw.
Ludwig *Meidner*, expressionistischer Maler und

Schriftsteller, * 18. 4. 1884 in Bernstadt, † 14. 5. 1966 in Darmstadt.

Berthelsdorf (poln. *Barcinek*), Kr. Hirschberg, 7 km nördlich von Reibnitz und Alt Kemnitz am Kemnitzbach, 336 m, ehemalige Kaltwasser- und Naturheilanstalt. 1939: 816 Einw.

Bettlern (poln. *Bielany Wrocławskie*), Kr. Breslau, 10 km südwestlich der Landeshauptstadt. Wehrkirche aus der Zeit um 1520–1530, Herrenhaus aus dem späten 16. Jh. 1939: 952 Einw.

Beuthen/OS (poln. *Bytom*), Bergbau- und Industriestadt 120 km südöstlich von Breslau im Vorfeld der Karpaten, 280 m. Erstmalig 1136 als „bitom" (lat.: Bithomia) erwähnt, 1254 als Stadt mit deutschem Recht ausgesetzt durch Herzog Wladislaus I. von Oppeln (1246–1281), der als der eigentliche Städtegründer in Oberschlesien gilt, 1474 mit Magdeburger Recht bezeugt. Die Stadt, deren Name Beuthen seit 1450 nachweisbar ist, gehörte von 1177 an zum Herzogtum Ratibor, kam 1281 zum Herzogtum Beuthen, mit diesem 1289 unter böhmische Oberlehnshoheit und 1526 mit Böhmen an Habsburg (Österreich), schließlich 1742 zu Preußen.

Seit 1136 ist der Bergbau als bedeutendster Wirtschaftszweig belegt, jedoch brachte erst die preußische Zeit den entscheidenden Aufschwung. Der schlesische Berghauptmann Friedrich Wilhelm Graf von Reden (1752–1815) ließ hier 1787 die erste Dampfmaschine auf dem europäischen Festland aufstellen. Zum Eisen- und Zinkbergbau trat seit der Mitte des 19. Jh. der Kohlenbergbau.

Beuthen: Konzerthaus und Stadttheater

Industrialisierung durch die Grafen Henckel von Donnersmarck: Eisenhüttenwerke „Friedenshütte" (1840) und „Eintrachthütte" (1838), Zinkhütten „Klara" (1820/1821), „Rosamunde" (1838) und „Beuthener Hütte" (1845) sowie die Kohlengruben „Lythandra" (1830) und „Friedensgrube" (1899/1902), außerdem Stahl- und Maschinenbau, Gießereien, Zement- und Holzverarbeitung, Braugewerbe und Tabakindustrie.

Die 1899 gegründete Stadtbibliothek wurde 1930 durch Angliederung einer Studienabteilung zur Oberschlesischen Landesbibliothek erweitert, aus den 1910 angelegten Sammlungen des Beuthener Geschichts- und Museumsvereins entstand 1930 das Oberschlesische Landesmuseum (nach 1945 polnisches Kulturinstitut).

Weitere kulturelle Einrichtungen neben einem breit gefächerten Schul- und Fachschulwesen waren das erstmals 1876 nachweisbare Theater, später Oberschlesisches Landestheater (nach 1945 staatliches polnisches Opernhaus), die 1930 eröffnete Hochschule für Lehrerbildung und das 1937 eingerichtete Stadtarchiv. Örtliche Tageszeitung 1919–1945: „Ostdeutsche Morgenpost".

Zu den historisch bedeutenden Denkmälern gehört die 1901 aus Mikultschütz in den Stadtpark von Beuthen versetzte Laurentius-Schrotholzkirche aus dem 16. Jh., die seit 1921 als Museum für kirchliche Altertümer diente und 1933 als Gefallenen-Gedenkstätte ausgebaut wurde. Die 1931 auf dem Marktplatz errichtete zweitürmige Kirche St. Barbara ist der größte Kirchenbau Oberschlesiens.

Die St. Trinitatis-Kirche, 1883–1886 in neugotischem Stil errichtet, steht auf dem Platz, auf dem 1617 die Protestanten ihre Dreifaltigkeitskirche erbaut hatten.

In der Volksabstimmung von 1921 sprachen sich 29 890 = 74,7 v. H. der 34 796 stimmberechtigten Bürger für Deutschland, 10 101 für Polen aus. Die Teilungsgrenze von 1922 nahm der Stadt mit dem Industrie-Stadtteil Friedenshütte den größten Teil ihres Hinterlandes. Besetzung durch sowjetische Truppen am 28. 1. 1945, erhebliche Zerstörungen.

In Beuthen geboren:

Maximilian *Kaller*, Bischof, päpstl. Sonderbeauftragter für die heimatvertriebenen Deutschen, * 10. 10. 1880, † 7. 7. 1947 in Frankfurt am Main, beigesetzt in Königstein am Taunus;
Willibald *Köhler*, Schriftsteller und Eichendorff-Forscher, * 6. 9. 1886, † 25. 10. 1976 in München;
Alfred *Hein*, Schriftsteller. * 7. 10. 1894, † 30. 12. 1945 in Halle a. d. Saale;
Max *Tau*, Schriftsteller, * 19. 1. 1897, † 13. 3. 1976 in Oslo;
Arno *Lubos*, Literaturhistoriker, * 9. 2. 1928, lebt in Coburg;
Reiner *Zimnik*, Zeichner, Schriftsteller, Fernsehautor, * 13. 12. 1930, lebt in München.
Patenschaft für Stadt und Kreis Beuthen: Stadt und Kreis Recklinghausen. Organ: „Gleiwitzer und Beuthener Heimatblatt", Steinheim bei Hanau, seit 1950. 1939: 101 084 Einw.; 1975: 234 400 Einw.

Beuthen/Oder (poln. *Bytom Odrzański*), Kr. Glogau, 21,5 km nordwestlich der Kreisstadt am linken Oderufer, 84 m. Als Kirchort seit 1175 bezeugt, Stadtgründung nach deutschem Recht ungewiß, vermutlich zwischen 1263 und 1289, seit 1331 unter böhmischer Oberlehnsherrschaft, 1490 im Besitz der Krone Böhmens, 1527 mit Böhmen an Habsburg (Österreich), 1742 an Preußen.

Der Kanzler von Schlesien, Georg Freiherr von Schoenaich, gründete hier 1601 das „Gymnasium academicum", eine Hochschule mit 12 Lehrstühlen u. a. für reformierte und lutherische Theologie, die aber 1628 in der Gegenreformation durch Anordnung Kaiser Ferdinand II. geschlossen wurde. Das Schulgebäude wurde 1694 durch einen Stadtbrand vernichtet. König Friedrich II.

von Preußen eröffnete die ev. Schule wieder und ließ auf dem Boden des ehemaligen Gymnasiums von 1744–1746 ein zunächst turmloses Bethaus als ev. Pfarrkirche errichten.

Das Wirtschaftsleben der Stadt war neben Landwirtschaft und Handwerk durch die Oderschifffahrt bestimmt. Die Oderbrücke wurde 1907 erbaut.

Die Stadt wurde am 13. 2. 1945 von sowjetischen Truppen besetzt. 1939: 3176 Einw.; 1969: 3149.

Jochen *Klepper*, Schriftsteller, * 22. 3. 1903 in Beuthen an der Oder, † 11. 12. 1942 (Freitod in Berlin mit Frau und Tochter).

Bielitz (poln. *Bielsko-Biała*), alte deutsch-fränkische Tuchmacherstadt am Fuße der Beskiden, Mittelpunkt der einst größten deutschen Sprachinsel im östlichen Oberschlesien am Westufer der Biala, die bis 1772 die Grenze zwischen Polen und Schlesien war. Nach der Angliederung Schlesiens an Preußen (1742) blieb Bielitz bei Österreich und war seit 1553 dessen einzige evangelische Stadt. Nach dem Zusammenbruch Österreichs wurde Bielitz 1920 polnisch, blieb aber die einzige mehrheitlich deutsche Stadt im damaligen Polen, deren wirtschaftliche Bedeutung sich aus der Farben-, Textil- und Maschinenindustrie herleitete.

Das 1867 hier errichtete ev. Lehrerseminar bildete den Lehrernachwuchs für die ev. Schulen Österreichs von Kärnten bis in die Bukowina aus. 1890 erhielt die Stadt ein ständiges Theater, 1939 wurde das Bunzlauer Ensemble des Schlesischen Landestheaters Breslau nach Bielitz versetzt.

Bei der Vertreibung 1945 erlitt die Bevölkerung schwere Verluste. Bielitz wurde 1951 mit der ehemaligen deutschen Siedlung Biala auf dem rechten Ufer der Biala zur Stadt Bielitz-Biala vereinigt und durch weitere Eingemeindungen 1970 mit rund 105700 Einw. als Großstadt Hauptort der gleichnamigen südpolnischen Wojewodschaft.

In Bielitz geboren:

Josef *Strzygowski*, Kunsthistoriker, * 7. 3. 1862, † 2. 1. 1941 in Wien;

Hertha *Karasek-Strzygowski*, Malerin, Schriftstellerin, * 21. 6. 1896, † 7. 5. 1990 in Bischofswiesen bei Berchtesgaden;

Industriestadt Bielitz

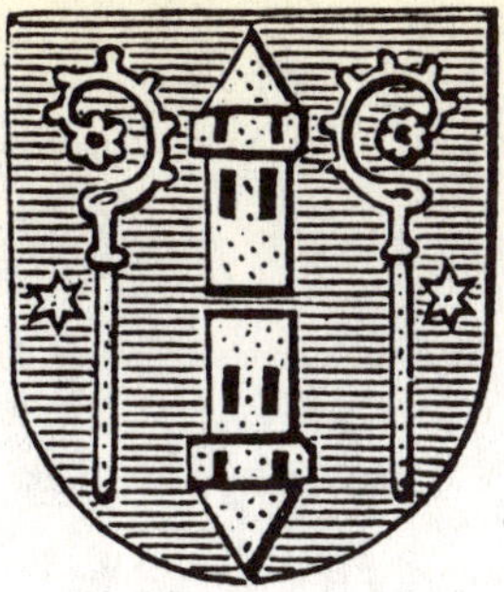

Bischofstal

Walter *Kuhn*, ostdeutscher Sprachinsel- und Volkstumsforscher, * 27. 9. 1903, † 25. 8. 1983 in Salzburg;
Hans von *Keler*, Landesbischof der Württ. Evangelischen Landeskirche, * 1925, lebt in Stuttgart.
Patenschaft für Stadt Bielitz-Biala: Stadt Lippspringe a. d. Lippe, Nordrhein-Westfalen.

Birkenhain (poln. *Brzeziny Śląskie*), Kr. Tarnowitz, Industriestadt 4 km östlich von Beuthen/OS, seit 1883 selbständige Gemeinde, die 1905 bereits 4201 Einwohner zählte. Nach 1945 wurde Birkenhain Sitz des Bergwerks- und Hüttenkombinats „Weißer Adler" und 1967, nach dem Anschluß der Bergwerksbetriebe von Deutsch Piekar, wichtigster Verbund der polnischen Blei- und Zink-Industrie mit 1967 über 7000 Beschäftigten. Stadterhebung 1951. 1970: 8027 Einw.

Bischofstal (poln. *Ujazd*), Kr. Groß Strehlitz, bis 1937 Ujest, 14 km südlich der Kreisstadt am Klodnitzkanal und an der Klodnitz, 200 m, 1145 als dörfliche Siedlung gegründet, 1260 als „civitas" belegt, 1327 mit Herzogtum Oppeln unter böhmischer Oberlehnshoheit, 1526 mit Böhmen an Habsburg (Österreich), 1742 preußisch.
Die Stadt hatte im 19. Jh. einen starken jüdischen Bevölkerungsanteil. Landwirtschaft und Handwerk bestimmten die Wirtschaftsstruktur, zuletzt u. a. die Pfefferkuchenproduktion.
Neben der 1613 erbauten Pfarrkirche und der 1858 errichteten Wallfahrtskirche „Visitatio Mariae" war Bischofstal Sitz eines kath. Archipresbyterates.
Bei der Volksabstimmung am 20. 3. 1921 stimmten 1384 Einw. für Deutschland, 161 für Polen. Besetzung durch sowjetische Truppen am 21. 1. 1945. 1939: 2196 Einw.; 1969: 2725.

Blüchersruh (poln. *Krobielowice*), Kr. Breslau, bis 1937 Krieblowitz, Dorf am Weistritz-Zufluß Schwarzwasser, 21 km südwestlich der Landeshauptstadt, erste Erwähnung 1321.
Das Schloß aus der Zeit 1570–1580 wurde bald nach 1700 zu einer Vierflügelanlage mit Innenhof erweitert und danach noch mehrfach umgebaut. König Friedrich Wilhelm III. von Preußen schenkte Gut und Schloß Krieblowitz dem Feld-

Schloßeinfahrt in Blüchersruh

marschall der Befreiungskriege Gebhard Leberecht Blücher, Fürst von Wahlstatt, der wegen seines Draufgängertums volkstümlich „Marschall Vorwärts" genannt wurde.

Blücher starb am 12. 9. 1819 und wurde in einem kupfernen Sarg endgültig in einem Mausoleum beigesetzt, das erst 1846–1853 neben der Familiengruft im Park von Krieblowitz als Rundturm aus Zobten-Granit über einem quadratischen Sockel errichtet wurde. Auf der Vorderseite ein großes Porträtmedaillon Blüchers. Mausoleum und Familiengruft wurden 1945 zerstört. 1939: 329 Einw.

Blüchertal (poln. *Zawonia*), Kr. Trebnitz, Dorfgemeinde im Katzengebirge nördlich der Landeshauptstadt, 1208 erstmals als Besitz des Herzogs Heinrichs I. von Breslau belegt, dessen Witwe, Herzogin Hedwig, 1242 in ihrem Testament das Witwengut dem Zisterzienserinnenkloster Trebnitz schenkte. Die Urkunde ist die einzige von der hl. Hedwig erhaltene.

Deutschrechtliche Aussetzung 1250, Erhebung zur Stadt 1252, aber schon 1293 wieder als Dorf genannt. Der Besitz wurde 1810 säkularisiert und

Kirche in Blüchertal

Bobertalsperre bei Mauer

1814 dem Feldmarschall Blücher als Dotation überlassen. 1939: 840 Einw.

Bober (poln. *Bóbr*), linker Nebenfluß der Oder, 268 km lang, entspringt im Hirschberger Kessel in 864 m Höhe in einem Wald zwischen Rehorn und Schatzlar und mündet unterhalb von Crossen in die Oder. Wichtigste Nebenflüsse sind die Lomnitz und der Zacken vom Riesengebirge, der Queis vom Isergebirge, die Tschirna und rechts die Sprotte.

Im Oberlauf bei Mauer im Isergebirgsvorland nordwestlich Hirschbergs die 1910–1912 erbaute Bobertalsperre, mit einem Stausee von 240 ha, 50 Millionen cbm Inhalt und 62 m Stauhöhe die seinerzeit größte in Europa. Die Staumauer ist 280 m lang, unten 50 m, oben 7 m breit. Das Kraftwerk erzeugte jährlich rund 20 Millionen kWh.

Bober-Katzbach-Gebirge (poln. *Góry Kaczawskie*), Vorgebirge des Riesengebirges nördlich Kupferbergs mit dem Kammerberg (724 m), der Hogolje (720 m), dem Probsthainer Spitzberg (501 m) und dem Gröditzberg (389 m). Die 1926/1927 erbaute Bober-Ullersdorfer Talsperre hat

Bethauskirche in Boberröhrsdorf

einen Stauinhalt von 1,75 Millionen cbm aus einem 1078 qkm großen Zuflußgebiet.

Boberröhrsdorf (poln. *Siedlęcin*), Kr. Hirschberg, 6 km nordwestlich der Kreisstadt im tief eingeschnittenen Bobertal, im 14. Jh. als Rudgersdorf erstmalig belegt.
Boberröhrsdorf besitzt einen aus dem frühen 14. Jh. stammenden und im 15. Jh. um ein viertes Geschoß erhöhten Wohnturm, der von einer 1443 zerstörten Burg übrig blieb und als eines der bedeutendsten Baudenkmäler Schlesiens gilt. Mit einer Höhe von 19 m und einer Grundfläche von 14 m x 21 m ist er ein seltenes Zeugnis für den weit nach Osten reichenden Typus fränkischer Wohntürme, wie sie sonst nur in der Schweiz und am Oberrhein vorkommen.
Der Turm gehörte zum Gutshof, der von 1732–1945 im Besitz der Familie Schaffgotsch war. Denkmalpflegerische Instandsetzung 1936–1938, 1955 Beseitigung der Kriegsschäden. 1939: 1756 Einw.

Bobrek-Karf (poln. *Bobrek-Karb*), Kr. Beuthen, Tarnowitz, oberschlesische Industriestadt, seit 1945 unter polnischer Verwaltung und zur Wojewodschaft Kattowitz gehörend. Steinkohlenbergbau, Hüttenwerke, Chemische Industrie. 1939: 22095 Einw.; 1970: rund 22000 Einw.

Boguschowitz (poln. *Boguszowice*), Kr. Rybnik, im oberschlesischen Vorgebirgshügelland, seit dem frühen 14. Jh. als Dorf nachweisbar. In der 1717 hier erbauten Holzkirche ein Altarbild des zuletzt im Kloster Leubus tätig gewesenen Barockmalers Michael Willmann (1630–1706). Guido Graf Henckel von Donnersmarck ließ 1913–1916 die große Kohlengrube „Blücher-Schächte" (heute „Jankowice") anlegen. Die Vergrößerung der Grubenanlagen um 1958 führte für den Ort 1962 zur Stadterhebung. Eine große Brikettfabrik entstand 1965–1968. 1931: rund 2000 Einw.; 1970: 15376 Einw.

Bohrau (poln. *Borowa*), kleines Dorf im Kr. Oels. In der kath. Dorfkirche erinnert ein Relief an den Tod des friderizianischen Generalfeldmarschalls Kurt Christian Graf von Schwerin, der durch seinen Sieg in der Schlacht bei Mollwitz am 10. 4. 1741 im Ersten Schlesischen Krieg dem preußischen König die Kontrolle über Schlesien sicherte. 1939: 528 Einw.

Bolkenhain (poln. *Bolków*), Kr. Jauer, kleine Landstadt am Nordabhang des Riesengebirges, im Tale der „Wütenden Neiße", 332 m. Vermutlich noch vor 1241 durch Herzog Boleslaus von Schlesien als Stadt mit deutschem Recht ausgesetzt, 1368 zu Böhmen gehörend, 1526 mit Böhmen an Habsburg (Österreich), 1742 preußisch. Der Name der Stadt leitet sich von Herzog Bolko I. von Jauer-Löwenberg her, der Burg und Stadt ausbaute.

Bolkenhain und Bolkoburg

Die Ruine der Bolkoburg

Während der Hussitenkriege 1419–1436 und des Dreißigjährigen Krieges 1618–1648 erlitt die Stadt schwere Kämpfe und Zerstörungen. Teile der Stadtmauer blieben erhalten.
Gründung der ersten mechanischen Weberei 1858 durch die Nachkommen von Ernst Kramsta, der hier 1809/1810 die Anfänge der später weltberühmten Leinwandindustrie des Unternehmens C. C. Kramsta & Söhne mit dem Hauptsitz in Freiburg gründete.
1943 Einbau unterirdischer Anlagen in der Richardshöhe im Nordosten der Stadt zur Aufnahme eines Teiles der Hamburger Flugzeugwerke. Die Stadt wurde am 8. 5. 1945 von sowjetischen Truppen besetzt und blieb unzerstört. 1939: 4589 Einw.; 1979: rund 5100.
Die Patenschaft für die Stadt Bolkenhain hält die Stadt Borken, Nordrhein-Westfalen, seit 1965; Heimatzeitung: Bote aus dem schlesischen Burgenlande, Velen, Kr. Borken, seit 1949, und Neue Bolkenhainer Heimatblätter, Darmstadt und Lauterberg/Harz, seit 1972.
Von 1921–1925 war hier der schlesische Schriftsteller und Heimatdichter Fedor *Sommer* (1864–1930) als Schulrat tätig. Er schrieb für die Bolkofestspiele das Schauspiel „Bolko", eine Dramatisierung der Sage von Bolko und seinem Hofnarren Jakob Thau.
Heinrich *Windelen*, Bundesminister für innerdeutsche Beziehungen, * 25. 6. 1921 in Bolkenhain, lebt in Warendorf, Nordrhein-Westfalen, und Bonn.

Bolkoburg (poln. *Zamek Bolków*), weitläufige Ruine auf einem Hügel südwestlich der Stadt Bolkenhain. Die erste um 1239 bezeugte gotische Burganlage wurde 1241 beim Mongoleneinfall niedergebrannt, von 1292 an durch Herzog Bolko I. von Schweidnitz und Jauer wieder aufgebaut, 1468 als Raubnest von den schlesischen Städten erobert, zwischen 1534 und 1639 im Stil der Renaissance durchgreifend erneuert, im Dreißigjährigen Krieg dreimal von den Schweden belagert und 1703 an das Kloster Grüssau verkauft. Mit der Säkularisierung 1810 ging die Burg in den Besitz des preußischen Staates über. Die Burg verfiel, nur der Turm erhielt 1850 eine Plattform mit Balustrade. Im 1923 erneuerten Frauenhaus an der Westseite wurden eine Jugendherberge und ein Heimatmuseum eingerichtet, das seit 1953 wieder zugänglich ist.
Nach dem Ersten Weltkrieg wurde der Burgzwinger zu einer Freilichtbühne als Schauplatz für die Bolkofestspiele ausgebaut. Im Innern des Burghofes befand sich früher ein vom Riesengebirgs-Verein errichtetes Bismarck-Denkmal in Gestalt eines Reliefs auf einem Felsblock.

Borislawitz (poln. *Borzysławice*), Kr. Cosel, 1936 in Saßstädt umbenannt (s. d.).

Schloß Boyadel

Boyadel (poln. *Bojadła*), Kr. Grünberg, Dorfgemeinde zwischen Oder und Obra am 1738 erbauten Oder-Obra-Kanal, zu den zehn Dörfern mit Vorwerken, den sogenannten „Boyadler Gütern" gehörend, 1680 durch Adam Wenzel von Kottwitz von den Glogauer Jesuiten erworben. Sein Bruder ließ 1735 das jetzige Schloß erbauen, nachdem der vorherige Bau 1731 durch Feuer vernichtet worden war. Der letzte Besitzer, Adolf Freiherr von Scheffer-Boyadel, starb 1945 mit seiner Frau beim Einmarsch der sowjetischen Truppen in Berlin.

Branitz (poln. *Branice*), Kr. Leobschütz. In dem altbesiedelten Ort mit Burg aus dem 13. Jh. errichtete der kath. Geistliche Johann Martin Nathan (1867–1947) um die Jahrhundertwende, beginnend 1897, auf einem 10 ha großen parkartig angelegten Gelände im Pavillonstil weitläufige Heil- und Pflegeanstalten mit Kirche (1930–1933), Landwirtschaft und Werkstätten und mit einem Forschungsinstitut für Gehirn- und Geisteskranke, das zuletzt bis zu 2000 Patienten aufnehmen konnte. 1939: 3877 Einw.

Brauchitschdorf (poln. *Chróstniki*), Kr. Lüben, seit dem 13. Jh. Stammsitz der Familie von Brauchitsch. Das Dorf besitzt eine erstmalig 1135 erwähnte spätgotische Kirche mit mehreren Renaissance- und Barockepitaphien der Familie von

Schloß Brauchitschdorf

Breslauer Schloß

Brauchitsch, die bis 1633 hier die Gutsherrschaft innehatte.
Das auf alter Grundlage erbaute barocke Schloß, in den Jahren 1723–1728 errichtet und 1908/1909 durch den Anbau zweier Seitenflügel erweitert, stand bis 1945 unter Denkmalschutz. Während des Zweiten Weltkrieges waren große Teile des Schlosses Ausweichquartier für die Reichsbahndirektion Breslau.
Es fiel unzerstört in die Hände der sowjetischen Truppen, wurde aber ausgeplündert. Nach 1945 Lazarett, später Quartier und Stützpunkt für sowjetische Offiziere und Beamte. 1939: 598 Einw.
Benjamin *Schmolek*, Schriftsteller und Prediger, * 21.12.1672, † 12.2.1737 in Schweidnitz.

Breslau (poln. *Wrocław*), Landeshauptstadt Schlesiens, Hauptstadt der ehemaligen preußischen Provinz Niederschlesien, kultureller und wirtschaftlicher Mittelpunkt Ostdeutschlands, beiderseits der Oder an der Schnittstelle einst wichtiger Handelsstraßen gelegen, 120 m.
Geschichte: Frühe Zeugnisse gehen etwa auf das Jahr 900 zurück, als Herzog Wratislaw von Böhmen († 921) an einer günstigen Übergangsstelle über die Oder eine erste Burg errichtete. Zwischen 994 und 999 erobert der polnische Herzog Mieszko I. Schlesien, um 1000 errichtet Kaiser Otto III. (980–1002) das von Bischof Johannes verwaltete Bistum Breslau als Teil des Erzbistums Gnesen, im Jahre 1149 wird Breslau erstmalig als „civitas" bezeichnet.
In diese Zeit fallen der wachsende Einfluß des

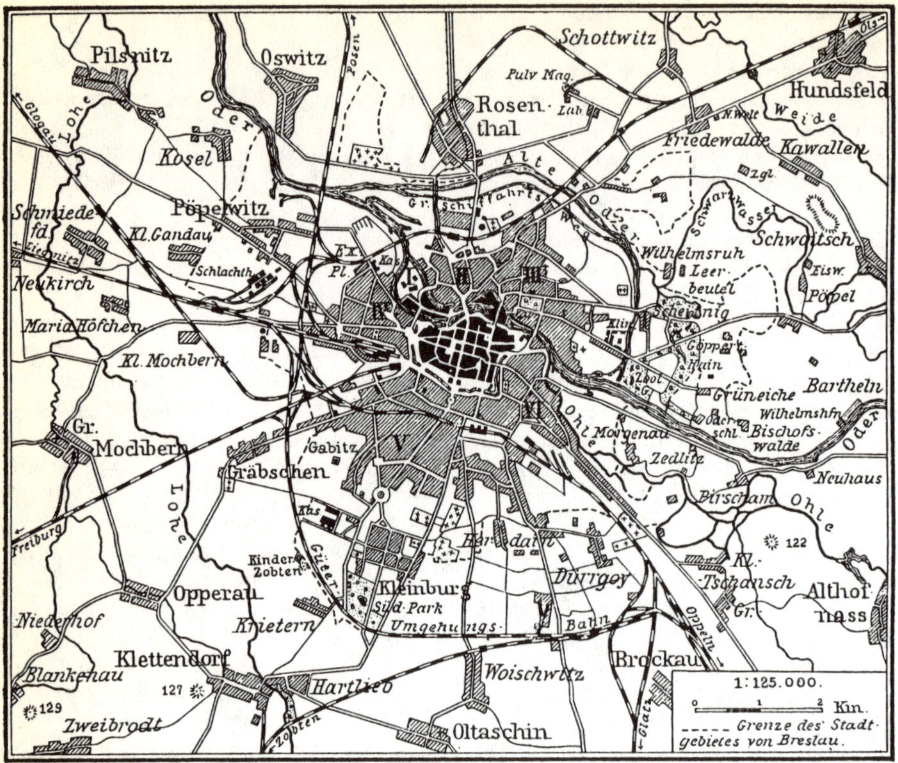

Geogr. Inst. v. G. Sternkopf, Halle a. S.

I Bürgerwerder. II Odervorstadt. III Sandvorstadt. IV Nikolaivorstadt. V Schweidnitzer Vorstadt. VI Ohlauer Vorstadt. (Die Häuserviertel der Altstadt sind schwarz ausgefüllt.)

Stadtplan von Breslau

Magnaten Peter *Wlast* und die durch ihn bewirkte Gründung des Prämonstratenserstiftes St. Vinzenz (zwischen 1120 und 1128) im Elbingdorf auf der rechten Oderseite, in welchem der Stifter beigesetzt wurde, und die Verlegung des Stiftes St. Marien (vor 1149/1150) der aus Flandern gekommenen Augustiner-Chorherren vom Zobtenberg auf die Sandinsel. Vom 10. bis 12. Jh. bleibt die Landesherrschaft zwischen Polen und Böhmen umstritten.

Ein bedeutender Einschnitt in der Geschichte der Stadt ist das Jahr 1241, als das heranwachsende Gemeinwesen beim Einfall der Mongolen völlig zerstört, am linken Oderufer aber als deutsche Kaufmanns- und Handelsstadt mit großem Marktplatz (Ring) bald wieder aufgebaut wird. Die weitere Entwicklung ist gekennzeichnet durch die Verleihung des Magdeburger Stadtrechtes 1261, die Aussetzung der Neustadt 1263, schließlich 1327 die Vereinigung von Alt- und

Neustadt auf beiden Seiten der Oder, die erstmalige Nennung des Namens „Bresslau“ 1266 und den entscheidenden Vertrag von Trentschin 1335, als König Kasimir III. von Polen „für ewige Zeiten“ auf die Lehnshoheit über die schlesischen Fürstentümer verzichtet.

Breslau kommt damit unter die unmittelbare Herrschaft Böhmens und erhält eine Art reichsstädtischer Verfassung. Unter der Regierung Kaiser Karls IV. (1346–1387) erfährt Breslau durch Erweiterung des Handels bis nach Venedig einen neuen Aufschwung und eine Blütezeit seiner baulichen Entwicklung. Die Stadt ist von 1368–1474 Mitglied der Hanse. Im 15. Jh. muß sie sich wiederholt der Hussiten erwehren und sich gegen die Angriffe der rivalisierenden Könige Podiebrad von Böhmen und Martinus von Ungarn behaupten.

Weitere wichtige Daten sind 1523 die Einführung der Reformation unter Erhaltung des bischöflichen Besitzes auf der Dominsel und 1526 der Übergang mit Böhmen an Habsburg (Österreich). Im Dreißigjährigen Krieg (1618–1648) werden Stadt und Dominsel um 1633 von den Schweden, Sachsen und Brandenburgern verwüstet. Die Gegenreformation leitet eine neue Entwicklung ein.

Im Ersten Schlesischen Krieg (1740–1742) dringt König Friedrich II. von Preußen am 3. 1. 1741 in die Stadt ein, nimmt am 10. 8. endgültig Besitz von ihr und läßt sich am 7. 11. im Rathaus von den schlesischen Ständen huldigen. Breslau wird

Breslau, Ring Nr. 2 mit Elisabethkirche

Panorama von Breslau

Haupt- und Residenzstadt Schlesiens und Sitz aller Provinzialverwaltungen. Der König privilegiert 1742 die „Schlesische Zeitung", die bis 1944 ohne Unterbrechung erscheint. Aber noch ist die Stadt weiter umkämpft. Erst das Ende des Siebenjährigen Krieges (1756–1763) bringt ihr und ihren Bürgern wieder Ruhe.

Im napoleonischen Feldzug wird die Stadt 1807/1808 von Rheinbundtruppen besetzt, die Befestigungen werden geschleift und machen Promenaden und Anlagen Platz. Am 20. 3. 1813 richtet König Friedrich Wilhelm III. seinen „Aufruf an mein Volk" und stiftet den Orden des Eisernen Kreuzes. Breslau wird zum Ausgangspunkt der Erhebung gegen Napoleon. Im 19. Jh. entwickelt sich die Stadt zu einem wichtigen Industriezentrum. Sie erhält Eisenbahnverbindungen: 1842 nach Oberschlesien und Freiburg und 1848 nach Berlin, Leipzig, Hamburg, Krakau und Wien. Die Oderschiffahrt wird ausgebaut, 1877 fährt die erste Pferdebahn, 1893 die erste elektrische Straßenbahn.

Nach dem Ersten Weltkrieg bringen die neuen Grenzen schwere Beeinträchtigungen für die Stadt, im Zweiten Weltkrieg erleidet sie ihr schwerstes geschichtliches Schicksal der neueren Zeit. Am 15. 2. 1945 wird Breslau zur Festung erklärt und bis zur Kapitulation am 6. 5. von sowjetischen Truppen belagert. Am 9. 5. wird die polnische Fahne über der Stadt gehißt. Rund 70 v. H. der Stadt sind zerstört, mehr als 20 000 Häuser vernichtet, 16 Millionen cbm Schutt begraben 300 km Straßen.

Die Zahl der Opfer wird mit 6 000 deutschen und 8 000 sowjetischen Soldaten angegeben. 80 000 Zivilisten starben in der Stadt und 90 000 auf der Flucht. 400 wertvolle Baudenkmäler sind zerstört, 200 beschädigt, Museen, Bibliotheken und

Archive erleiden unersetzliche Verluste. Die Potsdamer Konferenz vom 17.7. bis 2.8.1945 stellt Breslau und Schlesien bis zum Abschluß eines Friedensvertrages mit Deutschland unter polnische Verwaltung.

Baudenkmäler: Zu den bedeutendsten Baudenkmälern der Stadt im profanen Bereich gehören als ältestes Zeugnis aus dem Ende des 13. Jh. das gotische Rathaus, aus dem 18. Jh. der Bau der Universität und das friderizianische Schloß und aus dem Beginn des 20. Jh. die Jahrhunderthalle. Der Bau des Rathauses geht in seinen frühesten Teilen auf die Jahre 1299 und 1328 zurück, der entscheidende Ausbau in der Mitte des 4 ha großen Ringes bis zu seiner heutigen Form erfolgte zwischen 1471 und 1559 und noch einmal zwischen 1884 und 1888. Die bedeutendsten Bauteile sind der reich verzierte östliche Mittelgiebel mit der Uhr von 1580, die Südseite mit dem Erker und der 1471 begonnene östliche Erkerturm, ein Meisterwerk der Spätgotik.
Die 1492 vor dem östlichen Eingang des Rathauses als Denkmal mittelalterlicher Rechtspflege errichtete Staupsäule ist teilweise restauriert 1986 wieder aufgestellt worden. An der Südseite der Eingang zum 1303 erstmalig bekundeten „Schweidnitzer Keller", einst ein beliebtes Bürger- und Studentenlokal. Als schönster Raum im Innern des Rathauses gilt der an die obere Halle anstoßende Fürstensaal, dessen vier Kreuzgewölbe ein einziger Pfeiler trägt.

Das Schloß, ursprünglich nur aus dem 1719 nach einem Entwurf von Fischer von Erlach erbauten Palais des Freiherrn von Spaetgen bestehend, das Friedrich II. 1750 erworben hatte, wurde bis 1755 durch den Königlichen Baudirektor Johann Boumann den Älteren aus Amsterdam ausgebaut und 1796/1797 durch den Baumeister Carl Gotthard Langhans mit einem Quergebäude versehen. Das alte Palais erhielt 1858–1868 noch zwei Flügel, die mit Kolonnaden einen Ehrenhof umschlossen.

Hochgrab Heinrichs IV., Kreuzkirche Breslau

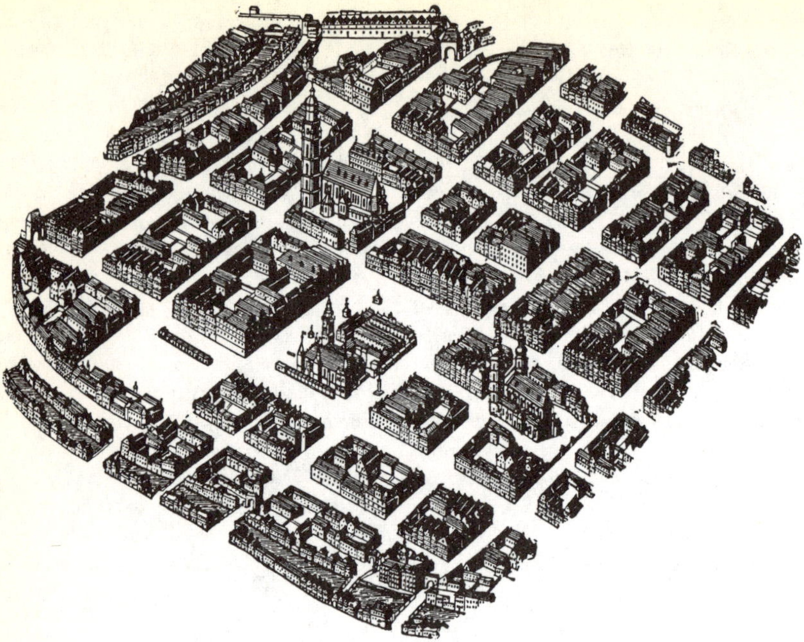

Schachbrettartiges Straßennetz Breslaus (1741)

Das Schloß, einst ein beherrschendes Gebäude der Innenstadt, ist nach 1945 ausgebrannt. Die Ruine wurde abgetragen. Lediglich das Palais Spaetgen und der Ehrenhof sind erhalten. In dem Langhansbau befand sich das Arbeitszimmer Friedrich Wilhelms III. (Stiftung des Eisernen Kreuzes am 10. 3. 1813 und „Aufruf an mein Volk“ am 17. 3. 1813). Kostbarkeiten waren die Bibliothek und das Musikzimmer Friedrichs des Großen.

Die Universität, hervorgegangen aus dem an der Stelle der kaiserlichen Burg 1728–1740 errichteten Jesuitenkolleg, ist mit einer von der Oderseite her besonders gut sichtbaren Frontlänge von 135 m Breslaus und Schlesiens großartigster Barockbau. Die bedeutendsten Innenräume sind die Aula Leopoldina und der 1945 durch Bombeneinschlag zerstörte Musiksaal.

Die 1506 gegründete Universität Frankfurt an der Oder wurde 1811 mit dem Breslauer Jesuitenkolleg zur „Alma Mater Viadrina Wratislawiensis“ vereinigt und erhielt anläßlich ihres 100jährigen Bestehens durch Königliches Dekret vom 2. 10. 1911 den Namen „Schlesische Friedrich-Wilhelm-Universität“. Die Kriegszerstörungen von 1945 wurden 1947–1949 durch Wiederaufbau beseitigt. Seit 1946 beherbergt das Gebäude die polnische Universität Lemberg.

Vor der Stadtseite steht auf dem heute als Grünanlage hergerichteten Universitätsplatz der vom Bildhauer Hugo Lederer aus Znaim in Mähren (1871–1940) errichtete Fechterbrunnen.

Die Jahrhunderthalle, 1913 von Stadtbaurat Max Berg (1870–1947) zur Jahrhundertfeier der Befreiungskriege erbaut, ist eines der bedeutendsten Baudenkmäler moderner Architektur. Zentraler

Kuppelbau aus Stahlbeton von 42 m Höhe, 65 m lichter Weite und 67,4 m Spannweite, zur damaligen Zeit der größte der Welt, mit dem größten Orgelwerk der Welt mit 185 klingenden Stimmen, 13 Transmissionen und zwei Glockenspielen. Das von der Orgelbaufirma Sauter in Frankfurt an der Oder nach Dispositionen des Leipziger Thomaskantors Prof. Karl Straube (1873–1950) erbaute Werk wurde nach 1945 zerstört, Teile davon ergänzten die Orgel im Breslauer Funkhaus und im Dom.

Kirchen: Zu den beherrschenden kath. Sakralbauten gehören der Dom, die Kreuzkirche und die Sandkirche, die ältesten ev. Kirchen sind die Elisabethkirche, die Magdalenenkirche und die Christophorikirche.

Der 1244 begonnene und im 14. Jh. vollendete Dom St. Johannes der Täufer, eine dreischiffige gotische Basilika mit barocken Kapellanbauten, die Elisabethkapelle und die Kurfürstenkapelle, wurde 1759 durch Brand zerstört, wiederaufgebaut, 1945 wiederum zerstört und 1951 erneut wiederhergestellt. Die beiden heute nicht mehr vorhandenen Turmspitzen im Renaissancestil wurden in den Jahren 1908–1922 aufgesetzt. – Die Kirche Heilig Kreuz (Kreuzkirche), am 11.1.1288 von Herzog Heinrich IV. von Schlesien gestiftet, enthielt eine Unterkirche St. Bartholomaei und die Grabtumba des Stifters. – Die Kirche St. Maria auf dem Sande (Sandkirche), erstmalig 1149 erwähnt, stammt in ihrer jetzigen Gestalt aus der zweiten Hälfte des 14. Jh., Chor von 1423, Turmbau von 1430.

Die ev. Elisabethkirche, 1242 begonnen, Neubau 1330–1380, Turm 1452–1456, 1525 ev., war die bedeutendste Bürgerkirche Breslaus und ist mit ihrem 29,7 m hohen Kirchenraum die größte Kirche Schlesiens. Am 8.6.1976 ausgebrannt. Bis 1976 war das Gotteshaus polnische Garnisonkirche. – Die ev. Magdalenenkirche, als spätgotische dreischiffige Basilika 1242–1248 errichtet, „Arme-Sünder-Glocke" von 1386, 1523 ev., war die zweite Stadtpfarrkirche. Am 7.5.1945 ging sie durch Brandstiftung in Flammen auf, inzwischen wiederaufgebaut. – Die ev. Christophorikirche von 1268 erhielt im 15. Jh. mit dem steilen Ziegeldach ihre jetzige Gestalt, 1764–1915 Pfarrkirche für die östlichen dörflichen Stadtteile, 1523 ev., nach 1945 Gotteshaus für die ev. Restgemeinde in Breslau.

Kulturelle Einrichtungen: Erzbischöfliches Diözesanarchiv mit 7000 Urkunden und 1600 Handschriften, Dombibliothek mit 75000 Bänden, Staats- und Universitätsbibliothek mit 532768

Jahrhunderthalle Breslau

Rathaus zu Breslau

Bänden, Stadtbibliothek mit 250000 Bänden, Preußisches Staatsarchiv und Städtisches Archiv, Schlesisches Museum der bildenden Künste (1875–1880), Schlesisches Museum für Kunstgewerbe und Altertümer im 1846 errichteten ehemaligen Ständehaus, Stadttheater (Opernhaus), Lobe- und Gerhart-Hauptmann-Theater (Sprechbühnen) und Schauspielhaus (Operettenbühne), zahlreiche wissenschaftliche Einrichtungen, Sternwarte, Wetterwarte, Universität und Technische Hochschule, Kunstakademie, Botanischer und Zoologischer Garten, Stadion, Rundfunkhaus.

Wirtschaftsstruktur: Vorherrschend Metallindustrie, Maschinen- und Waggonbau („Linke-Hofmann-Werke“, Stahl- und Eisenbauwerke „Archimedes“), auch wichtige Textil- und Chemiebetriebe, Nahrungs- und Genußmittelindustrie (Zigarettenfabrik „Halpaus“), Baugewerbe. Oderhäfen, Flughafen, „Breslauer Messe“, zweimal im Jahr.

Persönlichkeiten: Aus Breslau stammt eine große Zahl bedeutender Persönlichkeiten. Die Philosophen Christian *Wolff* (1679–1754), Christian *Garve* (1742–1798) und Friedrich Ernst Daniel *Schleiermacher* (1768–1834); der Baumeister Carl Ferdinand *Langhans* (1782–1869); die Dichter und Schriftsteller Christian Hofmann von *Hofmannswaldau* (1617–1679), Angelus *Silesius* (eigentlich Johannes Scheffler, 1624–1677), Karl von *Holtei* (1798–1880), August *Kopisch* (1799–1853), Ernst *Dohm* (1819–1854), David *Kalisch* (1820–1872), Ernst Ludwig von *Wolzogen* (1855–1934), Alfred *Kerr* (eigentlich Kempner, 1867–1948), Emil *Ludwig* (1881–1948), Arnold *Ulitz* (1888–1971), Walter *Meckauer* (1889–1966), Georg *Zivier* (1897–1974), Hans *Venatier* (1903–1959), Alfons *Teuber* (1903–1971); der Theologe Joachim *Konrad* (1903–1979), die Maler Adolph von *Menzel* (1815–1905) und Eugen *Spiro* (1874–1972), der Dirigent Otto *Klemperer* (1885–1973), der Komponist Richard *Mohaupt* (1904–1957), der Theaterintendant Boleslaw *Barlog* (1906); die Nobelpreisträger Fritz *Haber* (1868–1934, Nobelpreis für

Breslau, jüdischer Friedhof

Chemie 1918), Max *Born* (1882–1970, Nobelpreis für Atomphysik 1954) und – aus Goldschmieden bei Breslau – Friedrich *Bergius* (1884–1949, Nobelpreis für Chemie 1931); der Lokomotivbauer August *Borsig* (1804–1854), die Politiker Ferdinand *Lassalle* (1825–1864) und Hans *Lukaschek* (1885–1960), der Kampfflieger Manfred Freiherr von *Richthofen* (1892–1918), die „deutsche Puppenmutter" Käthe *Kruse* (1883–1969) und die kath. Religionsphilosophin Edith *Stein,* * 12.10.1891 in Breslau, † 9.8.1942 im KZ Auschwitz-Birkenau.

Breslau hatte (1939) 625 219 Einwohner; unter polnischer Verwaltung waren es 1975 knapp 576 000. Patenschaft: Stadt Köln für Stadt Breslau (1950 und 1956); Kreis Borken, Niedersachsen, für Breslau-Land (21.5.1987). Heimatzeitung „Der Schlesier", Recklinghausen und „Schlesische Nachrichten", Königswinter.

Die polnische Verwaltung der Stadt führte 1990 das 1539 von Ferdinand I. von Habsburg verliehene Wappen, das 1938 von den Nationalsozialisten geändert worden war, in seiner ursprünglichen Fassung wieder ein.

Brieg (poln. *Brzeg*), Kreisstadt am linken Oderufer auf halbem Wege zwischen Breslau und Oppeln, 148 m, erste urkundliche Erwähnung als

Angelus Silesius

Gitter der Pfarrkirche in Brieg

Fischerdorf an einem alten Oderübergang um 1200, Aussetzung als Stadt mit Neumarkter Recht zwischen 1246 und 1250 durch Herzog Heinrich III. von Schlesien, 1327 Magdeburger Recht, bis 1675 herzogliche Residenz.

Unter dem schlesischen Piasten Herzog Ludwig I. von Liegnitz und Brieg (1352–1398) wurden die wichtigsten Bauten errichtet oder begonnen: 1369 die kath. Schloßkirche St. Hedwig, deren Gruft bis 1945 die sieben heute im Schloß stehenden prachtvoll gestalteten Piastensärge barg, und 1370–1417 die später ev. Stadtpfarrkirche St. Nikolai. Die 1724–1730 von dem Breslauer Michael Engler erbaute Barockorgel, die zu den schönsten und größten ihrer Art in ganz Deutschland gehörte, ist seit 1945 nicht mehr vorhanden. Weitere Kirchenbauten; die Jesuitenkirche (1736–1746) un die alt-lutherische Kirche St. Trinitatis (1897).

Zu den bedeutendsten Bauwerken gehört auch das nach dem Stadtbrand von 1569 im Renaissancestil 1570–1588 erbaute Rathaus mit dem 1746 spätbarock-rokokohaft ausgestatteten „Rats-Sessions-Saal".

Von 1544 an bauten die Herzöge Friedrich II. und Georg II. von Schlesien anstelle der alten Burg aus dem 13. Jh. das 1574 vollendete Schloß, „das reichste und durchgebildetste Beispiel der Renaissance im Osten" (Günther Grundmann), das 1741 bei der Beschießung durch preußische Truppen großenteils zerstört wurde. Erhalten blieb der prachtvoll geschmückte Torbau. Die Stadt wurde

nach 1741 zur Festung ausgebaut, deren später in Promenaden und Gartenanlagen umgewandelte Festungswerke 1807 Napoleon I. wieder sprengen ließ.
Die Wirtschaftsstruktur der Stadt, die sich um die Mitte des 19. Jh. herausbildete, war zuletzt durch eine vielfältig gegliederte Industrie gekennzeichnet, zu der Zucker- und Schokoladenfabriken, eine Klavierfabrik und eine Schiffswerft sowie Sägewerke und Mühlen gehörten.
Während der Kämpfe um Brieg zwischen dem 24. 1. und dem 6. 2. 1945 und der Bildung eines sowjetischen Brückenkopfes über die Oder wurde die Stadt zu 75 v. H. zerstört. 1939: 31 419 Einw., 1975: rund 34 000 Einw. Patenschaft: Stadt Goslar für Stadt und Kreis Brieg.
In Brieg geboren:
Carl Otfried *Müller*, Altphilologe und Archäologe, * 28. 8. 1797, † 1. 8. 1840 in Athen;
Oskar *Moll*, Maler, * 21. 7. 1875, † 19. 8. 1947 in Berlin;
Gerhard *Hultsch*, * 13. 12. 1911, ev. Kirchenhistoriker, lebt in Wertheim am Main;
Kurt *Masur*, Leipziger Gewandhauskapellmeister, seit 1991 Chefdirigent der New Yorker Philharmoniker, * 18. 7. 1927.

Kirche in Briese

Kirche Wang in Brückenberg

Briese (poln. *Brzezinka*), Kr. Oels, Majoratsherrschaft von 1725. Das von 1725–1729 als imponierende Gesamtanlage erbaute Barockschloß war in regelmäßigem Erbgang bis zur Vertreibung aus Schlesien 1945 im Besitz der Grafen von Kospoth; letzter Majoratsherr Erich Graf von Kospoth. Das Schloß ist nach Zerstörung heute Ruine. Die 1737 begonnene barocke ev. Kirche hat den Zweiten Weltkrieg überdauert. 1939: 413 Einw.

Brockau (poln. *Brochów*), Kr. Breslau, 1193 im Besitz des Sandstiftes zu Breslau bis zur Säkularisierung 1810. Der 8,5 km südöstlich der Landeshauptstadt gelegene Ort erlangte seine Bedeutung erst durch den 1896 begonnenen Bau des großen Rangier- und Umschlagbahnhofes und wurde nach dem Zuzug zahlreicher Eisenbahner 1939 zur Stadt erhoben. Die polnische Verwaltung entzog Brockau 1945 wieder das Stadtrecht und vollzog 1950 die Eingemeindung nach Breslau. Am Südwestrand der Stadt das Schloß mit Parkanlage im französischen Stil, 1724–1735 durch

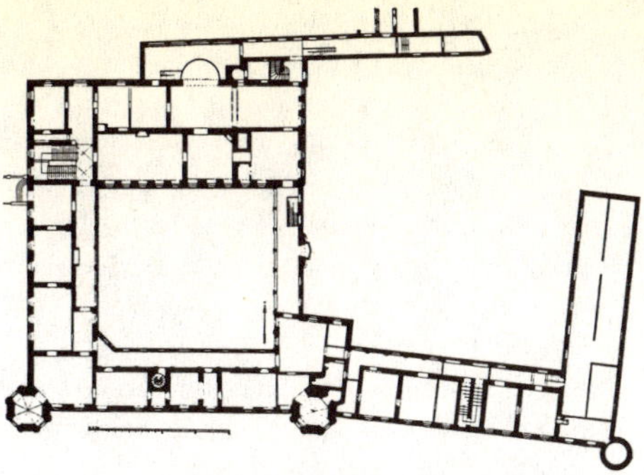

Schloß Buchenhöh

den Abt des Breslauer Sandstiftes Siegesmund Passonius erbaut. Kath. Pfarrkirche St. Georg (1910), ev. Pfarrkirche Zum hl. Geist (1911). Besetzung durch sowjetische Truppen 9.–12. 2. 1945 während der Belagerung von Breslau bis zum 6. 5. 1945. Im Jahre 1939: 8689 Einw.

Brückenberg (poln. *Bierutowice*), Kr. Hirschberg, Gebirgsbaudendorf bei Krummhübel, 730–885 m, mit dem viel besuchten Wahrzeichen der Kirche Wang.

Die aus dem Wanger Fjord in Norwegen stammende Stabholzkirche aus dem frühen 13. Jh. war 1840 ersteigert und an König Friedrich Wilhelm IV. verkauft worden, der sie zunächst auf der Pfaueninsel bei Berlin aufstellen lassen wollte, sie aber durch Vermittlung der 1854 gestorbenen Gräfin Friederike von Reden-Buchwald den Bewohnern der Bauden oberhalb von Brückenberg schenkte.

Hier wurde sie in den Jahren 1842–1844 wieder aufgebaut und ein massiver Turm hinzugefügt, dazu auf dem Kirchplatz ein Pfarr- und ein Schulhaus errichtet. Eine von König Friedrich Wilhelm IV. gestiftete überdachte Marmortafel mit Inschrift und Relief-Medaillon, eingelassen in eine Vertiefung des Felsens über einer Quelle, erinnert an die Gräfin Reden als Vermittlerin des Wiederaufbaus der Kirche. Im Innern ein Bild der Kir-

che, wie sie 1833 aussah. Einwohnerzahl der Gesamtgemeinde Gebirgsbauden 1939: 1122 Einw.

Brunzelwaldau (poln. *Broniszów*), Kr. Freystadt, Dorfgemeinde mit altem Wasserschloß aus der Kolonisationszeit Schlesiens (13. Jh.), seit 1839 im Besitz der Familie der Freiherren von Tschammer und Quaritz. Letzter Besitzer war Georg Freiherr von Tschammer und Quaritz, der 1948 von den Polen aus dem unversehrt gebliebenen Schloß vertrieben wurde. 1939: 646 Einw.

Brzesowitz-Kamin (poln. *Brzozowice-Kamień*), Kr. Tarnowitz. Der Teilort Brzesowitz wurde 1277 erstmalig erwähnt, Doppelort seit 1933, 1952 zur Stadt erhoben. Seit der Mitte des 19. Jh. Bleierz- und Zinkerzabbau bis 1934, 1908–1911 Einrichtung einer Kohlengrube. 1941: 7.442 Einw., 1961: 6908 Einw.

Buchenhöh (poln. *Żyrowa*), Kr. Groß Strehlitz, bis 1936 Zyrowa, 14 km südwestl. der Kreisstadt am Fuße des Annaberges, vor 1280 gegründet, später Adelssitz. Das von Graf Melchior Ferdinand von Gaschin 1644 errichtete Schloß wurde 1899 von dem damaligen Besitzer Graf

Gerichtskretscham in Buchwald

Sakramentshäuschen in Bunzelwitz

Johannes von Franken-Sierstorpf stilgerecht restauriert und mit einer geschmackvollen Innenausstattung versehen, die bis 1945 erhalten blieb. 1939: 831 Einw.

Buchwald (poln. *Bukowiec*), Kr. Hirschberg, Dorfgemeinde 12 km südöstlich der Kreisstadt, 448 m, um 1305 erstmalig belegt.
Das auf die zweite Hälfte des 17. Jh. zurückgehende Schloß wurde 1787 von dem ehemaligen Berghauptmann von Schlesien und späteren preußischen Bergwerksminister Friedrich Wilhelm Graf von Reden (1752–1815) erworben und zwischen 1790 und 1800 in klassizistischem Stil umgebaut. In dem Schloß befanden sich kostbare Stücke der Berliner Porzellanmanufaktur sowie Eisenkunstarbeiten aus der Gleiwitzer Hütte.
Im Park die 1818 errichtete sogenannte Abtei, ein als gotische Kapellenruine ausgebildetes kleines Gebäude mit der Gruft des Grafen von Reden und seiner Gemahlin, 1945 zerstört. Letzter Guts- und Schloßherr bis 1945 war Hermann Freiherr von Rotenhan. Nach 1945 wurde Buchwald Mustergut der Tierärztlichen Hochschule Breslau, das Schloß blieb unzerstört.

Spätgotische kath. Pfarrkirche aus dem 16. Jh., ev. Bet- und Pfarrhaus unter einem Dach von 1758/1759, 1782 vergrößert und bildhauerisch ausgestaltet. 1939: 783 Einw.
Conrad *Ansorge,* Pianist und Komponist, Franz-Liszt-Schüler, * 15. 10. 1862, † 13. 2. 1930 in Berlin.

Bunzelwitz (poln. *Bolesławice*), Kr. Schweidnitz, 6 km nordwestlich der Kreisstadt, Dorfgründung aus dem 13. Jh.
Historisch bekannt als „Lager Bunzelwitz“ aus dem Siebenjährigen Krieg. Hier hatte Friedrich II. von Preußen vom 20. 8. bis 25. 9. 1761 eine stark befestigte Feldstellung gegen die Übermacht der Russen und Österreicher bezogen, weil er mit seinen 55000 Mann dem Gegner mit 132000 Mann keine offene Feldschlacht liefern konnte. Das Quartier des Königs war das Bauernhäuschen Nr. 11, zeitweilig auch ein Zelt am Waldrand von Peterwitz. Als dort 1842 die Eisenbahnlinie Breslau-Freiburg mit einem großen Umschlagbahnhof gebaut wurde, gab man deshalb dem zugleich entstehenden Ort den Namen „Königszelt“. 1939: 569 Einw.

Bunzlau (poln. *Bolesławiec*), Kreisstadt am mittleren Bober an der „Hohen Straße“, einer wichtigen mittelalterlichen und frühneuzeitlichen West-Ost-Fernstraße Mitteleuropas, 185 m. Er-

Neues Museum in Bunzlau

ste Erwähnung 1202 (nach anderen Quellen 1242 oder 1251), 1233 durch Herzog Heinrich I. von Schlesien zur Stadt erhoben.
Kolonistenstadt mit 9273 qm großem Ring und hochtürmigem Renaissance-Rathaus, 1525–1535 erbaut unter Mitwirkung des Görlitzer Baumeisters Wendel Roßkopf. Von der 1316 errichteten doppelten Stadtmauer mit schweren Stadttoren, im 19. Jh. durch Brand weitgehend vernichtet, blieben nur Reste übrig.
Die einstige, aus dem 13. Jh. stammende kath. Pfarrkirche St. Mariae wurde 1429 von den Hussiten zerstört. Wiederaufbau 1482–1493, schließlich 1690 spätgotischer Neubau. Auf den Mauern des 1642 von den Schweden zerstörten Schlosses wurde 1752–1756 die ev. Kirche als großer Saal mit Emporen und Kanzelaltar erbaut, 1834/1835 durch einen 42 m hohen Turm ergänzt und 1906 noch einmal erneuert.
Gründung eines Waisenhauses mit Schule (1754) durch Maurermeister Gottfried Zahn („Zahnsche Waisen- und Schulanstalt", im Volksmund „Spittel" genannt), aus der 1816 nach der Art Pestalozzis ein Volksschullehrer-Seminar hervor-

Kath. Pfarrkirche in Bunzlau

Schloß Carlsruhe/OS

ging, das als eine der wichtigsten ev. Lehrerausbildungsstätten Schlesiens bis 1925 bestand.
Bunzlau ist bekannt als die schlesische Töpferstadt. Eine Töpferzunft bestand hier seit mindestens 1543. Der Töpfermeister Johann Georg Joppe aus Muskau schuf 1753 den berühmten 2,25 m hohen „Großen Topf", der 1945 zerstört wurde. Das Bunzlauer Braungeschirr, bei 1340 Grad gebrannt und daher besonders haltbar, wurde in neuerer Zeit bis nach Amerika ausgeführt. Im 19. Jh. kam noch das handgeschwämmelte Buntgeschirr hinzu.
Eine keramische Fachschule bestand seit 1897, die 1930 durch eine Glasfachschule erweitert wurde. Zwischen 1935 und 1945 künstlerische Neubelebung der überlieferten Formen in den verbliebenen acht Töpfereien.
Friedrich Wilhelm III. von Preußen ließ 1819 auf dem Marktplatz ein Denkmal zur Erinnerung an den russischen Generalfeldmarschall Fürst Kutusoff-Smolenskij errichten, der 1813 kurz vor Ausbruch des Befreiungskampfes in Bunzlau gestorben war. Das von Karl Friedrich Schinkel (1781–1841) entworfene Denkmal, ein gußeiserner Obelisk aus der königlichen Eisengießerei Berlin, mit vier von Johann Gottfried Schadow (1764–1850) gestalteten stilisierten Löwenfiguren, trug in deutschen und kyrillischen Buchstaben die Inschrift: „Er war der Befreier seines Vaterlandes; er war es, der den Weg bahnte zur

Befreiung der Völker." Das Denkmal wurde 1892/1893 in die Wallanlagen versetzt.

Die Stadt wurde am 11. 2. 1945 nach wochenlangen Kämpfen von sowjetischen Truppen besetzt und war bis zu 60 v. H. zerstört; 1405 Gebäude wurden vernichtet.

Bunzlau ist die Geburtsstadt des Martin *Opitz* von Boberfeld (1597–1639), des Schöpfers der Grundlage der deutschen Verslehre („Buch von der deutschen Poeterey", 1624), und des Zeichners Theodor *Blätterbauer* (1823–1906), dessen Arbeiten die Grundlagen für zahlreiche Stahl- und Holzstiche mit schlesischen Motiven wurden.

1939: 19561 Einw.; 1975: 36200 Einw.; Patenschaft: Stadt und Kreis Siegburg, Nordrhein-Westfalen, für Stadt und Kreis Bunzlau (1953).

Burkersdorf (poln. *Burkatów*), Kr. Schweidnitz, im oberen Weistritztal, 6 km südlich der Kreisstadt. Ende des 13. Jh. von Ritter Burchard von Weistritz, Vogt der Grafen von Würben, gegründet, 1795–1945 im Besitz der Grafen von Pückler.

Das Gefecht von Burkersdorf am 21. 7. 1762 war die letzte Waffentat des Siebenjährigen Krieges. Friedrich II. schuf hier mit seinem Sieg über die Österreicher unter Feldmarschall Leopold Joseph Graf von Daun (1705–1766) die Voraussetzung für die Wiedereroberung der wichtigen Festung Schweidnitz. 1939: 468 Einw.

Schloß Carolath, Saal im Erdgeschoß

Carlsruhe/OS (poln. *Pokój*), Kr. Oppeln, ehemalige Residenz des Herzogs Heinrich Friedrich Eugen von Württemberg (1758–1822). Mit der Errichtung eines Jagdschlosses hatte Herzog Carl Christian Erdmann von Württemberg-Oels (1716–1792) im Jahre 1747 den Grundstein für die spätere Entwicklung des Städtchens gelegt.

Das 1798 nach einem Brand neu errichtete Schloß, nun ein fester Steinbau, würfelförmig mit abgeplattetem Zeltdach, aufgesetzter Laterne und vier Rundtürmen an den Ecken, war der Mittelpunkt einer völlig symmetrisch angeordneten Umgebung, deren barocker Grundriß an das badische Karlsruhe erinnern sollte.

Im Kreisring um das Schloß lagen acht Kavaliershäuser, zwischen denen acht Schneisen als Alleen sternförmig zur Peripherie führten, an der sich seit dem Ende des 18. Jh. mit der Ansiedlung von Handwerkern und Gewerbetreibenden und mit dem Zuzug von Bediensteten des Herzogs allmählich ein Marktflecken auch mit Bürgerhäusern entwickelte.

Die gesamte Schloßanlage mit Innenhof und französischem Garten war das Werk des herzoglichen Landbaumeisters und späteren Baudirektors Georg Wilhelm Schirrmeister. Im Park stand das von dem Bildhauer Theodor Kalide geschaffene Grabmal für den Herzog Eugen von Württemberg, ein ruhender Löwe auf einem Postament mit Stufenunterbau.

Eines der Kavaliershäuser, das zunächst als Interimskirche gedient hatte, wurde 1775 zu einem Theater umgebaut. Hier war Carl Maria von Weber als Gast des Herzogs Eugen in den Jahren 1806/1807 mit dem Titel Intendant Kapellmeister der 1793/1794 gegründeten Hofkapelle.

Die Herrschaft Carlsruhe fiel nach dem Aussterben der herzoglich-württembergischen Linie 1903 an König Wilhelm II. von Württemberg und blieb bis 1945 im Besitz der Familie. Letzter

Besitzer war Albrecht Eugen Herzog von Württemberg.

Als bedeutendes Zeugnis der ev. Kirchenbaukunst in Schlesien gilt die 1765–1775 ebenfalls von Schirrmacher errichtete Sophienkirche. Die kath. Kirche von 1796 wurde 1907/1908 durch einen Neubau ersetzt.

Das Zentrum der alten Anlage mit Schloß und Kavaliershäusern wurde 1945 völlig zerstört. Die Parkanlagen sind verwildert.

Carlsruhe war der Geburtsort des Geologen und Geographen Prof. Ferdinand Freiherr von *Richthofen* (1833–1905), der 1868–1872 Ostasien bereiste und als erster wissenschaftlicher Erforscher Chinas gilt. 1939: 2829 Einw.

Carolath (poln. *Siedlisko*), Kr. Glogau, auf dem rechten Hochufer der Oder zwischen Beuthen/Oder und Neusalz gelegen, ehemalige Residenz des früheren Fürstentums Carolath-Beuthen-Schönaich.

Die früheste Nachricht, die sich auf „Karlatt" bezieht, geht auf etwa 1360 zurück. Im Jahre 1561 erwirbt der Ritter Fabian von Schönaich den Besitz mit den umliegenden Gütern und wird so zum größten Grundbesitzer jener Zeit in Schlesien. Im Jahre 1700 wurden die Freiherren von Schönaich zu Reichsgrafen und 1742 die jeweiligen Besitzer des Majorats von Friedrich dem Großen in den Fürstenstand erhoben. Der Besitz blieb der Familie bis 1945 erhalten.

Schloß Carolath war ein umfangreicher Renaissancebau, hauptsächlich zwischen 1597 und 1618 entstanden und im 19. Jh. durch einen zur Talseite hin angefügten Giebel im Stil der Neurenaissance und durch einen weiteren Rundturm ergänzt. Die 1618 errichtete Schloßkapelle ist ein durch drei Geschosse reichender Kirchenbau von kunstgeschichtlichem Rang. Nach dem Tode des letzten Fürsten Carl 1912 erfolgte die letzte Erweiterung durch eine nach dem Entwurf des Architekten Hans Poelzig (1869–1936) errichtete Gruftkapelle.

Die um 1600 angelegten Gräben und Schanzen wurden später zu Gartenanlagen umgestaltet, deren Fliederbüsche zur Blütezeit viele Besucher anlockten.

Das 1945 stark beschädigte Schloß wurde 1965 von polnischen Pfadfindern wieder aufgebaut und dient jetzt als Fortbildungs- und Erholungsstätte. Auch die Schloßkapelle ist wieder instandgesetzt. 1939: 1485 Einw.

Charlottenbrunn, Bad (poln. *Jedlina Zdrój*), Kr. Waldenburg, klimatischer Kurort in geschützter mittlerer Höhenlage im Waldenburger Bergland, 476–544 m.

Sein Entstehen verdankt der Ort dem hier quellenden erdalkalischen Säuerling. Der Grundherr

Schloßruine Chudow

von Thannhausen, Johann Christoph von Seherr-Thoß, erwarb die Quelle nach 1723 und benannte sie und damit den Ort nach seiner zweiten Gemahlin Charlotte Maximiliane von Pückler. Die 1835 entdeckte Eisenquelle erhielt den Namen „Theresienquelle" nach der Gattin des nunmehrigen Besitzers, des Waldenburger Fabrikanten Karl Krister.

Im Jahre 1889 gingen die Badeanlagen in den Besitz der Gemeinde über, die noch 1935 eine neue Wandelhalle bauen ließ.

Der erste Kursaal war 1748 zur ev. Kirche umgebaut worden, nachdem König Friedrich II. von Preußen sich 1743 hier aufgehalten hatte. Die „Garve-Ruhe", ein Pavillon an schönem Aussichtsplatz, erinnerte an den Breslauer Philosophen Christian Garve (1742–1798), der von 1779 an bis zu seinem Tode häufiger Besucher Charlottenbrunns war.

Rathaus in Cosel

Cosel

Charlottenbrunn konnte für sich den Ruhm in Anspruch nehmen, das erste Bismarck-Denkmal in Deutschland gehabt zu haben.

1939: 1821 Einw.; unter polnischer Verwaltung 1967 zur Stadt erhoben; 1970: 6394 Einw.

Chudow (poln. *Chudów*), Kr. Rybnik, 14 km südöstlich von Gleiwitz, ehemals slawisches Dorf, das spätestens um 1300 deutschrechtlich umgesetzt wurde.

Das nach 1837 erbaute Schloß kam 1858 durch Heirat an den Grafen Hans Ulrich von Schaffgotsch. Nach dem Brand von 1874 bewahrte die Familie Schaffgotsch den ruinenhaften Charakter des Bauwerks.

Chwallowitz (poln. *Chwałowice*), Kr. Rybnik, 3 km südlich der Kreisstadt im oberschlesischen Vorgebirgshügelland gelegenes Dorf, das erst im 16. Jh. deutschrechtlich umgesetzt wurde.

Guido Graf Henckel von Donnersmarck ließ 1907 hier die Kohlengrube „Donnersmarck" anlegen, die mit der Gemeinde 1922 an Polen fiel und danach zweimal stillgelegt wurde. Nach 1945 wurde die Grube „Chwałowice" ausgebaut und wieder in Betrieb genommen. Sie hatte 1958 bereits wieder 3766 Beschäftigte. Der Ort wurde nach weiterer Industrieansiedlung 1967 zur Stadt erhoben. 1931: rund 4500 Einw.; 1970: 8424.

Cosel, kath. Pfarrkirche

Cosel/OS (poln. *Koźle*), oberschlesische Kreisstadt an der Mündung der Klodnitz und des Klodnitzkanals in die Oder, 110 km südöstlich von Breslau, 172 m.
Als Grenzburg zwischen Polen und Mähren um 1104 angelegt, 1281 durch Herzog Kasimir II. von Beuthen-Cosel mit Magdeburger Recht versehen und als deutsche Stadt ausgesetzt, kam Cosel 1327 unter böhmische Oberlehnshoheit, 1526 mit Böhmen an Habsburg (Österreich) und 1742 zu Preußen. Danach wurde die Stadt durch Friedrich II. von Preußen zur Festung ausgebaut. Die Stadt war in ihrer Geschichte vielfach umkämpft. Die schon im Dreißigjährigen Krieg von den Dänen angelegten Befestigungen wurden 1642 zerstört, die Stadt wurde niedergebrannt. Die Österreicher belagerten und besetzten Cosel vom 27.5. bis zum 5.9.1745 und griffen sie noch einmal 1758 und 1760 an.
Nach der Niederlage Preußens bei Jena und Auerstedt am 14.10.1806 gegen Napoleon I. wurde Cosel Anfang 1807 von überwiegend bayerischen Truppen bedrängt. Das Ausfallgefecht vom 10.4.1807 hat der Maler Wilhelm von Kobell (1766–1855) in einem großartigen Schlachtengemälde dargestellt.
Am 20.5.1865 wurde Cosel als Festung durch Gesetz aufgehoben, was der Stadt eine freiere Entwicklung ermöglichte. Schauplatz von Kämpfen war sie wiederum im Juni 1921 während des dritten polnischen Aufstandes. Bei der Volksabstimmung am 20.3.1921 waren 4546 Stimmen für Deutschland und 243 für Polen abgegeben worden.
Vom 21.1.1945 an bedrängten sowjetische Truppen die Stadt und besetzten sie schließlich am 10.3.1945. Ein Zehntel der Stadt mit 115 Gebäuden wurde zerstört.
Cosel besaß den viertgrößten Binnenhafen Deutschlands und war zentraler Umschlagplatz für das oberschlesische Industriegebiet. Neben eigenen Industrieanlagen beherbergte die Stadt auf einer Oderinsel das Oberschlesische Landgestüt.
Die 1293 errichtete Stadtpfarrkirche St. Sigismund wurde mehrfach erweitert und 1897–1899 weitgehend restauriert. Das älteste wohl bis heute erhaltene Heiligtum ist die um 1323 errichtete Marienkapelle an der Pfarrkirche mit einem sagenumwobenen Gnadenbild. Ein massives ev. Bethaus wurde 1786 gebaut, die ev. Kirche 1945

Schloß Dalkau

Schloß Deutsch Jägel

zerstört. 1939: 10766 Einw.: 1975: rund 69300. Alexander *Ecklebe,* Komponist, * 12.1.1904, † 8.9.1983 in Berlin;
Heinrich *Trierenberg,* Publizist, * 23.8.1913 in Cosel, lebt in Wiesbaden.
Die Patenschaft für Stadt und Kreis Cosel hält die Stadt Fürth in Bayern seit 1954. Heimatzeitung: Coseler Heimatblatt, Verlag Unser Oberschlesien, Wiesbaden.

Czarnowanz (poln. *Czarnowąsy*), Kr. Oppeln, seit 1936 umbenannt in Klosterbrück (s. d.).

Czechowitz-Dzieditz, auch **Tschechowitz** (poln. *Czechowice-Dziedzice*), Kr. Bielitz, großes Waldhufendorf der deutschen Ostsiedlung in der Weichselniederung nördlich der Kreisstadt zwischen den Mündungen der Bäche Lobnitz und Biala, frühzeitig entdeutscht.
Der Ortsteil Czechowitz ist um 1300 erstmals als deutschrechtliche Gründung, der Ortsteil Dzieditz als polnischrechtlich genannt.
Der 1910 im Winkel zwischen Weichsel und Biala errichtete „Silesia-Schacht" war der südlichste Ausläufer des oberschlesischen Steinkohlenreviers und diente vorwiegend der Versorgung Wiens. Außerdem bestanden hier eine Ölraffinerie und ein Zinkwalzwerk.
1939: etwa 18000 Einw.; 1970: 25418. Stadterhebung 1951.

Czerwionka (poln. *Czerwionka*), Kr. Rybnik, an der Birawka 11 km nördlich der Kreisstadt, im Mittelalter deutschrechtlich umgesetztes altpolnisches Dorf.
Hier wurde schon frühzeitig nach Eisenerz geschürft. Bedeutung erhielt der Ort aber erst durch den Kohlenbergbau. Die 1792 eröffnete „Dubensko-Grube" gehört zu den ältesten Steinkohlengruben in Oberschlesien.
Czerwionka wurde 1962 zur Stadt erhoben. 1931: etwa 5100 Einw.; 1970: 10226 Einw.

Dalkau (poln. *Dalków*), Kr. Glogau, 15 km westlich der Kreisstadt mit Schloß und ehemaliger Wallfahrtskapelle.
Das Schloß, ein zweigeschossiger Langbau mit Seitenflügel und hohem Mansardendach, stammt aus der Zeit um 1750. Die Wallfahrtskapelle wurde zwischen 1703 und 1716 an der Stelle errichtet, an der seit dem 15. Jh. eine hölzerne Kapelle für Wallfahrten zum St. Anna-Fest (26. Juli) stand. Die Kapelle war ein beliebtes Wanderziel in den Dalkauer Bergen. 1939 hatte Dalkau zusammen mit den Gemeinden Seppau und Groß Kauer 519 Einw.

Dambrau (poln. *Dąbrowa*), Kr. Falkenberg, Anfang des 14. Jh. belegtes Gutsdorf mit Schloß, 10 km nordöstlich der Kreisstadt gelegen.
Das zweiflügelige Schloß im Stil der Spätrenaissance stammt aus den Jahren 1615–1617 und wurde 1894–1897 umgebaut. Im Jahre 1941 wurde hier eine Lehrerbildungsanstalt untergebracht.

Deutsch Lissa, Schloß

Im Dorf siedelten sich um die Mitte des 19. Jh. nach dem Bau der Eisenbahnlinie Breslau-Oppeln einige Industriebetriebe an, darunter eine Mühle und eine Molkerei, eine Ziegelei und ein Sägewerk. 1939: 1020 Einw.

Deutsch Jägel (poln. *Jagielno*), Kr. Strehlen, alter Rittersitz aus dem 15. Jh. zwischen Münsterberg und Grottkau.
Das aus dem 15. Jh. stammende Schloß wurde 1889 durch zwei Seitenflügel im Süden und einen „Venezianischen Anbau" im Westen erweitert; von 1907 bis 1945 im Familienbesitz der Grafen von Ballestrem. 1945 wurden Stallungen und Wirtschaftsgebäude zerstört, das Schloß blieb erhalten. 1939: 268 Einw.

Deutsch Lissa (poln. *Leśnica*), Stadtkreis Breslau, 12 km westlich der Landeshauptstadt an der Weistritz. Der Zusatz Deutsch wurde 1873 zur Unterscheidung von Lissa in der damaligen preußischen Provinz Posen eingeführt.
Der Ort, erstmals 1231 urkundlich belegt, wurde 1261 durch Herzog Boleslaus von Schlesien zur Stadt erhoben und 1289 mit deutschem Recht versehen.
Nach den Zerstörungen während der Hussitenkriege kam Lissa 1494 für 157 Jahre in den Besitz der Breslauer Patrizierfamilie Hornig, die in der zweiten Hälfte des 16. Jh. das an der Weistritz gelegene Schloß im Renaissancestil ausbaute und mit Wall und Graben versehen ließ. Nach mehrfachem Besitzerwechsel gehörte es von 1836–1945 der Familie der Freiherren von Velzheim-Lottum.
Schloß Lissa war „Rastort geschichtlicher Persönlichkeiten durch sieben Jahrhunderte" (Edmund Glaeser in den „Schlesischen Geschichtsblättern"). König Matthias II., Prinz Karl von Lothringen, die Preußenkönige Friedrich II. und Friedrich Wilhelm III. und die Königin Luise weilten hier.
Friedrich der Große kehrte am Abend nach der Schlacht bei Leuthen (5.12.1757) im Schloß ein und wurde durch den Schloßherrn, Baron von Mudach, bewirtet. Daß der König hier mit einigen im Schloß anwesenden österreichischen Offizieren zusammengetroffen und dabei knapp der Gefangennahme entgangen sein soll, ist Legende. Der angebliche Vorgang ist von Adolph von Menzel (1815–1905) in seinem berühmten Ölgemälde „Bonsoir Messieurs" dargestellt worden, das sich in der Hamburger Kunsthalle befindet.

Deutsch Piekar

Kloster in Deutsch Wartenberg

Lissa, in den Napoleonischen Kriegen mehrfach französisches Hauptquartier, stand seit dem 19. Jh. mehr und mehr im Schatten der nahen Landeshauptstadt. Trotz Ansiedlung kleiner Industriebetriebe (Gerberei, Schamottefabrik) entwickelte sich der Ort zu einer der Landeshauptstadt westlich vorgelagerten Wohnsiedlung, die schließlich 1928 mit damals über 6000 Einwohnern nach Breslau eingemeindet wurde.
Die 1935 durch den Provinzialkonservator von Niederschlesien, Professor Dr. Günther Grundmann (1892–1976), begonnenen Restaurierungsarbeiten am Schloß, vor allem des Friedrich-Saales im zweiten Stock, konnten bis 1945 nicht mehr beendet werden.
In Deutsch Lissa wurde am 25.12.1933 der am 2.2.1982 von Papst Johannes Paul II. zum Kardinal erhobene Erzbischof von Köln, Dr. Joachim *Meisner*, geboren.

Deutsch Piekar (poln. *Piekary Śląskie*), Kr. Tarnowitz, im Zuge der deutschen Ostsiedlung 1369 mit dem Zusatz „Deutsch" versehen, seit Beginn des 18. Jh. Industriestadt.

Schloß Dieban

Der Ort hat durch zwei Ereignisse des 17. Jh. geschichtliche Bedeutung erlangt:
Im Jahre 1683 weilte hier der polnische König Johann III. Sobieski als nomineller Oberbefehlshaber des polnisch-deutschen Entsatzheeres auf dem Wege zur Befreiung Wiens von den Türken.
Im Jahre 1697 bekannte sich August der Starke, Kurfürst Friedrich August I. von Sachsen, in der Kirche von Deutsch Piekar in Gegenwart polnischer Abgesandter zum katholischen Glauben, bevor er sich in Krakau als August II. zum König von Polen krönen ließ.
Der Breslauer Tuchkaufmann Georg Giesche (1653–1716) erwarb 1704 für sich und seine Erben das Privileg, bei Deutsch Piekar und überhaupt in Oberschlesien nach Galmei, einem Ausgangsprodukt für die Zinkgewinnung, zu graben. So entstand 1811 hier die „Scharley-Grube", bis in die Mitte des 19. Jh. die bedeutendste Galmeigrube in Oberschlesien.
Nach 1945 wurde der Industrieausbau fortgesetzt, 1947 erfolgte die Stadterhebung. Seit 1954 ist dort auch eine Steinkohlengrube in Betrieb. 1941: 24514 Einw.; 1970: 36392.
Deutsch Piekar ist der Geburtsort des Diplomaten Dr. Hans *Kroll* (1898–1967), von 1958–1962 Botschafter der Bundesrepublik Deutschland in Moskau. † 8.8.1967 in Pilsensee/Obb.

Deutsch Wartenberg (poln. *Otyń*), Kr. Grünberg, 5 km nördlich von Neusalz an der Oder, erhielt erst 1768 den Zusatz „Deutsch" zur Unterscheidung von Groß Wartenberg in Mittelschlesien.
Das 1681 von den Jesuiten erbaute Schloß, nach dem Brand von 1702 in barockem Stil bis 1721 wieder ausgebaut, wurde 1945 teilweise zerstört. Die Schloßkirche wurde 1705 vollendet, die kath. Stadtpfarrkirche entstand bereits im 16. Jh.
Deutsch Wartenberg war im 17. und 18. Jh. eine Tuchmacherstadt, gleichzeitig gab es hier Weinbau. Im 19. Jh. siedelte sich in bescheidenem

Umfang Industrie an, darunter die Fahrradfabrik „Edelweiß".

Deutsch Wartenberg hat unter polnischer Verwaltung den Stadtstatus verloren. 1939: 926 Einw.; 1961: 1007.

Dieban (poln. *Dziewin*), Kr. Wohlau, erstmals 1250 im Gründungsbuch des Klosters Heinrichau genannt, anfänglich im Besitz des Herzogs Heinrich III. von Glogau.

Im Jahre 1558 wurde mit dem Bau des Renaissanceschlosses begonnen, dem um 1700 ein Erweiterungsbau mit Treppengiebel angefügt wurde. Im Erbgang kam der Besitz 1721 an die Familie der Grafen von Schweinitz und Krain, Freiherren von Kauder. Letzter Besitzer war der 1945 verstorbene Erich Graf von Schweinitz.

Im Schloß befand sich eine reichhaltige Sammlung von Gläsern sowie von Porzellan der Meißener und Berliner Manufakturen. 1939: 288 Einw.

Dittersbach (poln. *Wałbrzych Główny*), Stadtkreis Waldenburg, zwischen 1290 und 1295 gegründet, als größte Landgemeinde des Kreises 1934 mit rund 15000 Einwohnern nach Waldenburg eingemeindet, 507 m, Ausgangspunkt für Wanderungen in das Waldenburger Bergland.

Der um die Mitte des 17. Jh. erstmalig erwähnte Steinkohlenbergbau gewann seit 1841 mit dem Ausbau der Melchiorgrube (poln. Grube „Mieszko") zunehmend an Bedeutung.

Dittersbach hatte seit 1867 einen der größten Bahnhöfe Ostdeutschlands. Der 1601 m lange Ochsenkopftunnel wurde 1876–1878 und 1909–1911 erbaut, ein Eisenbahnviadukt führt über den Dittersbacher Grund.

Der schlesische Dichter Hermann *Stehr* (1864–1940) war hier von 1900 bis 1911 Lehrer an der kath. Schule.

Domanze (poln. *Domanice*), Kr. Schweidnitz, 15 km nordöstlich der Kreisstadt, an der Weistritz gelegenes Gutsdorf, das im 13. Jh. erstmalig zu deutschem Recht bezeugt ist.

Das um 1600 erbaute Schloß auf einem Felsen,

Schloß Domanze

dessen Abhänge mit Fliederbüschen bedeckt waren – die Fliederblüte war eine weithin bekannte und besuchte Sehenswürdigkeit –, befand sich von 1909 bis 1945 im Besitz der Grafen von Pückler.

Von 1348 bis in den Dreißigjährigen Krieg bestand eine kath. Pfarrei, die aber nach 1648 nicht wieder hergestellt, sondern der Kirche zu Ingramsdorf, Kr. Schweidnitz, zugeteilt wurde.

Die 1743 errichtete ev. Kirche wurde 1945 zerstört, im Schloß ein polnisches Altersheim eingerichtet. 1939: 656 Einw.

Dyhernfurth (poln. *Brzeg Dolny*), Kr. Wohlau, kleine Landstadt 11 km südöstlich der Kreisstadt, am rechten Oderufer an einer Furt durch den Strom gelegen, 110 m.

Der 1305 erstmals erwähnte Ort wurde 1663 durch Kaiser Leopold I. (1640–1705) zur Stadt erhoben und nach dem Besitzer der Gutsherrschaft, Georg Abraham Freiherr von Dyhern, und der nahen Oderfurt mit dem Namen Dyhernfurth belegt.

Das Stadtrecht wurde 1854 erneuert, ging 1945 wieder verloren, wurde aber 1954 unter der polnischen Verwaltung wieder zurückgegeben.

Dyhernfurth hatte große Bedeutung für das schlesische Judentum. Von 1687 bis 1834 bestand hier

Dyhernfurth

eine jüdische Druckerei, in der 1771/1772 die erste jüdische Zeitung in Deutschland mit deutschem Text in hebräischer Schrift gedruckt wurde.

Von 1345 an gab es hier eine jüdische Begräbnisstätte, die über 400 Jahre bestand, nachdem der Judenfriedhof in Breslau aufgehoben worden war und erst 1761 durch König Friedrich II. wieder zugelassen wurde.

Dyhernfurth wurde 1853 Synagogenbezirk und erhielt 1884 eine eigene Synagoge. Zu dieser Zeit lebten allerdings nur noch 42 Juden unter den 1594 Einwohnern in der Stadt. Die alte jüdische Grabstätte, die später in den Schloßpark einbezogen wurde, ist noch heute erhalten.

Das zwischen 1780 und 1785 vermutlich von Carl Gotthard Langhans durch zwei Seitenflügel erweiterte Schloß wurde um 1850 noch einmal umgebaut. Durch einen Brand wurde es 1945 zum großen Teil zerstört, später unter Veränderung der ursprünglichen Architektur wieder aufgebaut und dient jetzt als Kulturhaus.

Der Besitz gehörte bis 1945 der Familie der Grafen von Saurma-Hoym.

Im Park, einer der frühesten englischen Anlagen dieser Art in Schlesien, stand das Mausoleum, eine barocke Gruftkapelle in der äußeren Form eines antiken Tempels, die der letzte schlesische Provinzialminister Graf Karl Heinrich von Hoym für sich und seine Nachfahren hatte erbauen lassen. Das Mausoleum wurde nach 1945 erbrochen, die Särge wurden beraubt und geschändet. Der Park wurde nach dem Kriege abgeholzt und ist verwildert.

Wirtschaftliche Bedeutung für Dyhernfurth hatte lange Zeit nur die Oderschiffahrt. Die geringe Industrialisierung erfuhr noch 1939/1940 eine wesentliche Erweiterung durch die Errichtung eines großen, der Rüstungsindustrie dienenden chemischen Werkes, das den Krieg überstand und nach weiterem Ausbau jetzt zu den wichtigsten Betrieben der polnischen Chemie-Industrie zählt (Rokita-Werke). Die Stadt war vom 26.1. bis 5.2.1945 Schauplatz schwerer Kämpfe.

1939: 2013 Einw.; 1970 nach Erweiterung um das Vierfache durch Eingemeindungen: 10873 Einw.

Eckersdorf (poln. *Biestrzyków*), Kr. Breslau, 9 km südöstlich der Landeshauptstadt, 1358 erstmals urkundlich erwähnt.

Das Dorf befand sich von 1382 bis zur Säkularisierung 1810 im Besitz des Breslauer Domkapitels. Letzter Besitzer des Freigutes war bis 1945 Dr. Paul Schottländer.

Das bedeutende Wahrzeichen des Dorfes war der dreigeschossige mittelalterliche Wohnturm aus dem 14. Jh., der zusammen mit dem Wohnturm von Boberröhrsdorf (s. d.) zu den besterhaltenen in Schlesien gehörte. Er wurde 1945 durch Brand zerstört. 1939: 134 Einw.

Eckersdorf (poln. *Borków*), Kr. Glatz, 10 km nordwestlich der Kreisstadt am Fuße der westlichen Ausläufer des Eulengebirges gelegen, seit 1348 urkundlich belegtes Waldhufendorf.

Gut und Herrschaft Eckersdorf gelangten im

Jahre 1780 in den Besitz des Reichsgrafen Anton Alexander von Magnis aus italienischem Geschlecht und blieben bis 1945 im Besitz der Familie. Letzter Besitzer war der 1905 geborene Dr. Ferdinand Graf von Magnis.

Zwischen 1787 und 1791 entstand unter Verwendung alter Bauteile ein großes Schloß im Übergangsstil vom Barock zum Klassizismus. Nach einem Brand 1870 wurde es 1877 unter Hinzufügung eines neuen Flügels und eines gewaltigen Turmes im Stil der Pseudorenaissance wieder aufgebaut.

Der barocke Park geht in seinen Anfängen auf etwa 1750 zurück und galt als bedeutendes Beispiel barocker Gartenbaukunst in Schlesien.

Im Schloß waren während des Zweiten Weltkrieges Bestände des Märkischen Museums in Berlin untergebracht. Nach 1945 richtete die polnische Verwaltung in den zunächst stark vernachlässigten Räumen des Schlosses eine Landwirtschaftsschule ein.

An die spätbarocke Kirche wurde nach dem Tode des Grafen Anton Alexander von Magnis (1817) ein Mausoleum angebaut und 1820 eingeweiht. Der gußeiserne Sarkophag und die beiden flankierenden gußeisernen Kandelaber stammten aus der Königlichen Eisengießerei in Gleiwitz.

Am Kopfende des Sarkophags stand die 1818 von Christian Daniel Rauch (1777–1857) geschaffene Marmorbüste des Grafen. Von Rauch stammte auch die Porträtbüste der Königin Luise, die sich auf Schloß Eckersdorf befand, heute aber wohl als verloren gelten muß.

Die Herrschaft Eckersdorf entwickelte sich in der zweiten Hälfte des 18. Jh. zu einem Musterbetrieb moderner Landwirtschaft. Feinwoll-Merinoschafe wurden zur Verbesserung der Schafzucht und der Wollgewinnung hier erstmalig in Schlesien eingeführt, ebenso der Zuckerrübenanbau.

Eine Zuckerfabrik bestand noch bis 1907. Kupferkies und Schwefelerz wurden 1867 hier erstmalig gewonnen. 1939: 1873 Einw.

Ehrenforst (poln. *Sławięcice*), Kr. Cosel, bis 1936 Slawentzitz, als Marktort Mitte des 13. Jh. gegründet.

Im 19. Jh. begann die Entwicklung des Ortes zur Industriestadt. Im Jahre 1702 entstanden Eisen- und Messinghämmer, von denen der in Blechhammer (poln. *Blachownia Śląska*) südwestlich von Slawentzitz damals als Musterhüttenwerk für ganz Oberschlesien galt.

Der Besitz kam 1782 an das Haus Hohenlohe. Fürst Friedrich August von Hohenlohe-Öhringen ließ um 1830 das dreistöckige Schloß errichten, nachdem der mittelalterliche Bau 1827 durch Blitzschlag zerstört worden war. Erst 1867/1868 wurden die beiden seitlichen Anbauten durch den Fürsten Hugo von Hohenlohe-Öhringen hinzugefügt. Das Schloß, bis 1945 Residenz des Fürsten und Sitz der Fürstlichen Verwaltung, ist heute eine Ruine.

Das Haus Hohenlohe-Öhringen war eines der größten Industriemagnaten-Geschlechter Oberschlesiens, das besonders in der Zinkproduktion eine Spitzenstellung in der Welt einnahm.

1939: 2549 Einw.; 1971 nach Erweiterung des Ortes zu einer polnischen „Stadtartigen Siedlung" rund 3700 Einw.

Eichholz (poln. *Warmątowice*), Kr. Liegnitz,

Schloß Eckersdorf

9 km südwestlich der Kreisstadt.
Bei Eichholz fand am 26. 8. 1813 die „Schlacht an der Katzbach" statt, in der die Schlesische Armee der verbündeten Preußen und Russen unter der Führung des preußischen Feldmarschalls Gebhard Leberecht von Blücher (1742–1819) und seines Generalstabschefs Neidhard von Gneisenau (1760–1831) die französische Bober-Armee unter Marschall Alexandre Etienne Macdonald (1765–1840) vernichtend schlug.
Damit wurde die Vertreibung der Franzosen aus Schlesien und Deutschland eingeleitet. An die Schlacht erinnerte ein 1817 auf der Christianshöhe bei Bellwitzdorf, 3 km südwestlich von Eichholz, errichteter gußeiserner Obelisk.
Das 1602 erbaute Wasserschloß wurde 1748 in barockem Stil umgebaut. Von 1909–1945 war es im Besitz der Familie von Zedlitz und Neukirch. Es ist heute verlassen und teilweise zerstört. 1939: 336 Einw.

Emanuelssegen (poln. *Murcki*), Kr. Pleß/Tichau, 7 km südöstlich von Kattowitz nahe der Klodnitzquelle.
Die 1754 angelegte Emanuelssegen-Grube war eine der ersten Kohlengruben in Oberschlesien.

Ehrenforst, Kirchenportal

Im Eulengebirge

Im Jahre 1846 entstanden hier noch eine Dampfbrettmühle und 1858 die Fürstlich Plessische Knappschaftsschule.
Nach 1945 wurden Industrie und Ortschaft weiter ausgebaut. 1950 wurde Emanuelssegen zur polnischen „Stadtartigen Siedlung" erklärt und 1967 zur Stadt erhoben. Eine weitere Kohlengrube wurde 1960 in Betrieb genommen. 1931: rund 3300 Einw.; 1970: 5382.
Hans-Christoph *Seebohm,* Bergingenieur. 1949–1966 Bundesverkehrsminister, * 4. 8. 1903, † 17. 9. 1967 in Bonn.

Erdmannsdorf (poln. *Mysłakowice*), Kr. Hirschberg, s. unter Zillerthal-Erdmannsdorf.

Eulau (poln. *Iława*), Kr. Sprottau, erstmals um das Jahr 1000 genannte Dorfgemeinde, mit drei Ortsteilen 1925 nach Sprottau eingemeindet.
Das Rittergut Klein Eulau mit Burganlage war seit

Falkenberg nach dem Brand von 1750

etwa 1400–1945 im Besitz der Herrschaft Mallmitz am Bober (s. d.).

Die St. Andreaskirche aus spätromanischer Zeit wurde, obwohl erst 1295 erstmals genannt, vermutlich schon vor 1260 aus Findlingen erbaut.

Im Ortsteil Klein Eulau wurde 1743 auf einer Boberinsel eine Papierfabrik angelegt und um 1845 mit dem 1829 gegründeten Eisenhüttenwerk „Wilhelmshütte“ vereinigt. 1939: 3.005 Einw.

Eulengebirge (poln. *Góry Sowie*), langgezogener, bewaldeter kristallinischer Gneisrücken in den mittleren Sudeten zwischen Weistritz und Glatzer Neiße.

Auf der höchsten Erhebung, der „Hohen Eule“ mit 1014 m, steht ein 1905 erbauter 24 m hoher Turm (früher Bismarckturm) mit Schutzhütte. Von hier bietet sich eine ungewöhnliche Rundsicht über die Sudeten vom Isergebirge bis zum Mährischen Gesenke und nach Nordosten zwischen Zobten und Geiersberg bis nach Breslau.

Weitere Erhebungen sind die Sonnenkoppe (952 m), die Ascherkoppe (856 m), der Hohe Stein (815 m), die Strohhaube (740 m) und der Donjon bei Silberberg (686 m).

Einen weiten Blick in das Glatzer Land eröffnet der Otterstein (841 m), ein unbewachsener Felsen an der südlichen Abdachung des Turmberges, dem Zwillingsgipfel der Sonnenkoppe.

Südlich der „Hohen Eule“ breitet sich die Kolonie Euledörfel mit der Eulenbaude (880 m) aus, einem Unterkunftshaus der Gebirgsvereine von einst.

Falkenberg/OS (poln. *Niemodlin*), Kreisstadt am linken Ufer des Neiße-Zuflusses Steinau, 63 km südöstlich der Landeshauptstadt, 177 m. Der Ort mit dem Namen „Valkenberch“ ist als deutschrechtliche Stadt um 1280 belegt. Die im 14. Jh. errichtete katholische Stadtpfarrkirche Mariä Himmelfahrt, nach einem Brand im Dreißigjährigen Krieg erneuert, war von 1339–1810 Propsteikirche. Die 1744 als Bethaus errichtete ev. Kirche, 1842 durch einen Turm ergänzt, wurde 1957 abgerissen.

Das Schloß am Ostrand der Stadt, eine um einen Arkaden-Innenhof gruppierte Anlage im Renaissancestil, entstand in mehreren Bauphasen. Letzter Anbau war der Wohntrakt von 1788. Familienbesitz der Reichsgrafen von Praschma.

Die Stadt hatte nur eine bescheidene Wirtschaftsstruktur. Außer Textilerzeugung gab es Ziegeleien, Holzindustrie und Sägewerke.

Falkenberg wurde am 19.3.1945 von sowjetischen Truppen besetzt. Das Schloß blieb unzerstört, das Inventar wurde weggebracht. Der Verbleib des Praschmaschen Archivs, der Bibliothek und der Porzellansammlung ist unbekannt. In der Schloßkapelle wurden Fenster und Orgel beschädigt, die Särge erbrochen, liturgische Geräte und Gewänder geplündert.

Die Patenschaft für den Kreis Falkenberg/OS hält der Kreis Peine in Niedersachsen seit 1954. Heimatzeitung: Grottkau-Falkenberger Heimatblatt, Scheinfeld/Ofr., seit 1952. 1939: 2727 Einw.

Königliches Jagdhaus in den Falkenbergen

Festenberg

Falkenberge (poln. *Sokole Góry*), zwei bewaldete granitene Bergkegel im Hirschberger Tal, auch Fischbacher Falkenberge genannt.
Die beiden Bergkuppen des Kreuzberges (poln. *Krzyżna Góra*), 654 m, auf dem früher ein 4 Meter hohes eisernes Kreuz aus der Königlichen Eisengießerei in Gleiwitz stand, und des Forstberges (poln. *Sokolik*), 642 m, sind nur 750 m voneinander entfernt.
Auf dem Kreuzberg, auch Falkenberg genannt, stand einst die 1475 zerstörte Raubritterburg Falkenstein, deren um 1900 freigelegte Reste den Grundriß der Anlage erkennen ließen.

Fellhammer (poln. *Kuźnice Świdnickie* oder *Kuźnice Północne*), Kr. Waldenburg, ältester Siedlungsnachweis um 1250, als „Velthammer" 1511 (neu) gegründet, aus mehreren Ortsteilen 1928 zu einer Großgemeinde zusammengeschlossen, unter polnischer Verwaltung 1954 zur „Stadtartigen Siedlung" erhoben.
Bis zur Erschließung der Kohle („Mayrau-Schacht" 1856–1930) war Fellhammer ein Handwerker- und Waldarbeiterdorf, seit 1872 Eisenbahnknotenpunkt.
Die 1915 errichtete ev. Kirche ist seit 1964 Baustofflager, die kath. Kirche von 1917 seit 1964 einsturzgefährdet.
In Fellhammer verbrachte der Schriftsteller Hans Christoph *Kaergel* (1889–1946) seine Jugendjahre. 1939: 6506 Einw.; 1970: auf 4079 zurückgegangen.

Festenberg (poln. *Twardogóra*), Kr. Groß Wartenberg, 23,5 km nordwestlich der Kreisstadt, 190 m.
Unter dem Namen „Vestenberg" durch Herzog Heinrich I. von Glogau 1293 zu deutschem (Neumarkter) Recht als Stadt ausgesetzt, 1329 böhmisch, 1526 an Habsburg (Österreich), 1742 preußisch.
Die kath. Kirche Christi Himmelfahrt wurde 1869 erbaut, die ev. Kirche Zur Hl. Dreifaltigkeit als Nachfolgebau einer schon 1592 erwähnten Kirche 1852 errichtet. Eine zweite ev. Kirche Zum Kripplein Christi als Stiftung der Herzogin Eleonore Charlotte von Oels, ein Holzbau aus dem Ende des 17. Jh. auf dem Obermarkt der Stadt, wurde nach dem Brand von 1873 zwischen 1874 und 1877 durch einen massiven Neubau ersetzt.
Festenberg war bis in die Mitte des 19. Jh. eine Tuchmacherstadt, entwickelte sich aber nach dem Abzug der Tuchmacher nach Lodz und in die Lausitz um 1910 zu einer Tischlerstadt mit 54 Tischlereien im Jahre 1938, dazu 6 Drechslern und 4 Holzschnitzern sowie Holzindustrie.
Die Stadt wurde am 20./21. 5. 1945 durch sowjetische Truppen besetzt. 1939: 3861 Einw.

Schloß Fischbach, Portal von 1603

Fischbach (poln. *Karpniki*), Kr. Hirschberg, langgestrecktes Dorf am Fuße der Falkenberge (s. d.), um 1300 erstmalig belegt, 397 m.
Das aus der Zeit des Dreißigjährigen Krieges stammende Schloß, das 1844 sein neugotisches Gepräge erhielt, ging 1909 vom Haus Hohenzollern in den Besitz des Großherzogs von Hessen über, dessen Familie es bis 1945 gehörte. Letzter Besitzer war Prinz Ludwig von Hessen und bei Rhein.
Außer kostbaren mittelalterlichen Glasgemälden und Architekturfragmenten aus der römischen Zeit der Rheinlande befand sich auf dem Schloß auch eine von dem Prinzen Waldemar von Preußen angelegte Sammlung indischer und ostasiatischer Waffen.
Während des Zweiten Weltkrieges waren im Schloß wertvolle Stücke aus dem Darmstädter Schloßmuseum ausgelagert.
Die sowjetische Armee ließ das Anwesen unbehelligt, erst die nachrückenden Polen plünderten es aus. Seit 1956 befindet sich in dem Gebäude eine Anstalt für Geisteskranke.
Im Park stand zur Erinnerung an den am 2. 5. 1813 bei Groß Görschen gefallenen Prinzen Leopold von Hessen-Homburg ein Denkmal, dessen Entwurf wahrscheinlich von Karl Friedrich Schinkel (1781–1841) stammt oder auf diesen zurückgeht.
Die kath. Kirche St. Hedwig stammt aus dem 14. Jh., erhielt aber erst in der zweiten Hälfte des 16. Jh. ihre spätere Form. In der preußischen Zeit entstand auf dem Friedhof ein ev. Bethaus, das nach dem Zweiten Weltkrieg durch Brand zerstört wurde. 1939: 1010 Einw.

Bad Flinsberg und Isergebirge

Herzog Karl und Gemahlin Anna (Frankenstein)

Flinsberg, Bad (poln. *Świeradów Zdrój*), Kr. Löwenberg, Stahl- und Moorbad am Nordhang des Isergebirges, 530 m.
Die Heilquellen sind seit 1572 bekannt, ihre Auswertung begann 1738, Kur- und Badeort seit 1763. Das Kurhaus wurde 1899 eingeweiht, das Radiumbad 1934 eröffnet. Besitzer der Anlagen war das Haus Schaffgotsch.
Flinsberg besitzt neben Bad Landeck (s. d.) die größte Radioaktivität der schlesischen Heilquellen. 1945 erhielt der Ort das Stadtrecht. 1939: 2803 Einw.; 1970: 2982 Einw.

Frankenstein (poln. *Ząbkowice Śląskie*), Kreisstadt 60 km südlich der Landeshauptstadt am Ostrand des Eulengebirges, 283 m.
Gegründet 1286 durch Herzog Heinrich IV. von Breslau als deutschrechtliche Kolonistenstadt mit Magdeburg-Neumarkter Recht.

Die 1376 erstmals erwähnten Burg- und späteren Schloßanlagen wurden am 16. 9. 1468 während der Besetzung Schlesiens durch Matthias Corvinus, König von Ungarn, zerstört. Der 1517–1532 errichtete Neubau fiel 1646 den Wirren des Dreißigjährigen Krieges zum Opfer und blieb bis heute Ruine.

Die 1289 erstmals nachgewiesene kath. Stadtpfarrkirche St. Anna wurde 1450 zu einer spätgotischen Hallenkirche umgebaut. Der 38 m hohe Turm senkte sich zwischen 1592 und 1598 nach einer Seite. Seither heißt Frankenstein auch „Das schlesische Pisa“.

Die Dominikanerkirche aus dem Jahre 1302, 1689–1701 erneuert, ist seit 1815 evangelisch.

Nickel- und Magnesiumgewinnung waren Grundlagen der Industrie, daneben Herstellung elektrotechnischer Erzeugnisse und von Landmaschinen, Zucker- und Möbelfabrik.

Moritz Graf von *Strachwitz*, der patriotische Lieder- und Balladendichter, wurde am 13. 3. 1822 im Hause seiner Urgroßmutter, der Freiin Antonie Theresie von Saurma, in Frankenstein geboren und wuchs auf dem benachbarten Wasserschloß Peterwitz auf. Er starb am 11. 12. 1847 in Wien.

Frankenstein wurde erst nach der Kapitulation vom 8. 5. 1945 von sowjetischen Truppen besetzt. Die Stadt blieb unzerstört.

1939: 10809 Einw.; 1975: rund 15600.

Die Patenschaft für Stadt und Kreis Frankenstein (ohne Münsterberg und Reichenstein) halten Stadt und Kreis Wiedenbrück in Nordrhein-Westfalen seit 1952.

Heimatzeitung: Frankenstein-Münsterberger Kreisblatt mit Bergglocke Reichenstein, Lengerich Westf., seit 1954.

Fraustadt (poln. *Wschowa*), Kreisstadt 90 km nordwestlich der Landeshauptstadt an der alten Handelsstraße Glogau-Posen-Warschau.

Durch Herzog Heinrich IV. von Schlesien 1273 als Stadt gegründet, wurde es 1310 mit Magdeburger Stadtrecht versehen, das 1349 und 1524 jeweils neu bestätigt wurde.

Als Grenzstadt zwischen den alten piastischen Ländern Schlesien und Großpolen wechselte Fraustadt in seiner Geschichte mehrfach die Zugehörigkeit zu Polen oder Preußen, behielt aber

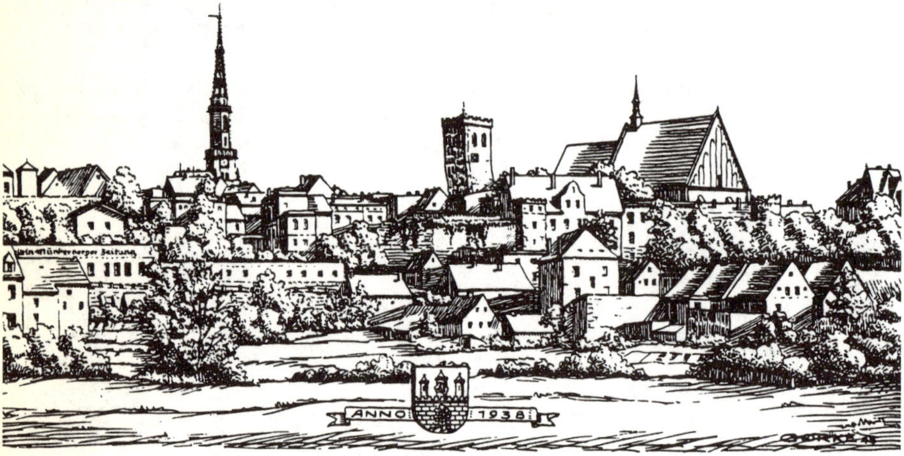

Frankenstein

Anna Luise Karsch

bis zuletzt seinen deutschen Charakter.

Auf Grund des Versailler Vertrages wurden 1920 rund 40 v. H. des Kreisgebietes mit 18 Landgemeinden und 8 Gutsbezirken an den neuen polnischen Staat abgetreten, der Rest wurde 1938 aus der Zugehörigkeit zur Grenzmark Posen-Westpreußen nach Schlesien eingegliedert.

Ziegeleien, Bauindustrie und eine Zuckerfabrik sicherten in neuerer Zeit das Wirtschaftsleben.

Anna Luise *Karsch*, genannt „die Karschin", pathetische Dichterin patriotischer Oden (* 1. 12. 1722 bei Züllichau in der Neumark, † 12. 10. 1791 in Berlin), lebte in Fraustadt von 1749 –1755.

Die Stadt war vom 28.–30. 1. 1945 hart umkämpft, wurde anschließend von sowjetischen Truppen besetzt, ist aber nur geringfügig zerstört worden. Die Ostseite des Ringes wurde erst später abgebrochen. 1939: 7740 Einw.; 1970: 9942 Einw.

Freiburg (poln. *Świebodzice*), Kr. Schweidnitz, 12,5 km westlich der Kreisstadt am Übergang des Waldenburger Berglandes in die schlesische Ackerebene.

Als Stadt zu deutschem Recht vor 1228 vermutlich von Freiburg an der Unstrut aus als Ackerbürgerstadt gegründet. Um 1520 erhielt das Brauereiwesen Bedeutung, Bierausfuhr bis nach Schweidnitz und Breslau.

1636 und 1773 zerstörten Feuersbrünste große Teile der Stadt. Rathausneubau 1781 auf Befehl Friedrichs II., 1811 Neubau der Pfarrkirche St. Nikolaus, 1776 löste der Bau einer ev. Kirche das Bethaus von 1741 ab.

Wirtschaftliche Bedeutung erhielt die Stadt durch die 1809 durch Kommerzienrat Karl Friedrich Kramsta errichtete Leinwandfabrik, durch die nach 1850 entstandene Uhrenfabrikation der Familie Gustav Becker und durch die 1844 gebaute und 1853 bis Waldenburg und Hirschberg verlängerte Eisenbahnverbindung mit Breslau und Berlin.

Die polnische Verwaltung verstärkte nach 1945 die Industrialisierung.

Die Stadt wurde erst nach der Kapitulation vom 8. 5. 1945 durch sowjetische Truppen besetzt, 59 Häuser wurden zerstört.

Gustav *Renner*, Schriftsteller, * 17. 10. 1866, † 29. 5. 1945 in Freiburg.

1939: 9309 Einw.; 1970 nach Erweiterung des Stadtgebietes um mehr als das Doppelte: 18517 Einw.

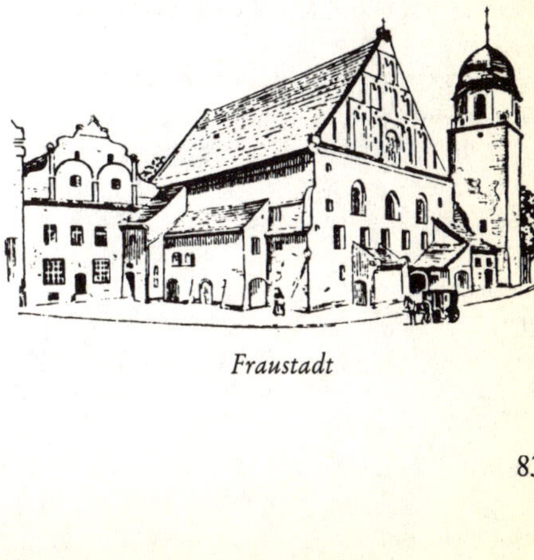

Fraustadt

Freiburg unter dem Fürstenstein

Freiwaldau (poln. *Gozdnica*), Kr. Sprottau/Sagan, kleine Landstadt am südlichen Rande der Priebuser Heide, 35 km nordwestlich von Bunzlau.

Stadtgründung um 1285, als Stadt erstmalig um 1315 genannt. Um 1750 gab Freiwaldau die Stadtrechte auf und war bis 1945 Marktflecken.

Ziegelei seit 1751, Dachziegelindustrie seit 1885, mehrere keramische Betriebe stellten Steinzeugröhren und Braungeschirr nach Bunzlauer Art her.

1939: 2929 Einw.; 1970: 3447 Einw., nachdem der Ort unter polnischer Verwaltung 1955 zur „Stadtartigen Siedlung" und 1967 wieder zur Stadt erhoben war.

Freiwaldau (tschech. *Frývaldov*, jetzt *Jeseník*), Bezirksstadt am Fuße des Altvatergebirges, am Zusammenfluß der Staritz und der Freiwaldauer Biele, 441 m, ehemals Öste reichisch Schlesien.

Vor dem ehemaligen Schloß der Fürstbischöfe von Breslau die kath. Stadtpfarrkirche mit Tiroler Glasmalerei. Die 1882 erbaute ev. Kirche war ein Geschenk der Prinzessin Marianne von Preußen.

Vinzenz *Prießnitz*, am 4. 10. 1799 auf dem nahen Gräfenberg geboren und dort am 28. 11. 1851 gestorben, machte Gräfenberg und Freiwaldau berühmt durch seine Methode der Kaltwasserbehandlung und der wasserkundlichen Wickeltechnik. Das Prießnitz-Archiv wurde im Stadtarchiv aufbewahrt.

1930: 8 251 Einw., darunter 1 257 Tschechen; 1990 insgesamt 14 000 Einw. Die Patenschaft für Freiwaldau hält die Stadt Kirchheim/Teck in Baden-Württemberg seit 1953.

Freyhan (poln. *Cieszków*), Kr. Militsch, als „Städtlein" im 15. Jh. gegründet, gab 1841 die Stadtrechte auf, von da an Marktgemeinde.

Der kreuzförmige Kuppelbau der kath. Kirche von 1753 ist auffällig reich ausgestattet. Die ev. Kirche stammt aus dem Jahr 1828.

Die Grundherrschaft mit dem von einem Wassergraben umgebenen Schloß aus dem Jahre 1695 war seit 1910 im Besitz der Grafen von Pückler. Beim Einmarsch der sowjetischen Truppen am 22. 1. 1945 ging das Gebäude in Flammen auf, die Ruinen wurden abgetragen. 1939: 1 373 Einw.

Freystadt (poln. *Kożuchów*), ehemalige Kreisstadt 130 km nordwestlich der Landeshauptstadt, 101 m, nahe der Oder.

Als „Weichbildstadt" 1270 durch Herzog Heinrich von Glogau zu deutschem Recht ausgesetzte Kolonistenstadt, 1331 unter böhmischer Oberlehenshoheit, 1526 mit Böhmen zu Habsburg (Österreich), 1742 preußisch.

Die doppelte Stadtmauer mit vier Stadttoren blieb weitgehend erhalten. Das als herzogliche Burg im 13. Jh. erbaute Schloß wurde 1685 Kloster der Karmeliter.

Die kath. Stadtpfarrkirche St. Mariae von 1295, durch Brände mehrfach zerstört, erhielt ihre spätere Gestalt als dreischiffige, vierjochige Hal-

Schloß in Freiwaldau

lenkirche im 15. und 16. Jh., Turm mit achteckigem Aufbau. Die ev. Gnadenkirche Zum Weinberge Jesu von 1709 erhielt erst 1826 einen massiven Turm.

Das Rathaus wurde 1848/1849 in klassizistischem Stil als Ersatz für seine abgebrannten Vorgänger errichtet, 1945 teilweise zerstört, später erneut aufgebaut.

Freystadt wurde am 12. 3. 1945 durch sowjetische Truppen besetzt und zu 70 v. H. zerstört, 687 Gebäude wurden vernichtet.

Andreas *Gryphius* (eigentl. Greif, 1616–1664), der schlesische Barockdichter, wohnte um 1637 im Vorwerk Schönbrunn vor dem Glogauer Tor und beschrieb in seinem Sonett „Das feurige Freystadt" den Brand von 1637, der fast die ganze Stadt vernichtete.

Joachim *Cureus*, * 23. Oktober 1532 in Freystadt, Verfasser der ersten wissenschaftlichen Geschichtsdarstellung Schlesiens, Arzt in Glogau, † 21. Januar 1573 in Glogau.

1939: 6669 Einw.; 1970: 8746. Die polnische Verwaltung verlegte den Kreissitz 1950 nach Neusalz an der Oder.

Die Patenschaft für Stadt und Kreis Freystadt (ohne die Stadt Neusalz) hält der Oberlahnkreis mit Sitz in Weilburg in Hessen seit 1963. Heimatzeitung: Freystadter Kreisblatt, Scheinfeld/Ofr., seit 1959.

Freyhan, ev. Kirche

Freystadt, Kirchstraße

Friedeberg (poln. *Mirsk*), Kr. Löwenberg, kleine Landstadt 28 km südwestlich der Kreisstadt am linken Oberlauf des Queisflusses, 350 m.

„Aus wilder Wurzel" durch Herzog Heinrich I. von Jauer 1337 nach deutschem (Magdeburg-Löwenberger) Recht als Kolonistenstadt im Grenzwald nach Böhmen hin gegründet.

Die kath. Stadtpfarrkirche St. Maria aus dem 16. Jh. mit barocker Innenausstattung aus dem 18. Jh. und die ev. Stadtpfarrkirche von 1768 mit Turm von 1881, die das 1767 abgebrannte ev. Bethaus ersetzte, sind erhalten geblieben.

Die Stadt wurde am 8. 5. 1945 durch sowjetische Truppen besetzt, erlitt aber keine unmittelbaren Kriegsschäden. 1939: 2883 Einw.; 1970: 4390.

Friedeck (tschech. *Frýdek*), Industriestadt im Vorland der Beskiden am rechten Ufer der Ostrawitza, des schlesisch-mährischen Grenzflusses.

Die 1740 bis 1756 erbaute Marienkirche war das Ziel vieler Wallfahrer. Das Schloß gehörte dem Erzherzog Friedrich, Herzog von Teschen. Friedeck, das mit Mistek eine Doppelstadt bildet, besaß ein volkskundliches Museum für die schlesische Walachei. 1930: 22889 Einw., darunter 2284 Deutsche.

Friedersdorf (poln. *Biedrzychowice*), Kr. Lauban, 3 km nordwestlich von Greiffenberg am rechten Ufer des Queisflusses. Der Ort, im 13. Jh. gegründet, gehörte von 1544 an zur sächsischen Oberlausitz, bis diese 1815 auf dem Wiener Kongreß großenteils Preußen zugeteilt wurde.
Die ev. Grenzkirche Zum Jesusbrunnen, erbaut von 1654–1656, wurde 1668 erweitert und 1723/1724 durch einen Neubau ersetzt. Kirche und Ortschaft erlangten in der Gegenreformation Bedeutung für die glaubensvertriebenen Exulanten aus Sachsen und Böhmen.
Das barocke Schloß entstand 1702 durch Umbau der Anlage aus dem 15. Jh., die künstlich angelegte Ruine Neidburg wurde später Jugendherberge. Letzter Besitzer von Schloß und Gutsherrschaft war Ortwin Graf von Pfeil-Minutoli, der im Rußlandfeldzug fiel.
Das Schloß wurde bei Kriegsende geplündert, die Bibliothek mit den völkerkundlichen Sammlungen von den Polen nach Krakau verbracht. 1939: 1397 Einw.

Friedland/OS (poln. *Korfantów*), Kr. Falkenberg, 19,5 km südlich der Kreisstadt am rechten Ufer des Neiße-Zuflusses Steinau, 216 m.

Friedeberg am Queis

Friedeck

Das 1335 erstmals erwähnte Dorf gehörte seit 1313 zum Herzogtum Oppeln, kam 1526 zu Österreich und wurde 1742 preußisch. Die spätere Gründung als Markt oder Stadt ist nicht bekannt, jedoch wurden die Stadtrechte 1867 erneuert.
Das 1616 erbaute Renaissance-Schloß ist 1945 beschädigt worden. Die kath. Dreifaltigkeitskirche wurde 1909 eingeweiht. Der damalige Pfarrer Valentin Wojciech († 1940) war von 1920 an Weihbischof von Breslau.
Die Stadt wurde am 19. 3. 1945 von sowjetischen Truppen besetzt und verlor unter der polnischen Verwaltung 1945 das Stadtrecht. 1939: 1895 Einw.; 1958 auf 932 zurückgegangen.
Dr. Otto Graf von *Pückler*, Journalist und Publizist, * 11. 6. 1891 in Friedland/OS, † 26. 1. 1974 in München.
Judy *Winter* (eigentlich Beate Richard), Film- und Fernsehschauspielerin, * 4. 1. 1944 als Tochter eines Journalisten, lebt in Berlin.

Friedland (poln. *Mieroszów*), Kr. Waldenburg, 15,5 km südwestlich der Kreisstadt am linken Ufer der Steine unmittelbar an der Landesgrenze zu Böhmen gelegen, 296 m.
Von Böhmen aus um 1250 als Kolonistenstadt „Markt Fredeland" deutsch besiedelt, um 1325 zur Stadt erhoben und 1392 durch Erbanfall an die Krone Böhmens gelangt, kam Friedland 1526 mit

Schloß Friedersdorf

Böhmen an Habsburg (Österreich) und wurde 1742 preußisch.
Infolge ihrer Grenzlage zu Böhmen wurde die Stadt in den Hussitenkriegen, im Dreißigjährigen Krieg, in den schlesischen Kriegen und wiederum in den Jahren 1806 und 1866 erheblich in Mitleidenschaft gezogen.
Friedland wurde erst nach der Kapitualtion vom 8. 5. 1945 durch sowjetische Truppen besetzt und verfällt seitdem in zunehmendem Maße. 1939: 4386 Einw.; 1969: 5239 Einw.

Friedrichsgrätz (poln. *Grodziec*), Kr. Oppeln. 26 km nordöstlich der Kreisstadt an der Straße Malapane-Guttentag gelegen.
Als bedeutendste Kolonie böhmischer Glaubensflüchtlinge, die wegen ihres ev. Bekenntnisses ihre tschechische Heimat verlassen hatten, und zugleich als größte friderizianische Siedlung in Oberschlesien 1752 gegründet.
Obwohl die überwiegende Mehrheit der Kolonisten sich bis in das 20. Jh. ihre tschechische Muttersprache bewahrten, bekannten sie sich bei der oberschlesischen Volksabstimmung 1921 mit 1239 Stimmen geschlossen zu Deutschland, nur 13 Stimmen wurden für Polen abgegeben.
Nach 1945 gingen zahlreiche schlesische Tschechen entweder in die Tschechoslowakei zurück oder siedelten in die Bundesrepublik Deutschland über. 1939: 1810 Einw.

Friedrichshütte (poln. *Strzybnica*), Kr. Tarnowitz, 5 km nordwestlich der Kreisstadt gelegene ostoberschlesische Industriestadt, seit 1921 polnisch. Als Siedlung 1786 gleichzeitig mit dem von dem Direktor des Oberschlesischen Bergamtes, Graf Friedrich Wilhelm von Reden, errichteten staatlichen Blei- und Silberbergwerk „Friedrichshütte" entstanden. Die Hütte ging in der Weltwirtschaftskrise 1932 ein.
1931 hatte Friedrichshütte rund 2200 Einw., nach Vereinigung mit benachbarten Gemeinden und Industrieanlagen 1961 rund 5700 Einw. 1958 zur „Stadtartigen Siedlung" und 1967 zur Stadt erhoben.

Fulnek (tschech. *Fulnek*), alte Tuchmacherstadt im Kuhländchen im oberen Odertal (Mähren-Schlesien).
Die Stadt, die durch ihr Tuchmacher- und Bandwebergewerbe bekannt war, wurde 1293 als deutsche Siedlung mit Stadtrecht gegründet. Das neue Schloß und der Kuppelbau der Dekanatskirche sind die bedeutendsten Baudenkmäler.
Franz *Konwitschny*, einstiger Dirigent des Leipziger Gewandhausorchesters und Direktor der Staatsoper in Leipzig, * 14. 8. 1901 in Fulnek, † 27. 7. 1962 in Belgrad.

Fürsteneich (poln. *Zabór*), Kr. Grünberg, bis 1936 Saabor, Gutsdorf und Marktflecken am linken Oderufer nahe der brandenburgischen Grenze.
Das Schloß von 1677, nach einem Brand 1745 in sächsischem Barockstil umgestaltet, war von 1783–1945 im Besitz der Prinzen von Schönaich-

Dreifaltigkeitskirche in Friedland/OS

Friedland, Kreis Waldenburg

Carolath. Letzte Besitzerin war die Witwe des Prinzen Johann Georg von Schönaich-Carolath, Prinzessin Hermine (1887–1947), in beiderseitiger zweiter Ehe 1922 verheiratet mit Kaiser Wilhelm II. (1859–1941). Das Schloß wurde nach 1945 unter polnischer Verwaltung Kinderheim. Die Ende des 18. Jh. errichtete ev. Kirche ersetzte das Bethaus von 1743. 1939: 1052 Einw.

Fürstenstein, Schloß (poln. *Książ*), zur Gemeinde Liebichau (poln. *Lubiechów*), Kr. Waldenburg, gehörend, 392 m.
Das heutige Schloß, eine fünfgeschossige Anlage 100 m hoch über dem romantischen Fürstensteiner Grund, wurde 1772–1774 als Barockbau mit 400 Zimmern errichtet. Kernstück ist der Bergfried als ältester Teil der frühen, im 16. und 17. Jh. entstandenen Gebäudeteile. Der letzte Bautrakt wurde zwischen 1908 und 1923 durch den Fürsten Hans Heinrich XV. von Pleß erbaut.
Im Jahre 1943 begannen hier nach Beschlagnahme des Schlosses die Vorarbeiten für ein „Führerhauptquartier" mit „Führerbunker", die aber nicht mehr zu Ende geführt wurden.
Das Schloß wurde zwischen 1945 und 1960 völlig ausgeplündert, steht jetzt aber unter Denkmalschutz und wird nach und nach restauriert. 1939 hatten Schloß Fürstenstein und die Gemeinde Liebichau 351 Einw.

Gaffron (poln. *Gawrony*), Kr. Lüben, Dorfgemeinde mit barockem Schloß aus dem 18. Jh., dessen ältester Teil aus dem 14. Jh. stammt. Der Besitz wechselte mehrfach. Zwischen den beiden Weltkriegen gehörten Schloß und Grundbesitz der Schlesischen Landgesellschaft zum Zwecke der Aufsiedlung, die aber nicht vollendet wurde. Danach gingen Schloß und Forst wieder in Privatbesitz über. 1939: 491 Einw.

Gebhardsdorf (poln. *Giebułtów*), Kr. Lauban, 3 km nordwestlich von Friedeberg am Queis an der Grenze zur Oberlausitz gelegen.
In der Gemeinde ließen sich zwischen 1650 und 1730 wiederholt böhmische Glaubensflüchtlinge nieder. Die 1703/1704 errichtete ev. Pfarrkirche konnte als „Zufluchtskirche" bis zu 2000 Menschen aufnehmen. Das Schloß stammte aus dem 18./19. Jh. und gehörte bis in das 20. Jh. verschiedenen Zweigen der Familie von Uechtritz. 1939: 1638 Einw.

Eingang zur Burg Fürstenstein

Georgenberg (poln. *Miasteczko Śląskie*), Kr. Tarnowitz, kleine Bergbaustadt mit ersten Ansiedlungen um 1530.
Markgraf Georg Friedrich von Brandenburg (1543–1603) verlieh dem Ort 1561 das Stadt- und Marktrecht, das nach vorübergehendem Verlust 1866 erneuert wurde. Die Schrotholzkirche mit freistehendem Glockenturm von 1666 wurde 1905 durch eine neue kath. Pfarrkirche ersetzt. Obwohl die Stadt im 20. Jh. überwiegend von Polen bewohnt war, wurden 1921 bei der Volksabstimmung 524 Stimmen für Deutschland gegenüber 666 für Polen abgegeben. 1961 wurde hier eine neue Zinkgrube angelegt. 1939: 2400 Einw.; 1970: nach Eingemeindungen 5173 Einw.

Gesenke, auch Mährisch-Schlesisches oder Niederes Gesenke (tschech. *Nízký Jeseník*), südöstlicher Ausläufer der Sudeten im nördlichen Mähren. Das Gesenke ist eine flachwellige, waldreiche Hochfläche mit vulkanischen Bergkegeln zwischen 500 und 800 m. Die höchsten Erhebungen sind der Sonnenberg mit 800 m und der Teufelsberg mit 821 m.

Gießmannsdorf (poln. *Gościszów*), Kr. Bunzlau, Waldhufendorf zwischen Queis und Bober, 15 km südwestlich der Kreisstadt, schon vor 1233 als bestehendes Dorf genannt.
Neben der ev. Begräbniskapelle im Übergangsstil von der Romanik zur Gotik, bis 1525 und wieder von 1654–1806 kath. Pfarrkirche, gab es ein ev. Bethaus aus dem Jahre 1754.

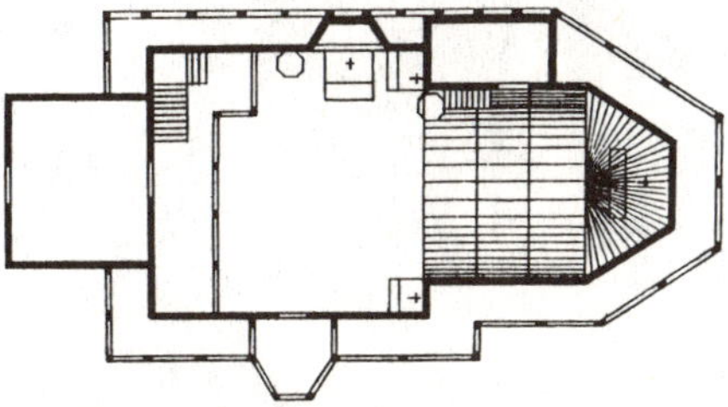

Kirche zu Georgenberg, Grundriß

Schloß in Gießmannsdorf

Das Schloß, 1603 auf den Grundmauern einer alten Wasserburg aus der Zeit von 1050–1100 mit mehrgiebeliger Fassade im Renaissancestil erbaut, ist 1945 ausgebrannt. Letzte Besitzerin war Hilde von Eggeling, geb. von Loebenstein. 1939: 1552 Einw.

Glatz (poln. *Kłodzko*), Kreisstadt 80 km südöstlich der Landeshauptstadt, Mittelpunkt des Glatzer Bergkessels, beiderseits der Glatzer Neiße gelegen, 303 m.
Die alte Festungsstadt, erstmalig 981 erwähnt und damit der älteste geschichtlich bezeugte Ort Schlesiens, stand seit 1137 unter böhmischer Oberherrschaft, wurde Anfang des 13. Jh. als deutschrechtliche Stadt ausgesetzt und kam 1742 mit der Grafschaft Glatz zu Preußen. Geschichte und Bild der Stadt sind gleichermaßen durch ihre Zugehörigkeit zu Böhmen wie zu Preußen geprägt.
Die kath. Pfarrkirche Mariä Himmelfahrt aus dem 14. Jh. erhielt im 15. Jh. ihre Türme und die Seitenschiffgewölbe und erfuhr nach 1673 ihre von den Jesuiten betriebene üppige barocke Aus-

gestaltung. Die Kirche ist eine Gründung des seliggesprochenen Bischofs Arnestus von Pardubitz (1287–1364). Sie birgt sein im Dreißigjährigen Krieg zerschlagenes Grabmal von 1635, das vermutlich aus der Parler-Werkstatt in Prag stammt. Die „Glatzer Madonna", eine als wundertätiges Marienbild verehrte Schenkung des Bischofs, befindet sich heute in Berlin. Die St. Georgskirche aus dem Jahre 1633 wurde 1836 ev. Garnisonskirche.

Die Festung, nach dem Dreißigjährigen Krieg durch Umbau des Schlosses nach holländischem Muster entstanden, wurde nach 1742 stark ausgebaut. Ihr Kommandant war von 1742–1760 der preußische Generalmajor Heinrich August Freiherr de la Motte-Fouqué (1698–1774), ihr letzter Verteidiger gegen die Belagerung durch die Rheinbundtruppen bis zum Tilsiter Frieden von 1807 war Graf Friedrich Wilhelm von Götzen (1767–1820). Die Festung wurde 1877 aufgehoben und zwischen 1880 und 1911 ein großer Teil der Stadtmauer mit den Stadttoren niedergelegt. Freiherr Friedrich von der *Trenck* (1726–1794), 1744 Ordonnanzoffizier Friedrichs des Großen, wurde von 1745–1747 als politischer Gefangener auf der Festung festgehalten, aus der er im Januar 1747 entfloh.

Friedrich Wilhelm *Riemer,* Philologe und Sekretär Goethes und gemeinsam mit Johann Peter Eckermann (1792–1854) Herausgeber von Goethes Werken als „Ausgabe letzter Hand", * 19. 4. 1774, † 19. 12. 1845 in Weimar;

Leopold von *Wiese,* Soziologe, * 2. 12. 1876, † 1. 11. 1969 in Köln;

Renée *Sintenis,* Bildhauerin und Zeichnerin, * 20. 3. 1888, † 22. 4. 1965 in Berlin;

Annelies *Kupper,* Opernsängerin, * 21. 7. 1906, † 8. 12. 1987 in München.

Die Stadt wurde erst nach der Kapitulation vom 8. 5. 1945 von sowjetischen Truppen besetzt, verfiel jedoch bald durch zunehmende Verwahrlosung.

1939: 20575 Einw.; 1970: auf vergrößertem Stadtgebiet 26134 Einw.

Die Patenschaft für Stadt und Kreis Glatz hält die Stadt Lüdenscheid in Nordrhein-Westfalen seit 1952. Heimatzeitung: Grafschafter Bote, Brilon, seit 1950.

Glatzer Bergland, ein 300 bis 400 m hohes Hügelland der mittleren Sudeten mit dem Hauptort Glatz an der Glatzer Neiße, die das Bergland durchfließt, umrahmt vom Eulengebirge, dem

Gesamtansicht von Glatz

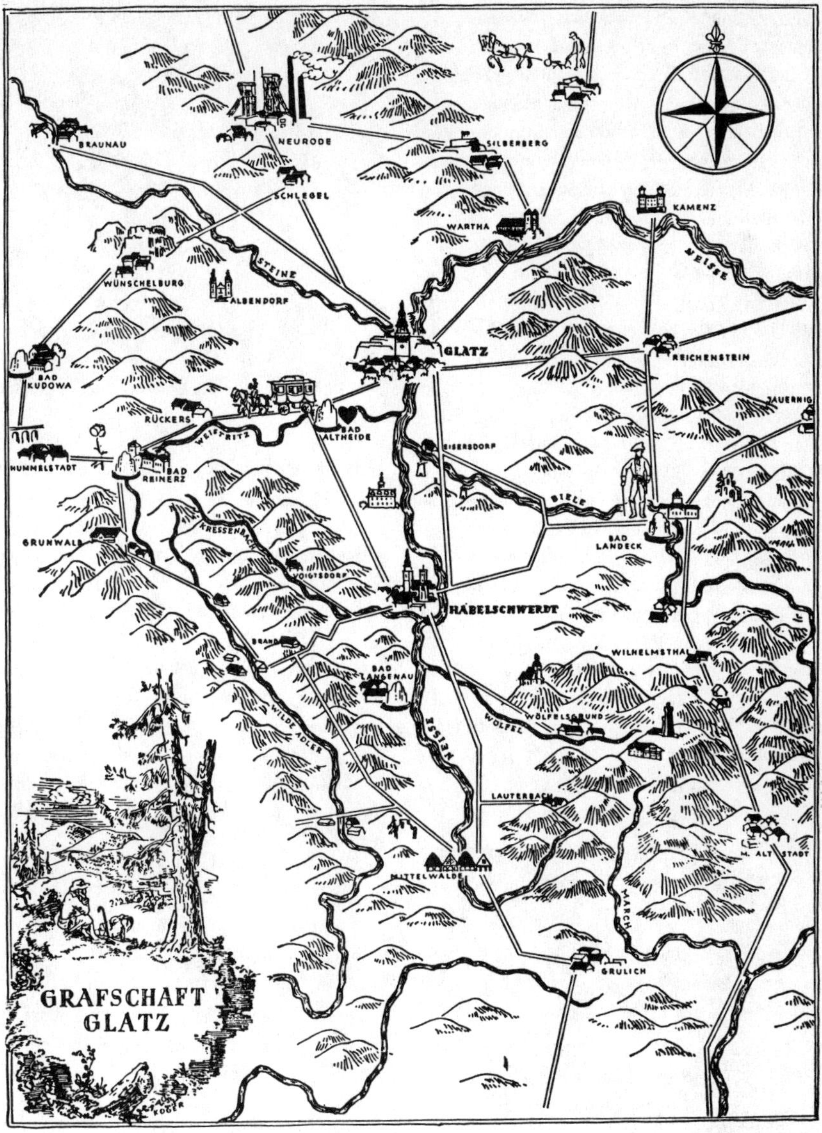

Das Glatzer Bergland

Heuscheuergebirge, dem Habelschwerdter Gebirge, dem Glatzer Schneegebirge mit dem 1425 m hohen Glatzer Schneeberg und dem Reichensteiner Gebirge. Zahlreiche Mineralquellen mit den Bädern Altheide, Kudowa, Landeck und Reinerz (s. d.), Erz- und Kohlelager, besonders Nickel und Uran, wichtiges Durchgangsland von Schlesien nach Böhmen.

Das von Georg von *Podiebrad,* König von Böhmen, 1459 zur Grafschaft erhobene Land war ursprünglich böhmisch und wurde 1742 von Friedrich II., König von Preußen, durch Kauf für Preußen-Schlesien erworben. Seit dem 13. Jh. kirchlich zum Erzbistum Prag, seit 1972 zum Bistum Breslau gehörend.

Glatzer Neiße (poln. *Nysa Kłodzka*), linker Nebenfluß der Oder, entspringt im Glatzer Schneegebirge und mündet nach 195 km langem Lauf zwischen Oppeln und Brieg (s. Neiße).

Glatzer Schneeberg, auch Großer Schneeberg (poln. *Śnieżnik*), in Mähren Spieglitzer und in Böhmen Grulicher Schneeberg (tschech. *Králický Sněžník*), mit 1425 m die höchste Erhebung des Glatzer Schneegebirges und des Glatzer Berglandes überhaupt. In 1218 m Höhe die 1809 als Sennerei eingerichtete „Schweizerei“, die weiter bewirtschaftet wird.

Auf dem Gipfel des Schneeberges stand der vom

Die Glatzer Neiße bei Ottmachau

Kaiser-Wilhelm-Turm, Glatzer Schneeberg

Glatzer Gebirgs-Verein einst errichtete 30 m hohe Kaiser-Wilhelm-Turm, der inzwischen eingestürzt ist. In der Nähe markierte eine alte Grenzsäule den Punkt, an dem die Grafschaft Glatz, die Markgrafschaft Mähren und das Königreich Böhmen zusammenstießen (s. Schneeberg).

Glatzer Weistritz s. Weistritz.

Gleiwitz (poln. *Gliwice*), bedeutende oberschlesische Industriestadt 140 km südöstlich der Landeshauptstadt an der Klodnitz gelegen, 223 m. Die erstmals 1276 als deutschrechtlich benannte Stadt war vor 1246 durch Herzog Wladislaus von Oppeln gegründet, wurde 1298 böhmisch, 1526 habsburgisch und 1742 preußisch und bildete seit dem 1. 4. 1897 einen eigenen Stadtkreis.

Gleiwitz hat als planmäßig angelegte Kolonistenstadt einen regelmäßigen Stadtgrundriß mit Gitterstraßennetz, einen quadratischen Ring mit je 74 m Seitenlänge und einem Rathaus aus dem 14. Jh., das 1784 seine heutige Gestalt erhielt; daneben der Brunnen mit dem „Gabeljürgen“ von 1794.

Die kath. Stadtpfarrkirche Allerheiligen wurde 1504 errichtet, die ev. Barbarakirche erhielt ihren jetzigen Bau in den Jahren 1856–1859. Die aus

Gleiwitz (1770)

dem 15. Jh. stammende Schrotholzkirche Mariä Himmelfahrt wurde 1925 aus Föhrendorf, Kreis Rosenberg/OS, nach Gleiwitz versetzt.
Gleiwitz nahm seine schnelle Entwicklung zur Industriestadt in der zweiten Hälfte des 18. Jh. durch den Bau der Königlichen Eisenhütte östlich der Stadt mit dem am 3. 11. 1796 in Betrieb genommenen ersten Koksofen auf dem europäischen Festland. In der seit 1798 zur Hütte gehörenden Eisenkunstgießerei wurden 1813 die ersten „Eisernen Kreuze" und der in den Befreiungskriegen für geopfertes Gold ausgegebene Eisenschmuck hergestellt. Die Tradition des oberschlesischen Eisenkunstgusses wird von den Wetzlarer Buderus-Werken weitergeführt.
Zu den kulturellen Einrichtungen gehörten das 1903 eröffnete Oberschlesische Museum für Kunst und Kunstgewerbe, die 1923 eingerichtete Stadtbücherei und das 1927 angelegte Stadtarchiv, daneben das Stadttheater und der 1925 in Betrieb genommene Rundfunksender als Nebensender der Schlesischen Funkstunde bzw. des Reichssenders Breslau. Auf den Sender Gleiwitz wurde am Abend des 31. 8. 1939 ein vom Reichssicherheitshauptamt der SS inszenierter „Überfall" unternommen, der als Propagandavorwand für den Beginn des Polenfeldzuges am 1. 9. 1939 dienen sollte.
Gleiwitz war Sitz von Hauptverwaltungen und Generaldirektionen zahlreicher industrieller Unternehmen und Organisationen Oberschlesiens. Der nach der 1845 erfolgten Eröffnung der ersten oberschlesischen Eisenbahn Breslau-Oppeln-Schwientochlowitz entstandene Verschiebebahnhof war der größte Güterbahnhof Ostdeutschlands. Die Stadt wurde am 23. 1. 1945 durch sowjetische Truppen besetzt und zu 20 v. H. zerstört, 978 Gebäude wurden vernichtet. 1939: 114048 Einw.; 1975: rund 197000 Einw.
Aus Gleiwitz stammen u. a. die Komponisten Richard *Wetz*, * 26. 2. 1875, † 16. 1. 1935 in Erfurt, und Heinrich *Konietzny*, * 7. 5. 1910, † 23. 4. 1983 in Saarbrücken, sowie der Schriftsteller Horst *Bienek*, * 7. 5. 1930, † 7. 12. 1990 in München.
Die Patenschaft für Stadt und Kreis Gleiwitz hält die Stadt Bottrop in Nordrhein-Westfalen seit 1952. Heimatzeitungen: Gleiwitzer und Beuthener Heimatblatt, Steinheim bei Hanau, seit 1950

Dom zu Glogau (1698)

Friedenskirche in Glogau

und Der neue Oberschlesische Wanderer, Wiesbaden, seit 1962.

Glogau (poln. *Głogów*), Stadtkreis und Kreisstadt 90 km nordwestlich der Landeshauptstadt an einem günstigen Übergang über die Oder gelegen, 80 m. Als „urbs Glogua“ erstmalig 1010 bezeugt, 1253 durch Herzog Konrad II. von Glogau mit Magdeburger Recht als Stadt ausgesetzt, 1331 böhmisch, 1526 habsburgisch, 1742 preußisch.

Die aus einer alten Burgsiedlung auf der Oderinsel hervorgegangene Stadt wurde von 1652 an als Festung ausgebaut und in der preußischen Zeit bis 1752 durch Außenwerke verstärkt. Erst von 1903 an wurden die Wallbefestigungen geschleift und in Parkanlagen umgewandelt.

Auf der Oderinsel, der Dominsel, der zwischen 1413 und 1460 als gotische Hallenkirche erbaute Dom, der auf einen Kirchenbau aus dem 12. Jh. zurückgeht. In der Altstadt steht die kath. Pfarrkirche St. Nikolaus von 1219, deren spätgotischer quadratischer Turm das Wahrzeichen der Stadt war. Die von 1652 stammende Friedenskirche Zum Schifflein Christi, 1758 durch Feuer vernichtet, erhielt 1764–1777 nach Plänen von Carl Gotthard Langhans (1732–1808) einen neuen Bau, der 1945 erneut niederbrannte. Die ev. Garnisonkirche entstand 1789.

Das in einfachem Barockstil 1652–1669 erbaute Schloß, bis zuletzt Sitz des Landgerichtes, wurde 1945 zerstört. Lediglich die Fassade, das Portal und der Hungerturm aus dem 13. Jh. blieben erhalten und dienten als Hilfen beim Wiederaufbau nach 1960. Die Stadt war vom 12. 2. bis 1. 4. 1945 von Sowjet-Truppen belagert und zu 80 bis 90 v. H. zerstört worden, 1698 Gebäude wurden vernichtet.

Die Wirtschaftsstruktur war durch Textilindustrie, Maschinenfabriken, Elektroindustrie bis hin zur Genuß- und Lebensmittelindustrie gekennzeichnet. Bedeutung hatte auch die Oderschiffahrt.

1939: 30172 Einw.; 1975: rund 34200.

Zu den bedeutendsten Persönlichkeiten, deren Geburtsstadt Glogau war, zählen u. a.:

Andreas *Gryphius* (eigentl. Greif), der schlesische Barockdichter, * 2. 10. 1616, † 16. 7. 1664 ebenfalls in Glogau;

Heinrich *Förster*, von 1853–1857 Fürstbischof von Breslau, * 1799, † 1881 im Exil;

Arthur Graf von *Posadowsky-Wehner*, der „rote Graf“, sozial- und wirtschaftspolitischer Re-

Glogauer Notgeld

formator und Vizereichskanzler, * 3.6.1845, † 23.10.1932 in Naumburg an der Saale;
Arnold *Zweig*, marxistischer Schriftsteller, * 10.11.1887, † 26.11.1968 in Berlin.

Gnadenberg (poln. *Godnów*), Kr. Bunzlau, Gründung durch Spezialkonzession Friedrichs II. vom 5.1.1743 als pietistische Brüdergemeine der ev. Freikirchenbewegung. Die Namensgebung für den Ort erfolgte am 3.11.1743 bei der Einweihung des Bet- und Gemeinhauses. Ähnlich wie in Gnadenfrei wohnten hier viele Angehörige des frommen schlesischen Adels.
Der Ort wurde am 22.1.1945 von sowjetischen Truppen besetzt und fast vollständig zerstört. 1939: 586 Einw.

Gnadenfeld (poln. *Pawłowiczki*), Kr. Cosel, als Brüdergemeine auf Grund einer von Friedrich II. am 27.7.1743 erteilten Ansiedlungskonzession um 1780 gegründet. Von 1818–1920 befand sich im Brüderhaus das 1754 in Barby an der Elbe gegründete theologische Seminar der Brüdergemeine. Der Ort wurde am 15.3.1945 von sowjetischen Truppen besetzt und weitgehend zerstört. 1939: 2030 Einw.

Gnadenfrei (poln. *Piława Górna*), Kr. Reichenbach, größte Kolonie der Herrnhuter Brüdergemeine in Schlesien, am 13.1.1743 auf Grund einer am 25.12.1742 durch Friedrich II. erteilten Generalkommission gegründet.

Herrnhuter Kolonie Gnadenfrei

Schmiedeturm in Goldberg

Hoher Anteil des Adels an der Bürgerschaft. Die Erziehungsanstalten spielten eine große Rolle. Die aus der 1744 gegründeten Knabenschule 1814 hervorgegangene Internatsschule stand 1819–1832 unter der Leitung von Ernst von Seydlitz, des Verfassers der bekannten, über 100 Jahre in den Schulen gebräuchlichen Geographie-Lehrbücher.
Einen wirtschaftlichen Faktor bildeten die Textilindustrie, die Baumaterialherstellung und die Marmorgewinnung. Weithin bekannt und begehrt waren die Gnadenfreier „Pfefferminzküchel".
Der Ort fiel 1945 kampflos in die Hände der sowjetischen Truppen, Brandstiftung zerstörte am 25.4.1946 die 1781 errichtete Saalkirche mit ihren Nebengebäuden. Gnadenfrei wurde unter polnischer Verwaltung 1956 zur „Stadtartigen Siedlung" und 1962 zur Stadt erhoben. 1939: 5907 Einw.; 1970: 7489.

Gnichwitz (poln. *Gniechowice*), Kr. Breslau, Dorfgemeinde mit Gutsherrschaft und Schloß, wurde 1937 in Altenrode umbenannt (s. d.).

Goldberg (poln. *Złotoryja*), Kreisstadt am

rechten Hochufer der Katzbach, 75 km westlich der Landeshauptstadt, 235 m.

Die Stadt, 1211 durch Herzog Heinrich I. von Schlesien gegründet und 1292 mit Magdeburg-Breslauer Recht versehen, erhielt ihren Namen „Mons Aurum“ von dem Gold, das hier schon vor 1220 aus dem Flußsand gewaschen wurde.

Als Beispiel romanischen Kirchenbaues in Schlesien gilt die um 1220 begonnene, 1269 im gotischen Stil erweiterte Marienkirche, die zuletzt zwischen 1914 und 1917 erneuert wurde. Um 1540 baute Valentin Trotzendorf (eigentlich Valentin Friedland, * 1490 in Troitschendorf bei Görlitz, † 1556 in Liegnitz) die alte Lateinschule zum ersten humanistischen Gymnasium in Schlesien aus, das er von 1524–1556 mit kurzer Unterbrechung als Rektor leitete. Wallenstein war hier von 1597–1599 Schüler.

Seit der Stadtgründung war bis in das 19. Jh. die Tuchmacherei das bestimmende Gewerbe. Daneben gab es außer einem Basaltwerk und der Kupfergewinnung, die nach 1945 unter polnischer Verwaltung weiter ausgebaut wurde, Bau-

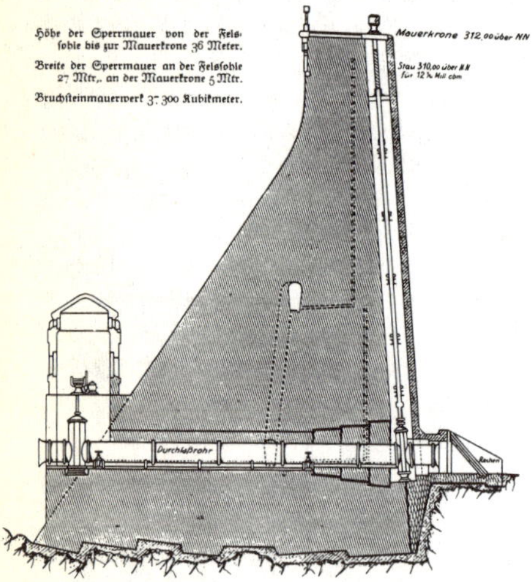

Queistalsperre bei Goldentraum, Querschnitt

Freudenschloß bei Görbersdorf

und Papierindustrie, Brauerei und Zigarrenfabrik, Polstermöbel- und Matratzenherstellung. Eine Hutfabrik unterhielt einen Zweigbetrieb sogar in den USA.

Goldberg wurde am 13. 2. 1945 durch sowjetische Truppen besetzt und nach heftigen Kämpfen zu 45 v. H. zerstört, 402 Gebäude wurden vernichtet. 1939: 7860 Einw.; 1975: rund 12700.

Die Patenschaft für Stadt und Kreis Goldberg hält die Stadt Solingen seit 1953. Heimatzeitung: Goldberg-Haynauer-Heimatnachrichten, Wolfenbüttel, seit 1949.

Dr. Johannes *Wiedner*, Orthopäde und bedeutendster schlesischer Kunstsammler der Nachkriegszeit, * 23. 9. 1907 in Goldberg, † 14. 10. 1983 in Karlsruhe.

Goldentraum (poln. *Złotniki Lubańskie*), Kr. Lauban, am 37 m hohen linken Ufer des Queisflusses unweit Marklissas.

Als „Neustädtel“ 1662 gegründet, erhielt der Ort bei der Verleihung der Rechte einer freien Bergstadt 1677 den Namen Goldentraum. Die Bewohner waren zumeist ev. Glaubensflüchtlinge aus

Böhmen und der Lausitz. An die Stelle des Bergbaues trat im 17. Jh. die Tuch- und Leineweberei. Beim Übergang an Schlesien 1815 verlor Goldentraum den Stadtstatus.

Der Ort hatte seine Bedeutung durch die 1921–1924 erbaute Talsperre, die zweite im Queislauf nach Marklissa. Sie hat ein Fassungsvermögen von 10,5 Millionen cbm, eine Sperrmauerhöhe von 36 m und eine Stauweite von 8,2 km. 1939: 399 Einw.; 1961: nur noch rund 200.

Görbersdorf (poln. *Sokołowsko*), Kr. Waldenburg, ehemals weithin bekannter Lungenkurort im Waldenburger Bergland, 561 m. Hier richtete der 1826 in Kurtsch bei Strehlen geborene Arzt Dr. Hermann Brehmer 1861/1862 das erste Kurhaus ein, das 1877 zu einer großen Lungenheilstätte erweitert wurde.

Nach Bremers Tod 1889 entstanden weitere Sanatorien, die Patienten aus Ost- und Südosteuropa anzogen, für die sogar eine orthodoxe Kapelle errichtet wurde. Skandinavische Kurgäste brachten um 1880 den Skisport in das Gebirge, 1930 entstand im Freudengrund eine große Sprungschanze.

1939: 625 Einw., aber regelmäßig weit über 1 000 Kurgäste.

Ernst *Birke*, Historiker, * 3. 4. 1908, † 14. 11. 1980 in Marburg/Lahn.

Gorkau (poln. *Górka*), Kr. Breslau, Dorf am Fuße des Zobtenberges, 3 km nördlich des Zobtengipfels und 3 km westlich der Stadt Zobten gelegen.

Die Doppelgemeinde Gorkau-Rosalienthal war weithin bekannt durch den alljährlich am Himmelfahrtstag abgehaltenen „Heiratsmarkt“, ein von den Bauern der Umgebung ebenso wie von

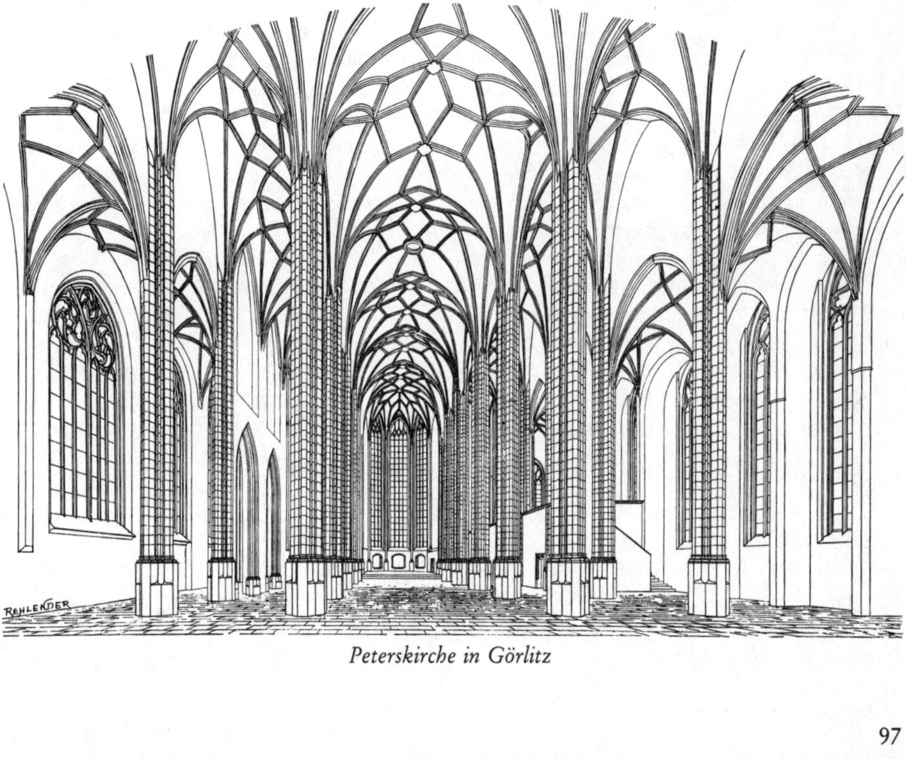

Peterskirche in Görlitz

Pietà in der Oberkirche zu Görlitz

den Studenten aus Breslau viel besuchtes Volksfest.

Die Propsteikirche Zur Himmelfahrt Mariä, deren Hauptschiff aus dem 13. Jh. stammt, wurde durch Umbauten im 16. und 19. Jh. stark verändert. Sie dient heute unter der polnischen Verwaltung als Magazin.

Vor dem Tor des 1885 im Stil der Neurenaissance ausgebauten Schlosses die granitenen Skulpturen zweier romanischer Löwen aus dem frühen 12. Jh., von denen eine auch als die eines Bären gedeutet wird.

Gorkau-Rosalienthal wurde 1928 nach Zobten eingemeindet.

Görlitz (poln. *Zgorzelec*), Stadtkreis und Kreisstadt beiderseits der Görlitzer oder Lausitzer Neiße, 120 km westlich der Landeshauptstadt, 220 m.

Als „villa Goreliz" erstmals 1071 genannt, um 1215 als deutschrechtliche Stadt ausgesetzt, 1301 mit Magdeburger Recht beliehen, wechselte Görlitz mehrfach seine Landeszugehörigkeit zwischen Böhmen (1076), Brandenburg (1253), Kursachsen (1635) und Preußen (1815).

Die 1945 errichtete Demarkationslinie an Oder und Neiße trennte die Stadt in einen an die DDR gefallenen westlichen Teil mit 90 v. H. der Bevölkerung und einen polnisch verwalteten Teil östlich der Neiße mit 10 v. H. der Bevölkerung.

Die Stadt besitzt zahlreiche bauliche Denkmäler, darunter von den ehemals vier Stadttürmen den „Reichenbacher Turm" und den „Kaisertrutz", das Rathaus mit der 1537 von dem Baumeister Wendelin Roßkopf geschaffenen Freitreppe mit der Figur der Justitia, den „Schönhof" von 1526 als ältestes Bürgerhaus der Renaissance in Deutschland und das „Biblische Haus" von 1570.

In dem 1853 errichteten Ständehaus war von 1937–1939 das Studio Görlitz des Reichssenders Breslau untergebracht, die Stadt- und Musikfesthalle war der traditionelle Ort der Schlesischen Musikfeste. Die 1902 von Hugo Behr im Jugendstil errichtete Oberlausitzer Gedenkhalle mit dem Kaiser-Friedrich-Museum rechts der Neiße enthielt früher ein Heimatmuseum und dient seit 1945 unter polnischer Verwaltung als polnischer Kulturpalast.

Die ev. Peterskirche ist der bedeutendste Kir-

Untermarkt in Görlitz

chenbau der schlesischen Lausitz. Um 1225 begonnen, 1423 erweitert, nach dem Brand von 1691 im Jahre 1696 erneut geweiht, erhielt die fünfgeschossige spätgotische Hallenkirche 1891 ihre beiden neugotischen Westtürme, die das Stadtbild weithin beherrschten.

Die kath. Pfarrkirche Heilig Kreuz bekam ihre jetzige Gestalt zwischen 1850 und 1853. Die um 1100 entstandene älteste Pfarrkirche St. Nikolai und St. Catharina, zwischen 1452 und 1717 mehrfach erneuert, ist jetzt ev. Begräbniskirche eines der ältesten Friedhöfe Schlesiens.

Zu den Kultureinrichtungen gehörten neben zahlreichen wissenschaftlichen Gesellschaften mit umfangreichen Bibliotheken das Ratsarchiv und das Stadttheater von 1851, das 1912 vollständig umgebaut wurde.

Görlitz, einst geprägt von den Zünften der Tuchmacher und Leineweber, entwickelte sich im 19. und 20. Jh. zu einer bedeutenden Industriestadt. Weltbekannt war die Waggon- und Maschinenbaufirma WUMAG.

Die Stadt war vom 16. 2. 1945 bis zur Kapitulation am 8. 5. 1945 hart umkämpft. Noch vor der Besetzung durch sowjetische Truppen war am 7. 5. 1945 der 1847 vollendete 475 m lange und 35 m hohe Eisenbahnviadukt über die Görlitzer Neiße gesprengt worden. Er wurde 1957 wiederhergestellt.

Am 6. 7. 1950 schlossen die DDR und die Volksrepublik Polen in Görlitz-Ost den sogenannten Görlitzer Vertrag, mit dem die DDR die Oder-Neiße-Linie als Grenze anerkannte und auf Ostdeutschland verzichtete.

1939: 91 554 Einw. Am 31. 12. 1972 waren in Görlitz-West rund 86 600 Einw., 1957 in Görlitz-Ost rund 30 400 Einwohner registriert.

Aus Görlitz stammten u. a.:

Adam *Puschmann*, * 1532, † 1600, der Historiker des deutschen Meistergesanges;

Karl Friedrich *Borée*, Romanschriftsteller, * 29. 1. 1886, † 28. 7. 1964 in Darmstadt;

Schloß Goschütz, Torbau

Werner *Finck*, Schauspieler, Kabarettist und Schriftsteller, * 2. 5. 1902, † 31. 7. 1978 in München.

Aus der Umgebung von Görlitz stammten:

Valentin *Trotzendorf* (eigentlich Valentin Friedland), Schulreformer, * 1490, † 1556;

Jakob *Böhme*, protestantischer Mystiker und Philosoph, * 1575, † 1624;

Victor de *Kowa* (eigentlich Viktor Kowarzik), Schauspieler, * 8. 3. 1904 in Hohkirch bei Görlitz, † 8. 4. 1973 in Berlin.

Görlitzer Neiße (poln. *Nysa Łużycka*), auch Lausitzer Neiße genannt, linker Nebenfluß der Oder, entspringt oberhalb Reichenbergs im südlichen Isergebirge, durchfließt die Ober- und Niederlausitz und mündet nach einem 225 km langen Lauf bei Ratzdorf nördlich von Guben in die Oder. Der Lauf der Görlitzer Neiße bildet mit der Oder seit 1945 die Oder-Neiße-Linie als Demarkationslinie zwischen der DDR und den polnisch verwalteten deutschen Ostgebieten (s. Neiße).

Goschütz (poln. *Goszcz*), Kr. Groß Wartenberg, 22 km nordwestlich der Kreisstadt.

Der seit 1155 nachweisbare Marktflecken wurde 1727 von Heinrich Leopold Graf von Reichenbach als Standesherrschaft erworben und war als Majorat bis 1945 im Besitz der gräflichen Familie. Graf Leopold war 1750–1755 auch der Erbauer des Schlosses, das als eine der größten schlesischen Barockanlagen galt und eine seltene Verbindung zwischen österreichischem Barock und preußischem Rokoko darstellte. Es wurde 1945 ausgeplündert und brannte 1947 völlig aus, die 1730 erbaute Orangerie wurde von den Polen abgerissen.

Auch die ev. Schloßkirche von 1749, die der Breslauer Hofkirche von 1747–1750 vergleichbar war, verfällt. 1939: 1067 Einw.

Gottesberg (poln. *Boguszów*), Kr. Waldenburg, 7 km westlich der Kreisstadt, mit 536–592 m ü. d. M. die höchstgelegene Stadt des einstigen Preußens.

Die auf sächsische Bergleute zurückgehende Gründung aus dem 13. Jh. erhielt 1499 durch König Wladislaus I. von Böhmen und Ungarn Stadtrechte als „freye Bergstadt", wurde 1526 habsburgisch und 1742 preußisch. Der frühere Blei- und Silberbergbau wurde im 18. Jh. durch den 1928 wieder eingestellten Kohlenbergbau und

Schloß Grafenort

die auch nach 1945 weiter betriebene Schwerspatgewinnung abgelöst. Daneben gab es kleine Spinnereien, Webereien und Strumpfstrickbetriebe. Weithin bekannt und beliebt war das „Gottesberger Pilsner".

Die kath. Dreifaltigkeitskirche wurde 1720–1723 erbaut, die ev. Kirche, eine barocke Hallenkirche von 1775, wurde unter polnischer Verwaltung als Turnhalle benutzt und ist seit 1964 dem Verfall preisgegeben.

Die Stadt wurde erst nach der Kapitulation vom 8. 5. 1945 von sowjetischen Truppen besetzt. 1939: 11011 Einw.; 1975: rund 20700.

Prof. Dr. Fritz *Feldmann*, der Nestor der schlesischen Musikwissenschaft, * 18. 10. 1905 in Gottesberg, † 25. 9. 1984 in Hamburg.

Gräditz (poln. *Grodziszcze*), Kr. Schweidnitz, 8 km südöstlich der Kreisstadt an der Peile, einem rechten Nebenfluß der Weistritz, gelegen.

Der Ort ist erstmalig 1155 in einer Papstbulle als Kastellaneisitz genannt und wurde nach 1250 zu deutschem Recht als Stadt ausgesetzt. Der Name geht vermutlich auf die alte Burg (hrad, grod) zurück, von deren einstiger Existenz noch die ausgedehnten Wallanlagen und Gräben zeugen. Um 1845 gab es hier bedeutende Heimweberei mit 184 Webstühlen. 1939: 1146 Einw.

Gräfenberg (tschech. *Gräfenberk*, heute *Jeseník*), Ortsteil der Stadt Freiwaldau (s. d.) am Fuße des Altvatergebirges, 629 m, Österreichisch-Schlesien.

Vincenz *Prießnitz*, Naturheilkundiger, Begründer der Kaltwasserbehandlung und der wasserkundlichen Wickeltechnik, * 4. 10. 1799 in Gräfenberg, † 28. 11. 1851 in Gräfenberg.

Grafenort (poln. *Gorzanów*), Kr. Habelschwerdt, 7 km nördlich der Kreisstadt an der Glatzer Neiße gelegen.

Der 1341 erstmalig belegte Ort hieß bis 1670 Arnsdorf. Die Schloßanlage, 1554–1575 im Stil der Renaissance errichtet, wurde 1653–1658 erweitert und 1737 erneut umgebaut. Sie war von

Schloß Grambschütz

1651–1930 im Besitz der Reichsgrafen von Herberstein und gehörte zuletzt der Stadt Habelschwerdt.

Kulturelle Bedeutung über Schlesien hinaus hatte das von dem Reichsgrafen Hieronymus von Herberstein erbaute und mit einem eigenen Ensemble von Schauspielern, Sängern und Tänzerinnen unterhaltene Schloßtheater. Der Dichter Carl von *Holtei* (* 1798, † 1880) begann hier 1816 seine Theaterlaufbahn als Schauspieler in Theodor Körners „Braut" und „Nachtwächter" und leitete zwanzig Jahre später hier selber eine Schauspielertruppe. Als Gast des mit ihm befreundeten Reichsgrafen schrieb er 1825/1826 auf dem Schloß seine ersten Gedichte in schlesischer Mundart.

Grafenort war durch seine Eisen- und Schwefelquellen auch als Kurort bekannt, der „Grafenorter Brunnen" war ein beliebtes Tafelwasser. 1939: 1529 Einw.

Grambschütz (poln. *Gręboszów*), Kr. Namslau, 7 km südöstlich der Kreisstadt.

Der Ort ist als Angerdorf erstmalig um 1305 belegt. Der Herrensitz und das 1782 errichtete Schloß gingen 1789 an die Familie der Grafen Henckel von Donnersmarck über, in deren Besitz sie bis 1945 blieben. Das Schloß ist 1945 niedergebrannt.

Auf dem Friedhof der kath. Kirche das gußeiserne Grabmal des Grafen Gustav Adolf Henckel von Donnersmarck, der 1813 als Divisionschef der Landwehr bei den Kämpfen um die Festung Glogau gefallen war. 1939: 638 Einw.

Greiffenberg (poln. *Gryfów Śląski*), Kr. Löwenberg, 18 km südwestlich der Kreisstadt am rechten Ufer des Queis, 325 m, nahe der Talsperre Goldentraum (s. d.).

Der 1297 erstmals erwähnte Ort wurde 1354 durch Herzog Bolko II. von Löwenberg als Kolonistenstadt mit großem Ring (65 m x 185 m) nach Magdeburg-Löwenberger Recht gegründet, kam 1368 an Böhmen, 1526 an Habsburg und 1742 an Preußen.

Die kath. Pfarrkirche St. Hedwig, die auf das Jahr 1512 zurückgeht, birgt in der 1545 angelegten Grabkapelle das 1585 errichtete Sandsteinepitaph mit der Figur des 1584 verstorbenen Grafen Christoph von Schaffgotsch auf Kemnitz.

Die ev. Kirche wurde 1669 als Holzbau jenseits des Queisflusses im nahen Dorf Nieder Wiesa errichtet, das damals noch zu Sachsen gehörte, so daß der Kaiser gegen den Bau einer sogenannten „Grenzkirche" nicht einschreiten konnte. Sie war unter dem Oberpfarrer Christoph Schwedler (1698–1730) Mittelpunkt des Pietismus für das westliche Gebirgsschlesien und die Oberlausitz. Von 1901 bis 1922 bestand hier eine Präparandenanstalt für die Lehrerausbildung.

Stadtwappen am Rathaus zu Greiffenberg

Burg Greiffenstein

Die Stadt wurde erst nach der Kapitulation vom 8.5.1945 durch sowjetische Truppen besetzt. 1939: 4349 Einw.; 1969: 6506.
Walter *Volland*, Bildhauer, * 2.8.1898 in Greiffenberg, † 7.9.1980 in Goslar.

Greiffenstein (poln. *Gryf*), Burgruine aus dem 12. Jh. auf dem 425 m hohen Basaltfelsen über dem rechten Ufer des Queis.
Als „Grenzfestung" zwischen Schlesien und Böhmen war die Burg in den Hussitenkriegen, im Dreißigjährigen Krieg und in den Schlesischen Kriegen mehrfach belagert und umkämpft. Sie wurde 1798/1799 zu einem großen Teil abgebrochen. Die verbliebenen, umfangreichen Ruinen waren ein beliebtes Wanderziel auf dem Wege ins Iser- und Riesengebirge. Theodor *Körner* (1791–1813) schrieb hier 1809 sein Gedicht „Auf dem Greiffenstein".
Am Fuße des Burgberges, an der Landstraße zwischen Greiffenberg und Friedeberg, ließ Johann Nepomuk von Schaffgotsch 1798–1800 ein neues Schloß als Sommersitz der Familie bauen. Der dazugehörige Wirtschaftshof war von vier stattlichen Rundtürmen begrenzt.
Das Schloß Greiffenstein gehörte zur Gemeinde Gräflich Neundorf. 1939: 451 Einw.

Gröditzberg (poln. *Grodziec*), Kr. Goldberg, 389 m hoher alleinstehender bewaldeter Basaltkegel am Nordrand des Bober-Katzbach-Gebirges nordwestlich des gleichnamigen Dorfes und 12 km nordwestlich der Kreisstadt.
Der Berg hat vermutlich schon in vorchristlicher Zeit eine burgartige Anlage getragen. Im 12. Jh. war hier der Mittelpunkt einer herzoglichen Kastellanei, in der Herzog Boleslaus der Lange, der Vater Herzog Heinrich I., 1175 den Stiftungsbrief für das Kloster Leubus ausgestellt hat. Nach Erneuerung der Burganlage 1522–1524 durch den Görlitzer Baumeister Wendelin Roßkopf war die Gröditzburg im 16. Jh. Schauplatz spätmittelalterlicher Feste und Turniere.
Im Dreißigjährigen Krieg nahm Wallenstein 1633 die befestigte Burg ein, die bis 1646 von den Kaiserlichen Truppen besetzt war und von diesen bis auf das Herrenhaus zerstört wurde. Im Jahre 1800 erwarb der ehemalige Kaiserliche Gesandte Willibald von Dirksen die Burg und ließ die wichtigsten Teile durch den Burgenbaumeister Bodo Ebhardt 1806–1808 wiederherstellen.
Nach vorübergehendem Verfall unter polnischer Verwaltung beherbergt die Burg jetzt ein Museum und eine Schutzhütte für den Touristenverkehr. Das am Fuße des Gröditzberges gelegene Schloß von 1708 ist durch Brand stark beschädigt. 1939: 676 Einw.

Großburg (poln. *Borek Strzeliński*), Kr. Strehlen, ev. Kirchdorf 10 km nördlich der Kreisstadt, erstmals 1155 erwähnt. Das neue Schloß wurde 1858 unter Heinrich von Schönermark erbaut, der

Der Fürstensaal auf der Gröditzburg

den Besitz 1854 erworben hatte. 1939: 835 Einw.

Groß Dombrowka (poln. *Dąbrówka Wielka*), Industriegemeinde im ostoberschlesischen Teil des Kreises Beuthen-Tarnowitz, 1277 erstmals erwähnt. Nachdem hier schon im Mittelalter Bergbau betrieben wurde, entstanden im 19. Jh. Zink- und Eisenerzgruben. Der Ort wurde 1958 zur „Stadtartigen Siedlung" erklärt. 1931: rund 6000 Einw.; 1970: 5586.

Groß Heinzendorf (Poln. *Jędrzychów*), Kr. Lüben, 12 km nordwestlich der Kreisstadt, 1331 erstmalig als „Heynczendorff" mit „altem Burgberg", 1419 als „Städtchen" genannt.
Die Burg wurde im Dreißigjährigen Krieg von den Schweden zerstört und nicht wieder aufgebaut. Die Ruinen dienten 1751 dem Bau einer ev. Kirche in barocken Formen; in der um 1700 errichteten kath. Bartholomäuskirche befinden sich wertvolle Renaissance- und Barockgrabmäler. 1939: 603 Einw.

Groß Iser (poln. *Izera*), auch „Iserhäuser" genannt, am linken Ufer der Großen Iser im breiten Tal zwischen hohem und mittlerem Iserkamm gelegenes Dorf, das zur Gemeinde Bad Flinsberg gehört, 829 m.
Das 4– 5 km lange und 2–3 km breite, mit Knieholzbüschen bedeckte Hochmoor, auch „Iserwiese" genannt, ist eine landschaftliche Sehenswürdigkeit von besonderem Reiz. Waldar-

Ev. Kirche in Groß Heinzendorf

„Steinhaus" in Groß Iser

beit und Viehzucht waren die Erwerbszweige.

Groß Kotzenau (poln. *Chocianowiec*), Kr. Lüben, 21 km westlich der Kreisstadt, 1286 erstmalig genannt. Der dreigeschossige Schloßbau geht auf das 14. Jh. zurück. Das Gut wurde 1935 aufgesiedelt, das Schloß diente als Unterkunft für den weiblichen Arbeitsdienst. Es steht seit 1955 leer und verfällt. 1939: 1396 Einw.

Groß Leipe (poln. *Wielka Lipa*), Kr. Trebnitz, Geburtsort des Generalfeldmarschalls in russischen Diensten Johann Karl Friedrich Anton von *Diebitsch*, * 13.5.1785, † 20.6.1831 an der Cholera in Kleszewo bei Pultusk in Polen. Mit ihm schloß der preußische Generalfeldmarschall Johann David Ludwig Graf Yorck von Wartenburg am 30.12.1812 in Tauroggen die berühmte Neutralitätskonvention, Auftakt für die Befreiungskriege gegen die französische Vorherrschaft in Europa. 1939: 476 Einw.

Groß Mochbern (poln. *Muchobór Wielki*), Kr. Breslau, 7 km westlich der Landeshauptstadt, 1937 in Lohbrück umbenannt (s. d.).

Groß Nädlitz, Kr. Breslau, 1937 in Nädlingen (poln. *Nadolice Wielkie*) umbenannt, Geburtsort des Schriftstellers Cosmus *Flam* (eigentl. Josef Pietsch), * 1899, † 1945. In seinem 1938 erschienenen Roman „Ein Land entsteigt der Dämmerung" schildert er zwischen romanhaften Handlungen und exakten historischen Hinweisen die friedliche Besiedlung Schlesiens.

Groß Neukirch (poln. *Polska Cerekiew*), Kr. Cosel, 12 km südlich der Kreisstadt am östlichen Ausläufer des oberschlesischen Lößgebietes.
Dr. Ing. e. h. Johannes *Piontek*, * 1876, † 1930, von 1924–1930 Landeshauptmann von Oberschlesien, wurde in Groß Neukirch geboren. 1939: 2904 Einw.

Groß Peterwitz (poln. *Piotrkowice*), Kr. Trebnitz, 21 km nordwestlich der Kreisstadt gelegen. Das 1693 vollendete dreigeschossige Schloß galt als eines der kunstgeschichtlich bedeutendsten seiner Art in Schlesien. Im Jahre 1787 erwarb der ehemalige preußische Justizminister Adolf Albrecht Heinrich Leopold Freiherr von Danckelmann den Besitz, in dessen Familie er bis 1945 blieb. Letzter Besitzer war Eberhard Graf von Danckelmann. Schloß und Park sind ausgeplündert und verwahrlost. 1939: 505 Einw.

Groß Rauden (poln. *Rudy*), Kr. Ratibor, 20 km nordöstlich der Kreisstadt am rechten Oder-Nebenfluß Ruda gelegen, nach dem der Ort seinen Namen hat.
Der Ursprung des Dorfes geht auf die 1252 erfolgte Gründung einer Zisterzienser-Abtei durch Herzog Wladislaus von Oppeln zurück. Zwischen 1670 und 1790 wurden Kloster und Klosterkirche in barockem Stil um- und ausgebaut. Von 1744–1816 bestand hier eine Lateinschule mit zeitweilig bis zu 2000 Schülern. Die Bibliothek enthielt außer wertvollen Handschriften rund 18000 gedruckte Bände.

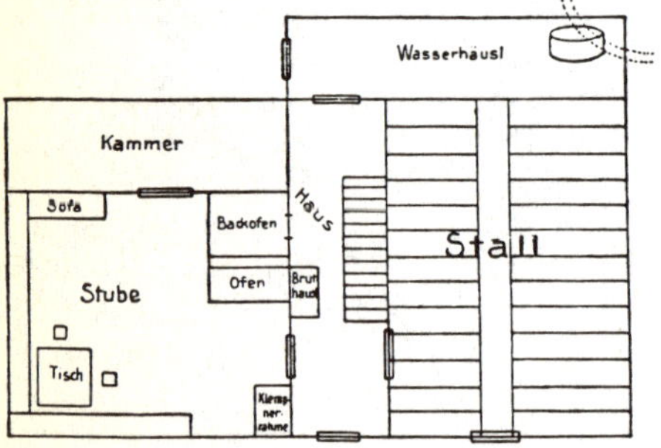

Baude in Groß Iser

Klosterkirche Groß Rauden

Mit der Säkularisierung (1810) wurden die Kirchengüter Staatsdomäne und gelangten 1834 in den Besitz des Prinzen Viktor von Hohenlohe-Waldenburg-Schillingsfürst. Schloß und Kirche wurden 1945 fast völlig zerstört, lediglich die alte Abteikirche wurde später wieder aufgebaut. 1939: 2486 Einw.

Groß Rosen (poln. *Rogoźnica*), Kr. Schweidnitz, 20 km nordwestlich der Kreisstadt.
An der Bahnlinie zwischen Jauer und Striegau, 2,5 km südwestlich des Dorfes entstand 1940 ein nationalsozialistisches Konzentrationslager, das 1944 als Ausweichlager für das KZ Auschwitz erweitert wurde. Durch das Lager gingen etwa 160000 Häftlinge; die Zahl der Opfer wird auf rund 100000 geschätzt. 1939: 1855 Einw.

Groß Stein (poln. *Kamień Śląski*), Kr. Groß Strehlitz, 16 km nordwestlich der Kreisstadt am westlichen Ausläufer des oberschlesischen Muschelkalkrückens, 1104 erstmals belegt.
Groß Stein soll der Geburtsort des hl. Hyazinth

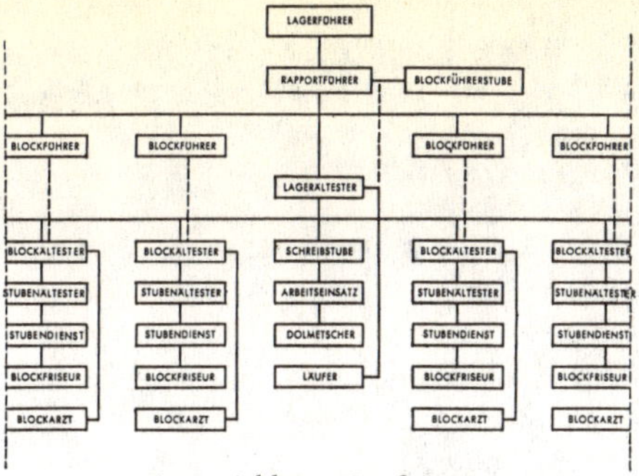

Ausweichlager Groß Rosen

(1194–1257) gewesen sein, der als Dominikaner Missionar in Polen und Rußland war. Das als Schloßkapelle ausgebaute angebliche Geburtszimmer im Schloßturm war jeweils am 16. 8., am Tage vor dem Fest des Heiligen, das Ziel oberschlesischer Wallfahrer.

Das Schloß geht auf einen Bau aus dem 17./18. Jh. zurück und wurde zwischen 1779 und 1904 mehrfach umgebaut und erweitert. Die Herrschaft Groß Stein kam 1809 in den Besitz der Grafen von Strachwitz. Letzter Besitzer bis 1945 war Hyazinth Graf von Strachwitz.

Das Schloß wurde 1944 deutsches Militärlazarett, diente 1945 als Unterkunft für sowjetische Flieger und ist heute polnisches Kinderheim. Die Schloßkapelle wurde nach 1945 zerstört, das Altarbild des hl. Hyazinth ist verschwunden. 1939: 1617 Einw.

Groß Strehlitz (poln. *Strzelce Opolskie*), oberschlesische Kreisstadt, 32 km südöstlich von Oppeln am Fuße des Chelmgebirges, 235 m.

Die erstmals 1271 erwähnte Stadt kam 1327 unter böhmische Oberlehnshoheit, wurde 1526 habsburgisch und 1742 preußisch. In der preußischen Zeit wurde sie Kreisstadt und war von 1752–1870 auch Garnisonstadt.

Die kath. Pfarrkirche St. Laurentius von 1754 wurde 1904–1907 in Anlehnung an das barocke Vorbild ihrer Vorgängerin durch einen Neubau ersetzt. Eine ev. Kirche gab es seit 1826. Wirtschaftlichen Aufschwung brachte 1870 die Errichtung einer Fabrik für landwirtschaftliche Maschinen und 1882 der Aufbau einer Kalkindustrie. Im dritten polnischen Aufstand 1921 wurde die Stadt von polnischen Insurgenten beschossen, in der Nacht vom 20. zum 21. 1. 1945 von sowjetischen Truppen besetzt. Ein Drittel der Stadt mit dem Schloß (letzter Besitzer: Prosper Graf zu Castell-Castell) und weiteren 634 Gebäuden wurde zerstört. Das Rathaus von 1846 ist inzwischen in der alten Form wiederhergestellt.

Gustav *Freytag*, * 1816, † 1895, der oberschlesische Dichter, lebte hier zwischen 1847 und 1858, woran das „Gustav-Freytag-Haus" in der Krakauer Straße erinnerte.

Dr. Erich *Mende*, Jurist und Politiker, 1945 Mitbegründer der Freien Demokratischen Partei, 1963–1966 Bundesminister für gesamtdeutsche Fragen und stellvertretender Bundeskanzler, 1970 in die CDU übergetreten, * 28. 10. 1916 in

v. Brühl-Renardsches Schloß, Groß Strehlitz

Kirche in Groß Tinz

Groß Strehlitz. 1939: 11523 Einw.; 1971: rund 15000.
Die Patenschaft für Stadt und Kreis Groß Strehlitz hält der Kreis Soest in Nordrhein-Westfalen seit 1957. Heimatzeitung: Groß Strehlitzer Kreisblatt, Wiesbaden, seit 1957.

Groß Tinz (poln. *Tyniec nad Ślęzą*), Kr. Breslau, 25 km südwestlich der Landeshauptstadt an der Großen Lohe.
Das 1282 zu deutschem Recht umgesetzte Dorf geht auf eine Johanniter- bzw. Malteserkommende zurück, die bis zur Säkularisierung 1810 bestand. Das zweigeschossige Schloß, vermutlich in den Jahren nach 1780 erbaut, wurde im 19. Jh. mehrfach erweitert. Die kath. Pfarrkirche St. Michael stammt aus dem zweiten Viertel des 13. Jh. und wurde bis in das 19. Jh. hinein wiederholt verändert. 1939: 1068 Einw.

Groß Ullersdorf (tschech. *Velké Losiny*, heute *Velký Losin*), Bezirk Mährisch Schönberg, 10 km nordöstlich der Bezirksstadt über dem rechten Ufer der Teß, im Altvatergebirge, 411 m.
Eines der ältesten Schwefelbäder im alten Österreich mit Papiermühle aus dem 16. Jh., in der noch heute handgeschöpftes Büttenpapier hergestellt wird. Daneben Papiermuseum aus neuerer Zeit.
Das Schloß aus dem Ende des 16. Jh. war von 1802 bis zur Enteignung 1945 im Besitz des Fürstenhauses Liechtenstein.
Franz *Grillparzer*, * 1791, † 1872, war hier Hofmeister und Bibliothekar und gewann seine ersten Eindrücke für sein Schauspiel „Die Ahnfrau" (1817). 1930: 2569 Einw., darunter 51 Tschechen.

Groß Wartenberg (poln. *Syców*), Kreisstadt 50 km nordöstlich der Landeshauptstadt, 153 m.
Als Kolonistenstadt vor 1276 durch Herzog Heinrich IV. von Breslau gegründet, 1329 böhmisch, 1526 habsburgisch, 1742 preußisch. Der Ortsname Groß Wartenberg war seit 1888 üblich. Schloß und Standesherrschaft gelangten 1734 in den Besitz des Reichsgrafen Ernst Johann von Biron, des späteren Herzogs von Curland, und blieb bis 1945 in dessen Familie. Letzter Besitzer war Prinz Biron von Curland, der am 28. 2. 1982 in München starb. Das 1853 im historisierenden Stil erweiterte Schloß wurde 1945 durch Feuer zerstört.
Der Backsteinbau der kath. Pfarrkirche Peter und Paul geht auf den Anfang des 15. Jh. zurück. Die ev. Pfarrkirche entstand 1785–1789 nach Entwürfen von Carl Gotthard Langhans. Beide Kirchen blieben erhalten.
1920 fiel fast die Hälfte des Kreisgebietes ohne Abstimmung an Polen. Vom 20.–25. 1. 1945 wurde die Stadt von sowjetischen Truppen um-

Liechtensteinschloß Groß Ullersdorf

kämpft und schließlich besetzt. Mehr als die Hälfte der Häuser, auch das Rathaus von 1818, wurden zerstört. 1939: 2953 Einw.; 1969: 5435. Die Patenschaft über Stadt und Kreis Groß Wartenberg hält der Kreis Grafschaft Schaumburg, Sitz Rinteln, in Niedersachsen. Heimatzeitung: Heimatblatt für Groß Wartenberg, Bühlertann, Baden-Württemberg, seit 1958.

Groß Wilkau (poln. *Wilków Wielki*), Kr. Reichenbach/Eulengebirge. Dorfgemeinde 12 km östlich der Kreisstadt, 5 km nordwestlich von Nimptsch an der Lohe. Gutsherrschaft mit vielgiebeligem Renaissance-Landschloß aus dem Beginn des 17. Jh. Das Schloß blieb zunächst unzerstört, wurde aber später vollkommen ausgeplündert. 1939: 591 Einw.

Grottkau (poln. *Grodków*), Kreisstadt 55 km südöstlich der Landeshauptstadt, 173 m.
Erstmalig 1210 genannt, 1268 durch Herzog Heinrich IV. von Breslau zu deutschem Recht als Kolonistenstadt mit viereckigem Ring gegründet, 1329 böhmisch, 1526 habsburgisch, 1742 preußisch, von 1344 bis zur Säkularisierung 1810 als zum „Bistumsland" gehörend im Besitz der Fürstbischöfe von Breslau. Der jeweilige Bischof von Breslau führte den Titel „Fürst von Neisse und Herzog von Grottkau".
Die kath. Stadtpfarrkirche St. Michael von 1282, ein gotischer Backsteinbau mit barocker Innenausstattung, erhielt im Mittelalter ihre spätere

Schloß Groß Wartenberg

Wetterfahne am Grottkauer Rathausturm

Gestalt. Die ev. Kirche von 1786 wurde 1847 durch einen Neubau ersetzt. Das Rathaus stammt in seiner jetzigen Form aus dem Jahre 1840. Von der Stadtbefestigung aus dem Jahre 1296 ist der mit Renaissance-Giebeln bewehrte Löwener Torturm unbeschädigt erhalten geblieben.
Grottkau wurde am 6. 1. 1945 von sowjetischen Truppen besetzt. Stadt und Umland waren lange Zeit Kampfgebiet. Ring, Rathaus und kath. Kirche sind nach Beseitigung der Kriegsschäden weitgehend wieder instandgesetzt.
Joseph *Elsner*, der Lehrer Chopins und Wegbereiter der polnischen Musik, * 1769 in Grottkau, † 18. 4. 1854 in Warschau.
Walter *Schimmel-Falkenau*, Theaterkritiker, Feuilletonist und Schriftsteller, * 1895 in Grottkau, † 1971 in Berlin.
1939: 4867 Einw.; 1969: 5583. Die Patenschaft über Stadt und Kreis Grottkau halten Stadt und Kreis Beckum in Nordrhein-Westfalen seit 1956.
Heimatzeitung: Grottkau-Falkenberger Heimat-

blatt, Scheinfeld/Ofr., seit 1952.

Grulicher Schneeberg s. Schneeberg.

Grunau (poln. *Jeżów Sudecki*), Dorfgemeinde im Kreis Hirschberg, 340 m, mit Segelfliegerschule am Fuße des 561 m hohen Galgenberges. Die „Grunauer Flugwoche" hatte im deutschen Flugsportwesen einen guten Namen. Die Fliegerin Hanna Reitsch, * 29. 3. 1912 in Hirschberg, † 24. 8. 1979 in Frankfurt am Main, war hier 1931 Musterschülerin des Segelflugpioniers Wolf Hirth, * 28. 2. 1900 in Stuttgart, † durch Flugzeugabsturz am 25. 7. 1959 in Dettingen/Teck. Ein alter Schacht am Galgenberg weist auf Gold- und Silberbergbau im frühen Mittelalter hin. 1939: 2135 Einw.

Grünberg (poln. *Zielona Góra*), Kreisstadt und Stadtkreis 115 km nordwestlich der Landeshauptstadt auf den Grünberger Höhen, 139 m. Aus „wilder Wurzel" zwischen 1222 und 1272 als deutsche Stadt mit rechteckigem Ring gegründet,

Weinbau bei Grünberg

Grunwald, Kreis Glatz

1331 böhmisch, 1526 habsburgisch, 1742 preußisch.
Die kath. Stadtpfarrkirche St. Hedwig aus dem Ende des 13. Jh. wurde mehrfach, zuletzt 1679 als spätgotische Hallenkirche, wieder aufgebaut und erhielt 1832 ihren späteren Turm. Die ev. Kirche geht auf ein 1746–1748 errichtetes Bethaus zurück. Das Rathaus wurde nach einem Großbrand 1651 erbaut, der Turmneubau mit dreifach durchbrochener Haube stammt aus dem Jahre 1670. Sitz des Diakonissen-Mutterhauses „Bethesda". Grünberg war und ist die nördlichste Weinbaugemeinde Europas. Der Weinanbau ist 1340 erstmals erwähnt, 1466 wurden Traminer-Reben aus Tirol eingeführt, 1824 wurde hier der erste „deutsche Champagner" hergestellt. Die 1826 gegründete Sektkellerei bestand als Fa. Grempler & Co. bis 1945. Daneben Braunkohlenbergbau, Eisen-, Holz- und Textilindustrie sowie Spirituosen- und Zuckerwarenherstellung.
Grünberg wurde am 14. 2. 1945 von sowjetischen Truppen besetzt und zu einem Zehntel zerstört, etwa 50 Gebäude wurden vernichtet. Nach 1950 siedelte die polnische Verwaltung hier mehrere historische und wissenschaftliche Gesellschaften an.
In Grünberg geboren wurde u. a. der Literarhistoriker Rudolf *Haym*, * 5. 10. 1821, † 27. 8. 1901

GRÜSSAUER WALLFAHRTSLIED

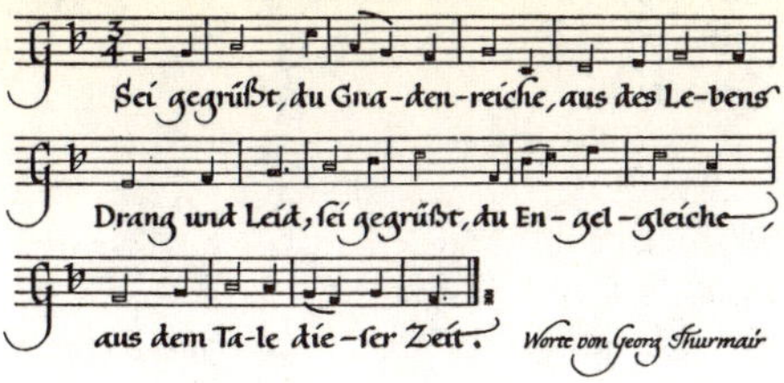

Sei gegrüßt, du Gnadenreiche,
Aus des Lebens Drang und Leid —,
Sei gegrüßt, du Engelgleiche,
Aus dem Tale dieser Zeit.

Gnade ist dein ganzes Wesen,
Gnadenvoll ist deine Hand.
Alles wird zum Heil genesen,
Wenn es deine Güte fand.

Nimm den Herzen ihre Mühe,
Weihe du der Hände Pflicht,
Daß uns jede Morgenfrühe
Wie ein Gottestag anbricht.

in St. Anton am Arlberg; der Astronom Wilhelm *Förster*, * 16. 12. 1832, † 18. 1. 1921 in Bornim/Mark, der von 1865–1903 Direktor der Berliner Sternwarte war; der Schriftsteller Otto Julius *Bierbaum*, * 28. 6. 1865, † 1. 2. 1910 in Dresden, und der Maler und Graphiker Christian *Mischke*, * 8. 1. 1944, lebt in München.
1939: 25 804 Einw., 1970 auf erweitertem Stadtgebiet und nach der Errichtung einer Wojewodschaftsverwaltung: 73 237. Die Patenschaft über Stadt und Kreis Grünberg hält seit 1971 die Stadt Mainz. Heimatzeitung: Grünberger Wochenblatt, Rosdorf, seit 1948.

Grunwald (poln. *Zieleniec*), Kr. Glatz, 20 km südwestlich der Kreisstadt unter der Hohen Mense (1 085 m), mit 900 m das höchstgelegene Kirchdorf Schlesiens und Preußens. Auf der Hochfläche des Nesselgrunder und Reinerzer Forstes die Seefelder, ein 2 km langes, durchschnittlich 3 m tiefes Torfmoor mit seltener Fauna und Flora, mit 757 m das höchstgelegene Deutschlands, das nach Norden hin zum Einzugsgebiet der Oder, nach Süden zur Elbe hin entwässert wird. 1939: 779 Einw.

Grüssau (poln. *Krzeszów*), Kr. Landeshut, Dorfgemeinde 6 km südöstlich der Kreisstadt, 470 m.
Die großartige Klosteranlage mit dem Marienmünster machte Bekanntheit und Berühmtheit des Ortes aus. Das Kloster wurde am 8. 5. 1242 von Herzogin Anna, der Witwe des am 9. 4. 1241 auf der Wahlstatt gefallenen Herzogs Heinrich II. von Schlesien, für Benediktinermönche aus Böhmen gegründet. Ihnen folgten 1292 Zisterziensermönche aus dem Kloster Heinrichau, das 1241 von den Mongolen bei ihrem Rückzug niedergebrannt worden war.
Nach den Verwüstungen während der Hussitenkriege 1426/1427 wurden Kloster und Kirche zerstört und erst 1454 wieder aufgebaut. Nach den Zerstörungen während des Dreißigjährigen Krieges begann unter Abt Bernardus Rosa (1660–1696) „Grüssaus goldenes Zeitalter“, das bis zur Säkularisierung 1810 andauerte. Erst 1919 konnte das Kloster durch die aus Prag vertriebe-

Klosterkirche in Grüssau

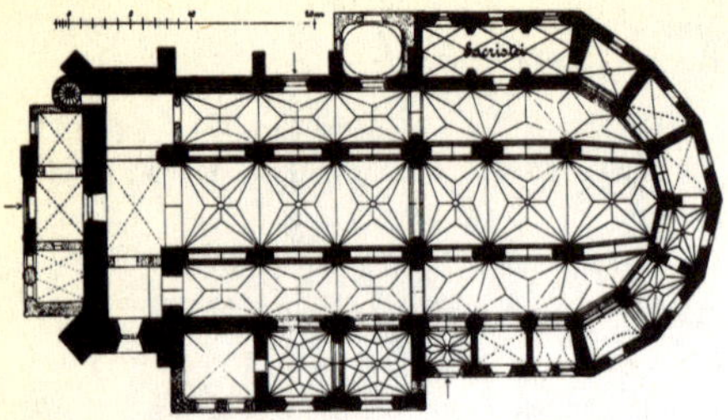

Pfarrkirche in Guhrau, Grundriß

nen deutschen Benediktiner wieder besiedelt werden. 1924 wieder zur Abtei erhoben, gelangte es unter Abt Albert Schmitt zu neuer Blüte.
Vom Herbst 1940 bis Kriegsende war das Kloster als Umsiedlungslager beschlagnahmt. Am 12. 5. 1946 wurden die Mönche und die Ortsbewohner von den Polen vertrieben. Die Abtei Grüssau wurde 1946 im ehemaligen Ritterstift St. Peter zu Wimpfen im Tal neu gegründet. In Grüssau zogen polnische Benediktinerinnen aus Lemberg ein.
Grüssaus Wahrzeichen ist das 1728–1735 erbaute Marienmünster mit seiner überwältigenden Barockfassade über dem Hauptportal und der letzten in Schlesien erhaltenen Orgel des Orgelbaumeisters Michael Engler. Die hinter dem Altar 1783 angebaute barocke Fürstenkapelle diente mit dem Grabdenkmal Bolkos I. von Schweidnitz der Erneuerung der Grablege der Schweidnitzer Bolkonen als der Stifterfamilie. Die von 1692–1696 erbaute St. Josephskirche enthält Fresken von Michael Willmann (1630–1706), dem als „schlesischer Rembrandt“ bezeichneten größten Barockmaler Schlesiens. 1939: 1 584 Einw.

Guhrau (poln. *Góra*), Kreisstadt 65 km nordwestlich der Landeshauptstadt im Hügelland der Bartsch-Niederung, 87 m.
Als Dorf „aus wilder Wurzel“ vor 1155 gegründet, um 1300 als Kolonistenstadt mit Magdeburger Recht versehen, 1329 böhmisch, 1526 habsburgisch, 1742 preußisch. Ellipsenförmige Stadtanlage mit Gitterstraßennetz und einem Marktplatz (Ring) mit 100 m x 60 m Ausdehnung, zwischen 1375 und 1487 Stadtmauer mit 12 Türmen.
Seit 1304 Privileg der Tuchmacherei bis 1815, später auch Müllereigewerbe mit 1840 noch über 80 Windmühlen und großer Dampfmühle von 1892, Zuckerfabrik von 1889.
Die kath. Stadtpfarrkirche St. Katharina mit dem Hochaltar von 1512 wurde nach 1457 erbaut, die ev. Kirche Zur Hl. Dreifaltigkeit stammte aus dem Jahre 1774. Die kath. Kirche ist 1960 teilweise eingestürzt, der spätgotische Flügelaltar wurde in den Posener Dom verbracht. Die ev. Kirche auf dem Ring ist 1966 mit dem Rathausturm abgebrochen worden.
Guhrau wurde am 25. 1. 1945 von sowjetischen Truppen besetzt und zu einem Drittel zerstört. 1939: 5 650 Einw.; 1970: auf erweitertem Stadtgebiet 7 868.
Die Patenschaft für Stadt und Kreis Guhrau hält die Stadt Bad Herzberg im Harz, Niedersachsen, seit 1954. Heimatzeitung: Guhrauer Kreiszeitung, Scheinfeld/Ofr., seit 1952.

Guttentag (poln. *Dobrodzień*), Kreisstadt 105 km südöstlich der Landeshauptstadt, 240 m. Erstmals 1279 als deutschrechtliches Dorf erwähnt, Stadterhebung um 1374 durch Herzog Wladislaus

Guttentag

II. von Oppeln. Planmäßige Anlage mit 90 m x 30 m großem Ring.

Der neuromanische Bau der kath. Stadtpfarrkirche stammt aus den Jahren 1850–1855, die hölzerne Friedhofskirche St. Valentin geht auf das 17. Jh. zurück. Schloß und Herrschaft aus der Zeit um 1450 waren seit 1885 im Besitz des sächsischen Königshauses und wurden 1937 vom Deutschen Reich erworben. Wichtigste Erwerbszweige: Möbeltischlerei und Holzverarbeitung.

Guttentag wurde in der Nacht vom 19. zum 20.1.1945 von sowjetischen Truppen besetzt. 1939: 4307 Einw.; 1969: 4317.

Die Patenschaft für Stadt und Kreis Guttentag hält die Stadt Haan im Rheinland seit 1957. Heimatzeitung: Guttentager Kreisblatt, Wiesbaden, seit 1957.

Habelschwerdt (poln. *Bystrzyca Kłodzka*), Kreisstadt 85 km südöstlich der Landeshauptstadt am linken Ufer der Glatzer Neiße beim Zufluß des Kressenbaches, auch Weistritz genannt, am Fuße des Habelschwerdter Gebirges, 365 m.

Um 1250 von deutschen Siedlern als planmäßige Kolonistenstadt mit rechteckigem Ring gegründet, 1319 Verleihung des Rechtes einer königlichen Stadt durch König Johann von Böhmen, 1526 habsburgisch, 1742 preußisch. Die Stadt wurde durch Kriegsereignisse des 15., 17. und 18. Jh. sowie durch große Brände im 18. und

Panorama von Habelschwerdt

Wochenmarkt in Habelschwerdt

frühen 19. Jh. mehrfach stark betroffen. Von der alten Stadtbefestigung blieben im wesentlichen nur drei Stadttürme erhalten, darunter der „Stadtbergturm“, der als „Willmannturm“ zum Schauplatz des Romans „Drei Nächte“ (1909) von Hermann *Stehr* wurde.

In der zuletzt 1914–1916 renovierten kath. Stadtpfarrkirche St. Michael, die als ältester Kirchenbau der Grafschaft Glatz bis in die zweite Hälfte des 13. Jh. zurückgeht, befand sich eine wertvolle Monstranz. Die kath. Gemeinde gehörte zum Generalvikariat der Grafschaft Glatz und damit zur Erzdiözese Prag. Die ev. Kirche, ein königliches Geschenk von 1822, wurde mit dem zum Glockenturm umgebauten „Rittertorturm“

nach einem Brand 1825 neu errichtet. Auf dem Ring barocke Dreifaltigkeitssäule, auf dem Neumarkt Staupsäule von 1556. Von 1766–1776 und von 1871–1925 bestand hier ein kath. Lehrerseminar. Das Rathaus wurde in den Jahren 1852–1854 errichtet. Papier- und Holzindustrie, Fabrik für landwirtschaftliche Geräte, Ziegelei und Zigarrenherstellung.

Die Stadt wurde erst nach der Kapitulation vom 8.5.1945 von sowjetischen Truppen besetzt. 1939: 6877 Einw.; 1975: rund 10300.

Hermann *Stehr*, der von der schlesischen Mystik beeinflußte realistische Dichter, wurde am 16.2.1864 in Habelschwerdt geboren und ist auf dem Floriansberg seiner Heimatstadt († 11.9.1940 in Oberschreiberhau) beigesetzt. Seine Grabstätte ist nicht mehr auffindbar.

Joseph *Klapper*, Pädagoge und Nestor der schlesischen Volks- und Heimatkunde, * 11.5.1888 in Habelschwerdt, † 17.9.1967 in Erfurt.

Die Patenschaft über Stadt und Kreis Habelschwerdt (ohne Mittelwalde) halten Stadt und Kreis Altena in Nordrhein-Westfalen seit 1952. Heimatzeitung: Grafschafter Bote, Lüdenscheid (Nordrhein-Westfalen) seit 1950.

Habelschwerdter Weistritz s. Weistritz.

Habendorf (poln. *Owiesno*), Kr. Reichenbach, 9 km südöstlich der Kreisstadt, um 1260 erstmals genannt. Das aus dicken Feldsteinmauern erbaute Schloß mit Wallgraben wurde 1879–1885 vollständig erneuert und mit einer Zugbrücke versehen. 1939: 937 Einw.

Schloß Halbau

Auf zur Hampelbaude! (1906)

Halbau (poln. *Iłowa*), Kr. Sprottau/Sagan, 15 km südwestlich von Sagan am Zusammenfluß des Hammerbaches mit dem linken Boberrnebenfluß Tschirne gelegen, gehörte bis 1815 hauptsächlich zur Oberlausitz (Kr. Görlitz), kam 1816 ganz zum schlesischen Kreis Sagan, der 1932 im Kreis Sprottau/Sagan mit Sitz in Sagan aufging. Das von Kurfürst Johann Georg II. von Sachsen am 17.5.1697 verliehene Stadtrecht ging 1830 verloren, danach Marktflecken. Renaissanceschloß von 1626, nach 1902 bedeutend erweitert. Textil- und Glasindustrie.

Unter polnischer Verwaltung wurde Halbau 1957 zur „Stadtartigen Siedlung" und 1962 wieder zur Stadt erhoben. 1939: 3480 Einw.; 1970: 4413.

Halemba (poln. ab 1951 *Nowy Bytom*, ab 1959 *Ruda Śląska 6*), Kr. Kattowitz, 1959 mit den Dörfern Klodnitz und Althammer dem neuen

Schwenckfelder-Denkmal in Harpersdorf

Stadtkreis Ruda eingegliedert. Industriestadt mit Steinkohlenbergbau und Zinkverhüttung; 1718 ältester Hochofen im alten Kreis Kattowitz. 1939: rund 3000 Einw., nach Erweiterung des Stadtgebietes und weiterer Industrialisierung 1967: rund 16500.

Hampelbaude (poln. *Strzecha Akademicka*), auch „Hampelsbaude" genannt, 1258 m, nach der böhmischen Wiesenbaude ältestes Gebirgsgasthaus auf der schlesischen Seite des Riesengebirges. Als Winterbaude am Westabhang der Seifenlehne oberhalb des Kleinen Teichs war sie schon vor 1670 die Wohnung für den Teichwärter, zugleich Aufbewahrungsort für die Koppenbücher und die Schlüssel zur Kapelle auf der Schneekoppe. Als Nachtquartier der Koppenbesteiger hieß sie früher auch „Koppenbaude" oder „Letzte Baude". Nach einem Brand von 1906 wurde sie neu aufgebaut.

Harpersdorf (poln. *Twardocice*), Kr. Goldberg, Waldhufendorf 10 km südwestlich der Kreisstadt als Teil der „Langen Gasse", der längsten Dorfzeile Schlesiens zwischen Zobten und Haynau.

Der zu Beginn des 12. Jh. erstmals nachgewiesene Ort ist durch die Sekte der Schwenckfelder und ihre Zufluchtskirche bekannt. Die Anhänger des Kaspar von Schwenckfeld (1489–1561) siedelten sich in der Mitte des 16. Jh. als protestantische Glaubensflüchtlinge in der Gegend um den Probsthainer Spitzberg (s. d.) an, von wo aus sie 1734 zu großen Teilen nach Pennsylvania (USA) auswanderten, wo sie mit etwa 2500 Mitgliedern noch heute eine geschlossene Gemeinde bilden. Für ihren Herkunftsort stifteten sie 1863 das Schwenckfelder-Denkmal.

Die ev. Kirche von 1727, mit 2400 Sitzplätzen ausgestattet, geht auf das Jahr 1525 zurück. Im Turm die Gruft der Familie von Hohberg auf Armenruh (s. d.). Barocke kath. Kirche von 1732. 1939: 1363 Einw.

Haynau (poln. *Chojnów*), Kr. Goldberg, 18 km nördlich der Kreisstadt am linken Ufer der Schnellen Deichsa, die mit dem Schwarzwasser der Katzbach zufließt.

Vermutlich schon vor 1241 durch Herzog Heinrich I. von Schlesien gegründet und 1333 mit Magdeburg-Liegnitzer Recht versehen, seit 1329

Haynauer Stadtsiegel (13. Jh.)

Bolko II. und Jutta (Heinrichau)

unter böhmischer Oberlehenshoheit, 1625 habsburgisch, 1742 preußisch. Kolonistenstadt mit rechteckigem Ring (60 m x 300 m), einem der größten in Schlesien.

Vom Renaissanceschloß von 1546/1547 sind Teile, so das Portal, erhalten. Die zuletzt 1911 erneuerte ev. Stadtpfarrkirche Unsere liebe Frauen geht auf das Jahr 1299 zurück. Ebenfalls 1911 wurde die kath. Pfarrkirche Mariä unbefleckte Empfängnis errichtet.

Haynau besaß seit 1871 die älteste Raubtierfallenfabrik in Deutschland, daneben Papier-, Leder- und Holzindustrie, Maschinen-, Zucker- und Malzfabriken, Brauerei und Essigproduktion.

Die Stadt wurde am 10. 2. 1945 von sowjetischen Truppen besetzt und zu 30 v. H. zerstört, 360 Gebäude wurden vernichtet. Nach 1957 zentrale Reparaturwerkstätte für Maschinen für die neu entdeckten Kupfererzlager im Raum Lüben-Glogau. 1939: 11114 Einw.; 1970: 11067.

Georg *Michaelis,* Verwaltungsjurist, 1917 für 110 Tage Deutscher Reichskanzler, * 8. 9. 1857, † 24. 7. 1936 Bad Saarow (Mark).

Heerwegen (poln. *Polkowice),* Kr. Glogau, bis 1937 Polkwitz, 21 km südlich der Kreisstadt, 190 m, planmäßig angelegte Kolonistenstadt mit rechteckigem Ring in der Stadtmitte, vor 1291 als Stadt nach deutschem Recht ausgesetzt.

Die kath. Stadtpfarrkirche St. Michael von 1679 geht auf das Jahr 1366 zurück, sie erhielt 1686–1690 ihren Turm. Das ev. Bethaus von 1747 wurde 1788–1800 durch einen Massivbau ersetzt, Turm von 1825. Das Rathaus von 1487 erhielt 1852/1853 seine letzte Gestalt. Die Stadt war bekannt durch ihre Vieh- und Pferdemärkte, daneben Sägewerk und Dampfziegelei.

Heerwegen (Polkwitz) wurde am 8. 2. 1945 von sowjetischen Truppen besetzt, verlor 1970 seine Stadteigenschaft, wurde aber 1975 wieder zur Stadt erhoben. 1939: 1599 Einw.; 1969: 4462; 1970 nach der Ausweitung des Kupferbergbaues rund 10600 Einw.

Heinersdorf (poln. *Spalona*), Kr. Liegnitz, nordöstlich der Kreisstadt an der Katzbach gelegen, als deutsche Gründung seit 1280 nachweisbar, ursprünglich alte Wasserburg, Grundherrschaft mit Herrensitz von 1780, seit 1876 in bürgerlichem Besitz bis 1945. 1939: 601 Einw.

Heinrichau (poln. *Henryków*), Kr. Frankenstein, 16 km nordöstlich der Kreisstadt an der Ohle gelegen.

Bethaus in Hermsdorf am Kynast

Das 1222 von Herzog Heinrich I. von Schlesien gestiftete Zisterzienserkloster wurde 1227 von den Mönchen aus Leubus bezogen, die Kirche 1228 geweiht, 1292 Grüssau von hier aus besiedelt. Die gotische Klosterkirche mit dem Chor aus dem 13. und dem Langhaus aus dem 14. Jh. wurde in der zweiten Hälfte des 17. Jh. prächtig barockisiert.

Das Kloster wurde 1810 aufgehoben, die Stiftskirche wurde kath. Stadtpfarrkirche. Der Grundbesitz mit 30000 Morgen Land gehörte von 1863–1945 den Großherzögen von Sachsen-Weimar, die einen Teil der Klosteranlage als Schloß ausbauten. Das Kloster wurde 1990 dem Erzbistum Breslau zurückgegeben, das dort das Erzbischöfliche Museum unterbringen wird. 1939: 1039 Einw.

Hermsdorf/Kynast (poln. *Sobieszów*), Kr. Hirschberg, 5 km südlich der Kreisstadt am Schneegrubenwasser, 345–418 m, unterhalb des 627 m hohen Granitfelsens mit der Ruine der Burg Kynast, erstmals 1364 genannt, 1675 ausgebrannt. Einstiger Stammsitz der Gotsche Schoff, der späteren Reichsgrafen von Schaffgotsch.

Die kath. Pfarrkirche St. Martini von 1778 geht auf einen mittelalterlichen Kirchenbau zurück, sie ist seit 1945 ungenutzt. Die ev. Kirche von 1744/1745 wurde 1945 katholisiert. Das 1705–1712 im ländlichen schlesischen Barock erbaute Schloß diente zuletzt als Amtshaus für die Schaffgotsche

Großvaterstuhl im Heuscheuergebirge

Die Heufuderbaude

Verwaltung. Möbelindustrie und Glasschleiferei, 1923–1945 Zweigbetrieb der Josephinenhütte AG in Peterwitz.

1939: 3277 Einw., 1970: 4927, nachdem der Ort unter polnischer Verwaltung um das Dreifache vergrößert, 1954 zur „Stadtartigen Siedlung" erklärt und 1962 zur Stadt erhoben wurde.

Herrndorf (poln. *Żukowice*), Kr. Glogau, 8 km westlich der Kreisstadt vor den Dalkauer Bergen gelegen, erstmalig 1299 belegt. Das Schloß von 1585/1586, nach Bränden 1760 und 1932 mehrfach umgebaut und erweitert, war von 1406–1945 im Besitz der Familie derer vom Berge.

Der protestantische Humanist und Kaiserliche Reichshofrat Joachim vom Berge (1528–1602) errichtete hier eine Stiftung für protestantische Studierende aller Schichten. 1939: 1018 Einw.

Herrnstadt (poln. *Wąsosz*), Kr. Guhrau, 17,5 km südöstlich der Kreisstadt im Mündungswinkel der Horle (Orla) und der Bartsch, 89 m.

Als Stadt mit gleichem Recht wie Sagan und Sprottau 1290 durch Herzog Heinrich III. von

Glogau ausgesetzt, 1329 böhmisch, 1526 habsburgisch, 1742 preußisch. Planmäßige Kolonistenstadt mit quadratischem Ring als Stadtmittelpunkt.

Herrnstadt wurde in seiner Geschichte mehrfach durch Kriegshandlungen und Brände heimgesucht und nach der Schlacht bei Kunersdorf am 23. 10. 1759 von russischen Truppen durch Beschuß fast vollständig zerstört. Die (seit 1707) ev. Matthiaskirche geht auf das Jahr 1305 zurück, die kath. Pfarrkirche St. Joseph wurde 1892–1894 errichtet. Das Schloß, 1628 neu erbaut, blieb weitgehend erhalten.

Am 25. 1. 1945 wurde die Stadt von sowjetischen Truppen besetzt und zu 65 v. H. zerstört. Sie verlor 1945 unter polnischer Verwaltung das Stadtrecht, wurde aber 1959 wieder zur „Stadtartigen Siedlung" erhoben. 1939: 2941 Einw.; 1970: trotz Gebietserweiterung nur 2073.

Heufuder, mit 1107 m höchste Erhebung des Isergebirges über dem Flinsberger Tal neben der kaum 2,5 km entfernten, zur böhmischen Seite gehörenden Tafelfichte (s. d.) mit 1122 m. Von der Heufuderbaude Fernblick zum Riesengebirge.

Heuscheuer$_{l}$ (poln. *Góry Stołowe*), Teil der Sudeten nordwestlich des Glatzer Kessels, durchschnittlich 700 m hohes und drei bis vier km breites Bergplateau aus Quadersandstein als Was-

Kath. Pfarrkirche in Himmelwitz

Donnersmarckhütte (1860) in Hindenburg

serscheide zwischen Elbe und Oder. Höchste Erhebung mit 919 m die Große Heuscheuer. Die bizarren Felsformen wurden Großvaterstuhl, Eberkopf oder Kamel genannt.

Heydebreck (poln. *Kędzierzyn*), Kr. Cosel, bis 1934 Kandrzin, 5 km nordöstlich der Kreisstadt am linken Ufer der Klodnitz und am Klodnitzkanal, als Dorfansiedlung 1283 erstmals belegt.

Der Bau des Klodnitzkanals 1812 und mehrerer sich kreuzender Eisenbahnlinien zwischen 1846 und 1939 ließen den Ort schon frühzeitig zur Stadt aufsteigen. Im Frühjahr 1939 entstanden hier große Werke der Stickstoffindustrie, deren Produktion zwar noch 1944 anlief, aber schon Ende des Jahres nach Bombardierungen durch die Sowjets wieder zum Stillstand kam. Danach Demontage der Anlagen bis zu 100 v. H., nach 1948 unter polnischer Verwaltung Wiederaufbau eines Stickstoffkombinates, dessen Kunstdüngerproduktion etwa die Hälfte der Erzeugung im heutigen Polen ausmacht. Daneben Zinkverhüttung und Holzindustrie. Während des dritten polnischen Aufstandes im März 1921 fanden hier schwere Kämpfe statt.

1939: 6331 Einw., 1970: auf erweitertem Stadtgebiet rund 34 200. Das nach 1945 verloren gegangene Stadtrecht wurde 1951 zurückgegeben.

Gerhard *Baron*, Lyriker und Arbeiterdichter, * 7. 5. 1904, † 7. 3. 1978 in Linz a. d. Donau.

Himmelwitz (poln. *Jemielnica*), Kr. Groß Strehlitz, 7,5 km nordöstlich der Kreisstadt, 1235 erstmalig urkundlich erwähnt und 1285 als Kirchort bezeichnet. Als Tochterkloster des Stiftes Groß Rauden (s. d.) gründete Herzog Boleslaus von Oppeln 1282 hier ein Zisterzienserkloster. Die Anlagen wurden im Dreißigjährigen Krieg und durch Feuersbrünste 1733 weitgehend zerstört, danach in einfachem Barock wieder aufgebaut. Das Stift wurde 1810 von der preußischen Regierung eingezogen und aufgelöst. 1945 ohne wesentliche Kriegsschäden.

Die Stiftskirche, eine dreischiffige gotische Basilika mit reicher barocker Innenausstattung und der Grabkrypta der Mönche (seit 1714), ist seit 1810 Pfarrkirche des Ortes. Die ursprüngliche Pfarrkirche Allerheiligen von 1477 geht auf das Jahr 1285 zurück und diente seit der Säkularisierung als Begräbniskirche. 1939: 2281 Einw.

Hindenburg (poln. *Zabrze*), Stadtkreis im Zentrum des oberschlesischen Industriegebietes, bis 1915 Zabrze, 120 km südöstlich der Landeshauptstadt, 253 m.

Als Waldhufendorf 1305 erstmals genannt, 1744 Neugründung durch Friedrich II. von Preußen, nach Zusammenschluß mehrerer großer Industriegemeinden 1915 nach dem Sieg des Generalfeldmarschalls Paul von Hindenburg (1847–1934) in der Winterschlacht in Masuren im Februar 1915 über die Russen mit dem Namen Hindenburg belegt und kurz nach der Teilung Oberschlesiens im Juli 1922 zur Stadt erhoben, 1927 Stadtkreis, 1929 Stadthaus.

Entwicklung der Industrie durch die Familie der Grafen Henckel von Donnersmarck: Koksanstalt mit Hochofenanlage „Donnersmarckhütte" mit Werkschule 1850/1851, Dampfkesselfabrik 1853, Borsig-Werke 1856, Guido-Grube 1872. Nach ständigem Ausbau zu großen Industrieeinheiten zusammengefaßt.

Hindenburg wurde am 25.1.1945 von sowjetischen Truppen besetzt und, obwohl 193 Gebäude vernichtet wurden, insgesamt nur wenig zerstört. 1939: 127 630 Einw.; 1970: nach Erweiterung des Stadtgebietes rund 250 000. Nach 1945 erhielt Hindenburg eine polnische Medizinische Akademie. Patenschaft bei der Stadt Essen (3.3.1953).

Friedrich *Nowottny*, Journalist, 16.5.1929 in Hindenburg/OS, seit 16.5.1985 Intendant des Westdeutschen Rundfunks (WDR) in Köln.

Aus dem benachbarten Bielschowitz stammen: Norbert Ernst *Dolezich, Maler, Grafiker und* Schriftsteller, * 16.2.1906, lebt in Recklinghausen; Günter *Bialas,* Komponist, 19.7.1907, lebt in Glonn-Haslach bei München.

Hirschberg vor dem Riesengebirge

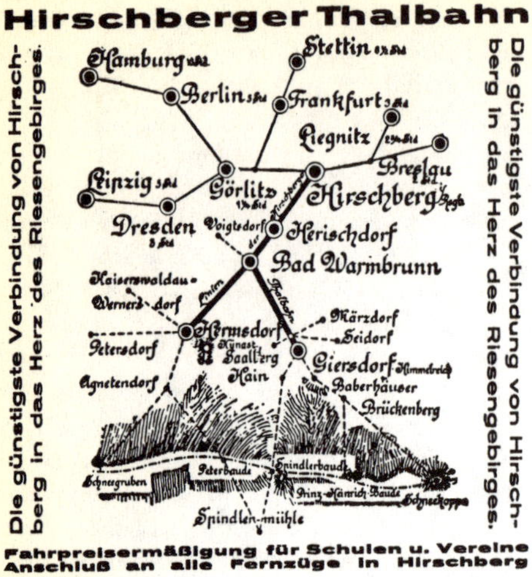

Hirschberger Talbahn

Hirschberg (poln. *Jelenia Góra),* Kreisstadt und Stadtkreis 90 km südwestlich der Landeshauptstadt am Fuße des Riesengebirges an der Mündung des Zacken in den Bober, Mittelpunkt des nach ihr benannten Tales, 345 m. Gründung vor 1288 als deutsche Kolonistenstadt mit rechteckigem Ring als Stadtzentrum, 1353 böhmisch, 1625 habsburgisch, 1742 preußisch.

Das Stadtbild prägten die barocken Laubenhäuser um den Ring mit dem 1744–1749 erbauten Rathaus. Ältestes kirchliches Bauwerk die 1288 errichtete kath. Pfarrkirche St. Erasmus und Pankratius mit kostbarem barockem Hochaltar von 1713–1718 und bedeutender Orgel der Spätrenaissance. Auf dem Kirchplatz Mariensäule von 1712. Nach dem Vorbild der Stockholmer Katharinenkirche wurde 1709–1718 die ev. Gnadenkirche zum Kreuze Christi von dem aus Reval stammenden Liegnitzer Baumeister Martin Frantz mit drei hölzernen Emporen und viermanualiger Orgel mit 3400 Pfeifen errichtet. Auf dem die Kirche umgebenden Friedhof die heute stark verfallenen 19 Gruftkapellen Hirschberger Bürgerfamilien.

Die breit gefächerte Industrie der Stadt geht auf die Leinen- und Schleierweberei des 16. und 17. Jh. zurück. Das ausgeprägte höhere Schulwesen hatte seine Anfänge im 16. Jh., zuletzt Hochschule für Lehrerbildung und Meisterschule des deutschen Handwerks für Werksteinbau. Ausgedehntes Straßenbahnnetz, seit 1927 Flugverbindung mit Breslau.

Hirschberg wurde erst nach der Kapitulation vom 8. 5. 1945 durch sowjetische Truppen besetzt, war nicht zerstört, verfiel aber später und ist inzwischen teilweise wiederhergestellt. 1939: 32764 Einw., 1975: rund 58800.

In Hirschberg geboren:

Georg *Heym*, expressionistischer Dichter, * 30. 10. 1887, † 16. 1. 1912 beim Eislauf auf der Havel bei Berlin;

Günther *Grundmann*, Professor, Kunsthistoriker, Landeskonservator für die Kunstdenkmäler Niederschlesiens, * 10. 4. 1892, † 19. 6. 1976 in Hamburg;

Hanna *Reitsch*, Pilotin, Flugkapitän, * 29. 3. 1912, † 24. 8. 1979 in Frankfurt am Main.

Hirschfeldau (poln. *Jelenin*), Kr. Sprottau/Sagan, Dorfgemeinde 12 km nordöstlich von Sagan, deutsche Gründung um 1220, urkundlich seit

Schloß Hohenfriedeberg

1376 belegt. Kath. Kirche aus Granitfindlingen aus dem Ende des 15. Jh. mit spätgotischem Sakramentshäuschen und Grabdenkmälern der mittelalterlichen Gutsherren. Gutsherrschaft und das 1787–1805 klassizistisch ausgebaute Schloß wechselten häufig die Besitzer. Der letzte, der Landesälteste Hans Felix Tomasczewski, der das Gut Nieder Hirschfeldau 1918 übernommen hatte, wurde von den Sowjets verschleppt und starb noch 1945 in Murmansk. 1939: 983 Einw.

Hochkirch (poln. *Wysoka Cerekiew*), Kr. Glogau, 14 km südöstlich der Kreisstadt, deutsche Dorfgründung, 1291 urkundlich als Pfarrort genannt. Wallfahrtskirche, 1724 geweiht, eine dreischiffige Barockkirche mit Figurengrabmälern aus dem 16. Jh.

Barbara *Campanina*, genannt La Barberina, Tänzerin am Hofe Friedrichs II. von Preußen, 1789 zur Gräfin erhoben, ist in Hochkirch begraben. Sie starb 78jährig am 7. 6. 1799 in Barschau, Kr. Lüben. 1939: 358 Einw.

Hohenfriedeberg (poln. *Dobromierz*), Kr. Jauer, 18 km südlich der Kreisstadt, 300 m. Zwischen 1295 und 1307 von deutschen Kolonisten gegründet, 1368 böhmisch, 1526 habsburgisch, 1742 preußisch. Die auf das Jahr 1307 zurückgehende

Hoyerswerda

Hultschin

kath. Pfarrkirche St. Michael wurde 1697 neu errichtet, das 1742 gebaute ev. Bethaus Zum Kreuze Christi erhielt 1827–1829 einen Neubau. Das Rathaus von 1741 wurde 1808/1809 durch einen Neubau ersetzt.

Hohenfriedeberg ist in die schlesische Geschichte eingegangen durch die Schlacht im Zweiten Schlesischen Krieg, als Friedrich der Große am 4. 6. 1745 mit 58 000 Mann das 70 000 Mann starke Heer der Österreicher und Sachsen unter Karl von Lothringen durch einen Überraschungsangriff schlug und zum Rückzug zwang. Auf dem Galgenberg, der „Siegeshöhe“, erinnerte ein Denkmal an die Schlacht. Der König hatte sein Hauptquartier im Schloß des Grafen von Hochberg zu Rohnstock und soll dort den „Hohenfriedeberger Marsch“ komponiert haben. Das Motiv des Marsches war 1933–1945 das Pausenzeichen des Reichssenders Breslau.

1939: 1 094 Einw. Die Stadt wurde erst nach der Kapitulation vom 8. 5. 1945 durch sowjetische Truppen besetzt.

Fedor *Sommer*, preußisch-protestantischer Schriftsteller und Landeshistoriker, * 1864 in Hohenfriedeberg, † 1930.

Hohlstein (poln. *Skała*), Kr. Löwenberg, nördlich der Kreisstadt, Dorf erstmals 1347 urkundlich erwähnt. Das alte Schloß wurde 1513 erbaut,

das neue, im 18. Jh. errichtete, war Sommersitz des Fürsten Friedrich Wilhelm Constantin von Hohenzollern-Hechingen, der nach seiner Abdankung 1849 von Hechingen nach Löwenberg übersiedelte.
In Hohlstein unterhielt der Fürst eine Hofkapelle und hatte namhafte Komponisten, wie Hector Berlioz, Franz Liszt oder Richard Wagner, zu Gast. Die Herrschaft fiel 1869 an den Fürsten von Hohenzollern-Sigmaringen und war bis 1945 im Besitz der Familie. 1939: 248 Einw.

Hornschloß (poln. *Rogowiec*), Burgruine, zur Gemeinde Donnerau (poln. *Grzmiąca*) gehörend, wurde von Herzog Bolko I. von Schweidnitz um 1292 zur Sicherung der Grenze gegen Böhmen errichtet, während der Hussitenkriege 1483 zerstört und nicht wieder aufgebaut.

Hotzenplotz (tschech. *Osoblaha*, poln. *Osobłoga*), dritter linker Nebenfluß der Oder, entspringt unmittelbar östlich von Bad Ziegenhals und mündet bei Krappitz (s. d.) in die Oder.

Hoyerswerda , Kreisstadt in der Oberlausitz, 210 km nordwestlich Breslaus und 45 km nordöstlich Dresdens, an der Schwarzen Elster, 120 m. Als Kolonistenstadt mit großem quadratischem Ring 1268 erstmalig genannt, 1355 böhmisch,

Hultschiner Ländchen

Kirche in Hummelstadt

1635 kursächsisch, 1815 brandenburgisch, 1825 schlesisch, 1945 sächsisch (DDR). Braunkohlen- und Glasindustrie.
Hoyerswerda stand um den 20. 4. 1945 im Mittelpunkt anhaltend schwerer Kämpfe und wurde danach von sowjetischen Truppen besetzt. Als westlich der Görlitzer Neiße liegende Stadt kam Hoyerswerda 1945 mit den kreiseigenen Städten Ruhland und Wittichenau zur DDR, Bezirk Cottbus, seit 1990 Land Sachsen.
1939: 7021 Einw.; 1974: nach starker Industrialisierung 64904. Braunkohlenbergbau „Schwarze Pumpe".

Hünern (poln. *Psary*), Kr. Trebnitz, 10 km nördlich der Landeshauptstadt an der Weide, beliebter Ausflugsort in der Umgebung Breslaus. Malerisch gelegene Bindwerkkirche mit schiefem Turm, Schloß aus dem 17. Jh. im 19. Jh. von Neithardt von Gneisenau (1760–1831) umgebaut. 1939: 770 Einw.

Hultschin (tschech. *Hlučín*), ehemals Kreis Ratibor, Hauptort des Hultschiner Ländchens 26,5 km südlich von Ratibor am linken Ufer der Oppa, 191–200 m, wahrscheinlich in der zweiten Hälfte

Holzhaus bei Hummelstadt

des 13. Jh. von König Ottokar II. von Böhmen gegründet, 1303 erstmals als Stadt genannt, 1314 deutsches Stadtrecht. Die Stadt wurde 1742 preußisch, ist 1920 durch den Versailler Vertrag an die Tschechoslowakei gefallen, kam 1938 wieder zum Deutschen Reich, wurde der neu gebildeten Provinz Oberschlesien angegliedert und fiel 1945 erneut an die Tschechoslowakei zurück.
Die kath. Stadtpfarrkirche St. Johannes der Täufer geht auf das Jahr 1387 zurück, die Stadtmauer mit erhalten gebliebenen Resten stammt aus dem 16. Jh., das Rathaus wurde 1868 errichtet. Die gotische Burg aus dem 14. Jh. wurde nach 1617 zu einem Renaissanceschloß umgebaut und später barockisiert. 1939: 4826 Einw.; 1960: rund 6500. Die Stadt wurde nach dem 30. 3. 1945 von sowjetischen Truppen besetzt.
August *Scholtis,* Schriftsteller, * 7. 8. 1901 in Bolatitz, † 26. 4. 1969 in Berlin;
Paul *Blaschke*, 1925–1945 letzter deutscher Domkapellmeister von Breslau, * 24. 5. 1885 in Hultschin, † 22. 3. 1969 in Isselberg-Anholt, Kr. Borken/Westfalen.

Hultschiner Ländchen (tschech. *Hlučínsko*), südlicher Teil des ehemaligen Kreises Ratibor, westlich der Oder zwischen deren Nebenflüssen Zinna und Oppa im Vorfeld des Gesenkes (s. d.) gelegen. Auf einer Fläche von 315 qkm 37 Gemeinden und 30 Gutsbezirke mit rund 48000 Einw., von denen sich 1920 bei freiwilliger Abstimmung 93,7 v. H. zum Deutschtum bekannten. Durch den Versailler Vertrag 1919 ohne Volksabstimmung an die Tschechoslowakei abgetreten und am 4. 2. 1920 von tschechischen Truppen besetzt. Tschechisierungspolitik, Schließung von 38 der 40 deutschen Schulen.
Nach Zugehörigkeit zu Deutschland und Wiedereingliederung nach Oberschlesien von 1938–1945 Ende März 1945 von sowjetischen Truppen besetzt. Die wichtigsten Orte neben Hultschin waren die Gemeinden Deutsch Krawarn, wo seit 1626 die Ahnen Josephs von Eichendorff beheimatet waren, Petershofen mit dem Kohlebergbau, Bolatitz und Schillersdorf.
Karl *Sczuka*, Komponist, * 15. 6. 1900 in Schillersdorf, † 23. 5. 1954 in Baden-Baden.

Hummelstadt (poln. *Lewin Kłodzki*), Kr. Glatz, bis 1939 Lewin, 28,5 km westlich der Kreisstadt in den Ausläufern der Ho en Mense und der Heuscheuer, 440 m, Landstadt mit rechteckigem Ring (100 m x 60 m), bis 1742 böhmisch, dann preußisch.
Als Kirchort Lewin erstmals 1340 erwähnt, wahrscheinlich um diese Zeit Bau der ersten Pfarrkirche St. Michael aus Holz, 1576 Errichtung eines massiven Kirchenbaues, 1698 erweitert. Die kath. Kirchengemeinde gehörte zum Generalvikariat Grafschaft Glatz und damit zur Erzdiözese Prag.

Hundsfeld

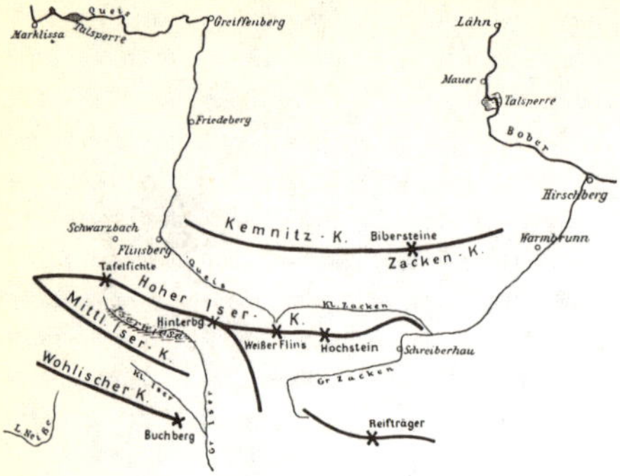

Das Isergebirge

Strumpfwaren- und Süßwarenfabrik, Glasveredelungsbetriebe.
Hummelstadt wurde erst nach der Kapitulation vom 8. 5. 1945 von sowjetischen Truppen besetzt. 1939: 1051 Einw., 1961: 1357. Verlust des Stadtstatus 1945 unter polnischer Verwaltung.

Hummelwitz (poln. *Zielone*), Kr. Glatz, kleines Dorf am Nordfuß des Hummelberges. Hier übernachtete im Haus Nr. 1 Friedrich II. von Preußen vom 4. zum 5. 7. 1778, als sein Heer bis in den September hinein auf dem Ratschenberg (803 m) oberhalb von Bad Reinerz lagerte. Hier wurde 1772 eine Siedlung angelegt.

Hundsfeld (poln. *Wrocław-Psie Pole*), Stadtkreis Breslau, 9 km nordöstlich von Breslau an der Weide gelegen, einem rechten Nebenfluß der Oder, der unterhalb Breslaus bei Herrnprotsch mündet. Um 1203 erstmals erwähnt, 1252 durch Herzog Heinrich III. von Breslau nach dem Vorbild des Marktfleckens Kostenblut (s. d.) zu deutschem Recht umgesetzt, Ackerbürger- und Handwerkerstädtchen. Die kath. Kirche nach einem Brand von 1758 wieder errichtet, 1892 erweitert; die ev. Kirche von 1791–1793 erhielt 1891 einen Neubau. Hundsfeld wurde 1928 mit 3131 Einw. nach Breslau eingemeindet.

Imielin (poln. *Imielin*), Kr. Pleß/Tichau, 8 km südlich von Myslowitz, westlich der *Przemsa*, der einstigen Ostgrenze des Herzogtums Ratibor, 305 m, von 1391–1796 zum Bistum Krakau gehörend, danach unter preußischer Landeshoheit, 1817–1922 und 1939–1945 zu Schlesien bzw. Oberschlesien gehörend. Industriestadt in günstiger Verkehrslage.
1931: rund 5200 Einw.; 1970 auf erweitertem Stadtgebiet 7757. Erklärung zur „Stadtartigen Siedlung“ 1957. Erhebung zur Stadt 1967.

Innersudetische Mulde s. Sudeten.

Isergebirge (poln. *Góry Izerskie*, tschech. *Jizerské hory*), Teil der Sudeten nordwestlich des Riesengebirges beiderseits der schlesisch-böhmischen Grenze zwischen dem Großen Zacken im Osten und der Lausitzer (Görlitzer) Neiße im Westen. Vier parallel verlaufende Höhenrücken aus Granit, Gneis und Glimmerschiefer, dicht bewaldet und von Hochmooren („Iserwiesen“)

Dekanatskirche in Jägerndorf

bedeckt. Höchste Erhebungen als nordwestlicher Eckpfeiler des Hohen Iserkammes auf böhmischer Seite die Tafelfichte (1122 m), auf schlesischer Seite Hochstein (1058 m), Heufuder (1107 m) und als östlicher Eckpfeiler des Iserkammes der Hinterberg (1127 m).

Jägerndorf (tschech. *Krnov*), Kreisstadt an der Oppa, Österreichisch Schlesien, ehemalige Hauptstadt des einstigen schlesischen Fürstentums Jägerndorf, dessen nördlicher Teil 1742 an Preußen kam, 22 km nordwestlich von Troppau, 17 km südwestlich von Leobschütz gelegen. Seit 1523 im Besitz der brandenburgischen Markgrafen, 1623 an das Haus Liechtenstein übergegangen. Barockschloß, spätgotische Dekanatskirche, barockes Minoritenkloster als städtisches Museum. Theater unter Markgraf Johann Georg von Brandenburg um 1600. Textil-, Mühlen- und Ziegelindustrie, Orgelbaufirma Rieger seit 1873, nach 1945 weiter in Betrieb. 1939: rund 25000 meist deutsche Einw.; 1970: insgesamt etwa 23000, 1991: 27000 Einw.

Robert *Hohlbaum,* Schriftsteller, Autor historischer und zeitgeschichtlicher Romane und Novellen, * 28.8.1886 in Jägerndorf, † 4.2.1955 in Graz.

Jägerndorf

Jakobswalde

Jahmen, Gutsherrschaft im Kreis Niesky (Oberlausitz), 1945 zur DDR, 1990 zum Land Sachsen gehörend, mit den Gütern Jahmen, Klitten, Dürrbach, Kachel, Boxberg, Kringelsdorf und Thomaswaldau, zwischen Bautzen und Muskau gelegen. Im Schloß, das nach einem Brand von 1719 an die Stelle des alten Baues aus dem 15. Jh. trat und das um 1900 modernisiert wurde, hielt sich häufig der sächsische Kurfürst August der Starke (1694–1733) auf seinen Reisen nach Polen auf. Zuletzt im Besitz der Braunkohlen- und Brikettindustrie AG, nach 1946 abgebrochen und dem Braunkohlenabbau geopfert.

Jakobskirch (poln. *Jakubów*), Kr. Glogau, 10 km südwestlich der Kreisstadt in den Dalkauer Bergen, dem nordwestlichen Ausläufer des schlesischen Landrückens gelegen, 1376 erstmals urkundlich erwähnt, vermutlich ältestes Dorf des Kreises. Auf dem Schloßberg ehemals mittelalterliche Burg, deren Grundmauern 1887 freigelegt wurden. Dabei Entdeckung eines unterirdischen

Ganges zur kath. St. Jakobikirche aus dem Anfang des 16. Jh. mit zahlreichen Figurengrabmälern aus der ersten Hälfte des 17. Jh. Die neue ev. Bethauskirche stammt von 1753. 1939: 245 Einw.

Jakobswalde (poln. *Kotlarnia*), Kr. Cosel, am rechten Odernebenfluß Birawka, nach dem sächsischen Reichsgrafen Heinrich Jakob von Flemming genannt, der 1702 die Herrschaft Slawentzitz erworben hatte. Eine der ältesten Industrieansiedlungen in Oberschlesien aus dem Anfang des 18. Jh. Erster Messinghammer aus dem Jahre 1709. Zwischen 1810 und 1820 entstanden neue Walz- und Hüttenwerke, die aber wegen des Aufschwunges der Industrie im Beuthener Revier um 1848 stillgelegt wurden. Weggang großer Teile der Bevölkerung.

Die ev. Kirche von 1815 wurde bis 1908 genutzt; die Pfarrei nach Slawentzitz verlegt. 1939: nur noch 245 Einw.; 1971: in der heutigen polnischen Großgemeinde wieder rund 1600.

Ernst Friedrich *Zwirner*, Architekt, Schüler Schinkels und seit 1833 Leiter des Weiterbaues

Bergmühle bei Jannowitz

Jauer, Ecke am Kirchhof

des Kölner Domes, * 28. 2. 1802 in Jakobswalde, † 22. 9. 1861 in Köln.

Jannowitz (poln. *Janowice Wielkie*), Kr. Hirschberg, 15 km östlich der Kreisstadt am Durchbruch des Bober zwischen Riesen- und Bober-Katzbach-Gebirge gelegen. Burgruine Bolzenschloß oberhalb des linken Boberufers auf einem Granitvorsprung des Landeshuter Kammes (561 m), erstmals 1374 belegt, 1517/1518 neu erbaut, 1645 zerstört, 1848 teilweise restauriert. Das gräflich Stolbergsche Schloß im Bobertal stammt aus den Jahren 1608/1609, wurde im Dreißigjährigen Krieg wie die Burg zerstört, wieder aufgebaut und 1910 nochmals erweitert. Die spätgotische kath. Kirche St. Marien geht auf das ausgehende 15. Jh. zurück, die ev. Kirche trat in der zweiten Hälfte des 19. Jh. an die Stelle des Bethauses von 1741. 1939: 1868 Einw.

Jauer (poln. *Jawor*), Kreisstadt 60 km südwest-

Jauer, Ring mit Rathaus

lich der Landeshauptstadt vor dem Gebirgszug der Sudeten am rechten Ufer der Wütenden Neiße, einem Nebenfluß der Katzbach, gelegen, 195 m. Stadtgründung nach Magdeburger Stadtrecht als Kolonistenstadt mit rechteckigem Ring und gitterförmigem Straßennetz vermutlich 1241/1242 durch Herzog Boleslaus von Schlesien, 1368 böhmisch, 1526 habsburgisch, 1742 preußisch.

Das erstmals 1373 erwähnte Rathaus wurde nach einem Brand 1896/1897 neu errichtet, der 65 m hohe gotische Rathausturm mit einer Turmhaube aus dem 17. Jh. blieb erhalten. Laubenhäuser, nach 1776 errichtet, umrahmen den Ring. Von der Stadtbefestigung aus der Zeit um 1560 blieben zwei Basteien (Engelsburg und Striegerturm) erhalten.

Die dreischiffige kath. Stadtpfarrkirche St. Martin, schon 1242 erwähnt, stammt in ihrer späteren Form aus dem Jahre 1330. Nach 1945 wurden in ihr gotische Wandmalereien freigelegt. Die ev. Friedenskirche Zum hl. Geist wurde 1654/1655 erbaut. Der 24 m x 44 m große Fachwerkbau mit 19 m hohem Mittelschiff, zwei Seitenschiffen und vier Emporen faßte bis zu 6000 Menschen. Glockenturm von 1708.

Das Schloß, neu aufgebaut 1656–1665, wurde 1888 Frauenstrafanstalt. Das Theater, erstmalig 1875 unter Direktor Paul Lehmann bespielt, stand zuletzt als „Niederschlesisches Landestheater“ von 1942–1944 unter der Leitung von Intendant Kurt Baumann-Grandeit. Das 1929 eingerichtete Städtische Museum wurde unter polnischer Verwaltung 1949 in der ehemaligen Franziskanerkirche wieder eröffnet. Vielschichtige Industrie, wie Granit- und Basaltwerke, Hartsteinschleiferei und Maschinenfabriken; in der Umgebung Uranlager.

Jauer wurde am 12.2.1945 von sowjetischen Truppen besetzt und war bis zum 8.5.1945 Frontgebiet, starke Zerstörungen, 214 Gebäude vernichtet. 1939: 13817 Einw., 1970 auf erweitertem Stadtgebiet: 15655.

Die Patenschaft über Stadt und Kreis Jauer (ohne Bolkenhain) hält die Stadt Herne, Nordrhein-Westfalen, seit 1951. Heimatzeitung: Bote aus

Schloß Johannesberg bei Jauernig

Karl Ditters von Dittersdorf

dem schlesischen Burgenland, Velen/Westfalen, seit 1949.

Karl Friedrich *Floegel*, Kultur- und Literaturhistoriker, * 3.12.1729, † 4.7.1788 in Liegnitz.

Ludwig Manfred *Lommel*, schlesischer Volkshumorist, * 10.1.1891 in Jauer, † 19.9.1962 in Bad Nauheim während eines Gastspiels.

Jauernig (tschech. *Město Javorník*), Stadt im Bezirk Freiwaldau am Nordostabhang des Reichensteiner Gebirges in Österreichisch Schlesien, 8 km südlich von Patschkau gelegen.

Die alte Burg Georgeneck, von der die Stadt Jauernig ihren Namen haben soll, stand an der Stelle des Schlosses Johannesberg auf steilem Felsen 339 m hoch südöstlich der Stadt, das 1509 von Bischof Johann von Thurzo errichtet wurde und seitdem Sommerresidenz der Breslauer Bischöfe war. Nach ihm sind Schloß und Schloßberg genannt. Patenschaft bei der Stadt Vaihingen/Enz (Bad.-Württ.) seit 1955.

Joseph Christian Freiherr von *Zedlitz*, spätromantischer, volkstümlich-patriotischer Schriftsteller und Dichter, wurde am 28.2.1790 auf Schloß Johannesberg geboren († 16.3.1862 in Wien).

Karl Ditters von *Dittersdorf*, * 2.11.1739 in Wien, † 24.10.1799 in Neuhof (Böhmen), schrieb auf Schloß Johannesberg zwischen 1769 und 1795 einige seiner komischen Opern und Instrumentalmusikwerke.

Adolf Kardinal *Bertram*, letzter deutscher Erzbischof von Breslau, * 14.3.1859 in Hildesheim, starb auf Schloß Johannesberg am 6.7.1945.

Unter den 1819 Einw. Jauernigs nach dem Stande von 1930 waren 74 Tschechen.

Jeltsch (poln. *Jelcz*), Kr. Ohlau, östlich der Oder, 10 km nördlich der Kreisstadt, Stammsitz der seit 1798 gräflichen Familie von Saurma-Jeltsch, die auf einen aus fränkischem Geschlecht

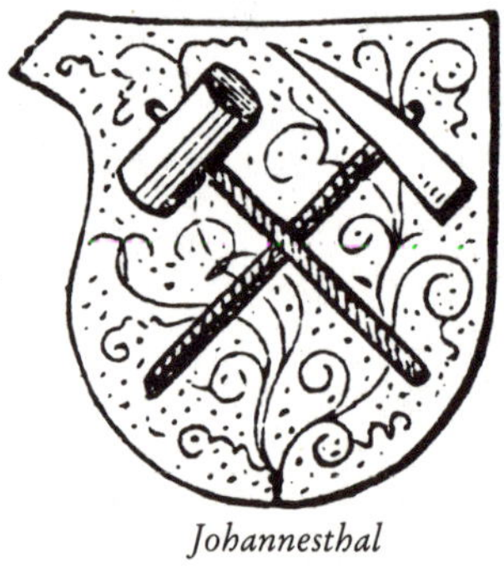

Johannesthal

stammenden Breslauer Kaufmann und Ratsherrn Konrad Sauermann zurückgeht, der 1530 von Kaiser Karl V. geadelt worden war.
Der Ort mit Burg auf der Oderinsel entstand zwischen 1331 und 1343, das dort 1518 erbaute Schloß brannte 1623 ab, wurde erst 1829/1830 wieder neu errichtet und 1886 und 1894 abermals um- und ausgebaut. Die Ruinen der alten Burg sind erhalten geblieben. 1939: 1307 Einw., 1952 entstand hier eine polnische Automobilfabrik.

Johannesthal (tschech. *Janov*), Bergstadt im Bezirk Jägerndorf, ehemals mährische Enklave in Schlesien im nördlichen Gesenke, 8 km südöstlich von Zuckmantel unterhalb der 890 m hohen Bischofskoppe. Im 16. Jh. Silberbergbau, Barockkirche aus dem Jahre 1873. Webereien und Strickwarenerzeugung. 1930 hatte Johannesthal 1146 Einw., darunter 11 Tschechen.

Johnsdorf (poln. *Janowiec*), Kr. Sprottau, 10 km westlich von Sagan, Schloß mit Innenhof im Renaissancestil um 1545, von 1593–1945 zur Herrschaft Mallmitz (s. d.) gehörend, die seit 1766 im Besitz und bis zuletzt Wohnsitz der Grafen von Dohna war. 1939: 336 Einw.

Kirche in Johnsdorf, bemalte Bretterdecke

Juliusburg

Jordansmühl (poln. *Jordanów Śląski*), Kr. Reichenbach, Dorfgemeinde 21 km nördlich der Kreisstadt am linken Loheufer, bekannt geworden durch die in den östlichen Ausläufern des Zobtengebirges vorkommenden und genutzten Mineralien und Gesteine. Der schlesische Edelstein Nephrit wurde schon in der Jungsteinzeit zwischen 4000 und 2000 v. Chr. abgebaut und verarbeitet, noch vor dem Beginn der Jordansmühler Topfgeschirr-Kultur, die in der Vorgeschichtsforschung einen bedeutenden Platz einnimmt. Wichtigster Fund war 1925 die 33 cm große Widderfigur aus Ton mit Schnurverzierung, die Kultzwecken gedient haben dürfte. Der schlesische Nephrit wird heute in Idar-Oberstein verarbeitet. 1939: 1278 Einw.

Josephinenhütte (poln. *Huta Julia*), größte und traditionsreichste Glashütte und Glasschleiferei Schlesiens im Schreiberhauer Ortsteil Weißbachtal am Zacken (Riesengebirge). Erste Glashütte 1336 urkundlich erstmals erwähnt, von 1617 an mehrere Glashütten zwischen Schreiberhau und Karlstal im Besitz der böhmischen Glasmacherfamilie Preußler.
Die neue Hütte geht auf das Jahr 1841 zurück, als der Grundherr, Leopold Reichsgraf von Schaffgotsch, dem Schwiegersohn der Preußlerfamilie,

Franz Pohl (1813–1884), den Auftrag zur Gründung der nach der Gattin des Grundherrn genannten „Josephinenhütte" gab. Am 8. 7. 1842 wurde das erste Glas geschmolzen. Vergrößerung des Unternehmens 1923–1925 durch Angliederung der Glashütten in Hermsdorf/Kynast und Petersdorf. Weltweit bekannt waren die hier hergestellten Goldrubingläser.
Nach der Vertreibung wurde die Josephinenhütte am 2. 1. 1954 durch Gotthard Reichsgraf von Schaffgotsch in Schwäbisch Gmünd wiedereröffnet. Die Produktion wurde Ende 1977 eingestellt und am 1. 4. 1978 nach Mettlach/Saar verlagert. In Schreiberhau wurden unter polnischer Verwaltung 1956 die alten Anlagen mit dem Namen „Julia-Hütte" wieder in Betrieb genommen.

Juliusburg (poln. *Dobroszyce*), Kr. Oels, 8 km nordwestlich der Kreisstadt, 1663 durch Herzog Sylvius Nimrod von Württemberg-Oels zur Stadt erhoben.
Das Rathaus von 1693 wurde 1826 abgerissen. Die ev. Kirche St. Trinitatis von 1693–1697, ein barockes Hallenlanghaus mit spätgotischem Chor aus der Mitte des 16. Jh., hatte einen gemauerten Verbindungsgang zum Schloß.

Kath. Pfarrkirche in Kalkau

Kirche und Schloß in Kamenz

Im 18. und 19. Jh. Leineweber, Tuch- und Schuhmacher, im 20. Jh. Holzindustrie, Holzverarbeitung und Parkettfabrik. 1928 verlor Juliusburg seinen Stadtstatus, 1939: 2068 Einw.; 1961: 1781.

Kalkau (poln. *Kałków*), Kr. Neiße, als deutschrechtliches Grenzdorf des Bistums Breslau im 13. Jh. angelegt. Die kath. Pfarrkirche St. Georg, ein mächtiger Backsteinbau mit Wehrturm, geht auf die Mitte des 13. Jh. zurück, 1931 restauriert. 1939: 600 Einw.

Kamenz (poln. *Kamieniec Ząbkowicki*), Kr. Frankenstein, 10 km südöstlich der Kreisstadt kurz vor der Mündung des Pausenbaches in die Glatzer Neiße. 1210 Augustinerpropstei, 1246–1248 Zisterzienser aus Leubus, Klosteranlage 1682–1685 neu erbaut, die kreuzförmige gotische Abteikirche um 1700 barockisiert, 1810 Aufhebung des Stiftes durch den preußischen Staat, 1817 Vernichtung des Klosters durch Brand.
Kloster und Stiftsherrschaft kamen 1812 in den Besitz der preußischen Prinzessin Friederike Louise Wilhelmine, der späteren Königin der Niederlande. Prinzessin Marianne der Niederlande und ihr Gemahl Prinz Albrecht von Preußen ließen zwischen 1838 und 1873 auf dem Hertaberg über der Stadt nach Plänen von Karl Friedrich Schinkel ein repräsentatives Schloß nach schottischem Vorbild in historisierender engli-

Kanth

scher Gotik mit großartigen Gartenterrassen errichten. Letzter Besitzer war Prinz Friedrich Heinrich von Preußen.
Sowjetische Soldaten plünderten das Schloß, transportierten lastwagenweise Möbel, Gemälde und Keramiken ab und steckten die Anlage 1946 in Brand; seitdem Ruine und dem Verfall preisgegeben. 1939: 2510 Einw.

Kammendorf (poln. *Kamionna*), Kr. Breslau, Dorf 27 km südwestlich der Landeshauptstadt bei Kanth an der Weistritz (Schweidnitzer Wasser). Schloß vermutlich von dem Baumeister Christoph Hackner (1663–1741), einem aus Jauer gebürtigen Schlesier, erbaut. Portal ähnlich dem der Breslauer Universität, an der Hackner ebenfalls als Baumeister beteiligt war. 1939: 254 Einw.

Kandrzin (poln. *Kędzierzyn*), Kr. Cosel, seit 1934 Heydebreck (s. d.).

Kanth (poln. *Kąty Wrocławskie*), Kr. Breslau, 24 km südwestlich der Landeshauptstadt zwischen Weistritz und Polsnitz (Striegauer Wasser), 138 m, 1298 von Herzog Bolko I. von Löwenberg-Jauer zu deutschem Recht als Kolonistenstadt mit rechteckigem Ring gegründet; 1327 böhmisch, 1526 habsburgisch, 1742 preußisch. Neugotisches Rathaus von 1878/1879 auf der Ringmitte. Die kath. Stadtpfarrkirche St. Peter und Paul geht auf das 15. und 16. Jh. zurück, die ev. Kirche St. Elisabeth wurde 1834–1836 nach einem Entwurf von Karl Friedrich Schinkel erbaut. Vor der Stadt bis in die neueste Zeit ein Galgen aus dem 16. Jh.
Die Stadt wurde am 8. 2. 1945 von sowjetischen Truppen nach einer Panzerschlacht besetzt und war Frontgebiet bis zur Kapitulation Breslaus am 7. 5. 1945. Starke Zerstörungen. 1939: 3580 Einw.; 1969: 3855.

Kapsdorf (poln. *Czerńczyce*), Kr. Breslau, 29 km südwestlich der Landeshauptstadt, Dorfgemeinde und Schloß aus dem Jahre 1845 mit prächtigem barocken Hauptportal, ehemals Sitz der Freiherren von Zedlitz. Im Park klassizistisches Grabdenkmal für den 1835 verstorbenen Heinrich Freiherr von Zedlitz, Sohn des Geheimen preußischen Staats- und Justizministers Abraham von Zedlitz und seiner Gemahlin Wilhelmine von Schickfuß. 1939: 417 Einw.

Karlsbrunn (tschech. *Karlova Studánka*), Bezirk Freudenthal, an der Oppa am Ostabhang des Altvatergebirges, mit 779 m höchstgelegener Kurort der Sudeten mit Kohlensäure- und Eisenquellen, Moor-, Sole- und Schwefelbädern, die „Perle der schlesischen Badeorte“ genannt.

Kursalon in Bad Karlsbrunn

Kasimir, Kr. Leobschütz

Karlsbrunn hieß ursprünglich Hinnewieder nach dem 914 m hohen Gneisfelsen Hinnewiederstein, auch Uhustein genannt. Den Namen Karlsbrunn erhielt es erst 1802 durch Erzherzog Karl, den Sieger in der Schlacht von Aspern am 21./22. 5. 1809 gegen die Franzosen unter Napoleon I. Der Ort kam 1621 in den Besitz des Deutschen Ordens, 1780 Gründung der ersten Kuranstalt durch den Hoch- und Deutschmeister Erzherzog Maximilian (Maximilianbrunnen).

Karlsmarkt (poln. *Karłowice*), Kr. Brieg, 15 km östlich der Kreisstadt am Stober gelegen, 1336 erstmalig erwähnt, 1447 Ketzerdorf, später Ketzendorf genannt. Kaiser Karl VI. (1685–1740) gab dem Dorf 1712 seinen Namen und verlieh ihm das Marktrecht, 1843 aufgegeben. 1939: 1162 Einw.

Johann *Dzierzon*, * 16.1.1811 in Lowkowitz/OS, † 26.10.1906 ebenda, der „Bienenvater" und Entdecker der Parthenogenese bei den Bienen, war von 1835–1869 kath. Pfarrer in Karlsmarkt.

Karpenstein (poln. *Karpień*), Gemeinde Karpenstein (poln. *Karpno*), Kr. Habelschwerdt, südöstlich von Bad Landeck am südwestlichen Abhang des Reichensteiner Gebirges. Ruine einer um 1330 erbauten und mehrfach, zuletzt 1443 zerstörten Burg auf dem 776 m hohen Bergkamm, 1648 von der Stadt Landeck erworben. Sagen um verborgene Schätze. 1939: 112 Einw.

Karwin (tschech. *Karviná*), Kr. Teschen, früher Arnoldsdorf, Bergbaustadt östlich von Mährisch Ostrau, Steinkohlenbergbau seit 1776, Eisen-, Chemie- und Maschinenindustrie. Kath. Kirche St. Peter und Paul von 1447 wurde 1756 umgebaut, eine protestantische Kapelle 1569 errichtet. Gotischer Rathausturm von 1505, Schloß der seit dem 17. Jh. hier ansässigen Grafen Larisch 1873 im Stil der Neurenaissance.

1930 hatte Karwin 21263 Einw., darunter 1329 Deutsche; 1972 nach der nach 1945 erfolgten Zusammenlegung mit Freistadt rund 77500.

Kasimir (poln. *Kazimierz*), Kr. Leobschütz, Dorf und Rittergut zum Majorat Oberglogau der Grafen von Oppersdorf gehörend, 6 km südöstlich von Oberglogau. Namensgebung 1212–1214 durch Herzog Kasimir von Oppeln, 1239/1240 durch das Kloster Leubus deutsch besiedelt. Kloster und Propstei bestanden bis zur Säkularisierung 1810. 1939: 1087 Einw.

Kath. Hennersdorf (poln. *Henryków Lubański*), Kr. Lauban, 1939 umbenannt in Ziethen-Hennersdorf (s. d.).

Katscher (poln. *Kietrz*), Kr. Leobschütz, 20 km südöstlich der Kreisstadt an der Troja, einem rechten Nebenfluß der Zinna, 234 m, offene Landstadt mit viereckigem Ring in der Stadtmitte, um 1245 zu deutschem Recht gegrün-

Katscher

det, 1377 an das Fürstentum Jägerndorf übergegangen, 1612 mährisch, 1742 preußisch, jedoch weiterhin zur Erzdiözese Olmütz gehörend.
Die kath. Stadtpfarrkirche St. Thomas geht auf das Jahr 1440 zurück, erhielt 1560 einen Neubau und wurde zuletzt 1908 erneuert. Rathaus von 1886/1887. Das Schloß aus dem 16. Jh., zuletzt 1829 neu erbaut, war im Besitz der Reichsgrafen Henckel von Donnersmarck, seit 1945 Ruine. Die 1730 auf dem Ring errichtete Mariensäule blieb erhalten.
Spezialitäten der Textilindustrie waren Teppiche, Gobelins, Diwandecken und Krimmer.
Bei der Volksabstimmung vom 20. 3. 1921 stimmten 2970 Einw. für Deutschland, 6 für Polen. 1939: 8914 Einw.; 1969: 5896.
Katscher wurde am 31. 3. 1945 von sowjetischen Truppen besetzt und zu 50 v. H. zerstört.

Kattern (poln. *Św. Katarzyna*), Kr. Breslau, 12,5 km südöstlich der Landeshauptstadt, Dorfgemeinde mit mittelalterlich angelegter und barock erweiterter, auf das 13. Jh. zurückgehender Wehrkirche, Friedhof mit Wehrmauer und Schießscharten. 1939: 1546 Einw.

Kattowitz (poln. *Katowice*), Stadtkreis, seit 1922 Hauptstadt des vom Deutschen Reich getrennten und diesem zwischen 1939 und 1945 wieder eingegliederten Ostoberschlesien, 1590 als Gärtnerdorf von Herzog Johann II. von Ratibor

Katscher

Ruth Storm

(dem „Eisernen“) auf der Grundlage des 1397 in Bogutschütz ausgesetzten „deutschen Hammers“ gegründet.
Industrialisierung mit Beginn des 19. Jh., Stadterhebung am 11. 9. 1865 betrieben von Friedrich Wilhelm Grundmann (1804–1887) und Dr. Richard Holtze (1824–1891), 1867 Inkraftsetzung der städtischen Verfassung, 1873 Bildung des Landkreises, 1899 selbständiger Stadtkreis. Steinkohlenbergbau, Eisen- und Zinkhütten, chemische, keramische und elektrotechnische Industrie.
Ev. Auferstehungskirche 1858, kath. Marienkirche 1870, kath. Peter-und-Paul-Kirche 1902. Eröffnung des gemeinsam mit Königshütte betriebenen Stadttheaters 1907, Meisterscher Gesangverein, Verein für Kunst und Wissenschaft. Obwohl bei der Volksabstimmung am 20. 3. 1921 in Kattowitz 22 774 Wahlberechtigte für Deutschland und nur 3 900 für Polen stimmten, wurde die Stadt am 15. 5. 1922 Polen zugeteilt. Errichtung eines polnischen Rundfunksenders am 27. 11. 1927, Einrichtung eines Bistums Kattowitz, 1932 Christ-König-Kathedrale. 1953 –1956 hieß Kattowitz Stalinogród.

Kaiser-Café
Kattowitz
bestes Familien-Café
═ am Platze. ═

1940 hatte die Stadt rund 127000 Einw.; 1973 nach Vergrößerung durch Eingemeindungen auf 100 qkm waren es 305000. Bergschäden in einigen Vororten.

Die Patenschaft für die Stadt Kattowitz hält die Stadt Salzgitter, für den Kreis Kattowitz die Stadt Braunschweig. Heimatzeitung: Kattowitzer Zeitung, Oberschlesischer Kurier, Wolfenbüttel, seit 1952.

In Kattowitz geboren:

Erich *Przywara,* Jesuit, Religionsphilosoph, * 12.10.1889, † 28.9.1972 in Hagen bei Murnau/Obb;

Willy *Fritsch*, Schauspieler, * 21.1.1901, † 13.7. 1973 in Hamburg;

Hans *Belmer*, Zeichner und Maler, * 13.3.1902, † 23.2.1975 in Paris;

Maria *Goeppert-Mayer*, Physikerin, Nobelpreis 1963, * 28.6.1906, † 20.2.1972 in San Diego, Kalifornien;

Walter *Stanietz,* Schriftsteller * 31.8.1907, † 13.5.1965 in Kritzenast/Oberpfalz;

Gerda *Stry-Leitgeb,* Malerin, * 20.5.1905, lebt in Wiesbaden;

Ruth *Storm,* Schriftstellerin, * 1.6.1905, lebt in Wangen im Allgäu;

Georg *Thomalla,* Schauspieler, * 14.2.1915, lebt in Badgastein und München;

Lutz *Besch,* Schriftsteller, * 9.3.1918, lebt in Wagrain, Österreich/Land Salzburg.

Katzbach (poln. *Kaczawa*), linker Nebenfluß der Oder, entspringt im Katzbachgebirge nordöstlich von Hirschberg und mündet nach 98 km langem Lauf nordöstlich von Liegnitz bei Parchwitz in die Oder. Durch Blüchers Sieg an der

Verkehrsnetz in Kattowitz

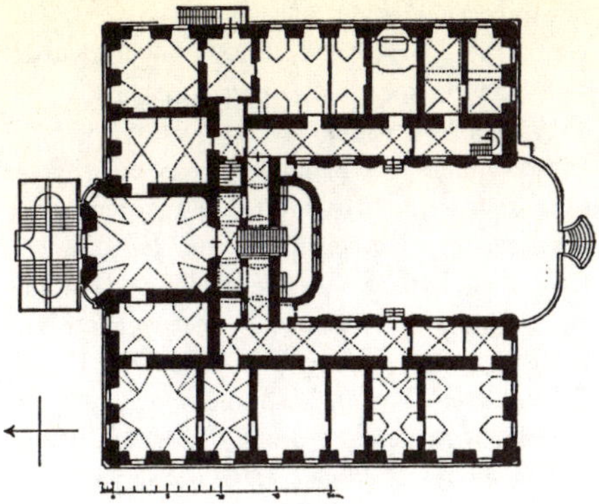

Schloß Kieferstädtel

Katzbach am 26. 8. 1813 wurden die Franzosen aus Schlesien vertrieben. Bei dem Dorf Bellwitzhof Erinnerungsmal, auf dem baumlosen Schlachtfeld die einzeln stehende Blücher-Linde.

Kauffung (poln. *Wojcieszów*), Kr. Goldberg, 18 km südlich der Kreisstadt an der Katzbach, fast 6 km langes Waldhufendorf, 1268 erstmalig urkundlich belegt als eine der ersten deutschen Waldsiedlungen in Schlesien. Spuren einer altsteinzeitlichen Höhlensiedlung, Ruinen einer mittelalterlichen Burg. Marmor- und Kalksteinvorkommen. Kauffunger Marmor wurde für das „Neue Palais“ Friedrichs des Großen in Potsdam verwendet.
Die frühgotische kath. Marienkirche von 1494 mit Renaissance-Grabmälern der Familie von Zedlitz, die ev. Kirche von 1754 verfällt.
1939: 3855 Einw., 1970 nach der 1959 erfolgten Eingemeindung von Tiefhartmannsdorf (poln. *Podgórki*): 4913. Seit 1956 unter polnischer Verwaltung „Stadtartige Siedlung“.

Kieferstädtel (poln. *Sośnicowice*), Kr. Tost-Gleiwitz, 10 km westlich der Kreisstadt Gleiwitz, 250 m. Stadtgründung unbekannt, 1305 erstmals erwähnt, 1289 mit Herzogtum Beuthen böhmisch, 1526 habsburgisch, 1742 preußisch. Handwerker- und Ackerbürgerstadt, durch Wall und Graben geschützt.
Die 1786–1894 errichtete kath. Pfarrkirche St. Jakobus geht auf das Jahr 1376 zurück. An der Stelle einer früheren Burg entstand um 1755 das spätbarocke Schloß, seit 1834 im Besitz der Fürsten von Hohenlohe-Waldenburg-Schillingsfürst und Herzöge von Ratibor.
Die Stadt wurde am 27. 1. 1945 von sowjetischen Truppen besetzt und erheblich zerstört. Unter polnischer Verwaltung Verlust des Stadtrechtes. 1939: 2120 Einw.; 1973 nach Erweiterung zur dörflichen Großgemeinde: 13543.

Kittlitztreben (poln. *Trzebień*), Kr. Bunzlau, 15 km nördlich der Kreisstadt am Rande des Bunzlauer Forstes, Rodungsdorf in der niederschlesischen Heide am rechten Ufer des Bober, 1305 erstmals erwähnt, Namensgebung 1375. Schloßbau 1600–1603, um 1717 und 1727 erweitert. Die barocken Sandsteinornamente der Fenster- und Türrahmen wurden gegen Ende des 18. Jh. zum Bau des sogenannten Alten Schlosses in Fürstenstein verwendet. Schloß Kittlitztreben,

Schloß Kittlitztreben

Schloß Klein Öls

1905–1945 im Besitz der Familie von Kölichen, wurde 1945 ausgeplündert, verwüstet und schließlich durch Brände zerstört. 1939: 769 Einw.

Kleinitz (poln. *Klenica*), Kr. Grünberg, 20 km östlich der Kreisstadt rechts der Oder an der ehemals schlesisch-brandenburgischen Grenze gelegenes Dorf, 1443 erstmals erwähnt, von 1649–1776 im Besitz des Jesuitenordens, Wallfahrten im 17. und 18. Jh. zum Marien-Gnadenbild in der Pfarrkirche. Neben dem alten Schloß ein Jagdschloß von 1884, 1903 erneuert, seit 1890 im Besitz der Familie des Fürsten von Radziwill. 1939: 1455 Einw.

Klein Öls (poln. *Oleśnica Mała*), Kr. Ohlau, Dorf und Schloß 12 km südlich der Kreisstadt, 1189 erstmals erwähnt, um 1220 Templerniederlassung, 1312 Ablösung durch Johanniter, nach der Säkularisierung 1810 vom preußischen Staat der ehemaligen Johanniter- bzw. Malteser-Kommende überlassen.
1814 übernahm der spätere preußische Feldmarschall Graf Ludwig Yorck von Wartenburg (1759–1830) den Besitz aus der Hand der preußischen Krone. Erweiterung der Schloßanlage 1815–1820, Mausoleum im Schloßpark 1825–1830 nach einem Entwurf von Carl Ferdinand Langhans für den am 4.10.1830 in Klein Öls verstorbenen Feldmarschall und seine Familie. Graf Ludwig hatte am 30.12.1812 mit den Russen eigenmächtig die Neutralitäts-Konvention von Tauroggen abgeschlossen.
Letzter Besitzer des Schlosses vor 1945 war Peter Graf Yorck von Wartenburg, der Mitbegründer des Kreisauer Kreises und Vetter des Obersten Claus Graf Schenk von Stauffenberg. Er wurde am 13.11.1904 in Klein Öls geboren und als Widerstandskämpfer gegen Hitler am 8.8.1944 in Berlin hingerichtet. 1939: 524 Einw.

Klein Schnellendorf (poln. *Przydroże Małe*), Kr. Falkenberg, 17 km südöstlich von Neisse im oberschlesischen Vorgebirgshügelland, um die Mitte des 13. Jh. entstanden, 1305 erstmals belegt. Der Ort hat geschichtliche Bedeutung durch den von Friedrich II. von Preußen mit dem österreichischen Feldmarschall Graf Wilhelm Reinhard von Neipperg am 9.10.1741 geschlossenen Geheimvertrag, der dem preußischen König große Teile Schlesiens zusicherte und der österreichischen Armee die Möglichkeit gab, der von den Bayern und Franzosen bedrohten Stadt Wien zu Hilfe zu kommen. Bis 1945 stand zur Erinnerung an die Konvention im Park des Barockschlosses von 1736 ein 1862 errichtetes Denkmal Friedrichs des Großen. 1939: 495 Einw.

Klein Strehlitz (poln. *Strzeleczki*), Kreis Neustadt/OS, 25 km nordöstlich der Kreisstadt am

Altes Schloß zu Klitschdorf

Zülzer Wasser gelegen, 1327 erstmals urkundlich erwähnt, befestigte Stadtanlage um einen vierekkigen Marktplatz schon aus der zweiten Hälfte des 13. Jh. Verlust des Stadtrechtes in preußischer Zeit, seit 1782 im Besitz der preußischen Krone. 1939: 1875 Einw.

Klitschdorf (poln. *Kliczków*), Kr. Bunzlau, 12 km nordwestlich der Kreisstadt am rechten Ufer des Queis, bis 1815 schlesischer Grenzort zur Oberlausitz. Die Grenzfeste, 1291 erstmals urkundlich genannt, war eine von Herzog Bolko I. von Schweidnitz erbaute Wasserburg, das Dorf ist aus dem Anfang des 14. Jh. belegt.
In der kath. Dreifaltigkeitskirche ein kunstgeschichtlich bedeutendes Epitaph aus Lindenholz aus der Zeit um 1576 für die Familie des Grundherrn, des Freiherrn Kaspar von Rechenberg († 1588). Das Renaissanceschloß mit Schloßkapelle von 1782 wurde 1881–1883 erneuert. Die Herrschaft war von 1764–1945 mit 18 Dörfern zwischen Tschirne und Bober im Besitz der Familie der Grafen zu Solms-Tecklenburg auf Baruth. 1939: 366 Einw.

Klodnitz (poln. *Kłodnica*), Kr. Cosel, 2 km östlich der Kreisstadt am linken Ufer der Klodnitz, 1532 erstmals als Waldsiedlung belegt. Der Ort gewann seine Bedeutung nach dem Bau des

Pfarrkirche in Klosterbrück

Köben an der Oder

Klodnitzkanals zu Beginn des 19. Jh. und nach der Eingemeindung des Ortsteils Cosel-Oderhafen 1925 als dem zweitgrößten deutschen Binnenschiff-Umschlaghafen. Schiffsreedereien. 1939: 4934 Einw.; 1971: rund 4400.

Klodnitz und Klodnitzkanal (poln. *Kłodnica, Kanal Gliwicki*), rechter Nebenfluß der Oder, entspringt 7,5 km südlich von Kattowitz und mündet nach 75 km langem Lauf bei Cosel in die Oder. Der Unterlauf des Flusses wird von zwei parallel laufenden Kanälen begleitet. Der alte Klodnitzkanal wurde zwischen 1792 und 1812 mit einer Länge von 45,7 km und mit 18 Schleusen gebaut.
Der neue Klodnitzkanal entstand zwischen 1934 und 1939 als Großschiffahrtstraße von Gleiwitz nach Cosel, 2 m tief, 37 m breit, 6 Doppelschleusen und mehrere Staubecken. Nach 1945 auf 41 m verbreitert und auf 3,5 m Tiefe ausgebaut.

Klosterbrück (poln. *Czarnowąsy*), bis 1936 Czarnowanz, Kr. Oppeln, 7,5 km nördlich der Kreisstadt, ehemaliges Prämonstratenserinnen-Kloster, durch Herzog Kasimir von Oppeln 1228 von Rybnik hierher verlegt, Klostergebäude im Dreißigjährigen Krieg zerstört. In dem 1682 fertiggestellten neuen Kloster leben von 1902 an die Hedwigsschwestern, die auch heute dort noch tätig sind. Die dem hl. Norbert geweihte barocke Klosterkirche aus dem 17. Jh. wurde 1784 erneuert und 1947 erneut restauriert. Außerhalb des Ortes die Wallfahrtskirche St. Anna, eine 1687/

1688 erneuerte kleine Schrotholzkirche. 1939: 3533 Einw.

Knurow (poln. *Knurów*), Kr. Rybnik, 15 km nordöstlich der Kreisstadt, altes deutschrechtliches Waldhufendorf im Einzugsgebiet von Gleiwitz. Seit 1908 Steinkohlenabbau, 1913 Einrichtung einer Kokerei, 1927 Fabrik für synthetisches Ammoniak. Seit 1922 zu Polen gehörend, 1951 mit Kriewald und Schyglowitz zur Stadt erhoben. 1931: 1902 Einw.; 1970 nach Gebietsvergrößerung: 28521.

Köben (poln. *Chobienia)*, Kr. Wohlau, Landstadt 35 km nordwestlich der Kreisstadt an der Straße Steinau-Guhrau gelegen, 99 m, 1238 erstmals erwähnt, 1322 Magdeburger Stadtrecht, 1345 böhmisch, 1675 habsburgisch, 1742 preußisch. Alte Wasserburg aus dem frühen 16. Jh. 1583/1584 zu einem Renaissanceschloß umgebaut. Die kath. Pfarrkirche St. Peter und Paul von 1376 wurde 1587 und 1724 erneuert, 1867 auf dem Ring neben dem Rathaus ein ev. Bethaus als achteckige Fachwerkkirche nach Plänen von Carl Gotthard Langhans errichtet, nach 1945 abgerissen. Im Schloß das Herrschaftsarchiv derer von Kottwitz. Oderschiffahrt und Oderfähre.
Köben wurde am 28.1.1945 von sowjetischen Truppen besetzt. 1939: 1649 Einw.; 1960 nach Verlust des Stadtrechtes unter polnischer Verwaltung nur noch rund 540.

Kohlfurt (poln. *Węgliniec*), Kr. Görlitz, 22 km nordöstlich der Kreisstadt in der Görlitzer Heide gelegener Eisenbahnknotenpunkt der Linien Breslau–Görlitz–Dresden und Breslau–Sorau–Berlin mit Zweigstrecken nach Lauban, Hoyerswerda und Rothwasser. Um 1500 zugleich mit einem Hammerwerk gegründet. Braunkohlenabbau seit 1905 mit 1911 in Betrieb genommenem Braunkohlen-Kraftwerk südlich des Ortes.
1939 hatten Kohlfurt-Dorf und Kohlfurt-Bahnhof 2741 Einw.; 1970 nach Erweiterung durch Eingemeindungen 3652. Unter polnischer Verwaltung 1967 zur Stadt erhoben.
Ernst *Hornig*, ev. Theologe, 1945–1963 Landesbischof der ev. Kirche Schlesiens, * 25.8.1894, † 5.12.1976 in Bad Vilbel (Hessen).

Redendenkmal in Königshütte

Königsdorff-Jastrzemb (poln. *Jastrzębie Zdrój)*, Kr. Rybnik/Loben, 10 km südöstlich von Loslau, 1305 erstmals erwähnt, 1467 namentlich belegt, 1862 nach dem Besitzer des Rittergutes, dem Grafen von Königsdorff, mit dem deutschen Namen versehen. Ehemaliger Kur- und Badeort nach Entdeckung (1859) jod-, brom- und kohlensäurehaltiger Solen, 1861 Kurhaus, 1891 Kinderheilstätte.
1939 hatte Königsdorff 591 Einw., nach Eröffnung zweier Steinkohlengruben 1962 und 1965 und nach Stadterhebung 1963 stieg die Zahl der Bevölkerung auf 24395 an.

Konstadt/OS

Königshain, Kr. Görlitz, 8 km nordwestlich der Kreisstadt in den zwischen 408 und 411 m hohen Königshainer Bergen gelegen, Schloßanlage von 1760, seit 1798 im Besitz der sächsischen Familie von Heynitz.

1939 hatte der Ort, von 1945 bis 1990 zur DDR, Bezirk Dresden, gehörend, 1511 Einw.

Königshütte (poln. *Chorzów*), ehemals Kreis Beuthen, seit 1898 eigener Stadtkreis, 6 km südöstlich von Beuthen. Im Umkreis der 1796 und 1800 eröffneten Steinkohlengruben und des 1797–1802 errichteten Hochofenwerkes „Königshütte" entstand 1869 aus insgesamt 12 Arbeiterkolonien die gleichnamige Industriestadt.

Die Schrotholzkirche St. Laurentius von 1599 stand ursprünglich in Knurow (s. d.), die neugotische ev. Kirche wurde 1844 erbaut. Von besonderer Bedeutung war das Eichendorff-Gymnasium als einzige deutsche höhere Schule in Ost-Oberschlesien mit Öffentlichkeitsrecht.

Bei der Volksabstimmung 1921 sprachen sich 74,6 v. H. der Bevölkerung für das Verbleiben beim Deutschen Reich aus, trotzdem fiel Königshütte 1922 an Polen. Nach 1945 Ausbau der Industriebetriebe. 1939: 126220 Einw.; 1970 nach Erstellung von drei neuen Wohnsiedlungen rund 151300.

In Königshütte geboren:

Paul *Segieth*, Maler, * 2. 1. 1884, † 5. 6. 1969 in Hundham/Samerberg (Obb.);

Ludwig Peter *Kowalski*, Maler und Glasbildner, * 1. 8. 1891, † 5. 7. 1967 in Berlin;

Kurt *Alder*, Chemiker, Nobelpreis Chemie 1950, * 10. 7. 1902, † 20. 6. 1958 in Köln.

Oskar *Seidlin,* Literaturwissenschaftler, Eichendorff-Forscher, * 17. 2. 1911, † 11. 12. 1984 in Bloomington/USA.

Königszelt (poln. *Jaworzyna Śląska*), Kr. Schweidnitz, 10 km nordwestlich der Kreisstadt, 7 km südöstlich von Striegau, 234 m, bei Bunzelwitz (s. d.) 1843/1844 entstandene Stadt mit Eisenbahnknotenpunkt. Namensgebung 1843 zur Erinnerung an das Zeltlager Friedrichs II. von Preußen im Siebenjährigen Krieg 1761.

Die 1863 gegründete Porzellanfabrik stellte Tafel- und Hotelgeschirr her und gehört nach dem unter polnischer Verwaltung erfolgten Ausbau zu den größten Betrieben dieser Art im heutigen Schlesien. 1939: 3866 Einw.; 1970 nach starker räumlicher Erweiterung: 5397.

Konradserbe (poln. *Wierzbice*), Kr. Breslau, bis 1936 Wirrwitz, Straßendorf südwestlich der Landeshauptstadt mit Schloß, 1310 erstmals als ritterlicher Sitz und 1358 als Pfarrdorf genannt. Der älteste Schloßteil mit Renaissanceportal wird um 1600 datiert. Barocker Umbau 1730, später klassizistisch erneuert unter Beibehaltung der beiderseits gelegenen Kavaliershäuser. Letzter Besit-

Schloß Koschentin

Schloß Kostau

zer war Freiherr von Wietersheim. 1939: 858 Einw.

Konstadt (poln. *Wołczyn*), Kr. Kreuzburg/OS, 12 km nordwestlich der Kreisstadt, Gründung 1261 nach Neumarkter Recht durch Herzog Heinrich III. von Breslau als planmäßig angelegte Kolonistenstadt mit rechteckigem Ring (100 m x 50 m).

Ev. Stadtpfarrkirche St. Barbara in der zweiten Hälfte des 18. Jh. als Nachfolgerin zweier Holzkirchen erbaut, zuletzt 1927 erweitert; altlutherische Kirche 1848 als Betsaal errichtet; kath. Kirche Mariä unbefleckte Empfängnis 1859/1860.

Bei der Volksabstimmung am 20. 3. 1921 stimmten 2684 Einw. für Deutschland, 34 für Polen. Die Stadt wurde am 20. 1. 1945 von sowjetischen Truppen besetzt. 1939: 3777 Einw.; 1969: 4587.

Kontopp (poln. *Konotop*), Kr. Grünberg, 28 km östlich der Kreisstadt am linken Ufer der Faulen Obra, einem rechten Nebenfluß der Oder, der 7 km südlich von Züllichau bei Odereck mündet.

Gründung im 13. Jh., dreiflügeliges Schloß mit Wallgraben 1696 vollendet, die auf das Jahr 1308 zurückgehende kath. Kirche beherbergt die Gruft der Familie von Kottwitz mit Renaissance-Epitaphien, 1742 Errichtung eines ev. Bethauses. 1939: 1328 Einw. Im Zweiten Weltkrieg am 31. 1. 1945 schwere Kämpfe in der Umgebung des Ortes.

Köppernig (poln. *Koperniki*), Kr. Neisse, 10 km südwestlich der Kreisstadt, als deutsche Dorfgründung erstmals 1272 erwähnt. Seit 1367 sind Träger des vom Ortsnamen abgeleiteten Familiennamens nachweisbar, so auch der des Arztes und Astronomen Nikolaus *Kopernikus* (* 19. 2. 1473 in Thorn, † 24. 5. 1543 in Frauenburg). 1939: 679 Einw.

Koppitz (poln. *Kopice*), Kr. Grottkau, seit 1936 Schwarzengrund (s. d.).

Koschentin (poln. *Koszęcin*), Kr. Lublinitz/Loben, 12 km südöstlich der Kreisstadt in den Tarnowitzer Höhen, 1416 erstmals genannt. Grundherrschaft von 1804–1945 im Besitz der Fürsten zu Hohenlohe-Ingelfingen. Klassizistischer Schloßbau 1829/1830 unter Verwendung älterer Teile aus dem 17. Jh., Filialkirche zur Hl. Dreifaltigkeit, ein Holzbau von 1724 mit Altären und Figuren des 16. und 18. Jh. Nach Industrieansiedlung 1958 zur „Stadtartigen Siedlung" erklärt; 1970: 4383 Einw.

Kostau (poln. *Kostów*), Kr. Kreuzburg, im Tal der Prosna, Rittergut mit kleinem, ehemals barockem Schloß aus dem Ende des 18. Jh., das um 1900 durch Ausbau umgestaltet und mit einem Turm in barocken Formen versehen wurde. Letz-

Kirche in Kostenblut

ter Besitzer war bis 1945 Franz Graf Ballestrem. Das Schloß war bei Kriegsende nicht zerstört, brannte aber 1955 ab. 1939: 558 Einw.

Kostenblut (poln. *Kostomłoty*), Kr. Neumarkt, 15 km südlich der Kreisstadt links der Autobahn Liegnitz-Breslau, 1149 erstmals erwähnt, mit langgestrecktem Markt (225 m x 100 m) eine der ältesten schlesischen Stadtanlagen. Kirche aus dem Ende des 15. Jh., Staupsäule aus dem 16. Jh. 1939: 938 Einw.

Kostenthal (poln. *Gościęcin*), Kr. Cosel, 12 km südwestlich der Kreisstadt, Straßenangerdorf im Städtedreieck Leobschütz-Cosel-Ratibor, deutsche Sprachinsel fränkischer Mundart aus der mittelalterlichen Besiedlungszeit Oberschlesiens, 1221 erstmals genannt. In der Gründungsurkunde von 1225 sicherte Herzog Kasimir von Oppeln den „deutschen Siedlern alle Freiheit der Deutschen" zu. Die Wallfahrtskirche St. Brixen von 1880 an einer heilkräftigen Quelle geht auf das Jahr 1594 zurück. 1939: 1382 Einw.

Kotzenau (poln. *Chocianów*), Kr. Lüben, 24 km westlich der Kreisstadt in der niederschlesischen Heide, 148 m, um 1300 erstmals als Burg und Ort nachgewiesen, 1329 böhmisch, 1526 habsburgisch, 1742 preußisch. Planmäßige Ansiedlung mit rechteckigem Markt (60 m x 80 m). Die mittelalterliche Burganlage des Herzogs Bolko I. von Schweidnitz wurde um 1600 durch

Schloß Kotzenau

Schloß Kratzkau

einen Schloßbau ersetzt und 1728–1732 zu einem prächtigen Barockschloß und damit zur bedeutendsten Schloßanlage im Kreise Lüben um- und ausgebaut, 1937–1939 innen und außen neu hergerichtet, 1945 ausgeplündert und durch Brand weitgehend zerstört. Letzter Besitzer war der 1945 in Ostpreußen gefallene Burggraf Wilhelm zu Dohna-Schlodien.

Die ev. Kirche von 1774 wurde 1896 erweitert, die neue kath. Kirche 1864–1866 erbaut. Eisenwerk „Marienhütte" mit Werkschule 1854 gegründet, Armaturenfabrik 1864 und kleinere Maschinenfabriken.

Kotzenau wurde am 10. 2. 1945 von sowjetischen Truppen besetzt, nicht zerstört. 1939: 4301 Einw.; 1970: 5568.

Krappitz (poln. *Krapkowice*), Kr. Oppeln, 24 km südlich der Kreisstadt an der Mündung der Hotzenplotz in die Oder, 180 m. Dörfliche Siedlung aus dem 13. Jh., 1294 Neumarkter Stadtrecht durch Herzog Boleslaus I. von Oppeln, 1327 böhmisch, 1526 habsburgisch, 1742 preußisch. Planmäßige Kolonistenstadt mit quadratischem Ring. Reste der alten Stadtmauer mit dem Obertorturm, auch Neustädter Turm genannt, erhalten.

Die kath. Stadtpfarrkirche St. Nikolai aus dem 15./16. Jh. geht auf das Jahr 1330 zurück, mehr-

Rathaus in Kreuzburg

fach umgebaut, zuletzt 1895. Ev. Kirche von 1850. Das barocke vierflügelige Schloß mit Arkadenhof wurde 1687 errichtet, später wiederholt umgebaut. Von 1766–1945 im Besitz der Grafen von Haugwitz.

Neben Kalk-, Säge- und Zellstoffwerken, Ziegeleien und Mühlen vor allem Papier-, Pappen- und Kartonagenfabriken. Bei der Volksabstimmung am 20. 3. 1921 stimmten 2369 Einw. für Deutschland, 92 für Polen.

Krappitz wurde am 15. 3. 1945 von sowjetischen Truppen besetzt und zu einem Viertel zerstört. 1939 hatte die Stadt 5559 Einw., 1975 waren es rund 15700, nachdem Krappitz unter polnischer Verwaltung 1956 zur Kreisstadt erhoben und durch Eingemeindungen erheblich vergrößert worden war.

Kraschnitz (poln. *Krośnice*), Kr. Militsch, das „schlesische Bethel", 8 km südöstlich der Kreisstadt im Militscher Wald- und Teichgebiet, im 14. Jh. erstmals erwähnt. Graf Adalbert von der Recke von Volmerstein (1791–1878) gründete hier 1860 ein Samariter-Ordensstift mit Diakonissen-Mutterhaus und Diakonenanstalt nach dem Vorbild von Bethel bei Bielefeld. Die daraus zu Beginn des 20. Jh. hervorgegangene moderne Heil- und Pflegeanstalt bestand bis zum 20. 1. 1945, dem Tage der Besetzung durch sowjetische Truppen. Das 1785 erbaute Schloß wurde zwischen 1845 und 1864 mehrfach umgebaut. 1939: 2149 Einw.

Kratzkau (poln. *Kraskόw*), Kr. Schweidnitz, 12 km südöstlich der Kreisstadt, 1250 erstmals erwähnt, 1300 Umsetzung zu deutschem Recht. Anstelle einer alten Wasserburg entstand 1746 das heutige Schloß, das zu den schönsten Barockbauten im Kreis Schweidnitz gehörte. Schloßportal mit Karyatiden, Parkanlagen um 1845 gestaltet von dem Königlich Preußischen Gartenbaudirektor Peter Joseph Lenné (1789–1866), der auch den Park von Sanssouci in Potsdam geschaffen hat. 1939: 105 Einw.

Kreisau (poln. *Krzyżowa*), Kr. Schweidnitz,

Gustav Freytag

7 km südöstlich der Kreisstadt, 1250 erstmals als Rittersitz erwähnt. Einstiger Ruhesitz des preußischen Generalfeldmarschalls Helmuth Graf von Moltke (1800–1891), der im Kreisauer Park auf der rechten Uferhöhe des Peiletales in einem Mausoleum beigesetzt ist.
Letzter Schloßherr war der am 11. 3. 1907 in Kreisau geborene Helmuth James Graf von Moltke, Mittelpunkt des Widerstandes gegen Hitler in dem 1942 von ihm ins Leben gerufenen „Kreisauer Kreis“. Im Januar 1944 verhaftet, zum Tode verurteilt und am 23. 1. 1945 in Berlin-Plötzensee hingerichtet. Seine Witwe blieb in Kreisau und konnte im November 1945 unter englischem Schutz Schlesien verlassen.
Das Schloß ist erhalten geblieben, aber verwahrlost. Bemühungen um eine Wiederinstandsetzung sind eingeleitet. Am 12. 11. 1989 tauschten Bundeskanzler Helmut Kohl und der damalige polnische Ministerpräsident Tadeusz Mazowiecki während einer Messe vor der Schloßruine den „christlichen Friedensgruß“ aus. 1939: 393 Einw.

Kreuzburg/OS (poln. *Kluczbork*), Kreisstadt 85 km südöstlich der Landeshauptstadt, 165 m, 1253 Stadt mit deutschem Recht durch Herzog Heinrich III. von Schlesien, 1327 böhmisch, 1526 habsburgisch, 1742 preußisch.

Bad Kudowa

Gründung als befestigte Marktsiedlung mit rechteckigem Ring durch die „Kreuzherren vom Roten Stern“, die von Prag über Breslau als Kolonisten in das Stobergebiet kamen. Reste der Stadtmauer von 1598 sind erhalten geblieben. Die ev. Pfarrkirche St. Salvator, zuletzt 1796 erneuert, geht in ihrer baulichen Substanz auf das Jahr 1298 zurück. Die neue kath. Pfarrkirche St. Peter und Paul wurde 1911–1913 errichtet. Ev.-lutherisches Diakonissen-Mutterhaus „Bethanien“.
Die Doppelreihe kleiner barocker Giebelhäuser auf dem Ring, die „Zwölf Apostel“, wurden 1925 bis auf vier durch Brand vernichtet. Im ehemaligen Landesarmenhaus von 1874–1934 Landes-Heil- und Pflegeanstalt. Gustav-Freytag-Gesellschaft von 1908.
Bei der Volksabstimmung am 20. 3. 1921 wurden 7308 Stimmen für Deutschland, 279 für Polen abgegeben. Kreuzburg wurde am 20. 1. 1945 kampflos von sowjetischen Truppen besetzt und zu einem Viertel niedergebrannt, 422 Gebäude vernichtet. 1939: 11693 Einw.; 1975: rund 19900.
In Kreuzburg wurden geboren:
Gustav *Freytag*, Schriftsteller, Journalist und Politiker, * 13. 7. 1816, † 30. 4. 1895 in Wiesbaden.
Das noch im Zweiten Weltkrieg eingerichtete Gustav-Freytag-Museum ist um 1950 durch Karl Fleischer in Wangen im Allgäu wieder errichtet worden;
Heinz *Piontek*, Schriftsteller, * 15. 11. 1925, lebt in München.

Kunern, Grab des Franz Karl Achard

Krieblowitz (poln. *Krobielowice*), Kr. Breslau, seit 1937 Blüchersruh (s. d.).

Kriegheide (poln. *Pogorzeliska*), Kr. Lüben, Dorfgemeinde mit ev. Grenzkirche von 1656, durch Herzog Ludwig von Liegnitz genehmigter Kirchbau mit Turm von 1670 und reicher Innenausstattung. Zufluchtskirche für die Protestanten des Fürstentums Glogau. 1939: 217 Einw.

Krummhübel (poln. *Karpacz*), Kr. Hirschberg, 15 km südlich der Kreisstadt am Fuße der Schneekoppe im Tal der Großen Lomnitz, bedeutendster Fremdenverkehrsort im östlichen Riesengebirge. Der Ort ist um die Mitte des 16. Jh. aus einer Holzarbeitersiedlung entstanden und erhielt 1622 Zuzug durch ev. Glaubensvertriebene aus Böhmen.

Krummhübel war der Hauptort der sogenannten Laboranten, das sind Laienapotheker, die den Kräuterreichtum der Gegend zur Herstellung von Arzneien nutzten und diese bis nach Polen und Rußland vertrieben. Der letzte Laborant, Ernst August Zölfel, starb 1894. Theodor Fontane: „Der letzte Laborant", Berlin 1894. Der Ort blieb im Kriege unzerstört. 1939: 2209 Einw.

Kruppamühle (poln. *Krupski Młyn*), Kr. Groß Strehlitz/Tarnowitz, 1875 aus der Ansiedlung der Lignose-Sprengstoffwerke entstanden, die den Sprengstoff für die oberschlesischen Gruben lieferten. Ursprünglich bäuerliche Mühlenanlage und nach dem Mühlenbesitzer benannt.

1939: 562 Einw. bei (1944) 750 im Werk Beschäftigten; 1961 auf erweitertem Gebiet: 2817. Als „Stadtartige Siedlung" 1956 dem Kreis Tarnowitz zugeteilt.

Kudowa, Bad (poln. *Kudowa Zdrój*), Kr. Glatz, 25 km westlich der Kreisstadt am Fuße des Heuscheuergebirges (s. d.), unmittelbar an der tschechoslowakischen Grenze im sogenannten „Böhmischen Winkel" gelegen, 401 m, ursprünglich Gründung böhmischer Hussiten. Die kohlensäurereichen Eisenquellen, darunter eine der stärksten Arsenquellen Europas, wurden schon um 1580 entdeckt und genutzt. Die ersten bekannten Besitzer des Bades waren Wallenstein und Terzky.

Vom 9.–29. 6. 1813 wohnte König Friedrich Wilhelm III. von Preußen im Pfarrhaus von Kudowa und empfing hier Ernst Moritz Arndt und Neidhardt von Gneisenau zu politischen Gesprächen. Nach dem preußischen Generalfeldmarschall Helmuth von Moltke, der sich seit 1867 hier mehrmals aufhielt, ist eine der acht Quellen, die „Helmuthquelle" von 1906, benannt. Hier stand früher auch ein Moltke-Denkmal.

Seit 1870 ist Kudowa als erstes deutsches Herzbad weit über die Grenzen Deutschlands hinaus bekannt gewesen. Hermann Stehr (1864–1940) hat dem Bad in seiner Novelle „Anton Gudnatz" ein literarisches Denkmal gesetzt.

Jenseits des Kurparks in Tscherbeney das 1776 erbaute Beinhaus mit Schädeln von Pestopfern des Dreißigjährigen Krieges und Gefallenen des Siebenjährigen Krieges. Auf dem 487 m hohen Schloßberg nördlich des Kurparks die ev. „Hussitenkapelle" mit dem Denkmal des dort ruhenden Generalleutnants Friedrich Wilhelm von Götzen, der 1807 die von den Österreichern besetzte Festung und Stadt Glatz für Preußen rettete.

1939: 1981 Einw.; 1970 nach Erhebung des Bades zur Stadt durch die polnische Verwaltung (1945) und nach Vergrößerung durch Eingemeindun-

Kupferberg

gen: 7978 Einw. Bis 1960 gab es hier noch eine deutsche Schule.

Kunern (poln. *Konary*), Kr. Wohlau, in den Winziger Höhen etwa 15 km nördlich der Kreisstadt gelegen. Hier errichtete 1802 der Direktor der Physikalischen Abteilung der Berliner Akademie, der Chemiker Franz Karl Achard (* 18. 4. 1753 in Berlin, † 20. 4. 1821 in Kunern), die erste Rübenzuckerfabrik der Erde. Die Grabstätte Achards auf dem Friedhof von Herrnmotschelnitz (poln. *Moczydlnica Dworska*) bei Kunern ist erhalten geblieben, Zuckerfabrik und Herrenhaus des Gutes 1945 zerstört. Auf den Ruinen erinnert ein von der polnischen Verwaltung angebrachter Gedenkstein an den Begründer der deutschen Rübenzuckerherstellung. 1939: 333 Einw.

Kunzendorf (poln. *Trzebina*), Kr. Neustadt/OS, Waldhufendorf aus dem 13. Jh., Grundherrschaft von 1812–1816 im Besitz des Feldmarschalls Blücher, seit 1809 Badeort mit alkalischer Stahlquelle („Blücher-Quelle“). Das Schloß mit Torhaus und Umfassungsmauer, um 1600 errichtet, im 19. Jh. umgebaut, brannte 1945 zur Ruine aus. Die 1726/1727 barockisierte Pfarrkirche aus dem 16./17. Jh. blieb erhalten. 1939: 1370 Einw.

Kupferberg (poln. *Miedzianka*), Kr. Hirschberg, 19 km südöstlich der Kreisstadt auf den nördlichen Ausläufern des Landeshuter Kammes am Rande des Bobertales, 506 m, seit 1311 nachgewiesen, 1369 böhmisch, 1519 Verleihung des Stadt- und Bergrechtes durch König Ludwig von Ungarn und Böhmen, 1527 habsburgisch, 1742 preußisch, 1809 Erneuerung des Stadt- und Bergrechtes.

Bleierz-, Kupfererz- und Schwefelkiesabbau seit dem 13. Jh. mit Beginn der Kolonisierung. Die 1828/1829 errichtete klassizistische kath. Pfarrkirche geht auf das Jahr 1375 zurück, das 1742 errichtete ev. Bethaus wurde 1826 durch einen Neubau ersetzt.

Kupferberg wurde erst nach der Kapitulation vom 8. 5. 1945 von sowjetischen Truppen besetzt. 1939: 637 Einw.; 1945 unter polnischer Verwaltung Verlust des Stadtrechtes; 1961 nur noch 358 Einw. Zunehmende Verwahrlosung.

Kynast (poln. *Chojnik*), Burgruine auf 657 m hohem, dem Hochgebirge vorgelagertem Granitkegel über dem Höllengrund, 8 km südlich von Hirschberg, alter Besitz der Grafen von Schaffgotsch seit 1393, nach 1635 nicht mehr bewohnt,

Die Kynsburg

Burg Kynast vor 1675

seit 1675 nach Blitzschlag Ruine. Beliebtes Ausflugsziel.

Die Kynastsage von der schönen und stolzen Kunigunde, der Erbin des Burggrafen, und dem Todesritt ihrer unglücklichen Freier wurde von Theodor Körner und Friedrich Rückert in Balladen dichterisch gestaltet. An den Aufenthalt Theodor Körners 1809 auf dem Kynast erinnerte ein Bronzemedaillon an einer Felswand.

Kynsburg (poln. *Zamek Grodno*), Kr. Waldenburg, 12 km südlich von Schweidnitz oberhalb des Gutsdorfes Kynau auf dem 450 m hohen Burgberg über der Weistritz.

Die Burg, wahrscheinlich von Herzog Bolko I. von Schweidnitz errichtet, ist 1315 erstmals urkundlich erwähnt. Nach ständigem Wechsel der Burgherren war die Kynsburg von 1852–1945 im Besitz der Freiherren von Zedlitz, die sie gründlich wiederherstellten und zu einem Museum ausbauten. Das wertvolle und geschichtlich bedeutsame Museumsgut wurde 1945 nach Osten abtransportiert, die Gruft erbrochen und die Särge beraubt. Touristenziel auch unter polnischer Verwaltung.

Paul *Keller*, der schlesische Heimatschriftsteller, * 6. 7. 1873 in Arnsdorf, † 20. 8. 1932 in Breslau, hat der Kynsburg in seinem Roman „Waldwinter" (1902) ein literarisches Denkmal gesetzt.

Laasan (poln. *Łażany*), Kr. Schweidnitz, 14 km nördlich der Kreisstadt am Striegauer Wasser, Siedlung aus dem 13. Jh., Wasserschloß um 1720 im Barockstil unter Verwendung älterer Bauteile erbaut, nach 1945 Ruine. In Laasan führte die 1786 in Malapane gegossene älteste eiserne Brücke Schlesiens über das Striegauer Wasser. 1939: 1 299 Einw.

Laband (poln. *Łabędy*), Kr. Tost/Gleiwitz, Industriestadt an der Klodnitz 6 km nordwestlich

von Gleiwitz, 1286 erstmals urkundlich belegt, aber vermutlich schon 1217 entstanden. „Herminenhütte“, 1850 errichtet, nach 1887 mehrmals erweitert, 1903 durch ein Blechwalz- und ein Nickelwerk ergänzt.
1939: 8152 Einw.; 1961 nach 1954 erfolgter Stadterhebung und Gebietserweiterung: 15616. Laband wurde 1964 in den Stadtkreis Gleiwitz eingegliedert.

Lähn (poln. *Wleń*), Kr. Löwenberg, 13 km südöstlich der Kreisstadt in einer Boberschleife unterhalb der Lehnhausburg (s. d.) gelegen, 228 m. Unter Herzog Boleslaus II. von Liegnitz 1242 mit Magdeburg-Löwenberger Recht als deutsche Stadt ausgesetzt, 1368 böhmisch, 1526 habsburgisch, 1742 preußisch. Offene Kolonistenstadt mit rechteckigem, weiträumigem Ring. Die kath. Stadtpfarrkirche St. Nikolai von 1864 geht auf einen Bau von 1348 zurück, das ev. Bethaus von 1751/1752 wurde nach 1945 abgerissen. Holzverarbeitende Industrie, Luftkurort mit Sanatorium seit 1893. Besetzung durch sowjetische Truppen erst nach der Kapitulation vom 8.5.1945. 1939: 1470 Einw.; 1969: 1861.

Lamsdorf (poln. *Łambinowice*), Kr. Falkenberg/OS, Dorfgemeinde und ehemaliger Truppenübungsplatz 13 km südöstlich der Kreisstadt, 1945 polnisches Konzentrations- und Todeslager, in dem zwischen August 1945 und Herbst 1946 mindestens 6480 deutsche Frauen und Kinder ermordet wurden. Der deutsche Lagerarzt Dr. Heinz Esser hat die Vorgänge dokumentiert. 1939: 1126 Einw.; der Truppenübungsplatz: 229.

Kath. Kirche in Laband

Alte St. Nicolai-Kirche zu Lähn (1862)

Landeck, Bad (poln. *Lądek Zdrój*), Kr. Habelschwerdt, 20 km nördlich der Kreisstadt in den Ausläufern des Reichensteiner Gebirges, 450–500 m, an beiden Ufern der Biele gelegen. Gründung zwischen 1250 und 1270, erste urkundliche Erwähnung 1325 als Stadt nach Magdeburg-Glatzer Recht, offene Stadt mit rechteckigem Ring (96 m x 56 m).
Um 1400 Erschließung der ersten warmen Quellen, danach fortlaufend ausgebaut, 1785 Errichtung eines Kurbades, sechs Schwefel-Natrium-Quellen mit hoher Radioaktivität. Friedrich der Große nutzte 1765 die Bäder, König Friedrich Wilhelm III. traf sich hier 1813 mit dem Zaren Alexander I. von Rußland.

Bedeutendste Bauwerke: Die kath. Stadtpfarrkirche Mariä Geburt von 1336 wurde 1693 erweitert, die 1848 errichtete ev. Salvatorkirche 1898 erneuert. Die kath. Gemeinde gehörte zum Generalvikariat Glatz und damit zur Erzdiözese Prag. Laubengänge und barocke Dreifaltigkeitssäule am Ring, Johannesbrücke von 1565 über die Biele.
1939 hatte Bad Landeck, das erst nach der Kapitulation vom 8. 5. 1945 von sowjetischen Truppen besetzt wurde, 4662 Einw.; 1960: 5648.

Landeshut (poln. *Kamienna Góra*), Kreisstadt am Bober 80 km südwestlich der Landeshauptstadt zwischen dem Landeshuter Kamm des Riesengebirges und dem Waldenburger Bergland, zwischen 1289 und 1292 durch Herzog Bolko I. von Liegnitz als befestigte deutsche Kolonistenstadt am Paß nach Böhmen ausgesetzt. Gitterförmige Stadtanlage mit rechteckigem Marktplatz.
Im Mittelalter Tuchmacherei, im 16. Jh. durch Leineweberei abgelöst, später auch Schleierweberei. Die Paßlage der Stadt brachte ihr in den Kriegswirren zwischen dem 15. und 18. Jh. mehrfache Zerstörungen und Verwüstungen ein. Neue Wirtschaftsblüte seit der Mitte des 19. Jh., Leder- und Schuhindustrie, Textilmaschinen, Feineisen- und Stahltürenherstellung.
Die barocke ev. Gnadenkirche Zur Hl. Dreifaltigkeit ist zwischen 1709 und 1720 nach dem Vorbild der Stockholmer Katharinenkirche gebaut, die kath. Pfarrkirche St. Peter und Paul von 1295 wurde 1600 erneuert.

Kleines Bauernhaus in Landeck

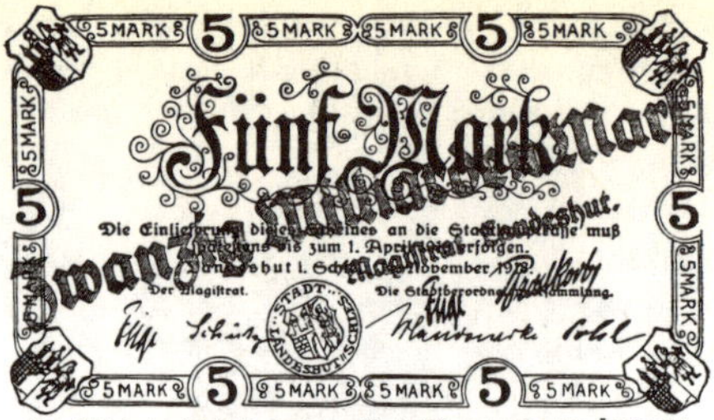

Notgeldschein der Stadt Landeshut. (Werterhöhung durch roten Überdruck.)

Notgeldschein der Stadt Landeshut

Die Stadt wurde erst nach der Kapitulation vom 8. 5. 1945 von sowjetischen Truppen besetzt. 1939: 13461 Einw.; 1970: 21090.
Carl Gotthard *Langhans,* klassizistischer Baumeister, 1788 –1791 Erbauer des Brandenburger Tores in Berlin, * 15. 12. 1732, † 1. 10. 1808 in Grüneiche bei Breslau.

Landeskrone, Hausberg von Görlitz, 427 m, Aufstieg vom westlichen Stadtteil Klein Biesnitz, Gasthaus im Burgstil, Aussichtsplattform auf dem Hauptturm. Auf dem zweiten Gipfel der Landeskrone wurde am 18. 10. 1901 ein Bismarckdenkmal errichtet. Seit 1945 mit Görlitz-West zum DDR-Bezirk Dresden gehörend, seit 1990 Land Sachsen.

Landsberg/OS (poln. *Gorzów Sląski),* Kr. Rosenberg, 18 km nördlich der Kreisstadt am Oberlauf der Prosna unmittelbar an der Grenze zu Großpolen, 200 m, vermutlich schon 1241 als

Landskron Bier aus Görlitz

deutsche Stadt gegründet, 1284 urkundlich erstmals erwähnt, 1327 böhmisch, 1526 habsburgisch, 1742 preußisch. Landstadt mit großem rechteckigem Ring.
Die kath. Stadtpfarrkirche St. Trinitatis, 1706 neu errichtet, erhielt erst 1892/1893 ihren jetzigen Massivbau, die ev. Pfarrkirche wurde 1857 erbaut. Früherer Erzbergbau (Keupereisenstein) wurde 1933 erneut aufgenommen, blieb aber unwirtschaftlich. Bei der Volksabstimmung am 20. 3. 1921 stimmten 938 Einwohner für Deutschland, 98 für Polen. Die Stadt wurde am 20. 1. 1945 von sowjetischen Truppen besetzt. 1939: 3049 Einw.; 1972 trotz Gebietserweiterung nur noch rund 2600.
Herbert *Weichmann,* Politiker, 1965–1971 Erster Bürgermeister und Präsident des Senates der Freien und Hansestadt Hamburg, * 23. 2. 1896, † 10. 10. 1983 in Hamburg.

Langenau (poln. *Czernica*), Kr. Löwenberg, 1305 erstmals urkundlich erwähnt, um 1470 ertragreicher Goldbergbau. Die ursprüngliche Wasserburg bauten die Grafen Schaffgotsch 1543 in ein Renaissanceschloß um, das 1900 erneut ausgebaut wurde, aber nur noch in Teilen erhalten ist. 1944/1945 waren hier sieben Waggons mit musikwissenschaftlichen Sammlungen und musikalischen Kunstschätzen eingelagert, die den sowjetischen Truppen in die Hände fielen. 1939: 1101 Einw.

Langenau, Bad (poln. *Długopole Zdrój*), Kr. Habelschwerdt, 4 km südlich der Kreisstadt an der Glatzer Neiße. Die zwischen 1563 und 1909 erbohrten Quellen mit hohem Kohlensäuregehalt, auch Thorium und Radium, hatten 1802 einen bescheidenen Badebetrieb begründet. Das „Idyll unter den schlesischen Bädern". 1939: 927 Einw.

Langenbielau (poln. *Bielawa*), Kr. Reichenbach, 6 km südwestlich der Kreisstadt im oberen Bieletal am östlichen Abhang des Eulengebirges, um 1288 erstmals genanntes Waldhufendorf, 1368 böhmisch, 1526 habsburgisch, 1742 preußisch. Der zuletzt 8 km lange Ort zwischen 272 m bei Reichenbach und 443 m unterhalb der Ascherkoppe, einstmals Preußens größtes Dorf, entwikkelte sich seit dem 16. Jh. mit den 1805 gegründeten Christian-Dierig-Werken zum Hauptort der Weberei in Schlesien. Die unzerstört gebliebenen Werke sind auch unter polnischer Verwaltung weiterhin die größten des Landes. Den Weberaufstand vom 5. 6. 1844 schildert Gerhart Hauptmann in seinem Schauspiel „Die Weber" (1891/1892).

Landsberg

Langenbielau

Die auf das Jahr 1288 zurückgehende kath. Pfarrkirche Mariä Himmelfahrt erhielt 1868–1876 ihre jetzige Gestalt, die ev. Kirche entstand 1877–1880 anstelle des Bethauses von 1743. Das 1598 errichtete Schloß wurde nach Bränden 1878 wieder aufgebaut, 1930 von der Stadt erworben und als Schul- und Amtsgebäude genutzt. Davor war letzter Besitzer Adolf Graf von Seidlitz-Sandretzki, der 1945 bei der Verteidigung Breslaus fiel.

Langenbielau wurde erst nach der Kapitulation

vom 8. 5. 1945 von sowjetischen Truppen besetzt. 1939: 19924 Einw.; 1975: rund 32300.
Hans Christian *Dierig*, Dr. jur., Textilfabrikant, * 11. 12. 1905, † 25. 3. 1972 in Leitershofen bei Augsburg.

Langenöls (poln. *Olszyna*), Kr. Lauban, 8 km südöstlich der Kreisstadt am Oelsebach, 1254 erstmals genannt. Industrieort mit Braunkohlefeldern, Abbau 1886 eingestellt. Holzverarbeitung und Tonindustrie. Die kath. Kirche ist 1376 erstmals genannt, die ev. Kirche von 1897 ersetzte das Bethaus von 1742/1744 und wurde nach 1945 unter polnischer Verwaltung katholisiert. 1939: 4159 Einw.; 1970 nach Erhebung zur „Stadtartigen Siedlung“ und nach Gebietserweiterung: 5248.

Laskowitz (poln. *Laskowice Oławskie*), Kr. Ohlau, seit 1937 Markstädt (s. d.).

Lauban (poln. *Lubań*), Kreisstadt 110 km westlich der Landeshauptstadt am linken Ufer des Queis im Vorland des Isergebirges, 214 m, als fester Grenzort zwischen der Oberlausitz und Schlesien und als Mittelpunkt deutscher Waldhufendörfer zwischen 1220 und 1230 mit Magdeburger Stadtrecht gegründet, zunächst böhmisch, dann brandenburgisch, 1526 habsburgisch, 1635 kursächsisch, 1815 preußisch. Planmäßig angelegte Kolonistenstadt mit rechteckigem Ring als

Herrenhaus des Schloßgutes in Langenöls

Mittelpunkt mit befestigter Doppelmauer und vier Stadttoren.

Die Frauenkirche von 1384 erhielt 1452 einen Neubau und 1836 sowie 1845/1846 weitere Ausbauten. Die Kreuzkirche von 1703 wurde 1761–1765 neu erbaut und 1845/1846 erweitert. Die neue kath. Kirche Zur Hl. Dreifaltigkeit von 1857–1860 geht geschichtlich auf das Jahr 1320 zurück. Aus der Tuchmacherei und Leineweberei des 16. Jh. entwickelte sich im 19. Jh. die weltweite Herstellung von täglich 400000 Taschentüchern. „Lauban putzt der ganzen Welt die Nase." Lauban war vom 17.2. bis 8.3.1945 Mittelpunkt schwerer Kämpfe, wurde zur Hälfte zerstört (1858 Gebäude vernichtet) und erst nach der Kapitulation vom 8.5.1945 wieder von sowjetischen Truppen besetzt. Erhalten geblieben oder inzwischen wieder aufgebaut sind u.a. das Rathaus, die Frauenkirche und einige Kaufmannshäuser am Ring. 1939: 16436 Einw.; 1970: 17305. Die Patenschaft über Stadt und Kreis Lauban halten Stadt und Kreis Hildesheim, Niedersachsen, seit 1952. Heimatzeitung: Laubaner Tageblatt in der Fremde seit 1949, Scheinfeld/Ofr., und Oberlausitzer Rundschau, Wolfenbüttel, seit 1953.

Rostsches Kaufmannshaus in Lauban

Torbau des Schlosses Laurahütte

Wilhelm *Menzel*, der schlesische Volkstumsforscher und Mundartpfleger, * 8.1.1898 in Ober Steinkirch, Kr. Lauban, † 23.1.1980 in Dortmund.

Lauenbrunn (poln. *Ciepłowody*), Kr. Frankenstein, bis 1936 Tepliwoda, 12 km nordöstlich der Kreisstadt, im Heinrichsauer Gründungsbuch 1222 erstmals erwähnt, 1242 deutschrechtlich umgesetzt. Dorf mit Schloß aus dem 16. Jh., das auf eine um 1400 entstandene Burg zurückgeht. Nach häufigem Wechsel der Standesherrschaft seit 1863 im Besitz des Hauses Sachsen-Weimar. 1939: 1529 Einw.

Laurahütte (poln. *Siemianowice Śląskie*), ehemals Kr. Kattowitz, 1970 Stadtkreis Siemianowice, 4 km südlich von Beuthen an der Brinitz gelegen, vermutlich schon 1334 angelegt, 1451 erstmals genannt, 1787 eines der ersten Steinkohlenbergwerke in Oberschlesien, 1839 Abstich des ersten Hochofens. Nach der Teilung Oberschle-

Burgruine Lehnhaus

siens 1922 mit Siemianowice zusammengelegt und unter diesem Namen 1932 zur Stadt erhoben, von 1939–1945 wieder Laurahütte genannt. Der letzte Bewohner des 1789 erbauten Schlosses war der 1939 auf Schloß Krawarn verstorbene Graf Edgar Henckel von Donnersmarck.

Michael *Jary*, eigentl. Maximilian Andreas Jarczyk, Komponist zahlreicher Filmmusiken, * 24. 9. 1906, † 13. 7. 1988 in München.

Lausitzer Neiße (poln. *Nysa Łużicka*), linker Nebenfluß der Oder, auch Görlitzer Neiße (s. d.).

Lehnhaus (poln. *Wleński Gródek*), Kr. Löwenberg, Burg 8 km südöstlich der Kreisstadt über dem linken Boberufer bei Lähn (s. d.), 360 m, im 11. Jh. als Eckpfeiler gegenüber der Lausitz und Böhmen entstanden, nach Verfallszeiten 1570 endgültig ausgebaut, 1646 zerstört und nicht wieder aufgebaut, 1574 Schauplatz lutherischer Streitgespräche. Schloß unterhalb der Burgruine aus dem 17. Jh., Burgkirche mit Erinnerungen an die hl. Hedwig. Hedwig-Heimatspiel auf der Freilichtbühne im Schloßpark.

Leipe (poln. *Lipa*), Kr. Jauer, Dorfgemeinde am Fuße des Tannenberges im Bober-Katzbach-Gebirge (s. d.), 9 km nordwestlich von Bolkenhain, um 1305 nachweisbar. Mittelalterliche Burg verfallen und um 1800 als Steinbruch benutzt, 1834 neuer Bau auf den Trümmern, 1945 teilweise zerstört, danach Wiederaufbau aus polnischer privater Initiative. 1939: 1 202 Einw.

Lendzin (poln. *Lędziny*), Kr. Pleß, ostoberschlesische Industriestadt 8 km östlich von Tichau, erstmals im 12. Jh. erwähnt, 1295 durch Herzog Wladislaus von Oppeln mit flämischem Recht versehen. Im 18. Jh. entstand bei Lendzin die deutsche Kolonie Anhalt (s. d.), im 19. Jh. entwickelte sich der Steinkohlenbergbau. Lendzin kam 1922 zu Polen, gehörte von 1939–1945 wieder zum Deutschen Reich, wurde 1957 „Stadtartige Siedlung" und erhielt 1966 nach Vereinigung mit Anhalt das Stadtrecht. 1970: 12 746 Einw.

Leobschütz (poln. *Głubczyce*), Kreisstadt und Stadtkreis, 115 km südöstlich der Landeshauptstadt am Ostrand der Sudeten, 284 m, 1131 erstmals erwähnt, 1187 Stadt mit deutschem Recht, Stadtrecht durch König Ottokar II. von Böhmen 1275 bestätigt. Die hierbei erteilten Privilegien des „Leobschützer Rechtes" erlangten große Bedeutung für die Siedlungsgeschichte Oberschlesiens. Leobschütz war zunächst mäh-

Rathaus in Leobschütz

risch, 1318 böhmisch, 1526 habsburgisch, 1742 preußisch. Handwerkliche Tuch- und Leineweberei des späten Mittelalters führten zur Industrialisierung im 19. Jh., landwirtschaftliche Verarbeitungsindustrie.
Die kath. Pfarrkirche Mariä Geburt, 1903–1907 letztmals erweitert, stammt in ihrem Kern aus dem 13. Jh., die ev. Markgraf-Georg-Gedächtniskirche von 1899/1901 geht auf das Jahr 1792 zurück. Die kath. Gemeinde gehörte zum Generalvikariat Branitz und damit zur Erzdiözese Olmütz. Das 1752 von den Franziskanern gegründete Gymnasium, 1802 staatlich anerkannt, wurde 1902 durch eine Präparandie mit Lehrerbildungsseminar ergänzt, diese 1925 wieder geschlossen. Bei der Volksabstimmung vom 20. 3. 1921 stimmten 9896 Einwohner für Deutschland, 90 für Polen. Vom 24.–30. 4. 1945 Besetzung durch sowjetische Truppen, zu 40 v. H. zerstört, 805 Gebäude vernichtet. 1939: 13425 Einw.; 1975: rund 12200.
Patenschaften: Oldenburg für Stadt L., Kreis Holzminden für Kreis L.
Felix *Hollaender*, Schriftsteller und Dramaturg, * 1. 11. 1867, † 29. 5. 1931 in Berlin.

Leschczin (poln. *Leszczyny*), Kr. Rybnik, 8 km nordöstlich der Kreisstadt im Tal der Birawka, in der zweiten Hälfte des 13. Jh. deutschrechtlich umgesetztes Dorf, 1740 Errichtung einer Glashütte, später auch Kohleabbau. Entwicklung zur

Gutshaus in Leschczin

Leuthen

Industriestadt mit Arbeitersiedlung, 1956 „Stadtartige Siedlung", 1962 Stadterhebung. 1970: 12158 Einw.

Leschnitz (poln. *Leśnica*), Kr. Groß Strehlitz, 1936 in Bergstadt umbenannt (s. d.).

Lessendorf (poln. *Lasocin*), Kr. Freystadt, Gutsdorf im östlichen Teil des Kreises mit kleinem Schloß aus dem 17. Jh. Letzter Besitzer war Hans-Henning von Prittwitz und Gaffron, der 1944 fiel. 1939: 347 Einw.

Lesten (poln. *Czernina*), Kr. Guhrau, bis 1937 Tschirnau, 9,5 km nordöstlich der Kreisstadt, 110 m, als deutschrechtliches Waldhufendorf erstmals 1284 genannt, 1584 Stadtgründung nach dem Privileg von 1515, 1329 böhmisch, 1526 habsburgisch, 1742 preußisch. Zwischen 1710 und 1810 blühende Tuchmacherstadt.
Kath. Kirche St. Laurentius von 1400 geht auf das Jahr 1305 zurück, ev. Kirche von 1743 als Fachwerkbau, 1912 erneuert. Verlust des Hinterlandes durch die nach dem Ersten Weltkrieg gezogene Staatsgrenze zu Polen. Altes Schloß aus dem 17./18. Jh., heute Ruine. Die Umbenennung von

Kloster Leubus

Tschirnau in Lesten erfolgte am 29. 1. 1937 nach der letzten Besitzerfamilie von Lestwitz.
1939: 840 Einw.; 1961: rund 800. Die Stadt wurde am 25. 1. 1945 von sowjetischen Truppen besetzt. Verlust des Stadtrechtes 1970.

Leubus (poln. *Lubiąż*), Kr. Wohlau, kleine Landstadt 15 km südwestlich der Kreisstadt am rechten Oderufer, 1175 erstmals als Markt mit Burg und Oderfurt erwähnt, 1249 Stadtrecht, 1844 wieder aufgehoben. Barocke Pfarrkirche von 1734–1745.
Über der Oder auf kleiner Anhöhe das 1175 von Herzog Boleslaus I. von Liegnitz gegründete und mit Mönchen aus Pforta an der Saale besetzte Zisterzienserkloster, das älteste und bedeutendste Schlesiens, 1432 von den Hussiten niedergebrannt, erneute Verwüstungen im Dreißigjährigen Krieg. Erneuerung des gesamten Klosterkomplexes zwischen 1672 und 1729 in ungewöhnlichen Ausmaßen (223 m x 118 m) mit Fürstensaal, Bibliothek, Refektorium und barokkisierter Stiftskirche mit Doppelturmfront.
Der an der Ausgestaltung wesentlich beteiligte schlesische Barockmaler Michael Willmann, der von 1666 bis zu seinem Tode am 26. 8. 1706 im Kloster lebte, ist in der Klostergruft beigesetzt. Aufhebung des Stiftes in der Säkularisierung 1810, die Wirtschaftsgebäude wurden 1817 Landesgestüt, der Konventsbau 1830 Landesirrenanstalt. Die Stiftskirche von 1307–1340 mit Fürstenkapelle von 1312 wurde 1508 erneuert, die barocke Jakobskirche von 1696–1729 wurde 1837

der ev. Gemeinde übergeben.

Nach dem Zweiten Weltkrieg wurden Kloster und Kirche verwüstet, die polnischen Behörden bemühen sich um die Wiederherstellung. 1939: 4095 Einw.; 1972: rund 4000.

Leuthen (poln. *Lutynia*), Kr. Neumarkt, Dorfgemeinde 12 km südöstlich der Kreisstadt im westlichen Vorfeld der Landeshauptstadt.

In der Schlacht bei Leuthen besiegte Friedrich der Große am 5. 12. 1757 in einer nach rechts gerichteten „schiefen Schlachtordnung" mit 35000 Mann die Übermacht der 70000 Österreicher unter Prinz Karl von Lothringen und Leopold Joseph Graf von Daun. Die Preußen stimmten beim Abmarsch den Choral „Nun danket alle Gott" an, der seitdem auch „Choral von Leuthen" genannt wird.

Zur Erinnerung an den Sieg wurde 1852 auf einem Hügel nordwestlich von Leuthen eine Granitsäule mit einer von Christian Daniel Rauch geschaffenen Figur einer Siegesgöttin aufgestellt, auf dem Schlachtfeld selber wurde 1907 ein Obelisk errichtet. 1939: 1116 Einw.

Lewin (poln. *Lewin Kłodzki*), Kr. Glatz, 1939 in Hummelstadt umbenannt (s. d.).

Lichtenau (poln. *Zaręba*), Kr. Lauban, im 13. Jh. erstmals belegtes Dorf mit neugotischem Schloß von 1849. Braunkohlenabbau seit 1850, nach Erschöpfung der Flöze und Wassereinbrü-

Lauben und Rathaus in Liebau

Rathaus zu Liebenthal

chen wurde unter polnischer Verwaltung 1957 die Kohleförderung und 1958 die Brikettherstellung eingestellt. 1939: 1938 Einw.

Liebau (poln. *Lubawka*), Kr. Landeshut, 10 km südwestlich der Kreisstadt an der Mündung des Schwarzwassers in den Bober, an der Paßstraße nach Böhmen, am nordwestlichen Abhang des Raben- und Überschaargebirges, 600 m. Aus „wilder Wurzel" um 1290 durch Herzog Bolko I. von Löwenberg-Jauer als unbefestigte Kolonistenstadt gegründet, 1368 böhmisch, 1526 habsburgisch, 1742 preußisch, 1292–1810 im Besitz des Klosters Grüssau.

Die kath. Pfarrkirche St. Maria im Tale, eine spätgotische Hallenkirche mit barocker Innenausstattung, wurde 1735 neu errichtet, die ev. Kirche Zum Kreuze Christi 1849 gebaut. Rathaus von 1726 mit Turm von 1781, Laubenhäuser am Markt. Glashütte, Textil- und Holzwarenindustrie, Fremdenverkehr, Wintersport. 1939 hatte die Stadt, die erst nach der Kapitulation vom 8. 5. 1945 von sowjetischen Truppen besetzt wurde, 5415 Einw.; 1969: 6645.

Die Patenschaft für die Stadt Liebau hält die Stadt Delmenhorst, Niedersachsen, seit 1960. Heimatzeitung: Schlesischer Gebirgsbote, Wolfenbüttel, seit 1950.

Otto *Mueller*, expressionistischer Maler und Graphiker, * 16. 10. 1874 in Liebau, † 24. 9. 1930 in Breslau;

Wolfgang *Liebeneiner*, Schauspieler, Regisseur, Theaterintendant, * 6. 10. 1905 in Liebau, † 28. 11. 1987 in Wien.

Liebenthal (poln. *Lubomierz*), Kr. Löwenberg, 15 km südwestlich der Kreisstadt im Isergebirgsvorland, 150 m, 1287 gegründet, Ausbau zur deutschen Stadt mit Magdeburg-Löwenberger Recht in der zweiten Hälfte des 14. Jh., 1368 böhmisch, 1526 habsburgisch, 1742 preußisch.

Das 1287 gegründete Benediktinerinnenkloster wurde bei der Säkularisierung 1810 Zentralkloster für die Nonnen aller aufgehobenen schlesischen Frauenklöster, ab 1845 Ordensniederlassung der Ursulinerinnen, die hier 1856 eine Mädchenschule mit Pensionat einrichteten. Das kath. Lehrerseminar von 1863 wurde 1926 Aufbauschule. Die kath. Pfarr- und Klosterkirche St. Maternus von 1287 erhielt ihre spätere Gestalt zwischen 1726 und 1730, die ev. Kirche wurde 1850–1852 gebaut.

1939 hatte Liebenthal, das erst nach der Kapitulation vom 8. 5. 1945 von sowjetischen Truppen besetzt wurde, 1664 Einw.; 1969: 1637.

Liegnitz (poln. *Legnica*), Kreisstadt und Stadtkreis 60 km nordwestlich der Landeshauptstadt am Zusammenfluß von Schwarzwasser und Katzbach, 120 m. Als Marktort erstmals 1149 erwähnt, zwischen 1242 und 1252 durch Herzog Boleslaus II. von Schlesien als deutsche Stadt mit Magdeburger Recht (1250) ausgesetzt, planmäßig angelegte Kolonistenstadt mit rechteckigem Ring, 1329 böhmisch, 1526 habsburgisch, 1742 preußisch.

Die zuletzt 1905/1906 neugotisch erneuerte ev. Liebfrauenkirche, auch Niederkirche, geht auf das Jahr 1203 zurück, wird aber als noch älter angenommen. Die ev. Pfarrkirche St. Peter und Paul, auch Oberkirche, 1892–1894 erneuert, ist erstmals 1178 nachgewiesen. Die kath. Pfarrkirche St. Johannes, erstmals 1179 erwähnt, mit der 1677/1678 angefügten Piastenkapelle und Piastengruft mit den Statuen der herzoglichen Familie, erhielt 1706/1707 einen Neubau. Eine der bedeutendsten Barockkirchen Schlesiens.

Gegenüber dem 1700–1706 erbauten Jesuitenkollegium entstand 1726–1738 die Ritterakademie als Bildungsstätte für den schlesischen Adel, von 1811 an Gymnasium auch für Bürgerliche, seit 1901 staatlich. Rathausneubau 1902–1905 anstelle der vorausgegangenen Bauten von 1318 und 1741. Stadttheater 1842 von Carl Ferdinand Langhans nach dem Vorbild des Florentiner Palazzo Strozzi. Letzter deutscher Intendant von 1938–1944 war Richard Rückert.

Reich gefächerte Industrie, u. a. seit 1853 Süßwarenherstellung (Liegnitzer Bomben), seit 1770 Rohkonservenherstellung (Sauerkraut- und Gur-

Panorama von Liegnitz

Hedwigsturm am Schloß zu Liegnitz

keneinlegerei), Klavierbau seit 1785. Unter polnischer Verwaltung 1959 Errichtung einer Kupferhütte für die im Raum Goldberg-Bunzlau geförderten Kupfererze.

Liegnitz wurde am 9. 2. 1945 von sowjetischen Truppen besetzt und erst danach zu 60 v. H. zerstört, 1377 Gebäude vernichtet. Das 1840 durch Karl Friedrich Schinkel (1781–1841) anstelle des alten Piastenschlosses aus dem 15. und 17. Jh. errichtete Schloß ist 1945 völlig ausgebrannt. Die anderen Baudenkmäler blieben im wesentlichen erhalten oder wurden unter polnischer Verwaltung wieder instandgesetzt. 1939: 78456 Einw.; 1975: rund 82100.

Die Patenschaft für Stadt und Kreis Liegnitz (ohne Parchwitz) hält die Stadt Wuppertal. Heimatzeitung: Liegnitzer Heimatbrief, Lorch, seit 1948.

Paul *Löbe*, SPD-Politiker, 1925–1932 Präsident des Deutschen Reichstages, 1949–1953 Alterspräsident des Deutschen Bundestages, * 14. 12. 1875, † 3. 8. 1967 in Bonn;

Wolf *Röhricht*, Maler, * 20. 4. 1886, † 29. 12. 1953 in München;

Kurt *Heynicke*, Schriftsteller, * 20. 9. 1891 in Liegnitz, † 18. 3. 1985 in Merzhausen bei Freiburg i. Br.;

Horst *Lange*, Schriftsteller, * 6. 10. 1904, † 6. 6. 1971 in München;

Elsbeth *Siebenbürger*, Bildhauerin, * 3. 11. 1914, lebt in Esslingen am Neckar;

Kurtmartin *Magiera*, Maler, * 24. 1. 1928, † 3. 10. 1975 in München.

Lindenort, ehemals Kreis Hoyerswerda, 1945 Kreis Senftenberg, Bezirk Cottbus (DDR), bis 1936 Lipsa, bei Ruhland an der ehemals sächsischen Grenze gelegen, einstiger Besitz der Grafen von Gersdorff. Herrenhaus aus der Mitte des 18. Jh. inmitten ausgedehnter Parkanlagen.

Lohbrück (poln. *Muchobór Wielki*), Kr. Breslau, 7 km westlich der Landeshauptstadt an der Lohe, bis 1937 Groß Mochbern, Verschiebebahnhof für den nach Westen gehenden Eisenbahnverkehr. Pfarrkirche St. Michael aus dem 14. und 15. Jh. Hier entschieden 1474 die Könige von Ungarn, Polen und Böhmen über den Besitz Schlesiens. 1939: 2975 Einw.

Lohe (poln. *Ślęza*), linker Nebenfluß der Oder, aus der Vereinigung der Kleinen und der Großen Lohe bei Markt Bohrau, mündet nordwestlich von Breslau in die Oder.

Bethaus in Lomnitz

Loslau

Lomnitz (poln. *Łomnica*), Kr. Hirschberg, Dorfgemeinde am Bober, im 14. Jh. erstmals erwähnt, aus drei Ortsteilen bestehend. Im Oberdorf die 1369 urkundlich erwähnte kath. Kirche mit einem Westturm aus dem Ende des 15. Jh., im Mitteldorf die ev. Kirche von 1750 mit einer Orgel von 1786, im Niederdorf das 1720 im Barockstil erbaute Schloß, 1832/1833 und 1908 ausgebaut, 1925–1945 im Besitz des Konsuls Dr. Kurt Effenberg. 1939: 1844 Einw.

Loslau (poln. *Wodzisław Śląski*), ehemals Kreis Rybnik, 12 km südwestlich der Kreisstadt, 1265 als Stadt mit regelmäßigem Grundriß und quadratischem Marktplatz erstmals belegt, 1742 zum Kreis Pleß, von 1816 an zum Kreis Rybnik gehörend, 1922 mit dem größten Teil des Kreises an Polen, 1954 zur Kreisstadt erhoben.
Die kath. Pfarrkirche Mariä Himmelfahrt, erstmals 1299 belegt, wurde 1909 neu gebaut, die 1810 säkularisierte Franziskanerkirche 1830 der ev. Gemeinde übergeben. Das Schloß aus dem 17. Jh. wurde Sitz des städtischen Nationalrates. Loslau wurde 1945 zu 80 v. H. zerstört.
1931: rund 4900 Einw.; 1970 auf erweitertem Gebiet: 25621.

Lossen (poln. *Łosiów*), Kr. Brieg, Angerdorf 12 km südöstlich der Kreisstadt, von 1189 bis zur Säkularisierung 1810 Sitz einer Johanniterkommende, 1238 Aussetzung nach deutschem Recht durch Herzog Heinrich I. von Schlesien. Die kath. Johanneskirche, erstmals 1255 erwähnt, wurde Ende des 16. Jh. barockisiert, die 1788 errichtete ev. Kirche 1945 abgerissen. 1939: 1608 Einw.

Löwen (poln. *Lewin Brzeski*), Kr. Brieg, 17,5 km südöstlich der Kreisstadt im Tal der Glatzer Neiße, Stadtgründung 1284, 1333 Striegauer Stadtrecht, Kolonistenstadt mit rechteckigem Ring. 1329 böhmisch, 1526 habsburgisch, 1742 preußisch. Stadtbefestigungen mit vier Stadttoren später abgebrochen.
Ev. Pfarrkirche St. Peter und Paul von 1596 geht auf das Jahr 1312 zurück, kath. Pfarrkirche Mariä Himmelfahrt von 1903 nach Wiedergründung einer kath. Pfarrgemeinde am 7. 4. 1866. Das kleine Barockschloß von 1722 blieb 1945 unzerstört, wurde aber später ausgeplündert und ist 1955 abgebrannt.
Löwen wurde am 5. 2. 1945 von sowjetischen Truppen besetzt. 1939: 3978 Einw.; 1969: 4666.
Gustav *Hellmann*, Meteorologe, 1907–1922 Direktor des Preußischen Meteorologischen Institutes in Berlin, * 3. 7. 1854, † 21. 2. 1940 in Berlin.

Löwenberg (poln. *Lwówek Śląski*), Kreisstadt 95 km westlich der Landeshauptstadt am Rande des Bober-Katzbach-Gebirges über dem linken Boberufer, 212 m. Von Herzog Heinrich I. von Schlesien 1209 als Stadt mit deutschem Recht gegründet, 1386 böhmisch, 1526 habsburgisch, 1742 preußisch.
Kolonistenstadt mit rechteckigem Ring (125 m x 215 m), starken Stadtbefestigungen und drei Toren, im 19. Jh. teilweise beseitigt. Der Laubaner

und der Bunzlauer Turm blieben erhalten. Die nach dem Brand von 1753 wieder aufgebaute kath. Pfarrkirche Mariä Himmelfahrt und St. Johannes der Täufer geht auf das Jahr 1233 zurück. Das ev. Bethaus von 1747/1748 ist 1844 erneuert und mit einem Turm versehen worden. Das Rathaus von 1356 wurde 1905–1908 von dem Architekten Hans Poelzig (1869–1936) erneuert und ausgebaut.

Der „Löwenberger Weiberkrieg" von 1631, als die Frauen rekatholisiert werden sollten, ist von Gustav Freytag und Walter Flex literarisch verarbeitet worden. Von 1849 bis zu seinem Tode 1869 unterhielt hier Fürst Friedrich Wilhelm Constantin von Hohenzollern-Hechingen nach seiner Abdankung 1849 als regierender Fürst ein bedeutendes Musikzentrum mit seiner Hofkapelle, die von Richard Wagner, Franz Liszt, Hans von Bülow und Hector Berlioz im Konzertsaal des Schlosses in der Greiffenberger Straße dirigiert wurde.

Das Brandenburger Tor und das Reichstagsgebäude in Berlin sind aus Löwenberger Sandstein erbaut.

Schwibbogengasse in Löwenberg

Schloßkapelle in Lüben

Löwenberg war vom 15.–17. 2. 1945 heftig umkämpft und schließlich von sowjetischen Truppen besetzt, zu 40 v. H. zerstört, 228 Gebäude vernichtet. 1939: 6328 Einw.; 1970: 6696.

Die Patenschaft über Stadt und Kreis Löwenberg hält der Kreis Hannover seit 1954. Heimatzeitung: Bote aus dem Queistal, Detmold 1946, und Löwenberger Heimatgrüße, Wolfenbüttel 1948.

Lübchen (poln. *Lubów*), Kr. Guhrau, Dorfgemeinde in der Bartsch- und Oderniederung mit Herrenhaus mit vorgesetzten klassizistischen Portalen. Im Januar 1945 unter direktem Beschuß seitens der Roten Armee. 1939: 543 Einw.

Lüben (poln. *Lubin*), Kreisstadt 55 km nordwestlich der Landeshauptstadt am Ostrand der niederschlesischen Heide, 129 m. 1259 erstmals erwähnt, um 1290 Aussetzung mit Magdeburger Recht als befestigte Kolonistenstadt mit geräumigem Ring in der Stadtmitte, 1329 böhmisch, 1526 habsburgisch, 1742 preußisch.

Die ev. Pfarrkirche von 1463 wurde 1902 erweitert, die kath. Pfarrkirche 1908 errichtet. Rathaus von 1768, Reste der Stadtmauer mit Glogauer Torturm. Die Stadt wurde am 8. 2. 1945 von sowjetischen Truppen besetzt und zu 60 v. H. zerstört, 442 Gebäude vernichtet. 1939: 9920 Einw.; 1970 nach Erschließung neuer Kupfererzlager zwischen Lüben und Liegnitz: 28760.

In Lüben geboren:

Friedrich Albert *Zimmermann*, * 1745, † 1815, Historiker;

Daniel Gottlieb *Reymann*, * 1759, † 1837, Geograph;

Friedrich Gottlieb *Endler*, * 1763, † 1830, Kupferstecher;

König *Wilhelm I.* von Württemberg, * 29. 9. 1781, † 25. 6. 1864 in Stuttgart.

Lublinitz (poln. *Lubliniec*), Kreisstadt, 1941–1945 in Loben umbenannt, 32 km nordöstlich von Groß Strehlitz, 1272 erstmals erwähnt, Stadtgründung mit rechteckigem Markt um 1300 durch Herzog Boleslaus I. von Oppeln. Die kath. Pfarrkirche St. Nikolai wurde zwischen 1576 und 1590, die Kreuzkirche 1842 erbaut.

Bei der Volksabstimmung vom 20. 3. 1921 stimmten im Kreis Lublinitz 15453 Einwohner für Deutschland, 13679 für Polen. Nur ein Drittel des Kreisgebietes blieb 1922 als Kreis Guttentag beim Deutschen Reich. Kammwollspinnerei und Landmaschinenherstellung. 1931: rund 8500 Einw.; 1941: 10268; 1970 nach Eingemeindungen: rund 19800.

Rathaus in Mährisch Altstadt

Schloß Lubowitz

Lubowitz (poln. *Łubowice*), Kr. Ratibor, nördlich der Kreisstadt über dem linken Oderufer, 1376 als Kirchort erstmals genannt, kath. Dorfkirche von 1904.

In dem von seinem Vater 1785 erbauten Herrenhaus wurde am 10. 3. 1788 Joseph von *Eichendorff* geboren. Der 1823 zwangsversteigerte Besitz der Familie wurde für den Dichter zum Urbild der verlorenen Heimat. 1852–1945 gehörte das Schloß den Herzögen von Ratibor und Fürsten von Corvey und diente bis 1945 als Wohnhaus für Beamte und Gutspächter. Bei der Verteidigung der Oderhöhen gegen die Rote Armee durch Artilleriebeschuß zerstört, die Natur hat die Ruinen seitdem verschlungen. 1939: 359 Einw.

Lugknitz (poln. *Łęknice*), Kr. Rothenburg/OL, 2 km südöstlich von Muskau beiderseits der

Pestsäule in Mährisch Schönberg

Görlitzer Neiße gelegene, 1945 durch die Oder-Neiße-Linie geteilte Stadt. 1505 erstmals erwähnt, 1597 zur Herrschaft Muskau gehörend. Industrieansiedlung rechts der Neiße, 1921 Wiedereröffnung einer alten Braunkohlengrube. 1940 zu großen Teilen nach Muskau eingemeindet, nach 1945 unter polnischer Verwaltung wieder rückgängig gemacht. Die östlichen Vororte Muskaus mit dem größten Teil des berühmten Muskauer Schloßparkes ostwärts der Demarkationslinie wurden 1956 zur „Stadtartigen Siedlung" zusammengefaßt und 1969 zur Stadt erhoben. 1939: 1856 Einw.; 1970 nach weiterer Industrialisierung und auf erweitertem Gebiet: 3032.

Mährisch Altstadt (tschech. *Staré Město*), Stadt im Bezirk Mährisch Schönberg am Graupa- und Teltschbach 9 km südöstlich des 1425 m hohen Großen (auch Glatzer) Schneeberges, in Mähren Spieglitzer, in Böhmen Grulicher Schneeberg genannt, 536 m, trug um 1325 den Namen Goldeck wegen des Gold- und Silberbergbaues, 1336 Bergstadt. Gotische Pfarrkirche mit barockem Turm, Rathaus von 1617 mit überdachter Freitreppe. Graphitbergbau, Bleicherei, Gerberei, Holzbearbeitung. 1930: 2274 Einw., darunter 101 Tschechen.

Mährisch Ostrau (tschech. *Moravská Ostrava*), Hauptstadt des nordmährischen Kreises, heute Ostrau (tschech. *Ostrava*) nach der 1945 erfolgten Vereinigung von Schlesisch Ostrau mit Mährisch Ostrau. Industriestadt, Zentrum des Ostrauer Steinkohlenreviers an der oberen Oder, bis 1918 deutsch, danach unter deutscher und tschechischer Verwaltung, ab 1930 tschechisch. Eisenhütten, chemische Industrie, Bergakademie, Theater, Rundfunksender. 1945 als Groß Ostrau mit sechs Gemeinden 125304 Einw., darunter 21753 Deutsche.
Lore *Lorentz*, Kabarettistin, * 12. 9. 1925, lebt in Düsseldorf.

Mährisch Schönberg (tschech. *Šumperk*), Bezirksstadt am Fuße des Gesenkes (s. d.) nördlich des Mündungsdreiecks zwischen Teß und March, 316 m. Als Stadt mit deutschem Namen in der zweiten Hälfte des 13. Jh. bezeugt, Renaissanceschloß auf der Grundlage einer Burg aus dem Beginn des 14. Jh., Pestsäule von 1718. Textil- und Maschinenindustrie. 1930: 15718 Einw.,

Industrielandschaft an der Malapane

Herrenhaus in Mallmitz

darunter 3343 Tschechen; 1973: 23000 Einwohner.

Leo *Slezak,* Heldentenor, Liedersänger, Filmschauspieler, * 1.8.1887, † 1.6.1946 in Rottach-Egern (Tegernsee);

Gertrude *Pitzinger,* Konzertsängerin, * 15. 8.1906 in Mährisch Schönberg, lebt in Frankfurt am Main.

Mährische Pforte (tschech. *Moravská Brána*), Paß zwischen den Sudeten im Nordwesten und den Karpaten im Osten, 310 m, Talwasserscheide zwischen Oder und Betschwa, einem Nebenfluß der March, und damit zwischen Ostsee und Schwarzem Meer.

Makau (poln. *Maków*), Kr. Ratibor, Straßendorf 10 km nordwestlich der Kreisstadt an der Zinna, 1240 Umsetzung zu deutschem (Magdeburger) Recht durch Herzog Mieszko II. von Oppeln, 1246 Marktrecht. 1939: 1013 Einw.

Malapane (poln. *Ozimek*), Kr. Oppeln, Stadt am gleichnamigen Nebenfluß (s. d.) der Oder 20 km östlich der Kreisstadt, 1753/1754 erstes staatliches Eisenhüttenwerk in Oberschlesien durch Friedrich den Großen gegründet, von 1783 an Waffenschmiede der preußischen Armee für die Befreiungskriege. Hütten- und Edelstahlwerk, 1944 eines der größten in Oberschlesien, nach Zerstörungen 1945 unter polnischer Verwaltung als Hüttenkombinat wieder aufgebaut. Ev. Kirche von Karl Friedrich Schinkel 1819 mit Turm von 1840. 1939: 3998 Einw.; 1954 zur „Stadtartigen Siedlung" erklärt, 1962 zur Stadt erhoben, 1971 rund 5000 Einw.

Malapane (poln. *Mała Panew*), rechter Nebenfluß der oberen Oder in Oberschlesien, entspringt südlich von Tschenstochau, durchfließt den 1933–1936 errichteten Turawa-Stausee mit 107 Mio. cbm Stauinhalt, 19,3 qkm und 20 m Stauhöhe, und mündet nach 120 km langem Lauf bei Klosterbrück (s. d.) nördlich von Oppeln in die Oder.

Mallmitz (poln. *Malomice*), Kr. Sprottau, 7 km westlich der Kreisstadt am Bober, um 1280 deutsch umgesetzt, 1329 erstmals urkundlich genannt. Grundherrschaft von 1766–1945 im Besitz der Grafen von Dohna. Um 1600 Einrichtung mehrerer Eisenhämmer, Marienhütte 1801–1933. Die 1741 erbaute und 1771 erneuerte ev. Kirche wurde ebenso wie das Ende des 17. Jh. auf einer alten Wasserburg errichtete Schloß nach 1945 abgetragen. 1939: 3237 Einw., 1958 zur „Stadtartigen Siedlung" erklärt, 1969 Stadt, 1970: 3748 Einw.

Maltsch (poln. *Malczyce*), Kr. Neumarkt, 10 km nordwestlich der Kreisstadt am Oderknie, um 1380 deutschrechtlich umgesetztes Dorf. Wirtschaftlicher Aufschwung Ende des 18. Jh. als Umschlaghafen für Steinkohle aus dem Waldenburger Bergland, für Granit aus der Gegend um Striegau und für landwirtschaftliche Erzeugnisse zur Versorgung Berlins. 1896 Zuckerfabrik, 1911 Zellulosefabrik, Speditionsfirmen, reichsbahneigene Anlagen. Kath. Kirche von 1903–1905, ev. Kirche von 1907. Im Januar 1945 schwere Kämpfe in und um Maltsch mit starken Zerstörungen. 1939: 3430 Einw., 1954 unter polnischer Verwaltung zur „Stadtartigen Siedlung" erhoben; 1970: 3103 Einw.

March (tsch. *Morava*), Hauptfluß Mährens, entspringt am Glatzer Schneeberg (s.d.) und mündet nach 380 km langem Lauf bei Theben, westl. von Preßburg, in die Donau. Der Unterlauf bildet auf rund 60 km Länge die Grenze zwischen Österreich und der Tschechoslowakei. Nebenflüsse: Betschawa links, Thaya rechts.

Marklissa (poln. *Leśna*), Kr. Lauban, 11 km südwestlich der Kreisstadt am linken Ufer des Queis im Vorland des Isergebirges, 234 m. 1144 erstmals nachgewiesen, als Marktort 1329 unter Herzog Heinrich I. von Jauer bestätigt, 1337 böhmisch, 1526 habsburgisch, 1635 kursächsisch, 1742 preußisch. Rechteckiger Ring als Stadtmittelpunkt. Ev. Pfarrkirche von 1712 geht auf das Jahr 1346 zurück, kath. Pfarrkirche von 1852/1853.
Bau der ersten schlesischen Talsperre 1901–1905 am Oberlauf des Queis mit 45 m hoher Staumauer, an der Sohle 35 m, oben 125 m breit, 40 bzw. 8 m dick, Inhalt bei Höchstfüllung 15 Mio. cbm, 1907 Errichtung eines Kraftwerkes. Kammgarnspinnerei, Kunstseidenherstellung.
Marklissa wurde erst nach der Kapitulation vom 8. 5. 1945 von sowjetischen Truppen besetzt. 1939: 2201 Einw., 1945–1962 unter polnischer Verwaltung Verlust des Stadtrechtes; 1969: 5168 Einw.

Markstädt (poln. *Laskowice Oławskie*), Kr. Ohlau, bis 1937 Laskowitz, 13 km nordöstlich der Kreisstadt, 1293 als Dorf zu deutschem Recht ausgesetzt, nach 1300 deutschrechtliche Stadt. Das 1558 erbaute und 1779 umgebaute Schloß gehört zu den ältesten Herrensitzen in Schlesien und blieb 1945 unversehrt. Die Schloßkapelle wurde ausgeplündert. 1939: 1357 Einw.

Markt Bohrau (poln. *Borów*), Kr. Strehlen, 14 km nordwestlich der Kreisstadt am Zusammenfluß der Großen und Kleinen Lohe. Stadtgründung mit Burg vor 1292, in preußischer Zeit nur noch Marktflecken. Anstelle der Burg später ein herrschaftliches Schloß, zuletzt im Besitz der Grafen von Seidlitz. 1939: 905 Einw.

Matzdorf (poln. *Maciejowiec*), Kr. Löwenberg, unweit der Talsperre von Mauer (s. d.), 1386 erstmals urkundlich genannt. Das 1648 abgebrannte Renaissanceschloß aus der Mitte des 16. Jh. wurde bis 1652 wieder aufgebaut und 1834–1838 durch das Neue Schloß mit Kapelle ersetzt. 1939: 396 Einw.

Matzkirch (poln. *Maciowakrze*), Kr. Cosel, 18 km südöstlich der Kreisstadt, spätbarocke Pfarrkirche von 1754–1773 mit Innenausstattung aus dem Ende des 18. Jh. 1939: 937 Einw.

Mauer (poln. *Pilchowice*), Kr. Löwenberg, 16 km südöstlich der Kreisstadt am Bober, 1902–1912 Bau der Bobertalsperre, mit 50 Mio. cbm Stauraum die größte Europas. Höhe der Staumauer 60 m, Länge 280 m, Breite unten 50 m, oben 7 m, Kraftwerk mit Jahresleistung von durchschnittl. 20 Mio. kWh. 1939: 907 Einw.

Mechtal (poln. *Miechowice*), Kr. Beuthen-Tarnowitz, bis 1936 Miechowitz. 1257 als Dorf zu deutschem Recht erstmals genannt. Bergbau schon im 16. Jh., Galmeigewinnung im 19. Jh., Ausbau des Gutshauses der Familie Tiele-Winckler 1855–1858 zu einem Schloß im Stil englischer

Webersiedlung in Marklissa

Schloß Markstädt

Neugotik. 1939: 16919 Einw.
Eva von *Tiele-Winckler*, als „Mutter Eva" Begründerin der Miechowitzer Schwesternanstalten, * 31.10.1866 in Miechowitz, † 25.6.1930 ebendort.

Meffersdorf (poln. *Unięcice*), Kr. Lauban, 4 km nordwestlich von Bad Flinsberg im Isergebirge, 450 m, nahe der schlesisch-böhmischen Grenze. 1346 erstmals erwähnt, seit 1668 mit der böhmischen Exulantenkolonie Wigandsthal verbunden. Das frühe Rokokoschloß von 1767 kam 1903 in den Besitz des Fürstenhauses Hohenlohe-Oehringen. Letzter Besitzer bis 1945 war Max Hugo Prinz zu Hohenlohe-Oehringen. 1939: 1299 Einw.

Michelsdorf (poln. *Miszkowice*), Kr. Landeshut, 5 km südlich der Kreisstadt auf dem Wege nach Liebau, alter „Fürstenkretscham" mit Sokkelgeschoß aus dem 11. Jh. 1939: 841 Einw.

Michelsdorf (poln. *Michalice*), Kr. Namslau, Dorf mit malerischer Holzkirche St. Michael, bäuerliche Ausmalung des Innenraumes von 1624–1663, Turm von 1730. Erste Erwähnung einer kath. Pfarrkirche St. Markus von 1376. 1939: 231 Einw.

Miechowitz (poln. *Miechowice*), Kr. Beuthen-Tarnowitz, seit 1936 Mechtal (s. d.).

Militsch (poln. *Milicz*), Kreisstadt, 55 km nördlich der Landeshauptstadt am linken Ufer der Bartsch, 105 m. 1136 erstmals als „castrum", 1245 als „Burgflecken" erwähnt, um 1300 deutsches Stadtrecht.
Anstelle der ehemaligen Burg auf dem Hopfenberg und des 1797 durch Brand zerstörten Schlosses wurde 1797–1799 durch Graf Joachim Carl von Maltzan das neue Schloß, ein kuppelgekrönter klassizistischer Bau, errichtet. Bis 1945 im Besitz der Freiherren von Maltzan, seit 1590 Standesherren von Militsch. Besondere Sehenswürdigkeit der vor 1800 angelegte, damals erste und einzige englische Garten in Schlesien.
Ev. Gnadenkirche zum Heiligen Kreuz als Fachwerkbau (1709–1714) mit drei Emporen, geschnitzter Kanzel im Rokokostil und wertvollem Taufstein. Kath. Pfarrkirche von 1818–1821 mit spätgotischen Halbreliefs, ohne Turm. Ev.-lutherische Kirche von 1845 ebenfalls ohne Turm. Rathaus von 1851 wurde 1945 zerstört.
Militsch wurde am 22.1.1945 von sowjetischen Truppen kampflos besetzt, jedoch zu 40 v.H. zerstört, 240 Gebäude vernichtet. 1939: 5390 Einw.; 1970: 7581.
Die Patenschaft für Stadt und Kreis Militsch hält der Kreis Springe, Niedersachsen, seit 1958. Heimatzeitung: Militsch-Trachenberger Kreis- und Stadtblatt, Düsseldorf, seit 1953.

Milkau (poln. *Miłaków*), Kr. Sprottau, um 1305 erstmals genannt, 1644–1754 im Besitz der

Fürstenkretscham in Michelsdorf

Glogauer Jesuiten, danach dem Fürsten von Carolath zurückgegeben. König Friedrich II. von Preußen nahm im Zuge der preußischen Besitzergreifung Schlesiens vom 17.–22. 12. 1740 Quartier im Herrenhaus von Milkau. 1939: 432 Einw.

Minkowsky (poln. *Minkowskie*), Kr. Namslau, seit 1937 Seydlitzruh (s. d.).

Mittelwalde (poln. *Międzylesie*), Kr. Habelschwerdt, 18 km südöstlich der Kreisstadt an der oberen Glatzer Neiße und der Paßstraße nach Böhmen im Südzipfel der Grafschaft Glatz, 450 m, um 1294 vermutlich vom Zisterzienserkloster Kamenz aus gegründet; 1394 Stadtrecht, böhmisch-habsburgisch, 1742 preußisch.
Durch Hussiteneinfälle 1428 zerstört und durch die Pest 1430 verödet, zwischen 1472 und 1491 wieder aufgebaut, Grundherrschaft von 1653–1945 im Besitz der Reichsgrafen von Althann, letzter Besitzer war Dr. Michael Carl Reichsgraf von Althann.
Schloß als zweiflügeliger Barockbau von 1684, anschließend an den Renaissancebau von 1580. Kath. Pfarrkirche Corpus Christi, gotisch, 1595 ausgebaut, 1643 barockisiert, Mariensäule von 1698, ev. Kirche von 1900. Ring mit Barockhäusern, Holzlaubenhäuser „Sieben Brüder" teilweise zerstört.

Schloß Militsch

Laubenhäuser in Mittelwalde

Mittelwalde wurde erst nach der Kapitulation vom 8. 5. 1945 von sowjetischen Truppen besetzt. 1939: 2547 Einw., 1929: 2426.
Die Patenschaft für die Stadt Mittelwalde hält die Stadt Lohne/Oldendorf, Niedersachsen, seit 1952.

Mittlere Oppa s. Oppa.

Modlau (poln. *Modła*), Kr. Bunzlau, 1381 erstmals erwähnt, seit 1425 Raseneisenerz-Gewinnung, 1854 Eisenwerk Wilhelminenhütte. Renaissanceschloß zwischen 1564 und 1567 erbaut, dreigeschossig mit zwei Rundtürmen an den vorderen Ecken und einem Wassergraben, 1857–1945 im Besitz der Grafen von Rittberg. Letzter Besitzer Aurel Graf von Rittberg. Das Schloß ist heute eine Ruine. 1939: 962 Einw.

Mollwitz (poln. *Małujowice*), Kr. Brieg, Angerdorf 5 km westlich der Kreisstadt, 1309 erstmals erwähnt. Ev. Pfarrkirche Allerheiligen aus dem 14. Jh. mit kunstgeschichtlich bedeutenden spätgotischen Malereien, Szenen aus dem Alten Testament und dem Leben Jesu (Weltgericht und Anbetung des Kindes), zuletzt 1974 restauriert. Ort der ersten Schlacht Friedrichs II. von Preußen im Ersten Schlesischen Krieg am 10. 4. 1741 gegen die Österreicher. 1939: 620 Einw.

Mondschütz (poln. *Mojęcice*), Kr. Wohlau, 1202 erstmals erwähnt. Anstelle der alten Burg

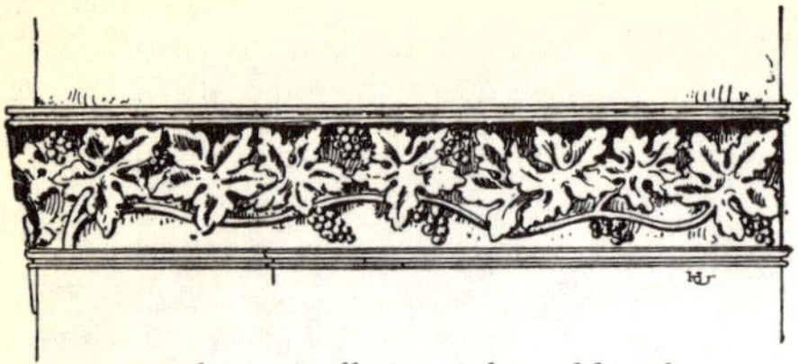

Kirche in Mollwitz, Schmuckband

aus dem frühen 14. Jh. entstand bis 1620 der von einem Burggraben umgebene Renaissancebau des Schlosses, das von 1780–1945 der Familie von Köckritz gehörte. Schloß und ev. Kirche aus dem 15. Jh. sind erhalten; 1961 unter polnischer Verwaltung restauriert. 1939: 753 Einw.

Moys (poln. *Zgorzelec Ujazd*), 1925 mit 8808 Einwohnern nach Görlitz eingemeindeter Stadtteil östlich der Görlitzer Neiße, seit 1945 unter polnischer Verwaltung selbständige Stadt und Sitz eines neu gebildeten Kreises. Am 6.7.1950 wurde hier der Vertrag zwischen der Volksrepublik Polen und der DDR über die Anerkennung der Oder-Neiße-Linie unterzeichnet. 1970 nach Erweiterung des Stadtgebietes 28521 Einw.

Eingang zum Schloß Mondschütz

Altes Rathaus in Münsterberg

Münsterberg (poln. *Ziębice*), Kr. Frankenstein, 18 km nordöstlich der Kreisstadt am Oberlauf der Ohle, 208 m, 1234 erstmals als Dorf erwähnt, 1241 durch Herzog Heinrich III. von Schlesien als Stadt zu deutschem Recht ausgesetzt. Kolonistenstadt mit rechteckigem Ring (90 m x 160 m), Stadtmauern und Stadttore aus dem 14. Jh.; 1335 böhmisch, 1526 habsburgisch, 1742 preußisch.

Die kath. Stadtpfarrkirche St. Maria und Georg (St. Georgsmünster) mit frühgotischem zweischiffigem Langhaus von 1281 und zwei Kapellen und Chor aus der Spätgotik wurde 1706/1707 barockisiert und 1898–1900 abermals umgebaut. Die ev. Kirche entstand im klassizistischen Stil 1796–1798 auf den Grundmauern des 1498 erbauten und 1791 abgerissenen Schlosses. Ev.-lutherische Kirche St. Johannes, Rathausneubau 1888–1891, ev. Lehrerseminar 1849–1925. Kon-

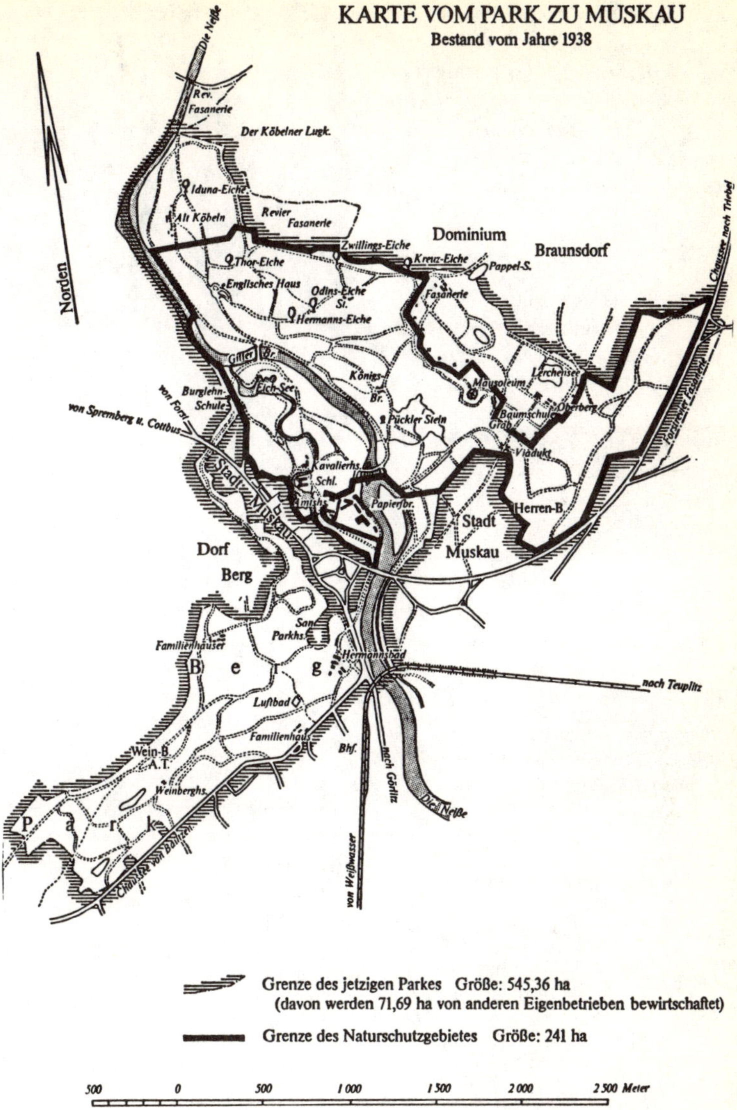

Park zu Muskau

serven- und Nahrungsmittel-, Seifen- und Wachswaren-, Ton- und Steinzeugindustrie.
Münsterberg wurde erst nach der Kapitulation vom 8. 5. 1945 von sowjetischen Truppen besetzt. 1939: 8892 Einw.; 1975: rund 10600.
Die Patenschaft für die Stadt Münsterberg hält die Stadt Brackwede, Nordrhein-Westfalen, seit 1958.
In Münsterberg geboren:
Karl *Weigert*, Professor und Direktor des Senkkenbergschen Institutes in Frankfurt am Main, * 19. 3. 1845, † 4. 8. 1904 in Frankfurt am Main; Gerhard *Webersinn*, Jurist und Historiker, * 25. 4. 1904, lebt in Münster in Westfalen.

Muskau, Stadt, Schloß und Bad, Kr. Rothenburg/Oberlausitz, 39 km nordwestlich der Kreisstadt westlich der mittleren Lausitzer (Görlitzer) Neiße, 108 m, um 1200 als kirchlicher Mittelpunkt genannt, 1452 Stadtrechte erweitert und bestätigt; böhmisch, 1635 sächsisch, 1815 preußisch, 1945 Bezirk Cottbus (DDR).
Erste Schloßbauten von 1361, erweitert Anfang des 16. Jh., letzter Umbau 1863–1866, Erneuerung im Stil der Renaissance, bis 1845 im Besitz des Fürsten *Hermann von Pückler-Muskau* (* 30. 10. 1785 auf Schloß Muskau, † 4. 2. 1871 auf Schloß Branitz). Letzter Besitzer der Herrschaft bis 1945 war Hermann Graf von Arnim.

Schloß Muskau, Ostseite

Industrielandschaft Myslowitz

Das beim Einmarsch der sowjetischen Truppen am 20. 4. 1945 ausgebrannte Schloß soll als Hotel wieder aufgebaut werden. Der 1816–1834 nach englischem Vorbild angelegte Park mit dem Mausoleum der Fürsten von Pückler wurde 1945 durch die Oder-Neiße-Linie geteilt, die östliche Seite zum Teil verwüstet und abgeholzt.
Die ev. Stadtpfarrkirche, auch deutsche oder Schloßkirche genannt, geht auf die Jahre 1595 und 1622 zurück und wurde 1781–1786 nach dem Brand von 1766 neu aufgebaut. Die kath. Pfarrkirche St. Mariä Himmelfahrt wurde 1873 errichtet. Eisenmoorbad, Glashütten, Braunkohlenabbau. 1939: 7825 Einw.; 1965: 5200.

Myslowitz (poln. *Mysłowice*), Kr. Kattowitz, Industriestadt an der Przemsa, einem linken Nebenfluß der Weichsel. Als deutschrechtliche Stadt 1360 nachgewiesen, Stadtanlage mit quadratischem Ring.
Industrialisierung gegen Ende des 19. Jh., Anlage von Kohlengruben und Hüttenwerken. Bis 1917 grenzten beim Zusammenfluß der Weißen mit der Schwarzen Przemsa zwei km unterhalb der Stadt die Kaiserreiche Deutschland, Rußland und Österreich aneinander (Dreikaiserreichsecke). Mit der Teilung Oberschlesiens fiel Myslowitz 1922 an Polen.
1931 rund 22900 Einw.; 1951 durch Eingemein-

Schloß Naklo

dung vergrößert und zum Stadtkreis erhoben, 1970 rund 44700 Einw.

Naklo (poln. *Nakło*), Kr. Tarnowitz, im ostoberschlesischen Teil des ehemaligen Kreises Beuthen-Tarnowitz, 1369 erstmals belegt. Bleierzbergbau im 16. Jh., seit 1856 Eisenerz- und Kalksteinabbau. Das 1858 errichtete neugotische Schloß gehörte einem Zweig der Reichsgrafen Henckel von Donnersmarck. Pferdezucht. Seit 1922 polnisch, 1926: 2200 Einw.; 1941: 3070 Einw., 1958: Status einer „Stadtartigen Siedlung"; 1970: 4145 Einw.

Namslau (poln. *Namysłów*), Kreisstadt, 58 km östlich der Landeshauptstadt am linken Ufer der Weide, 152 m, 1249 durch Herzog Boleslaus II. von Liegnitz als Kolonistenstadt zu deutschem Recht mit rechteckigem Ring (135 m x 80 m), Burganlage und Stadtbefestigungen ausgesetzt. Kath. Pfarrkirche St. Peter und Paul zwischen 1405 und 1493 als spätgotische Hallenkirche errichtet. Ev. Kirche von 1787–1789, kunsthistorisch bedeutend, 1963 abgebrochen.
Landwirtschaftsnahe Industrie, 1862 im ehemaligen Schloß des Deutschen Ordens Errichtung der Brauerei Albrecht Haselbach (hier bedeutende Sammlung schlesischer Städte- und Landschaftsansichten). 1963 Elektromotorenwerk und Fertighausfabrik.
Namslau wurde in der Nacht vom 20. zum 21. 1. 1945 von sowjetischen Truppen besetzt und zu 55 v. H. zerstört; 739 Gebäude wurden vernichtet. 1939: 7691 Einw.; 1975: 12400.
Die Patenschaft über den Kreis Namslau hält der Kreis Euskirchen (Nordrhein-Westfalen) seit 1955. Heimatzeitung: Namslauer Heimatbrief, Wachtberg-Niederbachem, seit 1956.

Naselwitz (poln. *Nasławice*), Kr. Breslau, seit 1937 Steinberge (s. d.).

Naumburg am Bober (poln. *Nowogród Bobrzyński*), Kr. Freystadt, 30,5 km nordwestlich der Kreisstadt, 103 m. 1202 erstmals erwähnt, 1263 Stadtgründung durch Herzog Heinrich I. von Schlesien; 1331 böhmisch, 1526 habsburgisch, 1742 preußisch. Kolonistenstadt mit quadratischem Ring als Mittelpunkt, 1202 Errichtung einer Burg.
Das Schloß, 1602 anstelle der alten Landesburg errichtet und zuletzt 1796–1798 in barocken Formen ausgebaut, wurde 1945 zerstört. Die kath. Burgkirche St. Bartholomäus der Augustiner-Chorherren entstand 1217 in romanischem Stil, die Propsteikirche von 1227 wurde 1693–1695

Ring in Namslau

Propstei in Naumburg am Queis

barockisiert, ein ev. Fachwerk-Bethaus wurde 1749 auf dem Marktplatz errichtet, 1790 mit einem Turm versehen; 1945 abgetragen.
Naumburg am Bober war vom 16.–25. 1. 1945 von sowjetischen Truppen hart umkämpft und wurde sehr stark zerstört. 1939: 1264 Einw.; 1961: 2543.
Patenstadt: Stadt Naumburg, Kr. Wolfshagen, Niedersachsen.

Naumburg am Queis (poln. *Nowogrodziec*), Kr. Bunzlau, einstmals „die schlesische Töpferstadt“, 15 km südwestlich der Kreisstadt, 193 m, 1233 durch Herzog Heinrich I. von Schlesien als Stadt gegründet, Kolonistenstadt mit rechteckigem Ring und Laubenhäusern als Mittelpunkt; 1368 böhmisch, 1526 habsburgisch, 1742 preußisch. Rathaus von 1656 mehrfach umgebaut und erneuert, Stadtmauer großenteils abgetragen.
Die in friderizianischem Barock errichtete kath. Pfarrkirche St. Peter und Paul von 1783–1793 geht auf das Jahr 1244 zurück, das neben der Pfarrkirche erbaute Kloster der Magdalenerinnen brannte 1945 aus. Die ev. Kirche entstand 1886, im 1810 aufgelösten Kloster war von 1898 bis 1945 das ev. Predigerseminar untergebracht.
Naumburg am Queis wurde in der Nacht vom 2. zum 3. 1. 1945 von sowjetischen Truppen besetzt. 1939: 2045 Einw.; 1969: 2437.
Joseph *Schnabel*, Kirchenmusiker, Domkapellmeister, Universitätsmusikdirektor in Breslau, * 24. 5. 1767, † 16. 6. 1831 in Breslau.

Neiderland, Bezeichnung für den niederschlesischen Raum rechts der Oder zwischen Grünberg im Westen, Namslau im Osten und mit Glogau als Mittelpunkt. Da es in einer Sprachlandschaft mit eigener Mundartfärbung gesprochen wird, weicht das „Neiderländische“ als Diphtongierungsmundart auffallend von den schlesischen Stammundarten ab. Der unter niederdeutschem Einfluß herausgebildete Unterschied ist etwa seit dem 16. Jh. erkennbar, andere Quellen nennen auch schon das 14. Jh.
Charakteristisch für die Landschaft ist die Teichwirtschaft (Karpfen, Schleien, Forellen) im Raum Militsch-Trachenberg, die vor 1945 etwa die Hälfte der gesamten deutschen Teichfischerzeugung erbrachte.

Neisse (poln. *Nysa*), Kreisstadt und Stadtkreis 70 km südöstlich der Landeshauptstadt an der Mündung der Biele in die Glatzer Neiße, 189 m. 1221 durch das Bistum Breslau als deutsche Stadt

Teichwirtschaft im Gebiet Militsch-Trachenberg

Ansicht von Neisse (1493)

mit flämischem Recht gegründet; 1342 böhmisch, 1526 habsburgisch, 1742 preußisch.

Neisse, das „schlesische Rom“, war Hauptstadt des Fürstentums Neisse, das von 1198–1810 dem Bischof von Breslau gehörte. Die erstmals 1260 erwähnte bischöfliche Wasserburg, im 15. und 16. Jh. mehrmals erneuert, wurde 1824 abgebrochen. Bau des Rathauses 1499 mit 84 m hohem Turm, des Renaissancegiebels der Ratswaage („Kämmerei“) 1604, des „Schönen Brunnens“ in der Breslauer Straße 1686, des Stadttheaters 1852. Letzter deutscher Intendant 1943/1944 Georg Wambach als Nachfolger von Curt Hurrle. Eine Besonderheit war das „Neisser Konfekt“.

Die bedeutendsten Kirchen: die spätgotische kath. Stadtkirche St. Jakobus von 1224–1230, die, mehrfach (zuletzt 1940) erneuert, 1945 stark beschädigt und danach wieder hergestellt wurde, und die Franziskanerkirche von 1438, die als Schenkung König Friedrich Wilhelms III. von Preußen seit 1813 evangelisch war.

Unter den kulturellen Einrichtungen sind erwähnenswert: die Volkshochschule „Heimgarten“ in Neisse-Neuland, die wegweisend für das Volkshochschulwesen in ganz Deutschland wurde, und das 1935 eingerichtete Eichendorff-Museum, seit 1950 in Wangen im Allgäu. Das Sterbehaus Eichendorffs in der Mittelstraße 15 steht nicht mehr, sein Grab und das seiner Frau Luise auf dem Jerusalemer Kirchhof ist erhalten.

Neisse wurde am 24. 3. 1945 von sowjetischen Truppen besetzt und zu mehr als 80 v. H. zerstört, 1460 Gebäude wurden vernichtet. 1939: 35 433 Einw.; 1975 rund 37 300.

Die Patenschaft für Stadt und Kreis Neisse halten die Stadt Hildesheim und der Kreis Hildesheim-Marienburg, Niedersachsen, seit 1952. Heimatzeitung: Neisser Heimatblatt, Düsseldorf, seit 1949.

In Neisse geboren:

Friedrich von *Sallet*, schlesischer Dichterphilosoph, * 20. 4. 1812, † 21. 2. 1843 in Reichau bei Nimptsch;

Franz *Jung*, Schriftsteller, * 26. 11. 1880, † 21. 1. 1963 in Stuttgart;

Kurt *Urbanek*, Plebiszitkommissar für Oberschlesien während der Abstimmungszeit 1921, * 10. 10. 1884, † 25. 4. 1973 in Frankfurt am Main;

Max *Herrmann-Neisse*, Schriftsteller, * 23. 5. 1886, † 8. 4. 1941 in London;

Karl *Schodrok*, der „Landesvater von Oberschlesien“, Begründer des Eichendorff-Almanachs „Aurora“ und der Zeitschrift „Der Oberschlesier“ (1923), Mitschöpfer des Eichendorff-Museums (1935), Gründer und Leiter des Kulturwerks Schlesien (1952–1965), * 2. 1. 1890, † 24. 2. 1978 in Würzburg;

Hans *Zielowsky*, Komponist, * 7.3.1897, † 17.11.1931 in Breslau;
Johannes *Binkowski*, Professor, Verleger und Publizist, * 27.11.1908, lebt in Stuttgart-Sillenbuch;
Bernhard *Grzimek*, Professor, Tierarzt und Zoodirektor, * 24.4.1909, † 13.3.1987 in Frankfurt am Main;
Konrad *Bloch*, Biochemiker, Nobelpreis für Medizin 1964, * 21.1.1912, lebt in den USA.

Neiße, Name dreier schlesischer Flüsse.
1. *Görlitzer-* oder *Lausitzer Neiße* (poln. *Nysa Łużicka*), entspringt im böhmischen Isergebirge, durchfließt die Ober- und Niederlausitz und mündet nach 225 km langem Lauf bei Ratzdorf nördlich von Guben in die Oder. Seit 1945 Teil der Oder-Neiße-Linie als Grenze zwischen der DDR und den unter polnischer Verwaltung stehenden deutschen Ostgebieten;
2. *Glatzer Neiße* (poln. *Nysa Kłodzka*), entspringt im Glatzer Schneegebirge und mündet nach 195 km langem Lauf zwischen Oppeln und Brieg unterhalb Schurgast in die Oder;
3. *Wütende Neiße* (poln. *Nysa Szalona*), ein 48 km langer rechter Nebenfluß der Katzbach.

Portal der Stadtkirche St. Jakobus in Neisse

Kämmereigebäude und Rathausturm in Neisse

Neudeck (poln. *Świerklaniec*), Kr. Tarnowitz, an der Brinitz (poln. *Brynica*), Burganlage aus dem 15. Jh., wurde 1629 Stammsitz einer Linie der Grafen und späteren Fürsten (seit 1901) Henckel von Donnersmarck, mehrfach bauliche Veränderungen bis in das 19. Jh. hinein, zuletzt im Stil der englischen Tudorgotik. Daneben 1868–1875 Errichtung eines neuen Schlosses nach Versailler Vorbild. Beide Schlösser sind 1945 ausgebrannt. Die Gemeinde fiel 1922 unter Mißachtung des Ergebnisses der Volksabstimmung vom 20.3.1921 an Polen.

Neue Schlesische Baude (poln. *Hala Szrenicka*), Gebirgsgasthaus am Nordwestabhang des Reifträgers (1195 m) im Riesengebirge oberhalb von Schreiberhau, 1787 erbaut, nachdem die Alte Schlesische Baude abgebrannt war. Hörnerschlittenbahn nach dem böhmischen Neuwelt (tschech. *Nový Svět*).

Neuhammer (poln. *Świętoszów*), Kr. Sprottau, 16 km südlich von Sagan am rechten Ufer des Queis, Dorf mit Truppenübungsplatz im Gebiet der Mallmitzer Heide, 1898 unter Aufgabe des 1722 gegründeten Dorfes Koberbrunn angelegt. Bis 1945 Eisenwerk „Dorotheenhütte". 1939: 1432 Einw.

Neuhaus (poln. *Chałupki*), Kr. Frankenstein, Dorf am linken Ufer der Glatzer Neiße, 2 km nordwestlich von Patschkau mit Burganlage aus dem Ende des 13. Jh., angelegt von Herzog Bolko I. von Jauer-Löwenberg zur Sicherung gegenüber Böhmen. Raubritterburg bis in die Mitte des 16. Jh., im Dreißigjährigen Krieg zerstört; Burgturm 1830 abgebrochen. 1939: 421 Einw.

Neuhaus (poln. *Wałbrzych Podzamcze*), Gemeinde Dittersbach (poln. *Wałbrzych Głowny*), Stadtkreis Waldenburg seit 1928. Burganlage auf dem Schloßberg von Herzog Bolko II. von Schweidnitz um 1330 zum Schutz gegen Böhmen angelegt; 1581 durch Brand zerstört.

Neukirch (poln. *Nowy Kościół*), Kr. Goldberg,

7 km südwestlich der Kreisstadt im Katzbachtal, Stammsitz derer von Zedlitz von 1319–1945. Der Lutherschüler und Führer der Täufer in der Reformationszeit Melchior Hofmann (1500–1543) hielt hier 1520 die erste protestantische Predigt in Schlesien.

Das im 19. Jh. im neugotischen Stil anstelle eines Vorgängerbaues errichtete Schloß ist seit 1945 Ruine. Die polnische Verwaltung nahm hier 1957 eine Kupfererzgrube in Betrieb. 1939: 1575 Einw.

Neumarkt (poln. *Środa Śląska*), Kreisstadt 30 km westlich der Landeshauptstadt, 130 m; 1214 durch Herzog Heinrich I. von Schlesien als planmäßig angelegte Kolonistenstadt gegründet; 1327 böhmisch, 1526 habsburgisch, 1742 preußisch.

Die kath. Stadtpfarrkirche St. Andreas, mehrfach erneuert und ausgebaut, geht auf das Jahr 1233

Eisenbahnviadukt über die Neiße bei Görlitz

Mündung der Neiße in die Oder

zurück und ist damit die älteste Stadtpfarrkirche Schlesiens, der als Wehrturm gebaute 34 m hohe Glockenturm stammt aus dem 14. Jh. Die ehemalige Franziskanerkirche wurde 1812 ev. Kirche Zum Hl. Kreuz. Das Rathaus von 1283 erhielt im 15. und 16. Jh. Um- und Neubauten und wurde 1935 im Renaissancestil wiederhergestellt. Stadtmauer aus dem 16. Jh. fast völlig erhalten. Im Siebenjährigen Krieg bildete die Einnahme der Stadt durch Friedrich II. von Preußen am 4. 12. 1757 den Auftakt zur Schlacht bei Leuthen (s. d.) am nächsten Tage.

Tabakanbau im 18. und 19. Jh., 1705 erste Tabakfabrik, daneben Lederindustrie bis heute.

Neumarkt wude am 14. 2. 1945 durch sowjetische Truppen besetzt, zu einem Drittel zerstört. 1939: 6 428 Einw.; 1989: rd. 10 000.

Die Patenschaft über Stadt und Kreis Neumarkt hält die Stadt Hameln, Niedersachsen, seit 1954. Heimatzeitung: Bote aus dem schlesischen Burgenland, Velen/Westfalen, seit 1949.

Eberhard *Gothein,* Kulturhistoriker, * 29. 10. 1853, † 13. 11. 1923 in Berlin;

Friedrich *Bischoff*, Schriftsteller und Rundfunkintendant von 1929–1933 in Breslau und von 1946–1965 in Baden-Baden, * 26. 1. 1896 in Neumarkt, † 21. 5. 1976 in Großweier/Baden.

Neumittelwalde (poln. *Międzybórz*), Kr. Groß Wartenberg, 12 km östlich der Kreisstadt am 271 m hohen Korsarenberg, seit 1340 als Grenzherrschaft des Fürstentums Oels überliefert, 1637 Stadtrecht als Mittelwalde; 1647 württembergisch, 1792 brandenburgisch, 1884 preußisch, 1886 Benennung als Neumittelwalde. Durch den Versailler Vertrag von 1919 Grenzstadt.

Die ev. Stadtpfarrkirche Zum Hl. Kreuz von 1836–1839 geht auf einen alten Bau aus dem Jahr 1376 zurück, die kath. Stadtpfarrkirche St. Joseph wurde 1893/1894 errichtet. Weinbau im 18. und 19. Jh. durch württembergische Einwanderer. Neumittelwalde wurde am 21. 1. 1945 von sowjetischen Truppen besetzt und stark zerstört.

Herbert *Schlenger,* Kulturgeograph und Osthistoriker, * 10. 4. 1904, † 3. 12. 1968 in Kiel.

1939: 1 441 Einw.; 1969: 1 496.

Neurode (poln. *Nowa Ruda*), Kr. Glatz, 22 km nordwestlich der Kreisstadt im nordwestlichen Winkel der Grafschaft Glatz südwestlich des Eulengebirges, 420 m. Vermutlich noch vor 1336 Stadtgründung mit deutschem Recht, böhmisch, 1526 habsburgisch, 1742 preußisch. Planmäßige Anlage mit rechteckigem Ring und Rathaus.

Kirchenruine zu Neukirch

Die 1885/1887 neu erbaute kath. Stadtpfarrkirche St. Nikolaus geht auf das Jahr 1515 zurück, ev. Kirche 1866–1868, Aus- und Umbau des Rathauses aus dem 16. Jh. in den Jahren 1892–1894. Neues Schloß von 1796 seit 1821 im Besitz der Grafen von Magnis, die Neurode zum Mittelpunkt eines Bergbaugebietes machten; Bergbauverwaltung seit 1899 im Schloß. Textilindustrie, Druckereibetriebe, Kunstanstalt, Kunststeinfabrik, größtes Schamottewerk der Welt.

Neurode wurde erst nach der Kapitulation vom 8.5.1945 von sowjetischen Truppen besetzt. 1939: 10014 Einw.; 1975 rund 26500.

Die Patenschaft für die Stadt und den früheren Kreis Neurode (ohne Wünschelburg) hält die Stadt Castrop-Rauxel, Nordrhein-Westfalen, seit 1952/1953. Heimatzeitung: Grafschaft Glatzer Heimatblätter, Leimen bei Heidelberg, 1949–1975; Grafschaft Bote, Lüdenscheid, seit 1950.

In Neurode geboren:

Joachim Graf *Pfeil*, Afrikaforscher, * 30.12.1857, † 12.3.1924 in Friedersdorf, Kr. Lauban;

Friedrich *Kayßler*, Schauspieler und Schriftsteller, * 7.4.1874, † 12.4.1945 in Berlin;

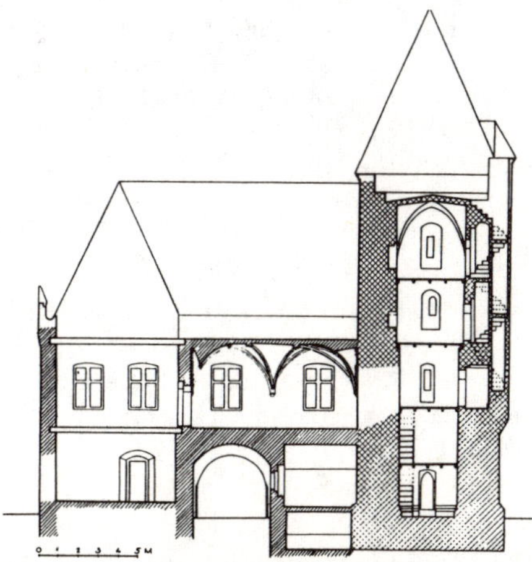

Rathaus in Neumarkt

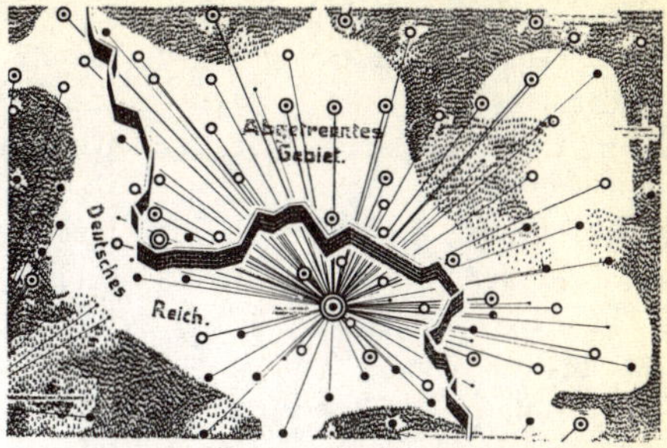

Zerstörtes Wirtschaftsgebiet von Neumittelwalde

Ernst August *Voelkel*, Komponist, * 18.7.1886, † 9.3.1960 in Berlin.

Neusalz (poln. *Nowa Sól*), Kr. Freystadt/Niederschlesien, 11 km nördlich der Kreisstadt am linken Oderufer, 63 m. Als Salzsiederei für das aus Frankreich und Spanien auf der Oder herangebrachte Meersalz 1563 gegründet und am 8.10.1743 durch Friedrich II. zur Stadt erhoben. Neubau der Stadt zu friderizianischer Zeit. Das 1573 erbaute Salzamtmannshaus wurde später als Rathaus benutzt. 1897 städtischer Oderumschlaghafen.

Die 1591–1597 errichtete ev. Pfarrkirche St. Michaelis wurde 1651 rekatholisiert, das 1747/1748 errichtete ev. Bethaus 1839 durch den Backsteinbau der Dreifaltigkeitskirche ersetzt. Privilegierte geschlossene Kolonie der Herrnhuter Brüdergemeine um das 1768/1769 errichtete neue Bethaus. Die alte Holzbrücke über die Oder von 1870 wurde 1932 durch eine moderne Eisenbetonkonstruktion ersetzt, diese während der Kampfhandlungen bei der sowjetischen Besetzung Schlesiens am 9.2.1945 von deutschen Truppen gesprengt. Am 13.2.1945 wurde die Stadt von sowjetischen Truppen eingenommen und zu einem Drittel zerstört; 574 Gebäude vernichtet. 1939: 17113 Einw.; 1975 auf inzwischen erweitertem Stadtgebiet rund 36400.

Eisenhütten- und Emaillierwerke, Eisengießerei, Schiffswerft und andere Industrien. 1950 über-

nahm Neusalz unter polnischer Verwaltung die Funktionen von Freystadt als Sitz der Kreisbehörden.
Patenschaft bei der Stadt Offenbach am Main seit 16.6.1955.
Eberhard Günter *Schulz,* Prof. d. Philosophie a.d. Univ. Duisburg, Vorsitzender der Stiftung Kulturwerk Schlesien in Würzburg, * 27.10.1929, lebt in Marburg a.d. Lahn.

Neustadt (poln. *Prudnik*), Kreisstadt 95 km südöstlich der Landeshauptstadt am Fuße der 850 m hohen Bischofskoppe, 265 m. Um 1279 mit deutschem Recht im Schutze der 1262 erbauten Burg „Wogendrossel" angelegt und 1312 mit Magdeburger Stadtrecht versehen. Mährisch, 1337 böhmisch, 1526 habsburgisch, 1742 preußisch. Planmäßige Stadtanlage mit rechteckigem Ring (104 m x 80 m) in der Stadtmitte und Rathaus von 1782. Burg und Stadtbefestigungen wurden um 1850 abgerissen.
Die kath. Stadtpfarrkirche St. Michael, schon 1321 bezeugt, erhielt ihren jetzigen Barockbau 1735–1738, die ev. Kirche wurde in gotischem Stil 1902–1904 errichtet. Klöster der Franziskaner und der Barmherzigen Brüder, Mariensäule 1694, Nepomuksäule 1733.
Tuch- und Webwarenfabrikation seit der friderizianischen Zeit. Die 1885 gegründete Damast- und Leinenwarenfabrik Fränkel schuf in der Stadt

Bauernhaus mit Kreuzstube in Neurode

Neusalz an der Oder

vorbildliche Wohlfahrtseinrichtungen. Daneben Leder-, Schuhwarenfabriken und andere Industrien.
Neustadt wurde am 18.3.1945 von sowjetischen Truppen besetzt und zu fast einem Viertel zerstört; 353 Gebäude vernichtet. 1939: 17244 Einw.; 1971 rund 20400.
Patenschaft über Stadt und Kreis: Stadt Northeim, Niedersachsen, seit 1952. Heimatzeitung: Neustädter Heimatbrief, Braunschweig-Lehndorf, seit 1950.
Matthäus Apelles von *Löwenstein,* Humanist und Kirchenlieddichter, * 20.4.1594, † 11.4.1648 in Breslau.

Neustädtel (poln. *Nowe Miasteczko*), Kr. Freystadt, 13 km südöstlich der Kreisstadt an der Weißfurt, 50 m. Um 1290 als deutsche Stadt gegründet, Kolonistenstadt mit rechteckigem Ring; 1329 böhmisch, 1526 habsburgisch, 1742 preußisch.
Die kath. Stadtpfarrkirche zu St. Maria Magdalena von 1376 wurde im 15. und 18. Jh. erneuert, das ev. Bethaus von 1744 wurde 1784/1785 durch einen massiven Neubau ersetzt, Turm 1887/1888.

Niedertor in Neustadt/OS

Der 1906 begonnene Braunkohlenabbau wurde 1922 wieder eingestellt.
Neustädtel wurde am 5. 2. 1945 von sowjetischen Truppen besetzt und stark zerstört. 1939: 1708 Einw.; 1969: 2879.
Fritz *Lubrich*, Komponist und Chorleiter, 1919 Leiter des Meisterschen Gesangvereins in Kattowitz, 1939 Direktor der Landesmusikschule in Kattowitz, * 26. 1. 1888 in Neustädtel, † 15. 4. 1971 in Hamburg.

Neutitschein (tschech. *Nový Jičín*), Hauptort des Kuhländchens an der Mährischen Pforte im nordöstlichen Mähren, im 13. Jh. gegründet, Stadtrecht vermutlich um 1313. Alte Laubenhäuser am Marktplatz mit dem Bauernbrunnen von Franz Barwig. Tabak-, Textil- und Hutindustrie. Die Hutfirma Hückel, gegr. 1799, beschäftigte bis zu 2000 Arbeiter. 1930: 13 997 Einw., darunter 4236 Tschechen; 1972 rund 20 000 Einw.

Nieder Lindewiese (tschech. *Dolní Lipová*), Kurort im Bezirk Freiwaldau 6 km westlich der Bezirksstadt am Fuße der 1391 m hohen Hochschar im Altvatergebirge.
Hier lebte der Landwirt und Naturarzt Johann Schroth, der nach dem Urteil seiner Zeitgenossen „seine Patienten durch Durst, trockene Semmeln und Schwitzen kurierte". Die von ihm 1829 gegründete Diätetische Naturheilanstalt vermittelte

Ev. Bethaus in Neustädtel

Marktplatz in Neutitschein

die Schroth-Kur, die dem Kurort einst Weltgeltung verlieh und nach 1945 in Oberstaufen im Allgäu wieder aufgenommen wurde. 1930: 3470 Einw., darunter 293 Tschechen.

Niederschwedeldorf (poln. *Szalejów Dolny*), Kr. Glatz, Dorfgemeinde 5 km südwestlich der Kreisstadt, seit dem 15. Jh. im Besitz der Augustiner, Ende des 16. Jh. den Jesuiten übergeben, 1787 vom preußischen Staat übernommen. Schloßbau von 1840, Zuckerfabrik in der ehemaligen Klosterbrauerei seit 1850, nach 1945 von der polnischen Verwaltung weitergeführt.
Grund- und Gutsbesitz gehörten von 1815–1945 der Familie der Freiherren von Münchhausen. Im Schloß richtete die polnische Verwaltung eine Landwirtschaftsschule ein. Die Familiengruft derer von Münchhausen ist geplündert und verwahrlost. 1939: 747 Einw.
Die Patenschaft über Nieder- und Oberschwedeldorf hält die Stadt Georgsmarienhütte, Niedersachsen.

Niesky, Kr. Rothenburg/OL, 13 km südwestlich der Kreisstadt, 9 km westlich der Görlitzer Neiße am Rande der Lausitzer Heide, 175 m. Als Brüdergemeine für protestantische Flüchtlinge aus Böhmen mit geschlossener Stadtanlage und rechteckigem Marktplatz 1742 gegründet, seit 1760 Niederlassung der Herrnhuter Brüdergemeine; kursächsisch, 1815 preußisch, 1945 wieder sächsisch.
Der 1756 errichtete Betsaal erhielt 1875 einen Neubau mit Turm. Die ev. Kirche entstand 1897–1900, die kath. Kirche 1935. Reich gegliedertes Schul- und Bildungswesen, durch die Herrnhuter geprägt.
Niesky wurde am 20. 4. 1945 von sowjetischen Truppen besetzt. Westlich der Görlitzer Neiße liegend, kam die Stadt 1945 zur DDR, dort 1952 zum Bezirk Dresden und wurde 1970 Kreisstadt. 1939: 7729 Einw.; 1974: 9150.

Nikolai (poln. *Mikołów*), Kr. Pleß/Tichau, ostoberschlesische Industriestadt 12 km südwestlich von Kattowitz, um 1250 als deutschrechtliche Stadt gegründet. Der heutige Bau der kath. Pfarrkirche St. Adalbert stammt aus dem 16. Jh., erster Kirchenbau 1276 bezeugt. Fabrikation von Transformatoren und Bergbaumaschinen, Hüttenwerke, Papierfabrik. 1922 an Polen gefallen. 1931 rund 11500 Einw.; 1970 auf erweitertem Gebiet 21408.

Haus in Niederschwedeldorf

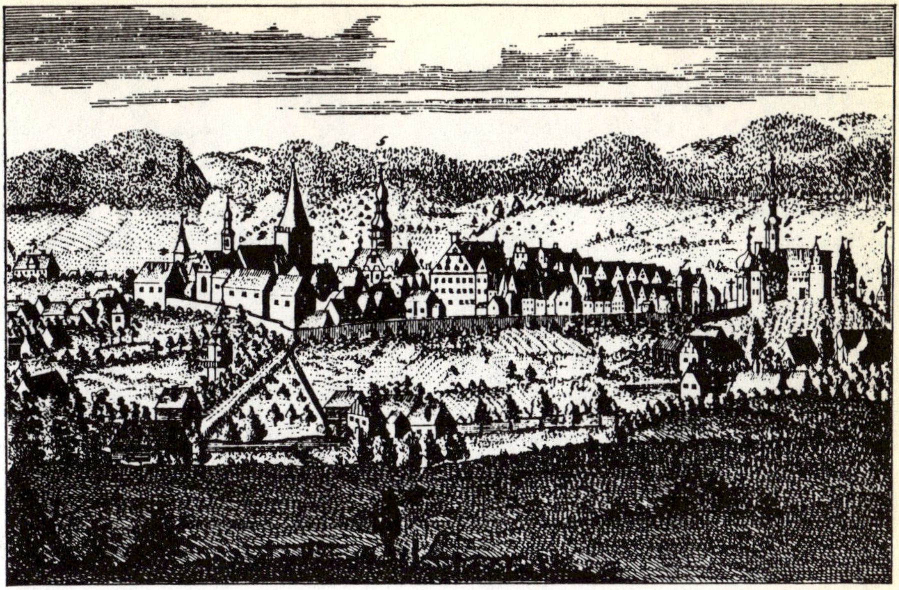

Das alte Nimptsch

Nikolstadt (poln. *Mikołajowice*), Kr. Liegnitz, 12 km südöstlich der Kreisstadt, Stadtrecht vor 1345. Ehemaliges Zentrum des schlesischen Goldbergbaues im 14. Jh., Ende des 19. Jh. eingestellt. Im 17. und 18. Jh. Ausbeutung von Steinbrüchen. 1939: 440 Einw.

Nimmersath (poln. *Płonina*), Kr. Jauer, 22 km südwestlich der Kreisstadt zwischen Jannowitz und Bolkenhain gelegen, 502 m. Oberhalb auf steiler Höhe (550 m) die Ruine der 1432 erstmals erwähnten Burg Nimmersath mit achteckigem Kasemattenturm, einst ein Stützpunkt der Hussiten. Der neue Teil der Burg wurde 1535 zu einem Renaissanceschloß ausgebaut und später mehrfach verändert, zuletzt 1909 durch Eberhard Graf von Saurma-Jeltsch. Schloß und Gutsbezirk hießen seit 1873 „Wilhelmsburg". 1939: 461 Einw.

Nimptsch (poln. *Niemcza*), Kr. Reichenbach/Eulengebirge, 14 km östlich der Kreisstadt auf steilem Bergkegel oberhalb des oberen Lohetales, 242 m. Erstmals 1017 als Burgsiedlung erwähnt, älteste namentlich bekannte Stadt Schlesiens, Stadtrecht 1282; 1329 böhmisch, 1526 habsburgisch, 1742 preußisch.

Der 1888 erneuerte Neubau der ev. Friedhofskirche St. Georg von 1612 geht auf die Adalbertkirche von 1244 zurück, eine der ältesten Kirchen in Schlesien. Neubau der kath. Hedwigskirche auf dem Schloßberg 1735, inzwischen verfallen und abgetragen. Das 1735 abgebrannte Schloß von 1585 wurde 1830 schmucklos wieder aufgebaut. Bau des neuen Rathauses 1865.

Nimptsch wurde erst nach der Kapitulation vom 8. 5. 1945 von sowjetischen Truppen besetzt und

blieb unzerstört. 1939: 3328 Einw.; 1969: 3873.
In Nimptsch geboren:
Daniel Casper von *Lohenstein*, eigentlich nur Daniel Casper, Barockdichter der zweiten schlesischen Schule, * 25.1.1635 auf Schloß Lohenstein, † 28.4.1685 in Breslau;
Ernst *Schenke*, schlesischer Mundartschriftsteller, * 24.5.1896, † 11.12.1982 in Recklinghausen.

Oberglogau (poln. *Głogówek*), Kr. Neustadt/OS, 22,5 km nordöstlich der Kreisstadt am rechten Ufer der Hotzenplotz, 208 m. Als Dorf erstmals 1223 erwähnt, Stadterhebung 1275, Ratsverfassung als zweite schlesische Stadt nach Breslau, 1373 Magdeburger Stadtrecht. Kolonistenstadt mit rechteckigem Ring, Stadtmauer und Wallgraben; 1327 böhmisch, 1526 habsburgisch, 1742 preußisch.
Die kath. Stadtpfarrkirche St. Bartholomäus, erstmals 1284 erwähnt, stammt aus dem Ende des 14. Jh. und wurde 1775–1781 barockisiert. Die Kirche des 1264 gegründeten Minoritenklosters wurde 1623 erbaut. Eine ev. Kirche entstand 1856 nach Neugründung einer ev. Gemeinde. Weitere Baudenkmäler: Rathaus 1608, Mariensäule 1677, barocke Bürgerhäuser am Ring.

Oberglogau

Schloß Obernigk

Die alte Herzogsburg mit Burgfried von 1250 wurde im 16. und 17. Jh. zu einem groß angelegten Schloß im Renaissancestil um- und ausgebaut. Mittelpunkt eines bedeutenden kulturellen Lebens: Theater, Bibliothek, Archiv, Druckerei, Musikkapelle. Von 1593 –1945 im Besitz der böhmischen Linie der Reichsgrafen von Oppersdorff. Wilhelm Hans Graf von O. war der letzte Besitzer. Dem Grafen Franz Joachim Wenzel von O. widmete Ludwig van Beethoven 1806 hier seine 4. Sinfonie B-Dur.
Oberglogau wurde am 17.3.1945 von sowjetischen Truppen besetzt und fast zur Hälfte zerstört; 265 Gebäude vernichtet. Wiederaufbau von Teilen des 1945 völlig ausgeplünderten Schlosses zwischen 1950 und 1960 für die Unterbringung einer polnischen Nervenheilanstalt.
Bei der Volksabstimmung am 20.3.1921 stimmten 96 v. H. der Bevölkerung für den Verbleib bei Deutschland. 1939: 7356 Einw.; 1990: rd. 8000, davon 40 v.H. Deutsche. Patenschaft: Stadt Fulda, Hessen, seit 1954/1955.
Gerhard *Strecke,* bedeutender schlesischer Kom-

ponist, * 13. 12. 1890 in Oberglogau, † 8. 12. 1968 in Ratingen.

Ober Lesten (poln. *Czernina Górna*), Kr. Guhrau, bis 1936 Ober Tschirnau, 8 km nordöstlich der Kreisstadt. Schloßanlage auf den Resten einer Wasserburg aus dem 14. Jh. um 1700 im Barockstil errichtet. Fräuleinstift für unverheiratet gebliebene Töchter protestantischer Adelsfamilien Schlesiens, eröffnet am 29. September 1815, bis 1945 unter Aufsicht des Regierungspräsidiums in Breslau. Letzte Äbtissin von 1917–1945 war Dorothea von Coelln. 1939: 468 Einw.

Obernigk (poln. *Oborniki Śląskie*), Kr. Trebnitz, 10 km westlich der Kreisstadt im Katzengebirge. Das erstmals 1305 belegte Dorf wurde um 1835 zum Kurort ausgebaut. Ehemals beliebtes Ausflugsziel für die Breslauer. Im Ort gab es zahlreiche Erinnerungen an Carl von Holtei (1798–1880), der hier 1821 getraut wurde und Obernigk als Dichter mehrfach gepriesen hat. Nach 1945 zur Stadt erhoben. 1939: 4383 Einw.; 1970 nach Gebietserweiterung 5720.

Oberschlesien (poln. *Górna Śląska*), der südöstlichste Teil der ehemals preußischen Provinz Schlesien mit (1939) 1,53 Mio. Einwohnern, umfaßt das Vorland der Sudeten, das zentrale Odertiefland und die östlich der Oder gelegene Oberschlesische Platte zwischen den Oberläufen der Oder und der Malapane. Hier entstand zur preu-

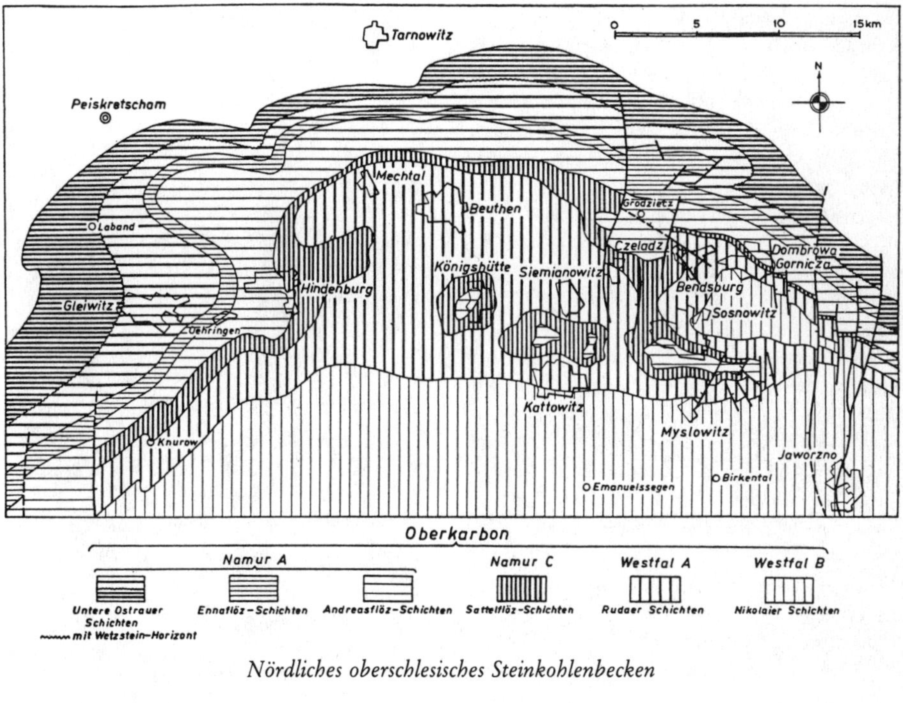

Nördliches oberschlesisches Steinkohlenbecken

ßischen Zeit das bedeutendste Bergbau- und Industriegebiet Europas mit den Städten Beuthen, Hindenburg, Gleiwitz, Königshütte, Kattowitz und Sosnowitz. Hauptstadt: Oppeln.
Am 20. 10. 1921 verkündete die Botschafterkonferenz in Paris unter Nichtachtung des Abstimmungsergebnisses vom 20. 3. 1921 die Teilung Oberschlesiens. An Polen fielen 74 v.H. der Steinkohlenförderung, 96 v.H. der Eisenerzförderung und 82 v.H. der Zinkerzförderung.
Bis 1934 war der bei Deutschland verbliebene Teil Oberschlesiens eine selbständige preußische Provinz, ebenso das wiedervereinigte Oberschlesien von 1941–1945. Nach 1945 kam ganz Oberschlesien mit den deutschen Ostgebieten unter polnische Verwaltung.
Ausbau des oberschlesischen Industriereviers zu einem Kombinat größten Ausmaßes, Ausbeutung der Steinkohlenvorkommen.
Die in Oberschlesien lebenden Deutschen haben sich zu „Freundschaftskreisen" unter dem Dach der „Zentrale der deutschen Gesellschaften in der Republik Polen" zusammengeschlossen, um so ihre politischen und wirtschaftlichen Existenzgrundlagen zu festigen. Allein im Bezirk Oppeln hatten die „Deutschen Freundschaftskreise" Ende 1990 rund 150 000 Mitglieder.
Viele Gemeinden haben seit den Kommunalwahlen vom 27. 5. 1990 deutsche Bürgermeister und Gemeinderatsmitglieder.

Ober Stephansdorf (poln. *Szczepanów*), Kr. Neumarkt, 4 km nordöstlich der Kreisstadt, aus dem 14. Jh. stammendes Vorwerk der Gemeinde Stephansdorf. Schloß aus dem Jahre 1690 im Übergang von der Renaissance zum Barock, 1841–1945 im Besitz der Familie Loesch. 1939 hatte die Gesamtgemeinde Stephansdorf 1792 Einw.

Ober Tschirnau (poln. *Czernina Górna*), Kr. Guhrau, seit 1936 Ober Lesten (s. d.).

Ochsenkopf (poln. *Wołek*), mit 878 m höchste Erhebung des nördlichen Ausläufers des Landeshuter Kamms im Riesengebirge über der Boberschlucht oberhalb von Kupferberg (s. d.).

Oder (poln. *Odra*), die „Lebensader Schlesiens", entspringt im Odergebirge östlich von Olmütz, durchfließt die Mährische Pforte, erreicht an der Mündung der Oppa bei Oderberg schlesisches Gebiet und mündet nach 898 km langem Lauf (davon ab Cosel 756 km schiffbar) in zwei Armen durch das Stettiner Haff in die Ostsee.
Die wichtigsten Nebenflüsse in Schlesien sind rechts: Ruda, Klodnitz, Malapane, Stober, Weide und Bartsch; links: Oppa, Zinna, Hotzenplotz, Glatzer Neiße, Ohle, Lohe, Weistritz, Katzbach, Bober mit dem Queis und Görlitzer (Lausitzer) Neiße. Die Oder ist durch den Klodnitzkanal mit dem oberschlesischen Industriegebiet verbunden. Seit 1945 bildet die Oder nach dem Potsdamer

Oderberg

Die Oder und ihre Nebenflüsse

Abkommen vom 2. 8. 1945 mit der Görlitzer Neiße die Demarkationslinie (Oder-Neiße-Linie) zwischen der DDR und den polnisch verwalteten deutschen Ostgebieten. Nach 1945 Vernachlässigung der Schiffahrt.

Oderberg (tschech. *Bohumín*), ostschlesische Stadt im Bezirk Freistadt, Mähren-Schlesien, an der Oder nordöstlich von Ostrau, 1924 in Alt und Neu Oderberg geteilt. Stahlwerke, Hochöfen, Walzwerke, chemische Industrie, Raffinerie. 1939: 3188 Einw. (Deutsche, Tschechen, Polen); 1972 rund 20000 Einw.

Herbert *Cysarz*, Literarhistoriker und Philosoph, * 29. 1. 1896 in Oderberg, † 1. 1. 1985 in München.

Odergebirge (tschech. *Oderské Vrchy*), Höhenzug der Sudeten, südöstlicher Teil des Mährischen Gesenkes, bis 849 m hoch. Im Ostteil entspringt die Oder am Fiedlhübel, mit 681 m dort die höchste Erhebung.

Odrau (tschech. *Odry*), Stadt im Kreis Neutitschein, Stadterhebung im 14. Jh. nach Leobschützer Recht. Anstelle der alten Burg von 1242 wurde 1716–1742 ein Barockschloß errichtet, das 1964 ausbrannte und 1966 gesprengt wurde. Landwirtschaftlich geprägte Kleinindustrie. 1930: 3969 Einw., darunter 342 Tschechen.

Oels (poln. *Oleśnica*), Kreisstadt 25 km nordöstlich der Landeshauptstadt am Oels-Bach, einem Nebenfluß der Weide, 152 m. Erstmals 1189

als Ansiedlung erwähnt, deutschrechtliche Stadtgründung um 1250, Kolonistenstadt mit rechteckigem Ring (140 m x 70 m), 1329 böhmisch, 1526 habsburgisch, 1742 preußisch. Rathaus von 1450, mehrfach umgebaut, letzter Neubau 1823 nach Plänen von Karl Friedrich Schinkel.
Das Fürstentum Oels fiel 1884 an die Krone Preußens. Der Kronprinz des Deutschen Reiches und von Preußen, Prinz Wilhelm von Preußen (1882–1951), nahm 1918 seinen Wohnsitz im Schloß, das ihm 1926 vom preußischen Staat als Privatbesitz zuerkannt wurde. Der schon vor 1300 bezeugte Schloßbau wurde zwischen 1558 und 1617 im Renaissancestil neu errichtet und gehörte zu den schönsten seiner Art in Schlesien. Nach 1945 sowjetisches Stabsquartier, später ausgeplündert und der Kunstwerke und Sammlungen beraubt, der Park abgeholzt.
Die spätgotische ev. Schloßkirche St. Johannes von 1230 mit der Fürstengruftkapelle von 1698 erhielt 1907–1909 ihren letzten Neubau. Die ev. Propsteikirche St. Maria und St. Georg von 1734 ist heute Ruine. Die barocke kath. Kirche St. Trinitatis von 1740 wurde nach 1945 wieder aufgebaut, ebenso das Rathaus mit dem Rathausturm. Schloß und Schloßkirche blieben erhalten, ebenso die Stadtmauer mit dem Breslauer Turm. Oels wurde am 24.1.1945 von sowjetischen Truppen besetzt und zu 70 v.H. zerstört, 1139

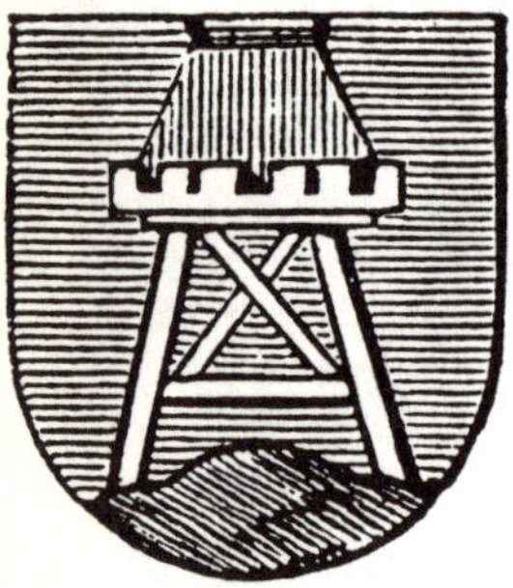

Odrau

Herzogliches Schloß zu Oels

Gebäude wurden vernichtet. 1939 hatte die Stadt 16456 Einw.; 1970 war die Zahl nach Errichtung neuer Wohngebiete auf 27573 angestiegen.
Patenschaft über Stadt und Kreis Oels: Stadt Hechingen, Baden-Württemberg, seit 1953. Heimatzeitung: Oelser Heimatblatt, Reutlingen, seit 1953.
Wilhelm *Hellpach*, Politiker, 1924/25 Staatspräsident von Baden, * 26.2.1877, † 6.7.1955 in Heidelberg.

Ohlau (poln. *Oława*), Kreisstadt 25 km südöstlich der Landeshauptstadt zwischen Oder und Ohle, 133 m. Schon 1144 als Kirchort erwähnt, vermutlich noch vor 1218 Stadtgründung durch Herzog Heinrich I. von Schlesien, 1241 Magdeburger Stadtrecht; 1328 böhmisch, 1526 habsburgisch, 1742 preußisch. Planmäßig angelegte Kolonistenstadt mit fast quadratischem Ring, Stadtmauer, Stadttoren und Wehrtürmen.
Die ev. Pfarrkirche St. Blasius von 1201 wurde nach mehrfachen Um- und Neubauten 1587–1598, die kath. Pfarrkirche St. Peter und Paul von 1833–1835 nach Brand 1927/1928 neu errichtet.

Ratsturm zu Ohlau

Die ev.-lutherische Kirche St. Michael entstand 1877. Der Neubau des Rathauses von 1823 geht auf Anregungen von Schinkel zurück. Rathausturm von 1668 mit der Kunstuhr „Der goldene Tod von Ohlau". Nach der Schlacht bei Mollwitz am 10. 4. 1741 hielt sich Friedrich der Große bis zum 22. 4. 1741 in Ohlau auf. Turm von Mollwitz hinter dem 4 km entfernten Wäldchen von Heydau.

Neben der Zigarrenfabrikation, die noch auf den Tabakanbau aus dem 17. Jh. zurückgeht, reich gegliederte Industrie mit Reederei und Schifffahrtsspedition.

Am 22. 1. 1945 bildeten sowjetische Truppen an der Oder bei Ohlau einen Brückenkopf zum Vorstoß nach Westen am 8. 2. 1945. Die Stadt wurde am 27. 1. 1945 besetzt und zu einem Drittel zerstört; 283 Gebäude vernichtet.

1939: 13126 Einw.; 1975 nach Gebietserweiterung: rund 24700. Patenschaft über Stadt und Kreis Ohlau: Stadt Iserlohn, Nordrhein-Westfalen, seit 1955. Heimatzeitung: Heimatblatt für die Kreise Strehlen und Ohlau, Velen i. Westf., seit 1951.

Alfred *Gellhorn*, Architekt, * 26. 5. 1885 in Ohlau, † 7. 5. 1972 in London.

Ohle (poln. *Oława*), linker Nebenfluß der Oder, entspringt im Sudetenvorland südöstlich von Münsterberg und mündet nach 98 km langem Lauf in Breslau in die Oder. Die Mündung wurde 1866 verlegt, der alte Flußlauf in der Stadt zugeschüttet. Straßennamen wie Weiße Ohle oder Kätzelohle erinnerten daran.

Olbersdorf (tschech. *Město Albrechtice*), Stadt im Kreis Jägerndorf am Eingang zum Goldoppatal, 12 km nordwestlich der Kreisstadt, 389 m, an der mährisch-schlesischen Grenze. Gründung in der zweiten Hälfte des 13. Jh., 1492 Stadtrecht. Schloß aus dem Ende des 16. Jh., kath. Pfarrkirche von 1747–1774. Einwohnerzahl 1930: 1239, darunter 96 Tschechen.

Olsa (poln. *Olza*, tschech. *Olše*), rechter Nebenfluß der oberen Oder in Mähren-Schlesien, entspringt im Jablunkagebirge und mündet nach 99 km langem Lauf unterhalb Oderbergs in die Oder. Die Olsa war von 1920–1938 Grenzfluß zwischen Polen und der Tschechoslowakei und ist es seit 1945 wieder. Zwischenzeitlich gehörte das Gebiet südlich der Olsa von 1938–1945 zu Polen.

Olschowa (poln. *Olszowa*), Kr. Groß Streh-

Olbersdorf

Piastenschloß in Oppeln

litz, 1936 in Erlenbusch umbenannt. Von deutschen Siedlern im 13. Jh. gegründet. War über Deutschland hinaus bekannt durch das 1825 gegründete und bis 1903 betriebene Gestüt für die Rennpferdezucht. 1939 hatte Erlenbusch rund 600 Einw.

Oppa (tschech. *Opava*), linker Nebenfluß der oberen Oder, entspringt mit ihren drei Quellflüssen Schwarze, Mittlere und Weiße Oppa im Altvatergebirge und mündet nach 120 km langem Lauf bei Ostrau in die Oder.

Oppeln (poln. *Opole*), Kreisstadt und (seit 1899) Stadtkreis, 82 km südöstlich der Landeshauptstadt an der Oder, 154 m. Gauhauptburg der „Opolanen" beiderseits der oberen Oder im 10. Jh., 1217 deutsche Stadtgründung, 1327 Neumarkter und 1410 Magdeburger Recht; 1327 böhmisch, 1526 habsburgisch, 1742 preußisch. 1816 Regierungshauptstadt, 1919–1938 und wieder 1941–1945 Hauptstadt der Provinz Oberschlesien, nach 1945 unter polnischer Verwaltung Hauptstadt der Wojewodschaft Oppeln mit den früheren Kreisen Brieg und Namslau.
Die Reste der alten Burg- und Schloßanlagen wurden 1931 bis auf den gotischen Rundturm beseitigt, um dem neuen Regierungsgebäude Platz zu machen. Das Rathaus von 1739/1740 geht auf das alte deutsche Kaufhaus von 1308 zurück. Die kath. Stadtpfarrkirche Zum Hl. Kreuz, eine dreischiffige Hallenkirche aus der Mitte des 15. Jh., ist erstmals 1223 bestätigt. Sie wurde unter polnischer Verwaltung 1972 Kathedrale einer selbständigen Diözese. Die Franziskanerkirche wurde 1811 der ev. Gemeinde überlassen, die sich 1742 neu gebildet hatte. Die 1826 und 1860 erneuerte Michaelskirche wurde 1920 der ev. Gemeinde zurückgegeben.
Bei der Volksabstimmung am 20. 3. 1921 stimmten 20816 Einw. für Deutschland, 1098 für Polen. Die Stadt wurde am 24. 1. 1945 von sowjetischen Truppen besetzt und zu einem Viertel zerstört; 393 Gebäude vernichtet.
Oppeln ist seit 1972 Sitz eines neuen Bistums mit Priesterseminar in Neisse.
1939: 50540 Einw.; 1975 nach Eingemeindungen rund 106000. Kalk- und Zementindustrie, Portland-Zement-Werke.

Hans Niekrawietz

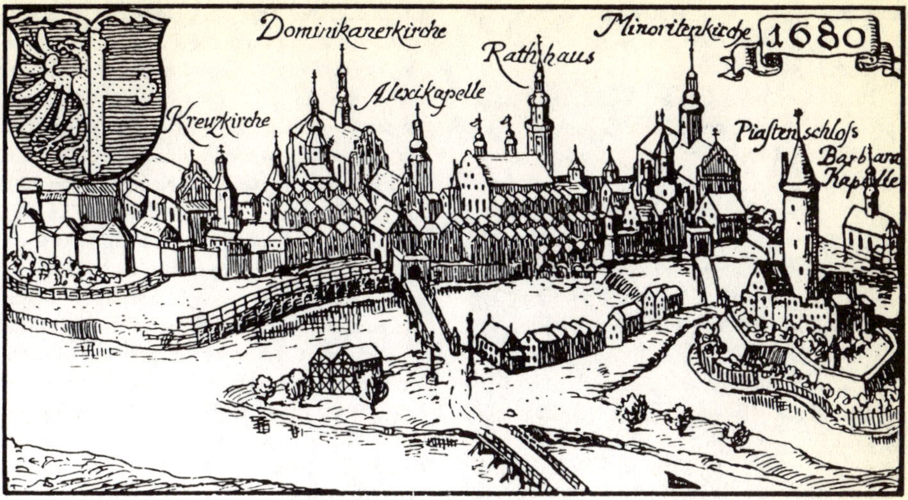

Alte Ansicht von Oppeln (1680)

Patenschaft über Stadt und Kreis Oppeln: Bundeshauptstadt Bonn seit 1954. Heimatzeitung: Oppelner Zeitung, Wiesbaden, seit 1964, und Oppelner Heimatblatt, Scheinfeld/Ofr., seit 1954.

In Oppeln geboren:

Emin *Pascha*, eigentlich Eduard Schnitzer, Arzt und Forschungsreisender, * 28. 3. 1840, † 23. 10. 1892 (ermordet) in Kanena (Kongo);

Hans *Niekrawietz*, Schriftsteller, * 8. 2. 1896, † 27. 4. 1983 in Wangen im Allgäu;

Alfons *Hayduk*, Schriftsteller, * 18. 11. 1900, † 15. 7. 1982 in Erlangen.

Wilhelm *Matzel*, Journalist, * 27. 2. 1902, † 8. 10. 1967 in Köln.

Orzesche (poln. *Orzesze*), Kr. Pleß/Tichau, Industriestadt 15 km westlich von Tichau an der Birawka, als Dorf seit dem 13. Jh. belegt. Um 1719 Errichtung einer Glashütte, 1838 einer Eisenhütte. Auch Steinkohlengewinnung. 1931: rund 5200 Einw.; 1956 Stadtartige Siedlung, 1962 Stadt. 1970: 9560 Einw.

Ostrau (tschech. *Ostrava*), Industriestadt in Nordmähren an der oberen Oder, Hauptstadt des Nordmährischen Kreises, 1945 aus Mährisch Ostrau (s. d.) und Schlesisch Ostrau gebildet, Zentrum des Ostrauer Steinkohlenreviers, Eisenhütten, chemische Industrie, Ölraffinerie, Bergakademie. 1972: 184000 Einw.

Ostrog (poln. *Racibórz-Ostróg*), alte Burgsiedlung aus dem Beginn des 14. Jh. am Ostufer der Oder nahe Ratibor (s. d.), 1810 als Dorfgemeinde konstituiert, 1927 mit Schloß Ratibor als Ratibor-Nord in die Stadt eingemeindet.

Ostsudeten s. Sudeten.

Oswitz (poln. *Wrocław-Osobowice*), Stadtkreis Breslau, 5 km von der Innenstadt entfernt am rechten Oderufer gelegener Ausflugsort für die Breslauer mit zwei vorgeschichtlichen Denkmälern: Schwedenschanze, 2 km nordwestlich des Ortes, mit dem 1902 errichteten Aussichtsturm, und Kapellenberg, 1,25 km südöstlich der Schwedenschanze, mit 1812 errichteter Kapelle und Kreuzwegstationen. Beide sind Ringwälle aus der Bronzezeit.

Ottmachau (poln. *Otmuchów*), Kr. Grottkau, 35 km südwestlich der Kreisstadt am Nordufer der Glatzer Neiße, 240 m. Erstmals 1115 als Burg erwähnt, 1254 deutscher Marktort, 1347 deutsches Stadtrecht durch den Bischof von Breslau; 1526 habsburgisch, 1742 preußisch, bis 1810 Bistumsland Neisse-Ottmachau. Planmäßig angelegte Kolonistenstadt mit fast quadratischem Ring mit Rathaus und Häuserblock in der Mitte.
Die doppeltürmige barocke kath. Pfarrkirche St. Nikolaus und St. Franziskus Xaverius von 1235 erhielt 1690–1695 ihren letzten Neubau mit Hochaltarbild von Michael Willmann. Die neugotische ev. Kirche Corpus Christi wurde 1857–1859 errichtet. Renaissance-Rathaus von 1538, Rathausturm 1605, Mariensäule auf dem Ring 1734.
König Friedrich Wilhelm III. von Preußen schenkte Güter und Schloß 1820 seinem Minister Wilhelm von Humboldt (1767–1835). Letzter Besitzer war bis zum Verkauf des Schlosses 1928 an die Stadt Bernhard von Humboldt († 1934). Den Landbesitz übernahm die Reichswasserstraßen-Verwaltung zur Anlage des Staubeckens, Bauzeit 1928–1933, beliebtes Ausflugsziel auch für Besucher aus der weiteren Umgebung. Die Anlage hat bei einer Stauhöhe von 17 m eine Fläche von 22,6 qkm und ein Fassungsvermögen von bis zu 143 Mio. cbm Wasser. In Ottmachau stand die größte Zuckerfabrik Oberschlesiens.
Die Stadt war vom 30. 3. bis 8. 5. 1945 Kampfgebiet und wurde zur Hälfte zerstört. Patenschaft: Stadt Peine, Niedersachsen, seit 1955. 1939: 4944 Einw.; 1971: 4400.

Ottmuth (poln. *Otmęt*), ehemals Kr. Groß Strehlitz, 1962 eingemeindet nach Krappitz (s. d.). Altes Fischerdorf, Wehranlage aus dem 13. Jh., neu errichtet im 16. und 17. Jh., seit Ende des 19. Jh. Ruine. Die kath. Pfarrkirche, 1223 erstmals erwähnt, ist von einer 2 m hohen Mauer mit Schießscharten umgeben und durch einen unterirdischen Gang mit dem 5 km entfernten Rogau (poln. *Smudzona*), Kr. Cosel, verbunden. Schuhfabriken (Baťa) und Kalksteinindustrie. 1939: rund 3300 Einw., 1954 Stadtartige Siedlung, 1957: 3867 Einw.

Panthenau (poln. *Pątnów*), Kr. Goldberg, Dorfgemeinde westlich von Liegnitz mit Schloß aus dem Ende des 18. Jh. an der Stelle einer alten Burg. Besitzer der Grund- und Gutsherrschaft waren von 1777–1945 die (seit 1757) Freiherren von Rothkirch und Trach, deren Geschlecht 1186 mit Hedwig von Andechs-Meran nach Schlesien gekommen war. Letzter Besitzer war Hans-Siegfried Freiherr von Rothkirch und Trach († 1954).

Panorama von Ottmachau

Das Schloß wurde im Mai 1945 in Brand gesteckt und ist heute Ruine. 1939: 573 Einw.

Parchau (poln. *Parchów*), Kr. Lüben, Dorfgemeinde nördlich Kotzenaus mit kleinem, barokkem Landschloß aus dem 18. Jh., von 1894–1945 im Besitz der Familie der Grafen von der Recke und von Volmerstein; 1945 zerstört, danach sowjetisches Stabsquartier, schließlich unter polnischer Verwaltung als Getreidespeicher genutzt. 1939: 601 Einw.

Parchwitz (poln. *Prochowice*), Kr. Liegnitz, 16,5 km nordöstlich der Kreisstadt an der Katzbach kurz vor deren Mündung in die Oder, 102 m. 1217 erstmals erwähnt, Stadtgründung zwischen 1250 und 1255 durch Herzog Boleslaus II. von Liegnitz, 1293 Magdeburger Stadtrecht; 1329 böhmisch, 1526 habsburgisch, 1742 preußisch. Marktsiedlung mit 5017 qm großem, rechteckigem Ring, Mauer und sechs Stadttoren, 1833 abgebrochen.
Die ev. Pfarrkirche St. Andreas von 1426 geht auf das Jahr 1271 zurück und wurde 1934 restauriert. Kath. Kirche St. Johannes von 1845–1847, Rathaus von 1769.
Das außerhalb der Stadt zwischen zwei Katzbach-Armen 1422 errichtete Schloß mit einem hölzernen Vorgänger von 1217 wurde im 16. und 17. Jh. ausgebaut, 1830 teilweise abgebrochen, der Rest 1933 in den Besitz des Kreises übernommen.
Vor der Schlacht bei Leuthen versammelte Friedrich der Große seine Truppen in und um Parchwitz und hielt auf dem nahen Schäferberg seine berühmte Rede an seine Offiziere (3. 12. 1757).
Parchwitz wurde nach schweren Kämpfen am 9. 2. 1945 von sowjetischen Truppen besetzt. Patenschaft: Stadt Fürstenfeldbruck, Bayern, seit 1951. 1939: 2797 Einw.; 1970: 2764.

Patschkau (poln. *Paczków*), Kr. Neisse, 23,5 km westlich der Kreisstadt am Fuße des Reichensteiner Gebirges, rechts der Glatzer Neiße, 222 m. Als Markt mit deutschem Stadtrecht 1254 durch Bischof Thomas I. von Breslau gegründet;

Schloß Parchwitz

1342 böhmisch, 1526 habsburgisch, 1742 preußisch. Kolonistenstadt mit rechteckigem Ring (80 m x 160 m) und Stadtbefestigung von 1350, die großenteils erhalten blieb: „das schlesische Rothenburg".
Die kath. Pfarrkirche St. Johannes der Täufer, eine dreischiffige Hallenkirche aus dem 14. Jh., wurde im 16. Jh. ausgebaut, die ev. Kirche in neugotischem Stil 1902/1903 erbaut. Das Rathaus aus dem 16. Jh. wurde 1821/1822 weitgehend umgebaut und 1911/1912 noch einmal erneuert.
Zement-, Ziegel- und Klinkerwerke, Kerzen- und Seifenfabriken, Schul- und Zeichenutensilien.
Patschkau wurde erst nach der Kapitulation vom 8. 5. 1945 von sowjetischen Truppen besetzt und zu 15 v. H. zerstört; 91 Gebäude vernichtet. 1939: 7522 Einw.; 1971: rund 8100.
Patenschaft: Stadt Einbeck, Niedersachsen, seit 1954.
Hermann Franz Joseph *Buchal*, Komponist, *17. 1. 1884 in Patschkau, † 30. 8. 1961 in Jena.

Peilau (poln. *Piława*), Kr. Reichenbach, 7 km südöstlich der Kreisstadt am Weistritz-Nebenfluß Peile im Vorland des Eulengebirges. Vermutlich schon vor 1290 gegründet. Das 11 km lange Waldhufendorf ist in mehrere Ortsteile gegliedert. In Ober Peilau gründete Julius von Seidlitz

1743 die Herrnhuter Brüdergemeine Gnadenfrei, die 1928 mit Ober und Mittel Peilau zur Gemeinde Gnadenfrei (s. d.) zusammengelegt wurde. Ein kleines barockes Schloß wurde 1718 unter Verwendung älterer Bauteile aus dem 16. Jh. errichtet, 1945 nicht zerstört; inzwischen ist es aber verwahrlost. Der Turm aus dem 19. Jh. wurde abgetragen. Eine ev. und zwei kath. Kirchen. Marmorindustrie und Weberei. Berühmt waren die „Pfefferminzküchel". 1939: 1884 Einw.

Peiskretscham (poln. *Pyskowice*), Kr. Tost/Gleiwitz, 12,5 km nördlich von Gleiwitz an der Drama, 6 km vor deren Mündung in die Klodnitz, 220 m. Als Kirchdorf 1256 erwähnt, um 1260 zu deutschem Recht als Stadt ausgesetzt; 1289 böhmisch, 1526 habsburgisch, 1742 preußisch. Kolonistenstadt mit rechteckigem Ring und Wallgraben, später Stadtmauer mit zwei Toren.
Die kath Pfarrkirche St Nikolaus, die auf das Jahr 1412 zurückgeht, erhielt nach mehrfachen Umbauten 1822 ihr barock-neugotisches Gesicht, Turmbau 1827. Die Begräbniskirche St. Stanislaus, ein Schrotholzbau von 1446, bekam 1865–1868 einen neugotischen Steinbau. Die ev. Einwohner gehörten zur ev. Kirchengemeinde Tost. Das Rathaus wurde nach dem Brand von 1822 vergrößert und 1866 im Tudorstil umgebaut. Im 19. Jh. Entwicklung zur Eisenbahnerstadt mit ausgedehntem Verschiebebahnhof, der 1905 zur Entlastung von Gleiwitz angelegt wurde. Nach

1922 nahm die Stadt viele Umsiedler aus dem polnisch gewordenen Teil Oberschlesiens auf. Bei der Volksabstimmung vom 20. 3. 1921 hatten 2503 Einwohner (= 74 v. H.) für Deutschland, 895 für Polen gestimmt. Die Stadt wurde am 23. 1. 1945 von sowjetischen Truppen besetzt, 143 Gebäude wurden vernichtet.
1939: 7734 Einw.; 1945: rund 9000; 1975: nach Errichtung neuer Wohnsiedlungen rund 23700.

Penzig (poln. *Pieńsk*), Kr. Görlitz, 12 km nördlich der Kreisstadt am rechten Ufer der Görlitzer Neiße. Bedeutende Glasindustrie seit 1858 unter Verwendung der Braunkohlevorkommen als Energieträger, unter polnischer Verwaltung Ausbau zur größten Glasproduktion im heutigen polnischen Machtbereich. 1939: 7305 Einw.; 1954 Stadtartige Siedlung; 1962 Stadt; 1970: 5302 Einw.

Peterbaude (poln. *Petrowka*, tschech. *Petrova bouda*), 1288 m, oberhalb Agnetendorfs (s. d.) über der 1178 m hohen Mädelwiese, der großen Senke des mittleren Riesengebirgskammes. Von Johann Petermann 1811 errichtet, 1887 und 1903 durch Neubauten erweitert.

Petersdorf (poln. *Piechowice*), Kr. Hirschberg, 14 km südwestlich der Kreisstadt am Zacken, einem linken Nebenfluß des Bober, 380 m. Grün-

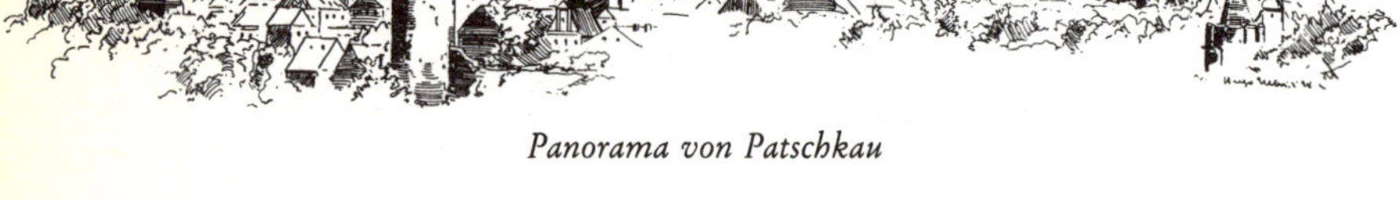

Panorama von Patschkau

Am Ring in Peiskretscham

dung vor 1400, Glasherstellung und Glasschleiferei. Die 1866 gegründete Glashütte Fritz Heckert, ein bedeutendes Werk für die Herstellung von „grillierten Gläsern“ aus Bleikristall, wurde 1923 mit der Josephinenhütte (s. d.) vereinigt. Papier- und Kunstseidenherstellung, Elektroindustrie.
1939: 4427 Einw.; 1956 Stadtartige Siedlung, 1967 Stadt; 1970: 4992 Einw.

Peterswaldau (poln. *Pieszyce*), Kr. Reichenbach, 5 km südwestlich der Kreisstadt, Waldhufendorf am Fuße des Eulengebirges, erstmals 1250 belegt. Bildete mit dem anschließenden Steinkunzendorf (s. d.) eine durchgehende Häuserzeile von 9,5 km Länge. Webereiort seit dem 16. Jh., 1844 auslösender Schauplatz des Weberaufstandes (Gerhart Hauptmann: „Die Weber“, 1892). Das Schloß, ehemals ein prächtiger Renaissancebau aus der Mitte des 16. Jh., wurde 1710 zu einem dreiflügeligen Barockschloß umgebaut; nach 1945 verwahrlost.
1939: 6976 Einw.; 1954 Stadtartige Siedlung; 1962: Stadt; 1970: 9158 Einw. nach Ausbau als Industrieort mit Arbeitersiedlung.

Peterwitz (poln. *Stoszowice*), Kr. Frankenstein, 5 km nordwestlich der Kreisstadt, als deutschrechtliche Siedlung erstmals um 1220 erwähnt, Stadtgründung vor 1239. Grundherrschaft von 1820–1945 im Besitz der Grafen von Strachwitz. Das Schloß aus dem 16. Jh. wurde nach mehrfachem Umbau 1964–1966 unter polnischer Verwaltung restauriert. 1939: 1157 Einw.
Moritz Graf von *Strachwitz*, Balladendichter, * 13. 3. 1822 in Peterwitz, † 11. 12. 1847 in Wien.

Peterwitz (poln. *Piotrowice Świdnickie*), Kr. Schweidnitz, 11 km nordwestlich der Kreisstadt, nach 1241 Bauernsiedlung zu deutschem Recht. Kath. Pfarrkirche von 1260 mit der Grabstätte des preußischen Generalfeldmarschalls Dietrich Wilhelm von Buddenbrock († 1757). Ev. Kirche von 1880–1883, anstelle des ev. Bethauses von 1742 errichtet, nach 1945 abgerissen. Das groß angelegte Renaissanceschloß aus den Jahren 1590–1599 wurde 1945 großenteils zerstört.
1939: 1226 Einw.

Pilchowitz (poln. *Pilchowice*), Kr. Tost/Gleiwitz, nach 1936 Bilchengrund, 12 km südwestlich von Gleiwitz am linken Ufer der Birawka gelegen, Waldhufendorf, kurz vor 1300 gegründet, um 1360 als Stadt belegt. Nach 1742 nur noch Marktflecken, 1837 Verzicht auf das Stadtrecht. Das alte Schloß vom Ende des 17. Jh., auch als „Burg“ bezeichnet, wurde im 18. Jh. durch einen

Holzbrücke zwischen Penzig und Deschka

Bethauskirche in Petersdorf

massiven Neubau ersetzt. Das neue Schloß von 1770–1780 war von 1858–1867 Strafanstalt, von 1867–1921 Lehrerseminar und von 1922–1945 kath. Kinderheim St. Hedwig. Seit 1945 ist es Ruine.

Kath. Pfarrkirche St. Johannes der Täufer 1779/1780 erbaut. Kloster der Barmherzigen Brüder 1802–1814 mit Männerkrankenhaus, 1859 und 1879 im Tudorstil erneuert, 1935 umgebaut. Frauenkloster Marienstift 1911. 1939: 2394 Einw.

Pilgramsdorf (poln. *Pielgrzymka*), Kr. Goldberg, Waldhufendorf 7 km westlich der Kreisstadt unweit des Probsthainer Spitzberges (s. d.), 1245 erstmals belegt. Die heutige ev. Kirche mit Sandsteinportal aus dem 13. Jh. wurde als „Zufluchtskirche" im 16. und 18. Jh. ausgebaut, das Schloß, ursprünglich ein Renaissancebau aus der Mitte des 17. Jh., nach einem Brand 1721 mit barocken Elementen neu errichtet.

Das Pilgramsdorfer Schloß beherbergte im Dreißigjährigen Krieg Wallenstein, im Siebenjährigen Krieg Friedrich den Großen, im Freiheitskrieg vor und nach der Schlacht an der Katzbach die Generäle Blücher und Macdonald. 1945 Zerstörung durch sowjetische Truppen, nicht wieder aufgebaut. 1939: 1269 Einw.

Kurt *Ihlenfeld* (1901–1972), Theologe und Schriftsteller, schildert in seinem Roman „Wintergewitter" (1952) die Ereignisse des letzten Tages vor dem Einmarsch sowjetischer Truppen in das Dorf.

Pilgramshain (poln. *Żółkiewka*), Kr. Schweidnitz, 1242 gegründete Dorfgemeinde, Rittergut mit klassizistischem Schloß von 1838, 1945 zerstört. Der Ort war in der Schlacht von Hohenfriedeberg (s. d.) am 4. 6. 1745 hart umkämpft. 1939: 690 Einw.

Pilsnitz (poln. *Wrocław-Pilczyce*), Stadtkreis Breslau, 8 km nordwestlich der Innenstadt von Breslau am linken Oderufer, Besitz der Familie von Woyrsch von 1778–1945. Das Schloß wurde 1900 abgerissen und durch einen Neubau ersetzt, nach 1945 unter polnischer Verwaltung Taubstummenanstalt. Vom 28. 12. 1740–1. 1. 1741 Hauptquartier Friedrichs des Großen im Ersten Schlesischen Krieg vor seinem Einzug am 3. 1. 1741 in Breslau.

Piltsch (poln. *Pilszcz*), Kr. Leobschütz, 22 km südöstlich der Kreisstadt, 6 km nördlich von Troppau, als deutsches Angerdorf beiderseits der Ostra im 13. Jh. gegründet; 1742 preußisch und

Schloß Peterwitz bei Frankenstein

von da an Grenzort zwischen Preußisch und Österreichisch Schlesien. Grundbesitz der Fürsten von Liechtenstein bis in das 19. Jh., fürstliches Kirchenpatronat noch bis in das 20. Jh. Kath. Pfarrkirche aus dem 16. Jh. 1777 barockisiert. 1939: 1460 Einw.

Pitschen (poln. *Byczyna*), Kr. Kreuzburg, 16 km nördlich der Kreisstadt, 4 km zur alten Grenze von Großpolen, 276 m. Gründung deutscher Siedler um 1228, 1268 erstmals als Stadt erwähnt; 1327 böhmisch, 1526 habsburgisch, 1742 preußisch. Planmäßig angelegte Kolonistenstadt mit rechteckigem Ring und Rathaus in der Mitte, erhalten gebliebene Stadtbefestigung mit zwei Toren.

Die gotische ev. Nikolauskirche aus dem 14. Jh. wurde 1886–1888 erneuert, die barocke kath. Dreifaltigkeitskirche von 1767 geht auf das Jahr 1283 zurück. Das barock-klassizistische Rathaus von 1757 wurde 1945 zerstört.

Bei der Volksabstimmung vom 20. 3. 1921 wurden 2103 Stimmen für Deutschland, 59 für Polen abgegeben. Pitschen wurde am 18. 1. 1945 von sowjetischen Truppen besetzt und zu 80 v. H. zerstört. 1939: 3021 Einw.; 1971: rund 2400.

Kirchenruine in Peterwitz bei Jauer

Grenzkirche in Pilgramsdorf

Pitschen (poln. *Pyszczyn*), Kr. Neumarkt, Dorfgemeinde über dem Tal des Striegauer Wassers, 1213 erstmals erwähnt. Schloßanlage aus dem 18. Jh. im Besitz der Grafen von Matuschka, kleines Theater im Park für Liebhaberaufführungen. 1939: 318 Einw.

Plagwitz (poln. *Płakowice*), Kr. Löwenberg, Landgemeinde, 1217 erstmals erwähnt. Um 1550 Bau eines Schlosses mit Wallgraben, das mit seinem aufwendigen Renaissanceportal als das bedeutendste schlesische Adelsschloß des 16. Jh. galt. Seit 1824 Staatliche Heil- und Pflegeanstalt. 1939: 1868 Einw.

Pläswitz (poln. *Pielaszkowice*), Kr. Neumarkt, im ausgehenden 12. Jh. erstmals bestätigt. Renaissanceschloß aus dem 16. Jh. von 1777–1945 im Besitz der Freiherren von Buddenbrock. Letzter Besitzer war der Reiter und Pferdezüchter Erich Freiherr von Buddenbrock († 1966). 1939: 470 Einw.

Plawniowitz (poln. *Pławniowice*), Kr. Tost/Gleiwitz, 1936 in Flößingen umbenannt, 17 km nordwestlich von Gleiwitz am linken Klodnitzufer. Schloßanlage im Renaissancestil 1884/1885 anstelle eines älteren Baues, nach 1945 Nonnenkloster. Seit 1798 Majoratsherrschaft der Grafen von Ballestrem. 1939: 1357 Einw.

Graf Franz von *Ballestrem*, * 5.8.1834, † 23.12.1910 in Plawniowitz, führender Zentrumspolitiker, Abgeordneter des Reichstages, 1898–1910 Reichstagspräsident.

Pless (poln. *Pszczyna*), Kreisstadt in Ost-Oberschlesien am Plesse-Bach, einem linken Nebenfluß der Weichsel. Deutsche Stadtgründung von 1276 ist 1327 bezeugt.

Standesherrschaft des aus dem uradligen Hause Hochberg hervorgegangenen schlesischen Fürstengeschlechtes, dessen Güter auch nach der durch den Genfer Schiedsspruch vom 20.10.1921 beschlossenen Teilung Oberschlesiens bis 1945 im Besitz der Familie blieben. Letzter Besitzer war der letzte Fürst von Pless, Hans Heinrich XVII. Graf von Hochberg und Freiherr von

Rathaus in Pitschen/OS

Schloß Plagwitz

Fürstenstein, der am 26.1.1984 in London starb. Das Schloß, 1743–1767 errichtet, 1847 umgebaut und 1870–1874 weitgehend neu gestaltet, beherbergt seit 1945 ein kulturgeschichtliches Museum. Während des Ersten Weltkrieges hatte Kaiser Wilhelm II. von 1915–1917 sein Großes Hauptquartier im Schloß zu Pless. Kath. Pfarrkirche, ev. Kirche und Rathaus wurden nach dem Brand von 1748 neu errichtet und im 19. und 20. Jh. vielfach verändert. 1939: rund 8000 Einw.; 1973: etwa 18500.

Max *Friedlaender*, Publizist, Mitbegründer der Wiener Tageszeitung „Neue Freie Presse“, * 18.6.1829, † 20.4.1872 in Nizza;

Karl *Hoefer*, Generalleutnant, Befehlshaber des deutschen Selbstschutzes 1921, * 29.12.1862, † 12.5.1939 in Würzburg.

Podiebrad (poln. *Gościęcice*), Kr. Strehlen, nach dem Siebenjährigen Krieg angelegte Fluchtsiedlung böhmischer Protestanten, die 1937 nach dem ihnen 1764 überlassenen Staatsgut Mehltheuer umbenannt wurde. Zusammenschluß mit der ev.-reformierten Gemeinde im benachbarten Hussinetz, seit 1937 Friedrichstein. 1939: 895 Einw.

Pohlschildern (poln. *Szczytniki nad Kaczawą*), Kr. Liegnitz, Landgemeinde an der Katzbach, einem linken Nebenfluß der Oder nahe der Kreisstadt. Das 1713 als Herrensitz erbaute Schloß war durch Erbgang und Heirat fast 250 Jahre in Familienbesitz. Letzte Besitzerin war Ruth Gräfin von Arnim. 1939: 414 Einw.

Alte Holzkirche in Pless

Polkwitz (poln. *Polkowice*), Kr. Glogau, 1937 in Heerwegen (s. d.) umbenannt.

Prausnitz (poln. *Prusice*), Kr. Militsch, 28 km südwestlich der Kreisstadt, 100 m. Stadtgründung mit deutschem Recht vor 1287, 1329 böhmisch, 1526 habsburgisch, 1742 preußisch. Kolonistenstadt mit quadratischem Ring und Stadtmauer, die 1819 abgetragen wurde.
Die kath. Stadtpfarrkirche St. Jakobi von 1492 geht auf das Jahr 1335 zurück, die ev. Matthiaskirche trat 1911 an die Stelle des 1742 errichteten ev. Bethauses; Rathaus von 1523.
Prausnitz wurde am 21. 1. 1945 von sowjetischen Truppen besetzt und stark zerstört. Unter polnischer Verwaltung 1970 Verlust des Stadtrechtes. 1939: 2 018 Einw.; 1961: rund 1 400.

Prieborn (poln. *Przeworno*), Kr. Strehlen, 13 km südöstlich der Kreisstadt. In den Steinbrüchen wurde der graue Prieborner Marmor gewonnen, der zumeist in Schlesien verarbeitet wurde. 1939: 926 Einw.

Priebus (poln. *Przewóz*), Kr. Rothenburg/OL, 20 km nördlich der Kreisstadt, östlich der Görlitzer Neiße inmitten der „Priebuser Heide" gelegen, 1273 erstmals genannt, 1311 als Stadt bezeichnet; 1368 böhmisch, 1526 habsburgisch, 1742 preußisch. Kolonistenstadt mit Ringmauer und teilweise noch erhaltener Burg. Dort vor dem „Hungerturm" die später errichtete Freilichtbühne. Bis 1932 gehörte Priebus zum Kreis Sagan.
Die ev. Kirche von 1823 geht auf das 1755 errichtete ev. Bethaus zurück, die kath. Kirche von 1311 erhielt ihren jetzigen Bau im 15. Jh., Rathaus von 1564.
Priebus wurde am 16. 4. 1945 von sowjetischen Truppen besetzt und stark zerstört. Nach 1945 unter polnischer Verwaltung Verlust des Stadtrechtes. 1939: 1 270 Einw.; 1960: rund 1 000.

Primkenau (poln. *Przemków*), Kr. Sprottau, 20 km südöstlich der Kreisstadt am Südrand der „Sprottauer Heide" westlich der Oder, 150 m. Kolonistenansiedlung um 1305, deutsches Stadtrecht 1484; 1490 böhmisch, 1526 habsburgisch, 1742 preußisch. Die Erweiterung der Hauptdurchgangsstraße bildet den rechteckigen Ring. Von 1853–1931 Grundbesitz des Hauses der Herzöge von Schleswig-Holstein-Augustenburg, danach bis 1945 dem letzten preußischen Kronprinzen Wilhelm gehörend. Das Schloß von 1397 wurde 1772, 1853 und schließlich 1894–1897 im Stil der Frührenaissance um- und ausgebaut. Hier verbrachte die letzte deutsche Kaiserin Auguste

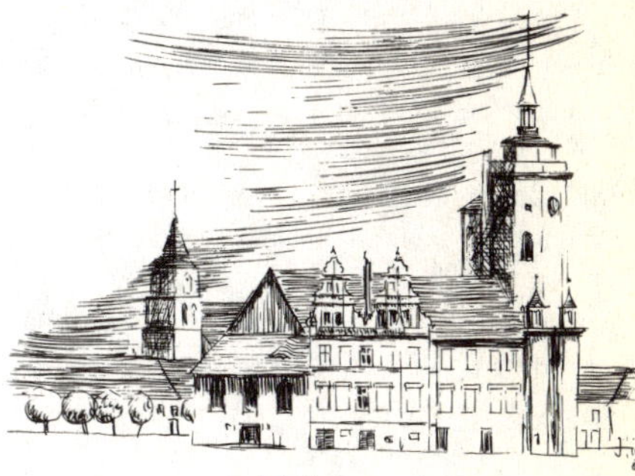

Schloß Prausnitz

Hungerturm in Priebus

Viktoria (1858–1921) ihre Jugendjahre bis zur Eheschließung (27. 2. 1881) mit dem späteren Kaiser Wilhelm II. (1859–1941). Das Schloß ist 1945 ausgebrannt, die Grabstätten der herzoglichen Familie wurden geschändet und ausgeraubt.

Die ev. Kirche von 1776 löste das ev. Bethaus von 1744 ab, die kath. Kirche von 1804 geht auf das Jahr 1376 zurück. Aus den Eisenhämmern des Mittelalters gingen 1794 der erste Hochofen, 1895 die Friedrich-Christian-Hütte und 1906 die Dorotheen-Hütte hervor.

Primkenau wurde am 12. 2. 1945 von sowjetischen Truppen besetzt, nachdem die Stadt durch Artilleriebeschuß erheblich in Mitleidenschaft gezogen war. 1939: 4 860 Einw.; 1945 unter polnischer Verwaltung vorübergehender Verlust des Stadtrechtes, nach Ausbau der Metallindustrie 1954 Stadtartige Siedlung; 1959 wieder Stadtrecht; 1969: 5 193 Einw.

Prinz-Heinrich-Baude, 1888/1889 erbautes Berggasthaus, 1 410 m, auf dem östlichen Riesengebirgskamm, 180 m über dem Südufer des Großen Teichs, mit Medaillonrelief des Prinzen Heinrich von Preußen an der Stirnseite der Aussichtsrampe. Der Prinz wohnte zu jener Zeit mit seiner jungen Gattin auf Schloß Erdmannsdorf.

Probsthainer Spitzberg, 501 m, spitzer Basaltkegel mit charakteristischer Bergsilhouette. Liegt zwischen Bober und Katzbach südwestlich von Probsthain (poln. *Proboszczów*), Kr. Goldberg, am Ende der „Langen Gasse“, einer vom nördlich gelegenen Gröditzberg durch elf Dörfer sich hinziehenden, 50 km langen Häuserreihe.

Proskau (poln. *Prószków*), Kr. Oppeln, 11 km südöstlich der Kreisstadt, 1311 erstmals belegt, Stadtgründung 1560 mit rechteckigem Marktplatz, zu jener Zeit eine der kleinsten Städte in Schlesien. Das nach 1563 errichtete Renaissance-Schloß wurde 1644 durch Brand zerstört und 1677–1883 barockisiert wieder aufgebaut. Zu preußischer Zeit war hier von 1847 an eine landwirtschaftliche Akademie untergebracht, die 1881 nach Berlin verlegt wurde. In Proskau verblieben eine Lehranstalt für Obst- und Gartenbau und ein milchwirtschaftliches Institut. Als Ersatz für die Akademie wurde 1887 das Lehrerseminar Oppeln nach Proskau verlegt, dort 1923 aufgelöst.

Schloß Primkenau

Probsthainer Spitzberg

Die 1687 vollendete kath. Stadtpfarrkirche St. Georg geht auf das Jahr 1447 zurück. Eine 1763 zur Auswertung der Tonlager gegründete Fayence-Fabrik arbeitete bis 1850. 1939: 2489 Einw.; 1961: 2428.

Pschow (poln. *Pszów*), Kr. Rybnik/Loslau, 12 km südwestlich der Kreisstadt gelegenes Straßendorf, 1265 mit deutschem Recht ausgestattet. Die spätbarocke Pfarr- und Wallfahrtskirche von 1743–1746 erhielt 1847 ihre beiden Türme. Entwicklung zur Bergarbeitersiedlung nach Eröffnung der Kohlengrube „Anna" 1832. 1922 fiel der Ort an Polen. 1931: rund 6100 Einw.; nach Ausweitung des Kohlenbergbaues und Eingemeindungen 1954 Stadterhebung; 1970: 12896 Einw.

Joseph *Ferche,* Weihbischof, Protektor des Heimatwerkes schlesischer Katholiken, * 9.4.1888, † 23.9.1965 in Köln.

Psychod (poln. *Przechód*), Kr. Neustadt/OS, 1936 umbenannt in Waldfurt (s.d.).

Puschkau (poln. *Pastuchów*), Kr. Schweidnitz, Straßendorf 8 km nordöstlich der Kreisstadt am Striegauer Wasser, einem linken Nebenfluß der Weistritz. Gründung vor 1150, deutsches Recht 1259. Wasserschloß von 1565, der alte Wohnturm 1935 restauriert. 1832 Bau einer Zuckerfabrik. Die ev. Kirche von 1892 wurde 1956 abgerissen, die kath. Kirche vor 1653 erbaut. 1939: 966 Einw.

Quaritz (poln. *Gaworzyce*), Kr. Glogau, 1937 in Oberquell umbenannt, Straßenangerdorf am Südwestrand der Dalkauer Berge, vermutlich 1230 deutschrechtlich umgesetzt. Grundherrschaft von 1694–1945 im Besitz der Freiherren von Tschammer. Letzter Besitzer des aus dem Anfang des 18. Jh. stammenden, klassizistisch beeinflußten Barockschlosses war Siegfried Freiherr von Tschammer und Quaritz († 1948). Kath. Kirche aus dem 14. Jh., ev. Kirche von 1743. 1939: 1720 Einw.

Queis (poln. *Kwisa*), linker Nebenfluß des Bober (s. d.), entspringt im Isergebirge und mündet nach 105 km langem Lauf zwischen Mallmitz und Sagan in den Bober. Im Oberlauf zwei Talsperren: die Talsperre bei Marklissa (poln. *Leśna*), 1901–1907 errichtet (15 Mio. cbm Stauraum, 5,6 km Stauweite, 45 m Stauhöhe), und die Talsperre bei Goldentraum (poln. *Złotniki Lubańskie*), 1921–1924 errichtet (10,5 Mio. cbm Stauraum, 8,2 km Stauweite, 36 m Stauhöhe).

Rabengebirge, Höhenzug der Sudeten südlich von Landeshut, durch den Bober vom Landeshuter Kamm des Riesengebirges getrennt. Höchste Erhebung: Königshaner Spitzberg (tschech. *Královecký Špičák*), 879 m.

Rackschütz (poln. *Rakoszyce*), Kr. Neumarkt, 8 km südöstlich der Kreisstadt gelegenes Gutsdorf mit altem, klassizistisch umgebautem Schloß; Majoratsherrschaft zuletzt im Besitz von Hans Georg von Kramsta auf Frankenthal (poln. *Chwalimierz*), Kr. Neumarkt. 1939: 536 Einw.

Radau (poln. *Rodawie*), Kr. Rosenberg/OS, Gutsdorf mit 1848–1852 in klassizistischem Stil errichtetem Herrenhaus, 1922 durch den letzten Besitzer, Oberst a. D. Balthasar von Aulock, stilgerecht umgebaut. Unzerstört und nach 1945 unter polnischer Verwaltung Altersheim. 1939: 1283 Einw.

Radzionkau (poln. *Radzionków*), Kr. Tarnowitz, 7 km südöstlich der Kreisstadt, ostober-

Prinz-Heinrich-Baude im Riesengebirge

Schloß Quaritz

schlesische Industriestadt mit Kohlengrube (1871–1877) und Zinkhütte (1883/1884). 1941: 16951 Einw.; 1951 Stadterhebung; 1970: 27884 Einw.

Randsdorf (poln. *Wieszowa*), Kr. Beuthen-Tarnowitz, östlich von Peiskretscham auf dem oberschlesischen Muschelkalkrücken gelegener Industrieort, bis 1935 Wieschowa, gegründet in der zweiten Hälfte des 13. Jh.
Das in der Mitte des 17. Jh. errichtete Schloß gelangte 1839 in den Besitz der Grafen Henckel von Donnersmarck auf Neudeck, die es umbauen ließen. Im 16. Jh. Abbau von Bleierzen, im 19. Jh. Erschließung einer Galmei- und einer Erzgrube. 1939: 3879 Einw.; 1958 Stadtartige Siedlung; 1970: 3112 Einw.

Ratibor (poln. *Racibórz*), Stadtkreis und Kreisstadt 140 km südöstlich der Landeshauptstadt beiderseits der Oder, 192 m. Deutsche Kolonistensiedlung seit 1217 mit 1108 erstmals erwähnter Wallburg zum Schutze des Oderüberganges im Zuge einer Handelsstraße von der Mährischen Pforte in Richtung Krakau. Stadterhebung 1235, 1299 mit Magdeburger Stadtrecht ausgestattet; 1327 böhmisch, 1526 habsburgisch, 1742 preußisch. Stadtanlage mit rechteckigem Ring (116 m x 58 m), in dessen Mitte ein ursprünglich hölzernes Rathaus stand, 1825/1826 neu erbaut, 1926 umge-

Radzionkau

baut. Ratibor war bis 1945 die südöstlichste Stadt des Deutschen Reiches.
Die kath. Liebfrauenkirche Mariä Himmelfahrt von 1286 mit ihrem bedeutenden Hochaltar von 1656 und dem 68 m hohen Turm von 1588 wurde letztmals 1891/1892 erneuert und ausgebaut, die kath. Nikolauskirche von 1900/1902 geht auf das Jahr 1299 zurück, die Dominikanerkirche am Ring entstand 1637, wurde nach der Säkularisierung 1830 an die ev. Gemeinde übergeben und 1909 sowie 1928 ausgebaut und erneuert. Nach der Errichtung einer weiteren ev. Kirche 1911 wurde die ehemalige Klosterkirche 1926 städtisches Museum. Das Klostergebäude wurde seit 1823 als Gymnasium genutzt. Von 1899–1926 bestand in Ratibor ein kath. Lehrerseminar.
Die Schloßkapelle aus dem Ende des 13. Jh. blieb bis in unsere Zeit erhalten. Das Schloß brannte 1858 teilweise aus, wurde in seiner ursprünglichen Form wiederhergestellt, 1945 jedoch zerstört. Letzter Besitzer bis 1945 war Franz Albrecht Herzog von Ratibor.
Im 19. Jh. Gründung von Industriebetrieben, darunter Werkzeug- und Maschinenfabriken, ein Gußstahlwerk, eine Hutfabrik und die Schnupftabakfabrik der Familie Julius Doms, die 1947 in Orsoy am Niederrhein wieder aufgebaut wurde.
Bei der Volksabstimmung am 20. 3. 1921 wurden 22291 Stimmen für Deutschland, 2227 für Polen abgegeben. Durch die Grenzziehung von 1922 verlor die Stadt ihr Hinterland im Osten und Westen. Der Landkreis Ratibor mußte zusammen mit dem Hultschiner Ländchen 43 v. H. seiner Gesamtfläche mit etwa 65000 Einwohnern an Polen und die Tschechoslowakei abgeben. Zwischen dem 23. 1. und dem 8. 5. 1945 lag Ratibor in der umkämpften Frontlinie, wurde am 30. 3. 1945 aufgegeben und zu 80 v.H. zerstört.
1939: 50004 Einw.; 1990: 63000. Heimatzeitung: Der Ratiborer, Warendorf, seit 1954. In Ratibor geboren:
Theodor *Lobe,* Schauspieler und Theaterleiter, * 8. 3. 1833, † 21. 3. 1909 in Kötzschenbroda;
Arnold Ludwig *Mendelssohn,* Erneuerer der evang. Kirchenmusik, * 2. 12. 1855, † 19. 2. 1933 in Darmstadt;
Johannes *Boese,* Bildhauer, Schöpfer des Eichendorff-Denkmals in Ratibor, * 27. 12. 1856, † 20. 4. 1917 in Berlin;

Stockhausturm in Ratibor

Ratibor

Max *Berek,* Optiker und Physiker, Konstrukteur der Leica-Optik, * 16. 8. 1886, † 15. 10. 1949 in Freiburg/Breisgau;
Ludwig *Reiners,* Schriftsteller, * 25. 1. 1896, † 10. 8. 1957 in München;
Johannes *Leppich,* Jesuit, Prediger, * 1915, lebt in Münster/Westf.

Raudten (poln. *Rudna Miasto*), Kr. Lüben, Ackerbürger- und Handwerkerstadt 16 km nordöstlich der Kreisstadt, 108 m. Wahrscheinlich um 1300 als deutsche Stadt „aus wilder Wurzel" gegründet; 1329 böhmisch, 1526 habsburgisch, 1742 preußisch. Kolonistenstadt mit rechteckigem Ring.
Die ehemalige Katharinenkirche aus dem 15./16. Jh. wurde 1707 der ev. Gemeinde überlassen, die kath. Gemeinde erhielt 1708 zunächst das „Alte Rathaus" als Kirchenraum, Ausbau zur Kirche 1832. Rathausbau 1770–1773.
Ziegelei und Kartoffelflockenfabrik. Wirtschaftlicher Aufschwung durch den nach 1960 entwikkelten Kupferbergbau im Glogau-Liegnitzer Gebiet.
Raudten war vom 25. 1. bis 8. 2. 1945 hart umkämpft, wurde stark zerstört und schließlich von sowjetischen Truppen besetzt. 1939: 1716 Einw.; 1961: rund 1100.
Johannes *Heermann,* ev. Kirchenliederdichter, * 11. 10. 1585 in Raudten, † 27. 2. 1647 in Lissa (Posen).

Rehorngebirge (tschech. *Rýchory*), südöstlicher Ausläufer des Riesengebirges, mit dem Rehorn, auch Höfelbusch (tschech. *Dvorský les*) genannt, 1033 m, schlesisch-böhmische Grenzscheide als Fortsetzung des Kolbenkammes (poln. *Grzbiet Lasocki*). Im Rehorngebirge waren zu alter Zeit Silber- und Goldbergwerke. In 864 m Höhe auf schlesischer Seite die Boberquelle.

Reibnitz (poln. *Rybnica*), Kr. Hirschberg, Gutsdorf 9 km südwestlich der Kreisstadt mit der Schloßruine „Lausepelz" als Rest eines Hochschlosses aus dem 16. oder 17. Jh. Die volkstümliche Bezeichnung geht auf das überlieferte lateinische *„laudis palatina"* zurück. Bis 1365 soll hier ein Nonnenkloster bestanden haben, dann soll es Kaiserpfalz Karls IV. gewesen sein.
Kath. Kirche aus dem 15. Jh., ev. Kirche Fachwerkbau von 1747 mit reicher Innenausstattung, die nach 1945 unter polnischer Verwaltung nach Warschau verschleppt wurde; Kirche abgerissen. 1939: 874 Einw.

Reichenbach/Eule (poln. *Dzierżoniów*), Kreisstadt 48 km südwestlich der Landeshauptstadt oberhalb des Zusammenflusses von Peile und Klinkenbach in der Ebene vor dem Eulengebirge, 255–283 m. Vor 1230 als Stadt mit deutschem Recht vermutlich von Tuchmachern und Leine-

Ring in Raudten

webern aus Reichenbach im Vogtland gegründet, die das Handwerk als Grundlage späterer Wirtschaftsentwicklung mitgebracht hatten. Kolonistenstadt mit rechteckigem Ring (1,43 ha) in der Stadtmitte; 1368 böhmisch, 1526 habsburgisch, 1742 preußisch.

Kath. Pfarrkirche St. Georg von 1258 im 16. und 17. Jh. ausgebaut, ev. Kirche 1795–1798 nach Plänen von Carl Gotthard Langhans errichtet. Berühmter Friedhof, von Friedrich Sadebeck 1804 als Schenkung angelegt. Letzter Rathausbau 1873–1875.

Neben Textilindustrie, Zellwollverarbeitung, Webstuhl- und Laktosefabrik auch Elektroindustrie (Rundfunkgerätefabrik, unter polnischer Verwaltung fortgeführt).

Reichenbach wurde erst nach der Kapitulation vom 8. 5. 1945 von sowjetischen Truppen besetzt und blieb von Kriegszerstörungen verschont. 1939: 17253 Einw.; 1975: rund 35400.

Die polnische Ortsbezeichnung war ursprünglich Rychbach, wurde aber 1946 nach dem Bienenforscher Dr. Johannes *Dzierzon* (* 16. 1. 1811 in Lowkowitz, Kr. Kreuzburg/OS, † 26. 10. 1906 ebendort) in Dzierżoniów umgeändert.

Patenschaft über Stadt und Kreis: Stadt und Kreis Warendorf, Nordrhein-Westfalen, seit 1952.

Ev. Bethaus in Reibnitz

Reichenbach

Heimatzeitung: Heimatbrief Hohe Eule, Warendorf, seit 1952.

Reichenbach/OL, ehemals Kreis Rothenburg/OL, seit 1945 Kreis Görlitz, 1990 Land Sachsen. Gründung als deutsche Siedlung um 1200, um 1230 zur deutschen Stadt erhoben; 1329 böhmisch, 1526 habsburgisch, 1635 kursächsisch, 1815 preußisch. Marktsiedlung mit großem, rechteckigem Ring in der Stadtmitte.

Die seit 1548 ev. Johanneskirche geht auf das Jahr 1238 zurück, die kath. Kirche St. Anna aus dem 16. Jh. wurde 1899/1900 erneuert. In Reichenbach bestand von 1862–1926 ein ev. Lehrerseminar. Heimatmuseum 1923, Rundfunksender 1937.

Blaugranit- und Farbglaswerke, Hartsteinschleiferei, chemische Fabrik, Sägewerk.

Die Stadt wurde erst nach der Kapitulation am 8. 5. 1945 von sowjetischen Truppen besetzt. 1939: 2822 Einw.

Reichenstein (poln. *Złoty Stok*), Kr. Frankenstein, alte Bergstadt 18,5 km südöstlich der Kreisstadt am Nordabhang des Reichensteiner Gebirges, 351 m. Bergbaufreiheit 1273 durch Herzog Heinrich IV. von Breslau, Stadtrecht vor 1344; 1335 böhmisch, 1526 habsburgisch, 1742 preußisch. Unregelmäßiger Stadtgrundriß mit Ring in der Stadtmitte.

Von dem alten Bergbau – im „Goldenen Esel" wurde Gold gewonnen – zeugen im Schlackental die riesigen Schutt- und Schlackenhalden, auf denen hoher Fichtenwald steht. Von 1701–1961 war hier das größte Arsenikwerk der Welt in Betrieb; in neuerer Zeit Kalkwerke, Sprengstofffabrik, Streichholzherstellung.

Die Salvatorkirche, ursprünglich St. Corpus Christi, von 1517 ist seit 1708 ev. Stadtpfarrkirche. Die kath. Gemeinde, die seit 1708 die Dreifaltigkeitskapelle von 1583 benutzte, erhielt 1875–1877 die neue Pfarrkirche Zur Unbefleckten Empfängnis.

Ev. Pfarrkirche in Reichenbach

Bergstadt Reichenstein

Im Gebäude der ehemaligen Stadtbibliothek wurde 1985 ein Gold-Museum eröffnet, das auf die einstige Goldgewinnung in diesem Gebiet hinweist.

Die Stadt wurde erst nach der Kapitulation vom 8. 5. 1945 von sowjetischen Truppen besetzt. 1939: 2609 Einw.; 1970: 3088.

Reichensteiner Gebirge (poln. *Góry Złote,* tschech. *Rychlebské hory*), Nordwestteil der Ostsudeten zwischen Altvater- und Eulengebirge, von diesem durch das Tal der Glatzer Neiße getrennt, bis zu 1125 m.

Reichthal (poln. *Rychtal*), ehemals Kreis Namslau, nach 1919 Kreis Kempen, Wojewodschaft Posen (Wartheland), kleine Landstadt 26 km nordöstlich von Namslau jenseits der alten Reichsgrenze, 1222 Besitz des Deutschen Ordens, erste Stadtgründung zwischen 1250 und 1270.

Nachdem die deutschen Siedler seit dem Mittelalter die polnische Sprache angenommen hatten, wurde die Stadt im Versailler Vertrag als einzige schlesische Stadt ohne Abstimmung dem polnischen Staat zugeteilt. Eine private Abstimmung, die immerhin 95 v. H. Stimmen für das Verbleiben beim Deutschen Reich ergab, blieb unbeachtet.

Die Herauslösung der Stadt aus ihrem Umfeld

verursachte ihren Niedergang, 1934 Verlust des Stadtrechtes. 1961: 1081 Einw.

Reifträger (poln. *Szrenica*), 1362 m hoher Berg im westlichen Riesengebirge über dem böhmischen Isertal, wie die meisten Erhebungen auf dem Riesengebirgskamm ein Berg aus zusammengebrochenen Felstrümmern. Auf dem Westgipfel der Pferdekopfstein (1298 m), südlich vom Reifträger die Sau- oder Schweinesteine und die Quargsteine (1332 m).

Die Reifträgerbaude, früher auch Deutschböhmerhaus genannt, wurde erst Ende der zwanziger Jahre errichtet. Sie ist jetzt unbewirtschaftet und in desolatem Zustand.

Reihwiesen (tschech. *Rejvíz*), Kreis Freiwaldau, mit 758 m höchstgelegenes Pfarrdorf im ehemaligen Österreichisch Schlesien, zwischen Freiwaldau und Zuckmantel auf einer Hochfläche des die Biele begleitenden Urlichkammes in den nördlichen Ausläufern des Altvatergebirges. Der Ort ist eine ehemalige Bergwerkskolonie, südwestlich davon das schlesische „Vineta", eine Sumpffläche mit mehreren Teichen, deren größter, der Seenteich, auch „Sühnteich" genannt wird. 1930: 351 Einw., darunter 6 Tschechen.

Reinerz, Bad (poln. *Duszniki Zdrój*), Kr. Glatz, 22 km westlich der Kreisstadt an der Reinerzer Weistritz im Paßsattel zwischen Heuscheuer- und Adlergebirge, mit 556–568 m einst höchstgelegener Kurort Preußens, als Herzbad auch „Wildungen des Ostens" genannt. „Aus grüner Wurzel" 1324 mit deutschem Stadtrecht als offene Marktsiedlung mit rechteckigem Ring in der Stadtmitte gegründet.

Die erstmals 1324 erwähnte kath. Pfarrkirche St. Peter und Paul, 1708–1730 barockisiert und durch die Nothelferkapelle erweitert, ist berühmt durch ihre Kanzel in der Form eines offenen Walfischmaules. Die kath. Kirchengemeinde gehörte mit dem Generalvikariat der Grafschaft Glatz zur Erzdiözese Prag. Die ev. Kirche wurde als erste vom Gustav-Adolf-Verein in Deutschland errichtete Kirche 1846 erbaut und 1894 erweitert.

Als Bad nahm Reinerz seinen Aufschwung nach Erbohrung der „Kalten Quelle" 1748 (+ 11 Grad) und der „Lauen Quelle" 1797 (+ 18,4 Grad), des einzigen Thermal-Mineralsprudels im deutschen Osten. Insgesamt neun Mineralquellen, alkalischerdige Eisensäuerlinge. Zu den berühmtesten

Reichthal

Reifträgerbaude

Kurgästen gehörten Friedrich der Große, Carl von Holtei, Felix Mendelssohn-Bartholdy und Friedrich Chopin, zu dessen Ehren seit 1946 hier Chopin-Festspiele veranstaltet werden.
Baudenkmäler: „Das Kaiserliche Haus" von 1361, die Mariensäule auf dem Oberring von 1725, die Papiermühle von 1562. Hier wurde das „milbenfreie Büttenpapier" für die Staatsurkunden des Reiches hergestellt, nach 1945 unter polnischer Verwaltung Museum für Papierherstellung. Daneben Holz-, Glas- und Textilindustrie.
Bad Reinerz wurde erst nach der Kapitulation vom 8. 5. 1945 von sowjetischen Truppen besetzt. 1939: 4690 Einw.; 1973: rund 5200.

Reinerzer Weistritz, s. Weistritz.

Riesenbaude, Berggasthof auf der böhmischen Seite des Riesengebirgskammes, 1394 m, an der Kreuzung des aus dem Melzergrund heraufkommenden und in den Riesengrund hinabführenden Weges mit dem Kammweg 1847 von Stefan Mitlöhner erbaut.

Riesengebirge (poln. *Karkonosze*, tschech. *Krkonoše*), höchster Gebirgsteil der Sudeten, durch den Jakobstaler Paß (poln. *Przełęcz Szklarska*; 888 m) vom Isergebirge und durch die Landeshuter Pforte (poln. *Przełęcz Kowarska*; 726 m) vom Waldenburger Bergland getrennt, 37 km lang und bis zu 25 km breit, mit der Schneekoppe (1603 m) als höchster Erhebung.
Der Kamm hat eine durchschnittliche Höhe von 1250 m, auf ihm verläuft die schlesisch-böhmische, heute polnisch-tschechische Grenze. Das Gebirge besteht hauptsächlich aus Granit und kristallinen Schiefern, Baumgrenze bei 1250–1300 m, hier waldlose, mit Krüppelholz bestandene Weidehochfläche mit Karen und Hochmooren. Über 1400 m nur noch Flechten und alpiner Pflanzenwuchs. Wasserscheide zwischen Elbe und Oder.

Am Ring in Bad Reinerz

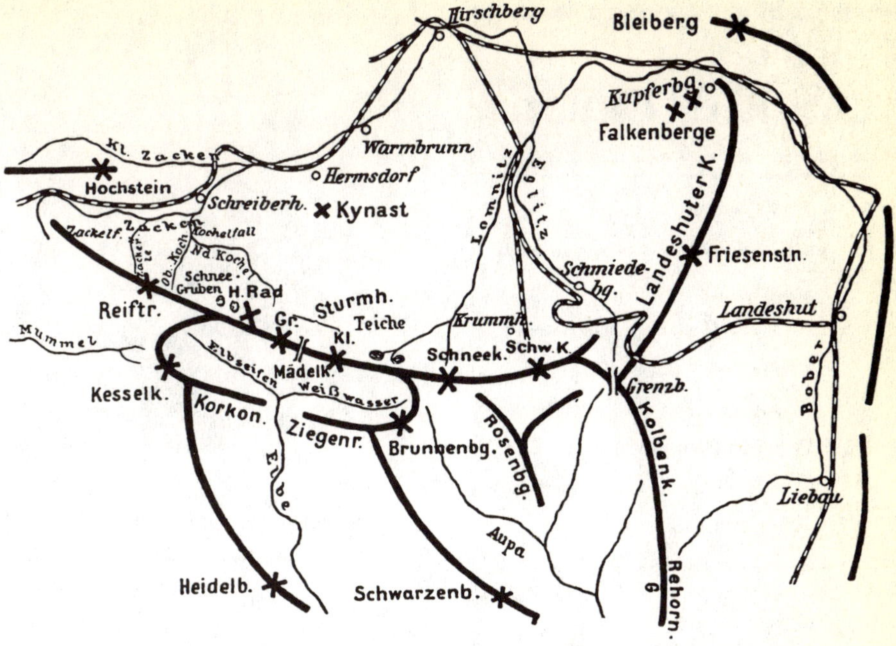

Das Riesengebirge

Besiedlung im Spätmittelalter, Bergbau und Waldwirtschaft, Glasfabrikation, Holzindustrie, Fremdenverkehr. Unter polnischer Verwaltung wurden von Krummhübel und Schreiberhau zwei Lifte zum Kamm hinauf gebaut, von tschechischer Seite führt ein Lift von Petzer aus auf die Schneekoppe. Vernachlässigung der Region nach 1945 durch Industrialisierung besonders in den Tälern, Kahlschläge und militärische Sperrzonen. Das Riesengebirge ist in der schlesischen Sagenwelt das Reich des Berggeistes Rübezahl. Seine Landschaft beeinflußte stark die Malerei der Romantik. Bilder von Ludwig Richter (1803–1884) und Caspar David Friedrich (1774–1840).

Rogau-Rosenau (poln. *Rogów Sobocki*), Kr. Breslau, Straßendorf nördlich des Zobtenberges, 25 km südwestlich der Landeshauptstadt, 1307 erstmals genannt.
Das Schloß, eine um 1760–1780 ausgebaute und um 1860 erweiterte ehemalige Wasserburg mit Burggraben, war seit 1852 im Besitz der Familie der Grafen von Pückler.
In der ev. Pfarrkirche im Ortsteil Rosenau fand am 27. 3. 1813 die Einsegnung des Lützowschen Freikorps statt, dokumentiert in einem großen, in der Kirche angebrachten Gemälde von Max Weese. Die Kirche, ein schlichter, klassizistischer Bau von 1795, wurde 1945 teilweise zerstört. Kath. Pfarrkirche St. Johannes der Täufer aus dem Anfang des 15. Jh. 1939: 1259 Einw.

Rohnstock (poln. *Roztoka*), Kr. Jauer, Dorfgemeinde 11 km südöstlich der Kreisstadt an der

Riesenbaude

Rohnstock, Turm der kath. Pfarrkirche

Wütenden Neiße, 1305 zu deutschem Recht ausgesetzt. Der Schloßbau mit Turmfront aus den Jahren 1868–1871 geht auf frühere Bauten aus dem 16. und 18. Jh. zurück, von 1497–1945 im Besitz der Grafen von Hochberg.
Am Abend nach seinem Sieg bei Hohenfriedeberg am 4.6.1745 kehrte Friedrich der Große im Schloß ein, nachdem hier am Tage zuvor seine Gegner, Prinz Karl von Lothringen und der Herzog von Sachsen-Weißenfels, Gäste des Grafen Hochberg gewesen waren.
Schloß Rohnstock war 1875 und 1890 Hauptquartier während der Kaisermanöver. 1939 zusammen mit Ober Rohnstock: 1577 Einw.

Rosenberg/OS (poln. *Olesno*), Kreisstadt 100 km südöstlich der Landeshauptstadt nahe der Stoberquelle, 242 m, erste urkundliche Erwähnung 1266, Gründung als deutschrechtliche Stadt vermutlich vor 1267; 1327 böhmisch, 1526 habsburgisch, 1742 preußisch. Schachbrettartige Stadtanlage mit 65 m x 70 m großem, fast viereckigem Ring.

Die alte herzogliche Burg wurde zuletzt 1826 wieder aufgebaut und beherbergte zum Schluß die kath. Pfarrei. Die 1226 geweihte kath. Pfarrkirche St. Michael erhielt ihre letzte bauliche Ausgestaltung im 19. Jh. Die 1668–1670 in Form einer sechsblätterigen Rose ausgebaute Wallfahrtskirche St. Anna von 1444 gilt als architektonische Besonderheit in der Reihe der oberschlesischen Schrotholzkirchen.

Eine ev. Gemeinde entstand erst 1847, die ev. Pfarrkirche Zum Kreuze Christi wurde 1851–1853 erbaut. Die hölzerne Synagoge von 1814 wurde 1888/1889 durch einen Massivbau ersetzt und ist 1938 niedergebrannt worden. Rathausbau von 1820.

Bei der Volksabstimmung vom 20. 3. 1921 stimmten 3286 Einwohner für Deutschland, 473 für Polen. Rosenberg wurde am 20. 1. 1945 von sowjetischen Truppen besetzt und zu einem Drittel zerstört; 254 Gebäude vernichtet. 1939: 7263 Einw.; 1969: 8365.

Patenschaft über Stadt und Kreis: Stadt und Kreis Arnsberg, Nordrhein-Westfalen, seit 1956. Heimatzeitung: Rosenberger Kreisblatt, Wiesbaden, seit 1958.

Rosenborn (poln. *Mirosławice*), Kr. Breslau, Gutsdorf in der Breslau-Schweidnitzer Ebene, 27 km südwestlich der Landeshauptstadt, bis 1937 Rosenthal-Mörschelwitz. Das 1801–1811 von Gottlob Sigismund Graf von Zedlitz-Leipe erbaute Schloß, eines der besten Beispiele des Klassizismus in Schlesien, mit weitläufigem englischem Park, war von 1817–1945 im Besitz der Familie von Mutius. Letzter Besitzer: Carl von Mutius. 1939: 466 Einw.

Rothbach (poln. *Żórawina*), Kr. Breslau, 15 km südlich der Landeshauptstadt, bis 1937 Rothsürben. 1251 zu deutschem Recht ausgesetzt. Der Ort besitzt eine Dorfkirche aus dem Ende des 13. Jh., die ihre kunstgeschichtliche Bedeutung durch die während der Reformationszeit 1597–1602 erfolgten Um- und Ausbauten erhalten hat. Die Kirche, die 1653/1654 rekatholisiert wurde, ihren protestantischen Charakter

Annenkirche in Rosenberg/OS

Rosenborn

aber beibehielt, enthält zahlreiche Epitaphien aus dem Ende des 16. Jh., von denen sich einige heute in Warschau befinden.

Rothbach-Rothsürben war Standort der Großrundfunksender Breslau I und II der Schlesischen Funkstunde bzw. des Reichssenders Breslau. 1939: 1615 Einw.

Rothenburg/OL, Kreisstadt am Rande der Lausitzer Heide, 160 km nordwestlich der Landeshauptstadt, 155 m. 1268 Verleihung des Stadtrechtes; zuerst brandenburgisch, 1329 böhmisch, 1526 habsburgisch, 1635 sächsisch, 1815 preußisch. Kolonistenstadt mit rechteckigem Ring (102 m x 54 m).

Neubau der ev. Stadtpfarrkirche 1805, 60 m hoher Turm von 1840. Für die 1854 neu gegründete kath. Gemeinde wurde 1902 die kath. Pfarrkirche Zur Rosenkranzkönigin errichtet. Das alte Schloß von 1568 ist 1840 umgebaut worden.

Die Stadt wurde erst nach der Kapitulation vom 8.5.1945 von sowjetischen Truppen besetzt. Nach 1945 mit dem westlich der Görlitzer Neiße gelegenen Kreisteil zum neu gebildeten Kreis Niesky, Bezirk Dresden, DDR, geschlagen. 1990 Land Sachsen. 1939: 1949 Einw.

Otto *Niedt,* Hütteningenieur, * 27.8.1860, † 4.2.1937, Breslau.

Rothenburg/Oder (poln. *Czerwieńsk*), Kr. Grünberg, Kleinstadt 12 km nordwestlich der Kreisstadt unweit der Oder, 52 m. Ursprünglicher Ortsname Nettkow, 1329 belegt. 1550 Bau eines Jagdschlosses mit Handwerker- und Bürgersiedlung, Verleihung des Stadtrechtes 1690, 1816 verwaltungsmäßig Schlesien zugeteilt; vorher brandenburgisch.

Wichtigster Erwerbszweig war bis etwa 1820 die Tuchmacherei, später Wollwäscherei, Mützenfabrik, Bekleidungsindustrie.

1654 ev. Grenzkirche Zur Hl. Dreifaltigkeit, 1877 Neubau, 1855 ev.-lutherische Kirche.

1939: 1396 Einw.; nach 1945 zur Dorfgemeinde abgesunken, 1957 Stadtartige Siedlung, 1969 Stadterhebung; 1970: 2632 Einw.

Rothsürben (poln. *Żórawina*), Kr. Breslau, 1937 umbenannt in Rothbach (s. d.).

Rückers (poln. *Szczytna*), Kr. Glatz, 20 km südwestlich der Kreisstadt in einem Kesseltal an der Mündung des Steinbaches und des Rothwassers in die Reinerzer Weistritz, dem sogenannten Höllental, gelegen, 457 m, seit 1351 urkundlich bekannt.

Seit 1770 Glashütte und Kristallglasschleiferei, seit 1930 im Besitz der Breslauer Kaufmannsfamilie Knittel. Unter polnischer Verwaltung nach 1945 Einrichtung einer Glasfachschule.

Der Kaiserliche Leibarzt Crato von Crafftheim, ein Freund Luthers und Melanchthons, ließ 1581 hier die erste reformierte Kirche in Schlesien

Rothenburger Walzenwehr

errichten. Das 1545 erbaute Schloß wurde nach Brandschatzung 1627 größer wieder erneuert. Auf einer Anhöhe die Burg Waldstein, auf den Ruinen eines alten Forts aus dem Jahre 1790 zwischen 1832 und 1838 erbaut.
1939: 4503 Einw.; 1960 zur Stadtartigen Siedlung erhoben; 1970 auf vierfach vergrößertem Gebiet rund 5200 Einw.

Ruda (poln. *Ruda*), früher auch Rauda genannt, rechter Nebenfluß der Oder, entspringt südlich von Sohrau, Kr. Rybnik (Ostoberschlesien), und mündet nach 60 km langem Lauf bei Wellendorf (poln. *Turze*), Kr. Ratibor, in die Oder.

Rudelstadt (poln. *Ciechanowice*), Kr. Landeshut, 11 km nordwestlich der Kreisstadt im nordöstlichen Vorland des Landeshuter Kammes unweit Kupferbergs, am Bober gelegen, erstmals 1287 genannt, 1745 zur Bergstadt erhoben, 1809 wieder Landgemeinde.
Die Grubenanlagen zur Förderung von kupfer- und arsenhaltigen Erzen wurden wegen geringer Ausbeute zwischen 1760 und 1770 stark eingeschränkt oder überhaupt stillgelegt. Die ev. Kirche aus dem 14. Jh. wurde 1577 umgebaut, die Schloßanlage 1846 auf künstlicher Insel errichtet. 1939: 1512 Einw.; 1961: 1369.

Rudweiler (poln. *Ruda Śląska*), bis 1939 und nach 1945 wieder Ruda genannt, ostoberschlesische Industriestadt mit wechselnder Kreiszugehörigkeit. Nach Abtretung 1922 an Polen bis 1924 Kr. Ratibor, bis 1939 Kr. Schwientochlowitz, bis 1951 Kr. Kattowitz, 1959 mit Neu-Beuthen (poln. *Nowy Bytom*) zusammengelegt.
In Ruda begann 1751 der Steinkohlentiefbau in Oberschlesien. Industrielle Entwicklung seit dem Beginn des 19. Jh. durch die Grafen von Ballestrem und deren Verwalter Karl Godulla (1781–1848) und Anton Klausa (1805–1870) sowie durch die Grafen von Schaffgotsch und Henckel von Donnersmarck. Nach 1945 weiterer Ausbau, acht Kohlengruben, zwei Kokereien, zwei Elektrizitätswerke, darunter das Wärmekraftwerk Halemba (200 MW). Größter Betrieb ist noch immer die 1840 gegründete Friedenshütte mit Stahlwerk. 1930: 120500 Einw.; 1973: 146000.

Schloß Rückers

Industriegebiet Rudweiler

Ruhbank (poln. *Sędzisław*), Kr. Landeshut, 5 km nördlich der Kreisstadt am rechten Boberufer, Knotenpunkt der Eisenbahnlinien Görlitz–Glatz und Breslau–Prag. 1939: 575 Einw.

Ruhberg (poln. *Ciszyca*), Kr. Hirschberg, Landgemeinde nordwestlich von Schmiedeberg mit kleinem klassizistischem Schloß. Das Anwesen kam 1824 in den Besitz des Fürsten Anton Heinrich von Radziwill (1775–1833), dessen

Tochter, Prinzessin Elisa von Radziwill (1803–1834), die Jugendliebe des Prinzen Wilhelm von Preußen, des späteren Kaisers Wilhelm I., war. Fürst Anton, Generalmajor und Flügeladjutant des Deutschen Kaisers, betätigte sich auch als Komponist. Er schrieb u. a. eine Musik zu Goethes „Faust".

Ruhland, Kleinstadt 28 km westlich der ehemaligen Kreisstadt Hoyerswerda, an der Schwarzen Elster, seit 1945 Kr. Senftenberg, Bezirk Cottbus (DDR). Als Kirchort vor 1230 genannt, 1317 als Fischerdorf bestätigt, Stadtrecht 1397 nachgewiesen; böhmisch, 1230 brandenburgisch, 1319 wieder böhmisch, 1635 sächsisch, 1815 preußisch. Kolonistenstadt mit fast quadratischem Ring in der Stadtmitte. Die ev. Kirche von 1772 geht geschichtlich auf das Jahr 1200 zurück. Braunkohlenbergbau in der Umgebung, sonst neben einem Hydrierwerk kleinere Industriebetriebe. Die Stadt lag um den 20. 4. 1945 im Kampfgebiet und wurde anschließend von sowjetischen Truppen besetzt. 1939: 4055 Einw.

Rummelsberg (poln. *Romanów*), zur Gemeinde Krummendorf (poln. *Krzywina*) gehörender Berg, zwischen Strehlen und Münsterberg, mit 393 m die höchste Erhebung der Strehlener Berge. An der Südseite die Spuren einer 1427 erstmals erwähnten Burg, die aber schon Ende des 15. Jh. wieder abgerissen wurde. Mit dem Herzogtum Brieg 1675 im Besitz der böhmischen Krone, 1687 österreichischer Privatbesitz, 1742 preußisch.

Rützen (poln. *Ryczeń*), Kr. Guhrau, Marktgemeinde 7 km südwestlich der Kreisstadt an der Bartsch, 1262 erstmals nachweisbar. Ev. Grenzkirche seit 1662 für die Protestanten des benachbarten Guhrauer Gebietes. Grundherrschaft und Schloß von 1771–1945 im Besitz der Familie des 1801 in Rützen gestorbenen einstigen preußischen Justizministers und Großkanzlers Johann Heinrich Kasimir von Carmer. 1939: 358 Einw.

Rybnik (poln. *Rybnik*), Industriestadt in Ostoberschlesien, 22 km südwestlich von Gleiwitz, westlich der Ruda gelegen, ehemals preußische Kreisstadt, seit 1922 mit dem größten Teil des

Der Eichhof bei Rudelstadt

Schloß Ruhberg

Kreises zu Polen gehörend, 1951 Stadtkreis. 1327 böhmisch, 1526 habsburgisch, 1742 preußisch. Ursprünglich Marktort, zwischen 1288 und 1300 in eine deutschrechtliche Stadt mit planmäßigem Grundriß und rechteckigem Ring als Mittelpunkt umgewandelt.

Die barock-klassizistische kath. Pfarrkirche Zur Schmerzhaften Muttergottes entstand 1798–1801 anstelle der 1757 abgetragenen Pfarrkirche aus dem 12. Jh. Für die ev. Gemeinde wurde 1791 im Schloß eine Kirche eingerichtet, ein Turm 1875 erbaut. Das nach 1650 erbaute Schloß wurde im 18. Jh. mehrfach erweitert und seit 1842 als Gerichtsgebäude genutzt. 1903–1906 Bau der neugotischen doppeltürmigen St. Antoniuskirche.

Steinkohlenbergbau, Metall- und Maschinenindustrie, chemische und Möbelindustrie. 1973: rund 44600 Einw.

Dr. Hans *Lukaschek*, * 22.5.1885 in Breslau, † 26.1.1960 in Freiburg i.Br., 1949–1953 Bundesvertriebenenminister, 1916–1919 Oberbürgermeister von Rybnik, 1919–1920 Landrat von Rybnik und 1929–1933 Oberpräsident von Oberschlesien.

Rydultau (poln. *Rydułtowy*), Kr. Rybnik, Industriestadt 9 km südwestlich der Kreisstadt, zwischen 1260 und 1300 als Waldhufendorf gegründet, 1922 an Polen gefallen, 1951 zur Stadt erhoben. Abbau von Steinkohle seit 1785, Gewinnung von Sandstein, Lehm und Gips, Ziegeleibetriebe. 1937: 14696 Einw.; 1970 nach Gebietserweiterung 19410.

Saabor (poln. *Zabór*), Kr. Grünberg, seit 1936 in Fürsteneich umbenannt (s. d.).

Saara (poln. *Żar*), Kr. Neumarkt, Dorf in der Nähe von Leuthen, in dessen historischem Gasthaus mit Erinnerungen an die Schlacht bei Leuthen am 5.12.1757 auch die Laterne aufbewahrt wurde, mit der der Wirt König Friedrich dem Großen in der Nacht nach der Schlacht den Weg nach Deutsch Lissa gezeigt haben soll. 1939: 190 Einw.

Saarau (poln. *Żarów*), Kr. Schweidnitz, Industriestadt 12 km nördlich der Kreisstadt, 1290 erstmals als Dorf genannt. Abbau von Braunkohlenlagern seit 1847, daneben Chamotteindustrie seit 1850 und chemische Industrie seit 1872. 1939: 3573 Einw.; 1954 unter polnischer Verwaltung Stadtrecht; 1970 auf erweitertem Gebiet 6089 Einw.

Sächsisch Haugsdorf (poln. *Nawojów Łużycki*), Kr. Lauban, 8 km nördlich der Kreisstadt am linken Queisufer, 1346 erstmals als Gutsdorf belegt. Renaissanceschloß von 1570/1571. Die seit 1525 ev. Kirche war im 17. und 18. Jh.

Ruhland

Am Rathaus in Rybnik

Zufluchtskirche für schlesische Protestanten. 1815 preußisch. 1939: 656 Einw.

Sagan (poln. *Żagań*), Kr. Sprottau/Sagan, 125 km nordwestlich der Landeshauptstadt, 17 km nordwestlich von Sprottau beiderseits des Bober, 110 m. Stadtgründung wahrscheinlich vor 1241, sicher aber vor 1260, planmäßige Stadtanlage mit rechteckigem Ring, 1280 nach Norden durch den „Neuen Ring" erweitert, Rathaus von 1486. Von 1472–1548 sächsisch, 1548 habsburgisch, 1742 preußisch, fiel als Lehnsfürstentum 1844 an die Herzöge von Talleyrand-Périgord. Der Herzogstitel erlosch 1929, die Lehnseigenschaft 1935.

Im Jahre 1628 belehnte Kaiser Ferdinand II. seinen 1623 in den Fürstenstand erhobenen General Wallenstein mit dem seit 1397 unabhängigen Fürstentum Sagan. Die kurze Zeit bis zur Ermordung Wallensteins am 25. 2. 1634 in Eger ist für Sagan gekennzeichnet durch die Errichtung der großzügig geplanten Schloßanlage. Baubeginn 1627, Vollendung 1693. Zu der reichen Innenausstattung und den Sammlungen von Büchern und Kunstwerken gehörte auch der Schreibtisch, an dem im Juni 1815 die Beschlüsse des Wiener Kongresses unterzeichnet wurden. Das Schloß brannte nach 1945 aus, Wiederaufbauarbeiten sind seit 1960 im Gange. Die kostbare Inneneinrichtung ist nicht mehr vorhanden.

Das Fürstentum Sagan, seit 1628 Herzogtum, stand unter häufigem Besitzerwechsel. Letzte Besitzer waren bis 1945 die Herzöge von Talleyrand und Périgord in Paris. Das Besitzrecht war im Versailler Vertrag ausdrücklich bestätigt worden. Die kath. Stadtpfarrkirche St. Mariä Himmelfahrt, eine ehemalige Augustinerkirche, ist eine große Hallenkirche aus dem 14. Jh. mit mittelalterlichen Gewölben, dreischiffigem Langhaus, einschiffigem Presbyterium und Turm von 1730 mit dem ersten Blitzableiter in Schlesien. Für die

Klostergut in Sächsisch Haugsdorf (1570)

ev. Gemeinde wurde 1709 hier eine der sechs Gnadenkirchen Schlesiens als Fachwerkbau mit drei Emporen und barockem Altar von 1712 errichtet. Das nur wenig beschädigte Gebäude wurde unter polnischer Verwaltung 1965 gesprengt.

Das Rathaus von 1331 erhielt 1468 einen Neubau, der Turm von 1340 wurde 1869 mit Loggia nach florentinischem Vorbild umgebaut. Die 1544–1619 am alten Ring errichteten Bürgerhäuser mit Renaissanceportalen wurden 1945 zum Teil zerstört, einige davon später wieder aufgebaut.

Tuchfabrikation, Wollspinnerei, Papier- und Glasindustrie. Sagan wurde am 12. 2. 1945 von sowjetischen Truppen besetzt und zu 55 v. H. zerstört; 878 Gebäude vernichtet. 1939: 22700 Einw.; 1973: rund 22000.

Johannes *Kepler*, Mathematiker und Astronom (1571–1630), hielt sich vom Juli 1628 bis November 1630 in Sagan auf und richtete hier 1629 die erste Druckerei ein.

Sakrau (poln. *Zakrzów*), Kr. Oels, 10 km nordöstlich der Landeshauptstadt, Fundstelle von drei 1886/1887 freigelegten wandalischen Fürstengräbern aus der ersten Hälfte des 4. Jh. n. Chr. Die Grabkammern waren reich mit Beigaben ausgestattet, Gold- und Silberschmuck, bronzenes und silbernes Tafelgeschirr, Keramik und Glas, auch römische Münzen. Der Ort gehörte zu den beliebten Ausflugszielen der Breslauer. 1939: 3124 Einw.

Sagan

Schloß Sakrau

Die einstige Papierfabrik existiert nicht mehr, die Brauerei ist instandgesetzt und arbeitet wieder. Als Randgemeinde nach Breslau eingemeindet.

Salzbrunn, Bad (poln. *Szczawno Zdrój*), Kr. Waldenburg, 5 km nördlich der Kreisstadt, 402–422 m, im Tal des Salzbaches, schon 1221 erstmals als mit deutschem Recht ausgestattet erwähnt, seit 1352 als Ober Salzbrunn im Süden von Nieder Salzbrunn, 382 m, getrennt. Schlesiens einst meistbesuchter Badeort mit Mineralquellen als kalte alkalische Säuerlinge.

Die Hauptquelle Oberbrunnen, auch Salzbrunnen genannt, war seit dem Beginn des 14. Jh. bekannt, daneben gab es den Heilbrunnen von 1705 und den Mühlbrunnen von 1790, ihnen folgten nach der 1815 eingeleiteten Entwicklung zum Badeort die Kramerquelle 1823 und die Sonnenquelle 1825. Das Bad war bis 1931 im Besitz des Fürsten von Pleß, danach Staatsbad. Die zwischen 1823 und 1897 ausgebauten Kuranlagen sind erhalten geblieben und werden unter polnischer Verwaltung weiter genutzt.

Im 1819 erbauten Hotel „Zur preußischen Kro-

Sonderbefehl

für die deutsche Bevölkerung der Stadt Bad Salzbrunn einschliesslich Ortsteil Sandberg.

Laut Befehl der Polnischen Regierung wird befohlen:

1. Am 14. Juli 1945 ab 6 bis 9 Uhr wird eine Umsiedlung der deutschen Bevölkerung stattfinden.
2. Die deutsche Bevölkerung wird in das Gebiet westlich des Flusses Neisse umgesiedelt.
3. Jeder Deutsche darf höchstens 20 kg Reisegepäck mitnehmen.
4. Kein Transport (Wagen, Ochsen, Pferde, Kühe usw.) wird erlaubt.
5. Das ganze lebendige und tote Inventar in unbeschädigtem Zustande bleibt als Eigentum der Polnischen Regierung.
6. Die letzte Umsiedlungsfrist läuft am 14. Juli 10 Uhr ab.
7. Nichtausführung des Befehls wird mit schärfsten Strafen verfolgt, einschließlich Waffengebrauch.
8. Auch mit Waffengebrauch wird verhindert Sabotage u. Plünderung.
9. Sammelplatz an der Straße Bhf. Bad Salzbrunn-Adelsbacher Weg in einer Marschkolonne zu 4 Personen. Spitze der Kolonne 20 Meter vor der Ortschaft Adelsbach.
10. Diejenigen Deutschen, die im Besitz der Nichtevakuierungsbescheinigungen sind, dürfen die Wohnung mit ihren Angehörigen in der Zeit von 5 bis 14 Uhr nicht verlassen.
11. Alle Wohnungen in der Stadt müssen offen bleiben, die Wohnungs- und Hausschlüssel müssen nach außen gesteckt werden.

Bad Salzbrunn, 14. Juli 1945, 6 Uhr.

Abschnittskommandant
(-) Zinkowski
Oberstleutnant

ne“ in Ober Salzbrunn, heute Sanatorium, wurden die Brüder Carl *Hauptmann* (* 11. 5. 1858, † 4. 2. 1921 in Schreiberhau) und Gerhart *Hauptmann* (* 15. 11. 1862, † 6. 6. 1946 in Agnetendorf) geboren.
Die Kutscherstube „Zum Fuhrmann Henschel“

war erhalten geblieben. Sie gab die Anregung zu Gerhart Hauptmanns gleichnamigem Schauspiel von 1899.

Saßstädt (poln. *Borzysławice*), Kr. Cosel, bis 1936 Borislawitz, um 1780 von dem Kammerherrn Gerhard von Saß als kath. Gegengewicht zur Siedlung der Brüdergemeine in Gnadenfrei (s. d.) angelegter Marktflecken mit Rittergut, Stadttoren und Stadtturm. Ansiedlung für Weber aus Böhmen und Mähren. 1939: 400 Einw.

Schawoine (poln. *Zawonia*), Kr. Trebnitz, 1936 umbenannt in Blüchertal (s. d.).

Schedlau (poln. *Szydłowiec*), Kr. Falkenberg, Landgemeinde an der Steinau, erstmals 1379 als Dorf mit Kirche belegt, Gutsbesitz der Familie der Grafen von Pückler von 1533–1945. Der Schloßbau von 1570 wurde im 17. und 18. Jh. erweitert und durch einen 1854 vollendeten neu-

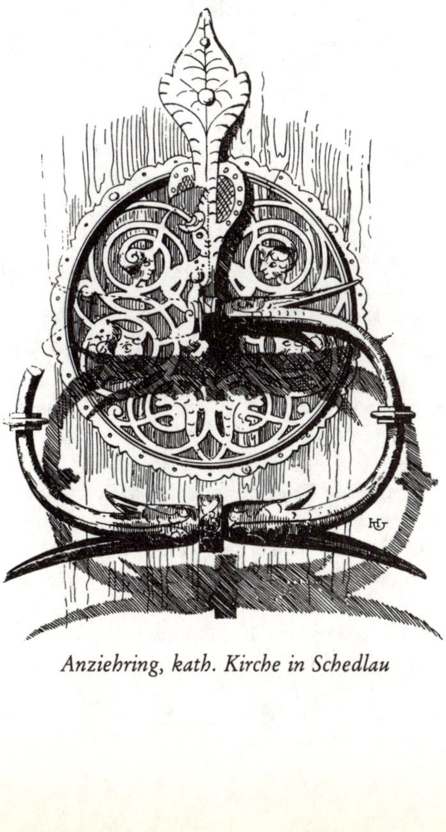

Anziehring, kath. Kirche in Schedlau

Schloß Schildau

gotischen Neubau ersetzt, 1945 infolge der Kriegsereignisse zerstört. Die 1616/1617 anstelle einer alten Holzkirche erbaute ev. Kirche wurde während der Gegenreformation katholisiert. 1939: 618 Einw.

Schelitz (poln. *Chrzelice*), Kr. Neustadt/OS, Dorf mit preußischer Staatsdomäne und alter, aus dem 14. und 15. Jh. stammender und im 17. und 18. Jh. mehrfach um- und ausgebauter Wasserburg. 1939: 1049 Einw.

Schildau (poln. *Wojanów*), Kr. Hirschberg, Dorf am Bober, 1299 erstmals urkundlich genannt. Das 1603 als kastellartiges Gebäudeviereck mit runden Ecktürmen gegenüber von Lomnitz errichtete Schloß wurde 1832/1833 ausgebaut und ging 1839 in den Besitz König Friedrich Wilhelms III. von Preußen über. Neben den Schlössern Fischbach und Erdmannsdorf war Schloß Schildau damit der dritte Sommersitz der Hohenzollern im Hirschberger Tal. Letzter Besitzer war von 1925–1945 der Breslauer Konsul Dr. Kurt Effenberg. Der wohl von Peter Joseph Linné (1789–1866) gestaltete romantische Landschaftspark schloß sich an den von Lomnitz an. 1939: 573 Einw.

Schlanz (poln. *Wierzbice*), Kr. Breslau, Straßendorf mit Gut und Schloß 18 km südwestlich der Landeshauptstadt, seit Anfang des 14. Jh. als befestigte Anlage mit Wohnturm (1346) belegt. Barockschloß aus dem 18. Jh. mit berühmtem, unverändert gebliebenem französischem Hekkengarten, im 19. Jh. erweitert. Gut und Schloß wurden unter polnischer Verwaltung 1946 Lehr- und Versuchsgut der landwirtschaftlichen Fakultät der nach Breslau verlagerten Universität Lemberg. 1939: 626 Einw.

Schlause (poln. *Służejów*), Kr. Frankenstein, 5 km südwestlich der Kreisstadt, seit 1290 als Rittersitz belegt, 1318 mit deutschem Recht versehen. Wuchtiger Renaissance-Schloßbau mit 50 m hohem Turm über dem Haupteingang. 1939: 468 Einw.

Schlawa (poln. *Sława*), Kr. Glogau, 1937 umbenannt in Schlesiersee (s. d.).

Schlegel (poln. *Słupiec*), Kr. Glatz/Neurode, Bergbausiedlung 5 km südöstlich Neurodes, 1335 erstmals nachgewiesen, seit 1641 Förderung von Steinkohle, seit dem ausgehenden 19. Jh. auch von Schieferton. Das Schloß von 1685 wurde im 19. Jh. äußerlich verändert, verfiel aber nach 1945 und ist heute Ruine.
1939: 3701 Einw.; nach Entdeckung und Erschließung neuer Kohlevorkommen 1959 Stadtartige Siedlung; 1967 Stadt; 1970: 7781 Einw.

Schlesiersee (poln. *Sława*), Kr. Glogau/Fraustadt, 25 km nördlich Glogaus am Ostzipfel des gleichnamigen Sees, 59 m, als Stadt 1312 erstmals erwähnt; 1331 böhmisch, 1526 habsburgisch,

Schlegel

Schlesiersee, Kanzel der kath. Pfarrkirche

1742 preußisch. Offene, aber mit drei Toren versehene Stadt mit rechteckigem Ring in der Mitte.
Die kath. Pfarrkirche St. Michael, erstmals zu Beginn des 14. Jh. erwähnt, erhielt um 1500 ihren jetzigen Bau, die ev. Trinitatis-Kirche von 1834–1836 ersetzte den ersten Bau von 1743. Das 1735 neu errichtete barocke Schloß kam 1886 in den Besitz der mährischen Linie der Grafen von Haugwitz.
Schlesiersee wurde am 19.2.1945 von sowjetischen Truppen besetzt und diente nach 1945 vorübergehend als Ausweichplatz für die Kreisverwaltung und ein Gymnasium aus dem stark zerstörten Glogau. 1939: 1803 Einw.; 1970 auf erweitertem Stadtgebiet: 2617.

Schlesische Baude, zwei Berggasthäuser in der Kammregion des nordwestlichen Riesengebirges. Die *Alte* Schlesische Baude (1168 m), am Ostabhang des Reifträgers (s. d.) südöstlich der Kukkucksteine im Quellgebiet des Kochel gelegen, ist 1770 erbaut und damit eine der ältesten Gastbauden des Gebirges.

Ev. Kirche in Schlichtingsheim

Die *Neue* Schlesische Baude (poln. *Hala Szrenicka* – 1195 m), am Westhang des Reifträgers auf einem weiten Wiesenplan unweit der Pferdekopfsteine im Quellgebiet des Zacken gelegen, wurde 1787 als mehrteiliger Gebäudekomplex errichtet.

Schlesische Lausitz, nach der deutschen Teilvereinigung 1989/90 aufgekommener Begriff für die westlich der Görlitzer bzw. Lausitzer Neiße gelegenen niederschlesischen Landkreise der Oberlausitz. Ein Kuratorium „Schlesische Lausitz" und eine Initiativgruppe Niederschlesien mit dem Sitz in Görlitz streben eine Selbstverwaltung im Rahmen eines eigenen Regierungsbezirkes oder eines Landschaftsverbandes innerhalb des Landes Sachsen an, um die schlesische Identität des Gebietes zu wahren.
Die Schlesische Lausitz umfaßt die Kreise Görlitz (Stadt und Land), Niesky, Weißwasser und Hoyerswerda mit 360 000 Einwohnern auf 2100 qkm Fläche.

Schlesischer Landrücken, Höhenzug im nördlichen Schlesien beiderseits der Oder zwischen Freystadt im Westen und Schildberg, Kreis Kempen (Wartheland), im Osten.

Schlichtingsheim (poln. *Szlichtyngowa*), Kr.

Fraustadt, kleine Handwerkerstadt 13 km südwestlich der Kreisstadt, unweit der alten schlesisch-großpolnischen Grenze. Stadtgründung mit deutschem Recht durch Johann Georg von Schlichting 1644 für protestantische Flüchtlinge aus den schlesischen Grenzgebieten.
Die Stadt, eine unbefestigte Anlage mit rechteckigem Ring, war von 1793–1806 preußisch und kam 1815 erneut zu Preußen. Sie gehörte bis 1920 zur Provinz Posen, danach bis 1938 zur Provinz Grenzmark Posen-Westpreußen und kam am 1. 10. 1938 zu Schlesien. Besetzung durch sowjetische Truppen am 9. 2. 1945.
Die ev. Kirche, ein Fachwerkbau von 1645, wurde nach 1945 unter polnischer Verwaltung katholisiert. Rathausbau 1926/1927. 1939: 1 038 Einw.; 1969: 1 209.

Schlingelbaude (poln. *Polana*), Gebirgsgasthaus im Riesengebirge (1 067 m) oberhalb Brükkenbergs, 1894 neben der alten Baude aus dem 18. Jh. errichtet. Der aus dem Lomnitztal zur Baude führende Weg hieß nach dem Riesengebirgsforscher J. K. E. Hoser († 1847 in Prag) „Hoserweg".

Schmiedeberg (poln. *Kowary*), Kr. Hirschberg, 15 km südöstlich der Kreisstadt an der Hauptdurchgangsstraße durch das Riesengebirge von Schlesien nach Böhmen (Schmiedeberger Paß) im Tal der Eglitz, 442 m. Langgezogener, aus ursprünglich drei Teilen zusammengewachsener Ort. 1513 Stadterhebung.
Schmiedeberg, ursprünglich Bergbaustadt und seit 1747 „freie Bergstadt", entwickelte sich im 18. Jh. zu einer der wichtigsten Leinenhandelsstädte Schlesiens mit Wirtschaftsbeziehungen von Rußland bis nach Amerika. Im 19. Jh. entstanden die später berühmt gewordenen Smyrna-Teppichfabriken, deren Arbeiter die Kunst des Tep-

DAS JUNGBRÜNNLEIN

pichknüpfens in Kleinasien erlernt hatten, und die Porzellanfabrik der Brüder Pohl. Die in Schmiedeberg geförderten Erze wurden seit 1880 in Oberschlesien verhüttet.
Die spätgotische kath. Pfarrkirche St. Maria aus dem beginnenden 16. Jh. wurde 1749 weitgehend umgestaltet, die ev. Kirche, 1743/1744 als massives Bethaus ohne Turm errichtet, ist 1959 abgebrannt. Das Rathaus wurde 1786–1788 erbaut. Schloßanlagen in Neudorf und Ruhberg.
Die Stadt wurde erst nach der Kapitulation vom 8. 5. 1945 von sowjetischen Truppen besetzt. 1939: 6587 Einw.; unter polnischer Verwaltung Wiederaufnahme des Bergbaubetriebes; 1970: 11341 Einw.

Schnallenstein (poln. *Szczerba*), Kr. Habelschwerdt, 520 m hoch gelegene Burgruine südlich von Seitendorf, zur Gemeinde Rosenthal (poln. *Różanka*) gehörend, ehemalige Grenzsicherung der Grafschaft Glatz gegenüber Böhmen an der alten Handelsstraße von Prag nach Glatz, 1360 erster urkundlicher Nachweis. Die Herrschaft Schnallenstein war bis 1945 im Besitz einer Nebenlinie der Hohenzollern.

Schneeberg, Großer (poln. *Śnieżnik*), in der Grafschaft Glatz auch Glatzer Schneeberg, in Mähren Spieglitzer, in Böhmen auch Grulicher Schneeberg (tschech. *Králický Sněžník*) genannt, mit 1425 m die höchste Erhebung des Glatzer Berglandes.
Auf dem Bergplateau ein inzwischen eingestürzter, 30 m hoher Aussichtsturm mit Schutzhäusern. In der Nähe stand einst die Grenzsäule an der Stelle, wo die Grafschaft Glatz, die Markgrafschaft Mähren und das Königreich Böhmen zusammenstießen. Am Südabhang des Berges die Quellflüsse der March.

Schneegruben (poln. *Śnieżne Kotły*; tschech. *Sněžné jámy*), zwei wilde Felsenkessel im westlichen Riesengebirge oberhalb Agnetendorfs, die Große Schneegrube östlich, die Kleine westlich, getrennt durch einen Grat, an dem ein Klettersteig in die Tiefe führt. Charakteristische Moränenlandschaft mit seltener alpiner Flora. An den

Burg Schnallenstein

oberen Rändern in knapp 1500 m Höhe Aussichtswege mit erkerartig eingebauten Aussichtsstellen. Eine dritte Grube heißt die Schwarze oder Agnetendorfer Schneegrube.

Schneegrubenbaude (poln. *Nad Śnieżnymi Kotłami*; tschech. *Sněžné jámy bouda*), 1490 m, 1897/1898 als einer der ersten Berggasthöfe auf dem Kamm des westlichen Riesengebirges zwischen der Kleinen und der Großen Schneegrube erbaut. Massivbau mit siebenstöckigem Aussichtsturm. Hinter der alten, hölzernen Baude von 1835 die Granitmasse der „Rübezahlkanzel".

Schneekoppe, auch Riesenkoppe (poln. *Śnieżka;* tschech. *Sněžka*), mit 1603 m die höchste Erhebung des Riesengebirges oberhalb Krummhübels und Brückenbergs, 250 m über den Riesenkamm hinausragender Granitkegel mit Schieferhaube, nach Süden zum Riesengrund, nach Norden zum Melzergrund hin abfallend.
Ältestes Gebäude auf dem Gipfelplateau ist die 1668–1681 auf der schlesischen Seite erbaute, von Graf Christoph Leopold von Schaffgotsch gestiftete Laurentius-Kapelle mit einem einmal jährlich am Namenstag des Heiligen stattfindenden Gottesdienst. An der Tür der Kapelle befand sich früher eine Gedenktafel für den Komponisten Ludwig *Reichardt*, der 1825 hier das Lied „Was ist des Deutschen Vaterland?" nach dem Text von Ernst Moritz Arndt komponierte. *Goethe* bestieg die Koppe am 15. 9. 1790.
Neben der Kapelle die 1880–1899 errichtete, genau nach den Himmelsrichtungen gestellte Wetterstation, ein 14 m hoher, turmartiger Bau, von dem aus seit dem 1. 6. 1900 regelmäßige Beobachtungen ausgeführt wurden. Von hier aus war bei gutem Wetter der Turm der Elisabethkirche in Breslau (99 km) oder der Weiße Berg bei Prag (121 km) zu sehen. Die Station ist vom Verfall bedroht.
Zwei Bauden, die „preußische" von 1862 und die „böhmische" von 1868, waren im Besitz der Bergfamilie Pohl. Über den Gipfel der Schneekoppe verlief einst die kaum bemerkbare schlesisch-böhmische Grenze, die heute als Weg der polnisch-tschechischen Grenze so gut wie undurchlässig ist. Der Kammweg heißt nun „Weg der tschechoslowakisch-polnischen Freundschaft" (tschech. *cesta československo-polského přátelství*). Anstelle der alten preußischen Baude wurde unter polnischer Verwaltung ein architektonisch unpassender, über drei Ebenen sich er-

Schneegruben mit Schneegrubenbaude

Riesengebirge mit Schneekoppe

streckender und mit Aluminium verkleideter Neubau errichtet.
Ein Lift führt von der schlesischen Seite auf den Koppenplan, von der tschechischen ein anderer unmittelbar bis auf den Gipfel der Koppe.

Schomberg (poln. *Chruszczów*), Kr. Beuthen-Tarnowitz, Industriestadt 2 km südwestlich von Beuthen, 1254 gegründet. Der Industrieunternehmer Karl Godulla (1780–1848) erwarb 1826 das Rittergut und baute hier 1841–1845 ein Schloß im nachklassizistischen Stil, das er allerdings nicht selber bewohnte. Das quaderartige, schmucklose Gebäude ist 1945 ausgebrannt, die Ruine abgetragen.
Die 1869 gegründete Hohenzollern-Grube (heute: *Szombierki*) gehörte nach der Teilung Oberschlesiens 1922 neben der Gräfin-Johanna-Schachtanlage in Bobrek zu den größten Steinkohlengruben im deutsch gebliebenen Teil Oberschlesiens mit 5400 Beschäftigten im Jahre 1933. Das Kraftwerk „Oberschlesien" hatte 1940 eine Leistung von 84 Megawatt. 1939: 7437 Einw.; 1951 unter polnischer Verwaltung nach Beuthen eingegliedert.

Schömberg (poln. *Chełmsko Śląskie*), Kr. Landeshut, 20 km südlich der Kreisstadt zwischen 508 und 600 m hoch am Raben- und Überscharge-

Markt in Schömberg

Schönau an der Katzbach

birge in der breiten Talmulde des oberen Ziedertales gelegen. Böhmische Gründung an der böhmisch-schlesischen Grenze vor 1275; 1289 schlesisch, 1368 wieder böhmisch, 1526 habsburgisch, 1742 preußisch.
Die kath. Pfarrkirche St. Joseph (1670–1691) geht geschichtlich auf das Jahr 1343 zurück, die ev. Kirche wurde 1882 errichtet. Barocke Laubenhäuser am Ring. Das Rathaus von 1703 erhielt 1820 seine spätere Fassade.
Webersiedlung von 1707 mit den Holzlaubenhäusern „Zwölf Apostel", heute nur noch elf, und „Sieben Brüder", davon 1952 drei abgebrannt. Die schlesischen Weberunruhen von 1793 griffen auch auf Schömberg über.
Seit 1874 drei Textilfabriken. Herstellung von Wurstspezialitäten („Schömberger Würstchen"). Die Stadt wurde erst nach der Kapitulation vom 8. 5. 1945 von sowjetischen Truppen besetzt. Sie blieb unzerstört, wird aber unter polnischer Verwaltung stark vernachlässigt. 1939: 2099 Einw.; 1945: Verlust des Stadtrechtes; 1957: Stadtartige Siedlung; 1970: 1790 Einw.

Schönau (poln. *Świerzawa*), Kr. Goldberg, Handwerkerstadt, 14 km südlich der Kreisstadt an der Katzbach gelegen, 264 m, schon vor 1241 mit Löwenberger Recht gegründet; 1368 böhmisch, 1526 habsburgisch, 1742 preußisch.

Die kath. Pfarrkirche Mariä Himmelfahrt geht auf das Jahr 1381/1382 zurück, das ev. Bethaus von 1747/1748 wurde 1762/1763 durch einen Massivbau ersetzt, dieser 1878 erneuert. Letzter Rathausbau 1810. Schönau war von 1818–1932 Kreisstadt.

Besetzung durch sowjetische Truppen erst nach der Kapitulation vom 8.5.1945. 1939: 1911 Einw.; nach 1945 unter polnischer Verwaltung Verlust des Stadtrechtes; 1957 wieder zur Stadtartigen Siedlung erhoben; 1970: 2098 Einw.

Schönberg/OL (poln. *Sulików*), Kr. Lauban, 15 km südwestlich der Kreisstadt an der Straße von Görlitz nach Friedland in Böhmen, 215 m, als Kirchort schon 1234 genannt, 1268 deutsche Stadt mit Magdeburg-Görlitzer Recht mit 94 m x 53 m großem Ring als Stadtmittelpunkt.

Aufschwung nach dem Dreißigjährigen Krieg durch Zuwanderung böhmischer und schlesischer Glaubensflüchtlinge in die Oberlausitz, Errichtung einer Neustadt (1651) mit eigenem Markt. Die barocke ev. Kirche erhielt ihren jetzigen Bau 1868, nachdem 1876 eine kath. Filialkirche der Pfarrei Pfaffendorf errichtet worden war. Auf dem Marktplatz Holzlaubenhäuser mit Fachwerk aus dem Ende des 17. Jh., das 1523–1527 erbaute Renaissanceschloß erhielt 1684 nach Erweiterung seine spätere Gestalt.

Besetzung durch sowjetische Truppen erst nach der Kapitulation vom 8.5.1945. 1939: 1935 Einw.; 1961: rund 1000.

Schönjohnsdorf (poln. *Witostowice*), Kr. Strehlen, Dorfgemeinde 12 km südlich der Kreisstadt nahe dem Kloster Heinrichau mit einer der am besten erhaltenen mittelalterlichen Wasserburgen Schlesiens mit Turm, Schloßkapelle, Kasematten und Wehrgang, innerem und äußerem Wassergraben, Wirtschaftshof und Wehrmauer, seit 1351 belegt und im 16. und 17. Jh. ausgebaut. 1939: 562 Einw.

Schönwald (poln. *Bojków*), Kr. Tost-Gleiwitz, 5 km südlich von Gleiwitz, 1269 als deutsches Dorf gegründet, Bewahrung einer altertümlichen deutschen Mundart und der berühmten alten Frauentrachten wie der einst weltbekannten Schönwälder Stickereien. Eine große Zahl der

Schönberg/Oberlausitz

Scholzenhof in Schönwald

Einwohner kam beim Verlassen des Dorfes im Januar 1945 bei der Sprengung einer Brücke ums Leben. 1939: 5120 Einw.

Schräbsdorf (poln. *Bobolice*), Kr. Frankenstein, Dorfgemeinde 5 km nordöstlich der Kreisstadt mit 1615 erbautem Schloß, das bis 1945 im Besitz der Familie der Grafen von Strachwitz auf Peterwitz war. 1939: 479 Einw.

Schreckendorf (poln. *Strachocin*), Kr. Habelschwerdt, Dorf an der Landecker Biele am Nordabhang des Glatzer Schneegebirges, 1264 erstes urkundlich erwähntes Dorf der Grafschaft Glatz. Die 1325 belegte katholische Pfarrkirche St. Maternus geht auf die Zeit der Dorfgründung zurück.

Auf eine im 18. Jh. betriebene Glashütte folgte 1864 die Gründung der „Oranienhütte" als später führendes Unternehmen der Glasindustrie, nach 1931 eingeschränkt auf Glasschleiferei und Glaswarenhandel. Unter polnischer Verwaltung 1959 Ausbau zum „Niederschlesischen Kristallwerk". 1939: 1454 Einw.; 1960 großenteils nach Seitenberg eingemeindet.

Schreiberhau (poln. *Szklarska Poręba*), Kr. Hirschberg, 8 km südwestlich der Kreisstadt, einer der am weitesten verzweigten Orte in Schlesien mit 20 km Länge und 9 km Breite zwischen dem Riesen- und dem Isergebirgskamm, bestehend aus Nieder-, Mittel- und Oberdorf und mehreren „Kolonien", zwischen 545 und 771 m in alle Seitentäler des Zackens bis hinauf zum Kamm sich erstreckend. Die ältesten Urkunden von 1366 und 1372 beziehen sich auf die alte Glashütte „Schribirshau", die Vorläuferin der „Josephinenhütte" (s. d.) im Ortsteil Weißbachtal. Im Ort gab es sechs Bahnhöfe.

Im Niederdorf die kath. Kapelle von 1652. Auf dem Friedhof das Grab des Dichters Carl Hauptmann (1858–1921) mit dem nach einem Entwurf von Marlene Poelzig gearbeiteten Grabstein, der nach 1945 zerstört wurde. Im Mitteldorf das Haus der Brüder Hauptmann, das Carl Hauptmann von 1900 an allein bewohnte, später Gedenkstätte. Im Niederdorf die 1755 geweihte ev. Kirche, die 1820/1821 mit einem Turm versehen wurde.

Seit 1870 Fremdenverkehrs- und Wintersportort mit Sprungschanze und Bobbahn, heute auch

Villa Nelly in Schreiberhau

Zur Siebenhundertjahrfeier
der Pfarrgemeinde

1264 **Schreckendorf** 1964

und
zur Hundertjahrfeier
der
Glasfabrik

Oranienhütte

(1864 - 1964)

Sessellift vom Oberdorf zum Reifträger. 1939: 7601 Einw.; 1961 nach Gebietserweiterung: 7220.

Schurgast (poln. *Skorogoszcz*), Kr. Falkenberg, 16,5 km nördlich der Kreisstadt an einem Knie der Glatzer Neiße 6,5 km vor deren Einmündung in die Oder, 190 m. Als Ort erstmals 1223 erwähnt, Ortsname seit 1271 bestätigt; 1237 böhmisch, 1526 habsburgisch, 1742 preußisch. Stadtform durch die hier über die Neiße führende alte Handelsstraße bedingt.

Die 1852 errichtete kath. Pfarrkirche St. Jakob geht geschichtlich auf das Jahr 1223 zurück. Die 1802–1806 auf dem Marktplatz erbaute ev. Kirche wurde 1945 beschädigt und später abgetragen. Landwirtschaft und Handwerk bestimmten das Wirtschaftsleben.

1939: 1224 Einw.; nach 1945 unter polnischer Verwaltung Verlust des Stadtrechtes; 1961: 752 Einw.

Schwarzbach (poln. *Czarne*), Kr. Hirschberg, 3 km südöstlich der Kreisstadt, Dorf mit Schloß von 1559. Der zweigeschossige Bau mit viergeschossigem Turm und schönem Portal wird vom Schwarzbach und einem künstlichen Wassergraben umschlossen. Ursprünglich Sitz eines Zweiges der Familie der Grafen von Schaffgotsch, seit 1679 im Besitz der Stadt Hirschberg. 1939: 643 Einw.

Schwarzengrund (poln. *Kopice*), Kr. Grottkau, bis 1936 Koppitz, 7 km südöstlich der Kreisstadt, seit 1289 belegt. Gutsdorf mit 1864 erbautem, mehrflügeligem Schloß in neugotischem Stil inmitten eines Landschaftsparks, Besitz des Grafen Ulrich von Schaffgotsch (1831–1915). Grabkapelle in der Nähe der zwischen 1802 und 1822 erbauten kath. Pfarrkirche. Das Schloß ist 1958 ausgebrannt. 1939: 1315 Einw.

Schwarze Oppa s. Oppa.

Schwarzwaldau (poln. *Czarny Bór*), Kr. Landeshut, 9 km südöstlich der Kreisstadt, Dorf mit Burgruine Liebenau, 1355 als Raubritternest genannt, und Schloß von 1784, Familienbesitz bis 1945. Im Siebenjährigen Krieg war hier zeitweise das Quartier König Friedrichs II.; ein Denkmal im Park erinnerte an ihn. Das Schloß blieb bei Kriegsende unzerstört. 1939: 1835 Einw.

Karl Abraham Freiherr von *Zedlitz,* 1771–1788 erster preußischer Kulturminister, * 4.1.1731, † 18.3.1793 in Kapsdorf, Kreis Breslau.

Schwarzwasser (poln. *Strumień*), Kr. Bielitz/Teschen, 20 km nordwestlich der alten Kreisstadt und 15 km südwestlich von Pleß am linken Ufer der Weichsel, 1293 belegt, 1482 Stadterhebung, 1491 Teschener Stadtrecht.

Die 1742 gezogene österreichisch-preußische Grenze umschloß die Stadt von drei Seiten und nahm ihr im Norden das Hinterland. Teichwirt-

Schloß Schwarzengrund

Buttermarkt (Goldmannseite) in Schweidnitz

schaft mit Karpfenzucht und Fischhandel seit dem Beginn des 16. Jh., Rückgang seit dem 18. Jh. 1970: 2216 Einw.

Schweidnitz (poln. *Świdnica*), Kreisstadt und Stadtkreis 50 km südwestlich der Landeshauptstadt an der Weistritz im nordwestlichen Vorland des Eulengebirges, 247 m, 1243 erstmals belegt, Stadtgründung nach deutschem Recht vor 1239, planmäßig angelegte Kolonistenstadt mit quadratischem Ring, erstes Rathaus von 1328, jetziger Bau von 1717–1720. Die Stadt kam 1368 unter böhmische Oberlehnshoheit, wurde 1392 böhmisch, 1526 habsburgisch, 1742 preußisch.
Die kath. Stadtpfarrkirche St. Stanislaus und St. Wenzel mit dem höchsten Kirchturm Schlesiens (104 m) wurde 1325–1488 als Basilika in gotischem Stil erbaut und um 1700 innen barockisiert. Die ev. Friedenskirche Zur Hl. Dreifaltigkeit, eine der drei Kirchen, die der Westfälische Friede 1648 den Fürstentümern Schweidnitz, Jauer und Glogau gestattete, wurde 1652–1657 außerhalb der Stadtmauern als Fachwerkbau errichtet und 1708 durch einen Glockenturm ergänzt. Sie ist die größte europäische Holzkirche mit 3 000 Sitz- und 4 500 Stehplätzen und hat eine wertvolle barocke Innenausstattung. Die Kirche ist nach wie vor Eigentum der evang. Gemeinde Augsburgischen Bekenntnisses in Schweidnitz. Einmal im Monat findet hier ein deutschsprachiger Gottesdienst statt.

Schweidnitz war von 1640–1920 Garnisonstadt nacheinander für schwedische, österreichische, französische und preußische Truppen, seit 1945 der sowjetischen Armee. In den Hussitenkriegen, im Dreißigjährigen Krieg und in den Schlesischen Kriegen häufig hart umkämpft.

Um die Mitte des 19. Jh. Entwicklung zur Industriestadt: Maschinen-, Elektro- und Rundfunkindustrie, Waggonfabrik, chemische, keramische und Lederindustrie. Vom 15. bis 17. Jh. ein Zentrum der Bierbrauerei (Breslau: „Schweidnitzer Keller").

Die Stadt wurde erst nach der Kapitulation vom 8. 5. 1945 von sowjetischen Truppen besetzt, später zu einem Drittel zerstört; 414 Gebäude vernichtet. Der Rathausturm stürzte am 5. 1. 1967 ein. 1939: 39 000 Einw.; 1975: 51 600.

Patenschaft über Stadt und Kreis Schweidnitz (ohne die Stadt Striegau): Stadt Reutlingen, Baden-Württemberg, seit 1953. Heimatzeitung: Tägliche Rundschau, Reutlingen, seit 1952.

In Schweidnitz geboren:

Karl Gottlieb *Svarez*, Schöpfer des preußischen allgemeinen Landrechtes (1780–1788), * 27. 2. 1746, † 14. 5. 1798 in Berlin;

Albert *Neisser*, Dermatologe und Entdecker des Gonococcus, * 22. 1. 1855, † 30. 7. 1916 in Breslau;

Neptunsbrunnen am Schweidnitzer Ring

Blick von der Schweinhausburg

Seidenberg

Ferdinand *Friedensburg,* Politiker, 1946–1951 letzter Bürgermeister von Großberlin, * 17. 11. 1886, † 11. 3. 1972 in Berlin.

Schweidnitzer Weistritz s. Weistritz.

Schweinhaus (poln. *Świny*), Kr. Jauer, 20 km südwestlich der Kreisstadt am Oberlauf der Wütenden Neiße, 2 km nördlich von Bolkenhain, Dorf mit einer 1108 erstmals erwähnten Burg, der Schweinhausburg, mit ehemals mächtigem Wohnturm auf dem Rücken des Steinberges über dem Ort, 370 m.

Seit dem Ende des 13. Jh. bis 1769 war die Burg Stammsitz des Geschlechtes derer von Schweinichen; seit 1702 nicht mehr bewohnt, im 19. Jh. durch Sturm und Brand zur Ruine verfallen. Die Schweinhausburg bildete zu der unmittelbar benachbarten Bolkoburg bei Bolkenhain (s. d.) mit ihrem 22 m hohen Bergfried ein reizvolles Pendant.

Im Ort die kath. St. Nikolauskirche unterhalb der Burg von 1570, urkundlich belegt schon 1318, mit zahlreichen Grabmälern derer von Schweinichen. 1939: 428 Einw.

Schwertburg (poln. *Świecie*), Kr. Lauban, bis 1937 Schwerta, Dorf mit Ruinen einer 1329 erstmals erwähnten Burg an der Straße von Böhmen nach dem 5 km nordwestlich gelegenen Marklissa. Besitzer der Burg waren von 1385–1592 die Familien von Uechtritz. Die Anlage brannte 1527 und dann wieder 1820 ab. 1939: 1 119 Einw.

Schwientochlowitz (poln. *Świętochłowice*), ostoberschlesische Industriestadt im ehemaligen Kreis Kattowitz, Nachbarstadt von Königshütte, im 16. Jh. bezeugt, aus drei Orten zusammengewachsen und seit 1828 im Besitz der Grafen Henckel von Donnersmarck auf Neudeck.

Die Stadt mit reichem Industriebestand kam 1922 zu Polen, wurde zunächst Kreisstadt, 1939 dem Kreis Kattowitz angegliedert und schließlich 1951 selbständiger Stadtkreis. Gegenwärtig 20 große und mittlere Industriebetriebe mit drei Kohlengruben, Eisen- und Zinkhütten, Koks-Chemie und Maschinenbau. 1973: rund 58 600 Einw.

Seidenberg (poln. *Zawidów*), Kr. Lauban, 22 km südwestlich der Kreisstadt an der Grenze nach Böhmen, 247 m, 1186 bischöfliche Burg mit der zweitältesten Missionskirche der Oberlausitz, Stadtgründung nach deutschem Recht zwischen 1253 und 1278 durch den böhmischen König

Bethauskirche in Seidorf

Schloß Seydlitzruh

Ottokar II.; 1526 habsburgisch, 1635 kursächsisch, 1815 preußisch.

Im 18. Jh. bedeutendste Tuchmacherstadt der Oberlausitz nach Görlitz, Industrialisierung im 19. Jh., Herstellung von Berufskleidung, daneben Tonwerke und Maschinenindustrie.

Grenzzwischenfälle am 20. 9. 1938 im Vorfeld des Münchner Abkommens vom 29. 9. 1938. Die Stadt wurde erst nach der Kapitulation vom 8. 5. 1945 von sowjetischen Truppen besetzt.

1939: 2645 Einw.; unter polnischer Verwaltung 1945 Verlust des Stadtrechtes; 1957 wieder zur Stadtartigen Siedlung erhoben; 1970: 3378 Einw.

Jakob *Böhme*, Philosoph und protestantischer Mystiker, * 1575 in Alt Seidenberg, † 16. 11. 1624 in Görlitz.

Seidorf (poln. *Sosnówka*), Kr. Hirschberg, 10 km südöstlich der Kreisstadt, 1305 erstmals erwähntes, lang sich hinziehendes Straßendorf, 384 m.

Die kath. Pfarrkirche St. Martini wurde 1796/1797 errichtet und geht geschichtlich auf das Jahr 1318 zurück. Die ev. Kirche von 1816–1820 ersetzte das Bethaus von 1745, erhielt aber erst zwischen 1835 und 1845 ihre Innenausstattung.

Südöstlich des Dorfes am Westabhang des Kräherberges die in 668 m Höhe durch Hans Anton Graf von Schaffgotsch 1718 errichtete St. Annakapelle, deren Geschichte bis 1366 zurückreicht. Hier wurde jährlich an dem auf den St. Annatag (26. Juli) folgenden Sonntag Gottesdienst gehalten.

An der Stelle der Kapelle stand früher die im 14. oder 15. Jh. erbaute „Bornkirche“, genannt nach der nahen radioaktiven Quelle, bei der eine vorchristliche Kultstätte vermutet wird. 1939: 1395 Einw.

Seydlitzruh (poln. *Minkowskie*), Kr. Namslau, bis 1937 Minkowsky, Straßendorf 14 km südwestlich der Kreisstadt, erstmals 1329 belegt.

Den Gutsbesitz erwarb 1757 der preußische Reitergeneral Friedrich Wilhelm von Seydlitz (1721–1773), der auf einer Anhöhe am Ostrand des Ortes ein schlichtes Schloß im Stile von Sanssouci erbauen ließ. Die Mittelachse des Parks erlaubte einen Durchblick zu Seydlitzens Garnisonstadt Ohlau.

Seydlitz wurde in der Nordwestecke des Parkes begraben, das Grabmal ließen seine Töchter 1784 errichten. Der von Friedrich dem Großen verfaß-

Schloß Sibyllenort

te Grabspruch endet mit dem Satz „Hier ruht die Asche des Helden". 1939: 547 Einw.

Sibyllenort (poln. *Szczodre*), Kr. Oels, 15 km südwestlich der Kreisstadt. Der auf zwei alte Siedlungen von 1245 und 1398 zurückgehende Ort war berühmt durch sein 1685–1692 von Herzog Christian Ulrich von Württemberg-Oels erbautes Schloß, dem er zusammen mit dem Ort zu Ehren seiner zweiten Gemahlin Sibylla Maria, geb. Prinzessin von Sachsen-Merseburg, 1691 den Namen Sibyllenort gab.

Das Schloß wurde 1852–1867 im Tudorstil erweitert und daher gelegentlich das „schlesische Windsor" genannt. Der 1851 im englischen Stil erweiterte, zuletzt 300 ha umfassende Park war mit Rotwild besetzt.

Der letzte sächsische König Friedrich August III., der Sybillenort 1918 zu seinem ständigen Wohnsitz wählte, starb hier am 17. 2. 1932. Seine Leiche wurde in einem langen Trauerzug in die Dresdner Hofkirche überführt.

Letzter Besitzer war bis 1945 Friedrich Christian Prinz und Herzog zu Sachsen, Markgraf von Meißen. Das Schloß wurde bei Kriegsende weitgehend zerstört und schließlich abgerissen. 1939 hatte das Dorf 554 Einw.

Siegersdorf (poln. *Zebrzydowa*), Kr. Bunzlau, 13 km südwestlich der Kreisstadt am linken Ufer des Queis, 1346 erstmals als Kirchdorf genannt, 1654–1741 Bau einer Zufluchtskirche für ev.

Festung Silberberg

Skotschau

Schlesier. Schloßbau aus dem Beginn des 16. Jh., Domäne 1858–1945 in preußischem Staatsbesitz. Errichtung eines Eisenbahnviaduktes über den Queis 1846 für die sich hier kreuzenden Bahnlinien Kohlfurt-Liegnitz und Hirschberg-Sagan. Tertiäre Tonlager waren die Grundlage für die Keramikindustrie mit 1200 Beschäftigten im Jahre 1939 bei 2654 ständigen Einwohnern.

Siemianowitz (poln. *Siemianowice Śląskie*), Kr. Kattowitz, s. Laurahütte.

Silberberg (poln. *Srebrna Góra*), Kr. Frankenstein, 12,5 km westlich der Kreisstadt an einem Paß zwischen Schlesien und Böhmen, 400–650 m, alte Bergmannssiedlung mit frühestem Silberbergbau im ausgehenden 14. Jh., 1536 Stadtrecht als freie Bergstadt, 1526 habsburgisch, 1742 preußisch.

Die Stadt steigt amphitheaterartig mit zwei Hauptstraßen (Sommer- und Winterseite) zur Paßhöhe an, dort oberhalb die 1765–1777 von König Friedrich II. von Preußen erbaute Festung, zum Teil in den Felsen gehauen, mit dem 686 m hohen Donjon und der Großen Strohhaube (740 m) als dem höchstgelegenen Werk der Festung. Nach erfolgreicher Verteidigung gegen Franzosen, Bayern und Württemberger 1807 wurde sie 1867 aufgegeben und geschleift.

Die ev. Michaelskirche von 1592 wurde nach mehrfacher Zerstörung durch Brände letztmalig 1816 wieder aufgebaut und 1906 erneuert, die kath. Pfarrkirche St. Peter und Paul von 1729–1731 nach Brand 1807–1818 neu errichtet. Geringe Industrie, Uhrenfabrik seit 1871–1945 in Betrieb, Spinnerei und Weberei.

Die Stadt wurde erst nach der Kapitulation vom 8. 5. 1945 von sowjetischen Truppen besetzt. 1939: 1 154 Einw.; 1945 unter polnischer Verwaltung Verlust des Stadtrechtes; 1961: rund 750 Einw.

Fritz *Reuter*, der niederdeutsche Mundartdichter (1810–1874), als Burschenschafter 1833 zum Tode verurteilt und 1837 zu 30 Jahren Festungshaft begnadigt, war von 1834–1837 in der Festung Silberberg inhaftiert („Ut mine Festungstid", 1862).

Silbitz (poln. *Żelowice*), Kr. Strehlen, Dorfgemeinde mit Schloß aus dem Beginn des 18. Jh., nach 1853 neu erbaut und bis 1945 im Besitz der Grafen von Stillfried-Mettich. Pia Gräfin von Stillfried-Mettich war mit Michael Graf von Matuschka verheiratet, der als Widerstandskämpfer gegen Hitler zum Tode verurteilt und am 14. 9. 1944 in Berlin hingerichtet wurde. 1939: 244 Einw.

Sohrau, Kr. Rybnik

Rathaus in Sprottau

Skotschau (poln. *Skoczów*), Kr. Teschen, als deutschrechtliche Stadt vor 1300 gegründet, 1327 urkundlich belegt, am Austritt der Weichsel aus den Beskiden, geschichtlich bedeutsamer Ort.

Vor dem Ersten Weltkrieg war Skotschau das geistige Zentrum des Schlonsakentums, das sich trotz polnischer Umgangssprache zum deutschen Kulturkreis bekannte (Schlesische Volkspartei). Nach dem Krieg wurde hier 1919 der Waffenstillstand zwischen Polen und Tschechen geschlossen, der 1920 zur Teilung des Teschener Landes führte, mit dem Fluß Olsa als neuer Grenze zwischen der Tschechoslowakei und Polen. 1968 Industrialisierung durch Bau eines großen Karosseriewerkes. 1970: 7 831 Einw.

Slawentzitz (poln. *Sławięcice*), Kr. Cosel, 1936 umbenannt in Ehrenforst (s. d.).

Sohrau (poln. *Żory*), Kr. Rybnik, Industriestadt in Ostoberschlesien, 12,5 km südöstlich der Kreisstadt, Stadtgründung im 13. Jh., Magdeburger Stadtrecht.

Kath. Pfarrkirche in Sprottau

Die einst bedeutende Tuchmacherei und Leineweberei des 18. und 19. Jh. wurde nach 1850 durch Eisen- und Maschinenindustrie abgelöst. Die Stadt kam 1922 an Polen, 1945 starke Zerstörungen, danach Wiederaufbau und Erweiterung der Industrie. 1961: 7053 Einw.; 1970: 8739.

Otto *Stern,* Physiker, 1943 Nobelpreis für die Erforschung der Molekularstrahlmethode, * 17. 2. 1888, † 17. 8. 1969 in Berkeley/USA.

Spieglitzer Schneeberg s. Schneeberg.

Spreefurt , Kr. Hoyerswerda, am Ostrand des Kreisgebietes an der Spree gelegen, bis 1936 Uhyst, Dorfgemeinde mit Schloß, 1738–1742 unter dem Einfluß des Dresdener Hofes von einem italienischen Baumeister errichtet. Nach 1945 mit dem Kr. Hoyerswerda zum Bezirk Cottbus (DDR).

Sprottau (poln. *Szprotawa*), Kreisstadt und Stadtkreis am Bober, 110 km nordwestlich der Landeshauptstadt, 126–132 m, 1254 durch Herzog Konrad II. von Glogau als deutsche Stadt mit Magdeburg-Halleschem Recht gegründet, Marktsiedlung mit quadratischem Ring; 1329 böhmisch, 1526 habsburgisch, 1742 preußisch.

Die kath. Pfarrkirche St. Mariä Himmelfahrt, erstmals 1260 erwähnt, wurde 1416–1424 zur dreischiffigen Hallenkirche erweitert. Der Turm aus Feldsteinen enthält den ältesten datierten Grabstein in Schlesien von 1316.

Das ev. Bethaus von 1747 mit Turm von 1821/1822 wurde 1897 als ev. Kirche Zur Burg Gottes umgebaut, das Rathaus mit zwei Türmen aus dem 16. und 18. Jh. 1862/1863 letztmals erneuert.

Sprottau zählte zu den preußischen Städten mit dem größten Grundbesitz, der Landkreis war 1939 der größte im Regierungsbezirk Liegnitz. Breit gefächerte Industrie, u. a. Eisengießerei und Emaillierwerk, Textil- und Lebensmittelherstellung, Klavierfabrik.

Die Stadt wurde am 12. 2. 1945 von sowjetischen Truppen besetzt und zu 50 v. H. zerstört; 685 Gebäude vernichtet, später auch gebrandschatzt. 1939: 12587 Einw.; 1970: 11252.

Patenschaft über den Kreis Sprottau: Kreis Detmold seit 1954. Heimatzeitung: Sagan-Sprottauer Heimatbrief, Detmold, seit 1949.

In Sprottau geboren:

Steinau an der Oder

Heinrich *Laube*, Schriftsteller, Journalist und Theaterleiter, 1849–1867 Direktor des Wiener Burgtheaters, * 18. 9. 1806, † 1. 8. 1884 in Wien; Heinrich Robert *Göppert*, Botaniker, Begründer der Paläontologie, der Wissenschaft von den Lebewesen der erdgeschichtlichen Vergangenheit, * 25. 7. 1800, † 18. 5. 1884 in Breslau;
Karl *Bartsch,* Germanist und Romanist, * 25. 2. 1832, † 19. 2. 1888 in Heidelberg.

Sprotte (poln. *Szprotawa*), rechter Nebenfluß des Bober, Mündung bei Sprottau. Bei Primkenau, 18 km südöstlich, eiszeitliches Staubecken mit Niederungsmoor, dem sogenannten Sprottebruch. Mehrfach entwässert und trockengelegt, zuletzt nach 1934 durch den Reichsarbeitsdienst mit Anlegung eines Neubauerndorfes mit Namen Hierlshagen, 25 km südöstlich der Kreisstadt Sprottau, zur Gemeinde Langen (poln. *Łężce*) gehörend.

Stahlhammer (poln. *Kalety*), Kr. Lublinitz/ Loben, ostoberschlesische Industriestadt an der oberen Malapane und am Fuße der Tarnowitzer Höhen gelegen, 20 km südöstlich der Kreisstadt. Der hier kurz nach 1777 errichtete Stahlhammer war das erste Frischfeuer in Oberschlesien zur Herstellung von Stahl. Später Mittelpunkt für die Verarbeitung des Holzes aus den Besitzungen der Grafen Henckel von Donnersmarck. Die Hütte wurde zum Sägewerk umgebaut, eine Zellulose- und Papierfabrik kamen hinzu. 1930: 1780 Einw.; 1970 nach Stadterhebung 1951 auf erweitertem Gebiet: 7403 Einw.

Steinau (poln. *Ścinawa Mała*), Kr. Neustadt/ OS, kleines Landstädtchen an der Steine, einem rechten Nebenfluß der Glatzer Neiße, 10 km nördlich der Kreisstadt. Erstmals 1236 erwähnt, 1260 als bischöfliche Stadt mit deutschem Recht bezeugt, seit der Mitte des 18. Jh. Marktflecken ohne Stadtrecht. 1939: 1337 Einw.

Steinau a. d. Oder (poln. *Ścinawa*), Kr. Wohlau, 20 km nordwestlich der Kreisstadt auf der linken Oderseite gelegen, 100 m, 1202 erstmals erwähnt, Stadtgründung mit Neumarkter Recht vor 1248, Magdeburger Stadtrecht 1348, herzogliche Burg am Oderübergang; 1410 böhmisch, 1526 habsburgisch, 1742 preußisch. Kolonistenstadt mit rechteckigem Ring (56 m x 93 m) und Stadtbefestigung von 1290.

Die ev. Johanneskirche von 1450 wurde 1869–1872 erneuert, die kath. Kirche Zur Kreuzerhöhung 1839–1841 errichtet und 1861 eine ev.-lutherische Kirche gebaut. Letzter Rathausbau 1837/1838.

Die wirtschaftliche Entwicklung war durch die Lage an der Oder bestimmt. Zunächst Fischerei, Mehl- und Papiermühlen, Tuchmachergewerbe. Der Bau der Oderbrücke und der Ausbau des Oderhafens brachten Ende des 19. Jh. wirtschaftliche Belebung. Kleinere Industriebetriebe, dar-

Gitter am Rathaus in Strehlen

unter eine Seifen- und eine Zuckerfabrik. 1932 Verlust der Funktion als Kreisstadt.

Bei den schweren Kämpfen um den Oderübergang im Januar 1945 wurde die Stadt zum größten Teil zerstört, 1191 Gebäude vernichtet. Die Beschießung durch die Rote Armee begann am 23. 1. 1945, die Oderbrücke wurde am 25. 1. gesprengt, aus dem Brückenkopf heraus wurde die Stadt am 8. 2. 1945 von sowjetischen Truppen besetzt. 1939: 6487 Einw.; 1969: 4208.

Steinberge (poln. *Nasławice*), Kr. Breslau, bis 1937 Naselwitz, Dorfgemeinde 33 km südwestlich der Landeshauptstadt und 5 km östlich von Zobten am Berge. Ev. Dorfkirche mit kunsthistorisch bedeutenden Fresken aus dem 15. Jh. 1939: 529 Einw.

Stillersfeld (poln. *Stolarzowice*), Kr. Beuthen-Tarnowitz, bis 1936 Stollarzowitz; der deutsche Ortsname Stillersfeld ist seit dem Mittelalter belegt. Industriedorf nordwestlich von Beuthen. Silber- und Bleierzabbau im 16. und 18. Jh., später Galmeigewinnung. 1939: 6280 Einw.; 1958 unter polnischer Verwaltung zur Stadtartigen Siedlung erklärt; 1970: 5440 Einw.

Stober (poln. *Stobrawa*), rechter Nebenfluß der oberen Oder, entspringt bei Rosenberg und mündet nach 98 km langem Lauf südöstlich von Brieg in die Oder.

Stollarzowitz (poln. *Stolarzowice*), Kr. Beuthen-Tarnowitz, 1936 umbenannt in Stillersfeld (s. d.).

Stonsdorf (poln. *Staniszów*), Kr. Hirschberg, am Fuße des Prudelberges (484 m) im Hirschberger Tal gelegenes Riesengebirgsdorf, 418 m. Auf dem Prudelberg, an dessen Höhlen sich geschichtliche Sagen aus dem Dreißigjährigen Krieg knüpften, stand ein aus dem Granit des Berges errichtetes, 14 m hohes Bismarckdenkmal.

Der Ort wurde weltbekannt durch den „Stonsdorfer Bitter“, der sich „die Kräuterwohltat mit der Waldheidelbeere“ nannte und hier um 1810 zum erstenmal von Christian Gottlieb Koerner

Kath. Pfarrkirche in Striegau

destilliert wurde. Der „Stonsdorfer“ wird seit 1950 in Hamburg als der „urwüchsig Echte“ nach altem Rezept weiter hergestellt.

Oberhalb des langgestreckten Dorfplatzes die bereits 1388 erwähnte Simultan-Pfarrkirche. Außerhalb des Dorfes in Richtung Erdmannsdorf das barocke Landschloß der Prinzen Reuß, jüngere Linie, mit bedeutender Gemäldesammlung. Auf dem Stangenberg 2 km südlich von Stonsdorf das 1841 als künstliche Ruine erbaute Jagdschloß Heinrichsburg (506 m). 1939: 834 Einw.

Strehlen (poln. *Strzelin*), Kreisstadt 38 km südlich der Landeshauptstadt am linken Ufer der Ohle, 165 m. Stadtgründung 1292 nach deutschem Recht in Anlehnung an die herzogliche Burg, regelmäßig angelegte Kolonistenstadt mit fast quadratischem Ring als Mittelpunkt. Mauer und Graben mit drei Stadttoren. 1335 böhmisch, 1526 habsburgisch, 1675 zur Krone Böhmens gehörend, 1742 preußisch.

Die mittelalterliche Klosterkirche Heilig Kreuz, erstmals 1296 nachgewiesen und 1703 innen barockisiert, erhielt 1910–1916 ihre letzte Erneuerung. Die ev. Michaelskirche von 1769 wurde 1910/1911 erneuert. Letzter Rathausbau 1817. Vom Rathaus blieb nur das Untergeschoß des Turmes als Ruine.

Die wirtschaftliche Bedeutung der Stadt lag im Granitabbau. Neben Striegau besaß Strehlen die reichsten Granitbrüche Europas. Sonst Möbel-, Nahrungsmittel- und Zementindustrie.

Vom 8. 2. bis zur Kapitulation am 8. 5. 1945 verlief bei Striegau die hart umkämpfte Frontlinie, die Kämpfe drangen bis in die Stadt, die zur Hälfte zerstört wurde; 861 Gebäude vernichtet. 1939: 12337 Einw.; 1973: 9764.

Patenschaft über Stadt und Kreis Strehlen (ohne die Stadt Wansen): Stadt Herne, Nordrhein-Westfalen, seit 1951. Heimatzeitung: Heimatblatt für die Kreise Strehlen und Ohlau, Velen, Kr. Borken, Nordrhein-Westfalen, seit 1951.

Paul *Ehrlich*, Serumforscher und Nobelpreisträger von 1908, Begründer der Chemotherapie, * 14. 3. 1854 in Strehlen, † 20. 8. 1915 in Homburg v. d. H.

Striegau (poln. *Strzegom*), Kr. Schweidnitz, 17 km nordwestlich der Kreisstadt am Striegauer Wasser, einem linken Nebenfluß der Weistritz, und am Fuße der drei Striegauer Berge Georgen-, Kreuz- und Breitenberg, 230 m. Stadtgründung 1242 durch Herzog Heinrich III. von Schlesien mit Magdeburger Recht.

Planmäßig angelegte Kolonistenstadt mit rechteckigem Ring und doppelter Stadtmauer mit fünf Toren; 1368 böhmisch, 1526 habsburgisch, 1742 preußisch. Mit Jauer und Schweidnitz war Striegau Sperrfestung gegen die Gebirgspässe.

Die von den Johannitern 1239 errichtete gotische Stadtpfarrkirche St. Peter und Paul, als dreischiffige mächtige Basilika 1360–1388 neu erbaut, mit unvollendet gebliebenen Türmen, wurde unter polnischer Verwaltung 1981 restauriert. Die ev.

Große Sturmhaube und Ziegenrücken

Stroppen

Dreifaltigkeitskirche von 1819/1820 ersetzte das 1742 errichtete und 1807 abgebrochene Bethaus. Letzter Rathausbau 1859.

Granit- und Basaltwerke, Hartsteinschleiferei, Maschinen-, Textil-, Papier- und Malzindustrie, Porzellanfabrik.

Die Stadt wurde am 18. 2. 1945 erstmals von sowjetischen Truppen besetzt und geplündert, vom 9.–11. 3. von deutschen Truppen zurückerobert und am 7. 5. 1945 abermals von sowjetischen Truppen besetzt und zu fast zwei Dritteln zerstört. 1939: 15155 Einw.; 1975: rund 15200. Patenschaft: Stadt Lübbecke, Nordrhein-Westfalen, seit 1960.

In Striegau geboren:

Johann Christian *Günther*, Lyriker, * 8. 4. 1695, † 15. 3. 1723 in Jena;

Hans-Christoph *Kaergel*, Schriftsteller, * 6. 2. 1889, † 9. 5. 1946 in Breslau (Kerkerhaft);

Roger *Loewig*, Maler, Zeichner, Schriftsteller, * 5. 9. 1930, lebt in Berlin.

Striese (poln. *Strzeszów*), Kr. Trebnitz, 9 km südwestlich der Kreisstadt gelegenes Dorf mit Schloß, seit 1321 nachgewiesen, Stammsitz derer von Rehdiger seit 1559.

Die kath. St. Hedwigskirche aus dem 14. Jh. wurde um 1500 erneuert. Das im Siebenjährigen Krieg von den Russen ausgeplünderte und zerstörte Schloß aus dem Ende des 16. Jh. wurde Ende des 18. Jh. wieder aufgebaut.

Der letzte Besitzer, Oberst Hans von Witzendorff-Rehdiger, und seine Gemahlin Margarethe, geb. von Brand, wurden im Januar 1945 von sowjetischen Soldaten bei der Besetzung des Ortes ermordet.

Das Schloß, während der Belagerung Breslaus zunächst Hauptquartier eines Oberkommandos der Roten Armee, war im Mai 1945 Sammelpunkt für die in der Festung Breslau gefangengenommenen deutschen Offiziere. Vor der Übergabe des Schlosses an die polnische Verwaltung wurde es bis auf die nackten Mauern ausgeplündert. 1939: 529 Einw.

Stroppen (poln. *Strupina*), Kr. Trebnitz, kleine Ackerbürgerstadt 22 km nordwestlich der Kreisstadt, 145 m. Als Ort erstmals 1249 erwähnt, Stadtgründung in der ersten Hälfte des 13. Jh., um 1540 Neuanlage der Stadt mit deutschem Recht. Im Mittelalter Wallfahrtsort.

Die ev. Kirche, einstige Zufluchtkirche von 1654, erhielt 1880 ihren letzten Neubau, die kath. Kapelle St. Joseph wurde 1914 errichtet. Die Stadt wurde am 24. 1. 1945 von sowjetischen Truppen besetzt und verlor unter polnischer Verwaltung das Stadtrecht. 1939: 711 Einw.; 1961: rund 500 Einw.

Sturmhaube (poln. *Szyszak*), Bezeichnung für zwei Granitkuppen des nördlichen Riesenge-

Barockschloß in Sulau

Sulau

birgskammes. Die Große Sturmhaube (poln. *Wielki Szyszak* – 1424 m) ist ein spitzer Kegel aus Granittrümmern, die Kleine Sturmhaube (poln. *Mały Szyszak*; tschech. *Malý Šišák* – 1436 m) bildet in ähnlicher Weise den Eckpfeiler des östlichen Gebirgsmassivs.

Sudeten (poln. und tschech. *Sudety*), zusammenfassende Bezeichnung für die von der Zittauer Bucht im Nordwesten und der Mährischen Pforte im Südosten rund 300 km lang und 30 bis 50 km breit reich gegliedert sich hinziehende Gebirgskette. Der Name des schlesisch-böhmischen Grenzgebirges wurde 1558 zuerst von Philipp Melanchton im heutigen Sinne gebraucht.
Gliederung:
Westsudeten mit dem Isergebirge (Tafelfichte 1122 m), dem Riesengebirge (Schneekoppe 1605 m) und dem Bober-Katzbach-Gebirge (Hogolje 720 m).
Innersudetische Mulde mit dem Waldenburger Bergland (600–900 m) und dem Glatzer Bergland mit dem Eulengebirge (Hohe Eule 1014 m), dem Heuscheuergebirge (Große Heuscheuer 919 m), dem Adlergebirge (Hohe Mense 1084 m), dem Habelschwerdter Gebirge (Heidelberg 977 m), dem Glatzer Schneegebirge (Großer Schneeberg 1425 m) und dem Reichensteiner Gebirge (Heidelberg 902 m).
Ostsudeten mit dem Altvatergebirge (Bischofskoppe 890 m und Altvater 1490 m) und dem Mährischen Gesenke (500–800 m).
Die Sudeten bestehen vorwiegend aus kristallinem Gestein. Der Erzreichtum wurde im Mittelalter von deutschen Bergleuten erschlossen. Später als Nachfolgeindustrien Holz-, Papier-, Textil- und Glaserzeugung. Heilbäder und Wintersport.

Sulau (poln. *Sułów*), Kr. Militsch, kleine Landstadt in der Bartschniederung, 9,5 km südwestlich der Kreisstadt, erstmals 1351 erwähnt, aber erst 1755 Verleihung des Stadtrechtes; 1329 böhmisch, 1526 habsburgisch, 1742 preußisch.
Das 1680 errichtete Barockschloß mit breiter Freitreppe war zuletzt im Besitz der Grafen von Schweinitz. Die beiden Pfarrkirchen (die kath. von 1731 und die ev. von 1765) sind als Fachwerkbauten erhalten geblieben.
Die Stadt wurde am 23. 1. 1945 von sowjetischen Truppen besetzt und verlor unter polnischer Verwaltung das Stadtrecht. 1939: 1176 Einw.; 1961: rund 1100.

Tafelfichte (tschech. *Smrk*), mit 1122 m höchster Berg auf der böhmischen Seite des Isergebirges unmittelbar an der schlesischen Landesgrenze, nordwestlicher Eckpfeiler des Hohen Iserkammes. Die Schutzhütte brannte 1946 ab, der 18 m hohe Aussichtsturm verfiel.
Der Name rührt von einer großen Bergfichte her, an die der Herzog von Friedland, Wallenstein, 1628 nach einem Grenzstreit mit dem Grafen Schaffgotsch eine Tafel mit seinem Namen anbringen ließ. Diese „Tafelfichte“ stand bis 1790 und wurde durch einen Grenzstein ersetzt.
An dieser Stelle stießen bis 1815 die Grenzen Schlesiens, Sachsens und Böhmens zusammen.

Talsperren , zum Ausgleich der Oderwasserführung und zur Verhinderung von Hochwassergefahr im Gebirgsvorland in die Nebenflüsse der Oder eingefügte Staubecken. Die bedeutendsten sind die Talsperren im Queis bei Marklissa (1905) mit 15, im Bober bei Mauer (1912) mit 50, in der Glatzer Neiße bei Ottmachau (1933) mit 143 und in der Malapane bei Turawa (1939) mit 90 Millionen cbm Fassungsvermögen.

Tarnowitz (poln. *Tarnowskie Góry*), Industriestadt in Ostoberschlesien, 12 km nordwestlich von Beuthen. Seit dem 13. Jh. Bergstadt mit 1526 erteilter Bergfreiheit nach Iglauer Recht. Abbau blei- und silberhaltiger Erze.
Die ursprünglich ev. Pfarrkirche aus der Mitte des 16. Jh. wurde im Zuge der Gegenreformation 1630 den Katholiken übergeben. Die 1780 errichtete und 1900 neuromanisch umgestaltete neue ev. Kirche ersetzte die 1746 abgebrannte Kirche von 1742.
Förderung des Bergbaues zur preußischen Zeit. In der 1784 errichteten Friedrichsgrube wurde 1788 die erste englische Dampfmaschine aufgestellt, die Goethe 1790 als Sehenswürdigkeit besichtigte. Epigramm: „An die Knappschaft von Tarnowitz".
Im 19. Jh. Maschinen-, Metall- und chemische Industrie, in neuerer Zeit Herstellung von Bergbaumaschinen und Bergbauausrüstungen.
1922 fiel Tarnowitz mit dem größten Teil des

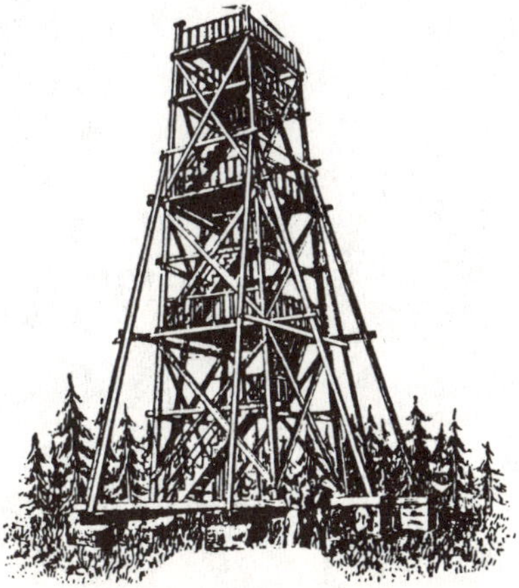

Aussichtsturm auf der Tafelfichte

Die alte Kirche in Tarnowitz

Landkreises an Polen. 1939: etwa 16000 Einw.; 1961: 29343; 1970: 34328.
Wolfgang *Schwarz*, Schriftsteller, * 15. 5. 1916, lebt in Landau/Pfalz.

Teiche, der Große und der Kleine Teich (poln. *Mały Staw*; tschech. *Malý Stav*), zwei hochgelegene Gebirgsseen unterhalb des Riesengebirgskammes, den Felskaren der Schneegruben (s. d.) entsprechende Schmelzwässer der Eiszeitgletscher.
Der Große Teich (poln. *Wielki Staw*; tschech. *Velký Stav*) ist mit 580 m Länge und bis zu 200 m Breite und mit einer Oberflächenausdehnung von 6,6 ha das größte Wasserbecken des Gebirges; 125 m oberhalb stand die Prinz-Heinrich-Baude (s. d.).

Tepliwoda (poln. *Ciepłowody*), Kr. Frankenstein, 1936 umbenannt in Lauenbrunn (s. d.).

Teschen (poln. *Cieszyn*, tschech. *Český Těšín*), einstige Hauptstadt des ehemaligen Teilfürstentums Teschen im Herzogtum Schlesien, deutsche Stadtgründung an der Olsa 1292 nach Löwenberger Recht, welches auf die Herkunft der Siedler hinweist, 1734 Magdeburger Recht. Aus böhmischer Oberlehnshoheit 1653 habsburgisch, bis

1920 zu Österreichisch Schlesien gehörend.
Durch den Friedensvertrag von St. Germain zwischen Österreich und den Entente-Mächten vom 10. 9. 1919 und die Entscheidung des Botschafterrates vom 28. 7. 1920 wurden das Teschener Land entlang der Olsa und damit die Stadt Teschen zwischen der Tschechoslowakei und Polen geteilt. Die Polen erhielten den historischen Burgberg und die Altstadt rechts der Olsa, die Tschechen übernahmen die Weststadt mit dem Bahnhof, der die Verbindung zur Slowakei sicherte.
Nach dem Münchner Abkommen vom 29. 9. 1938 besetzten die Polen vorübergehend die Stadt, die im September 1939 der preußischen Provinz Oberschlesien angegliedert wurde. Seit 1945 ist der Zustand der Teilung von Land und Stadt von 1920 wiederhergestellt.
Stadt und Land waren in kultureller und industrieller Hinsicht von Deutschen geprägt. Ihr Bevölkerungsanteil lag bis zum Ersten Weltkrieg bei rund 65 v. H.
Gemäß der Altranstädter Konvention vom 1. 9. 1707, durch die den schlesischen Protestanten vom Kaiser Duldung zugesichert wurde, errichteten die ev. Bürger Teschens ab 1710 eine Gnadenkirche, die bis 1740 die einzige ev. Kirche Oberschlesiens war. Nach 1742 war Teschen die einzige ev. Gemeinde Österreichs überhaupt. Das 1810 gegründete theologische Gymnasium, das aus dem 1711 errichteten ev. Gymnasium, dem einzigen seiner Art in Österreich, hervorgegangen war, wurde zum Vorläufer der 1821 gegründeten ev.-theologischen Fakultät in Wien.
Die 1675 von den Jesuiten errichtete Hl. Kreuzkirche war seit der Mitte des 17. Jh. das Zentrum der Gegenreformation. Im 18. Jh. prägten zahlreiche bedeutende Bauten das Gesicht der Stadt, so die 1697–1706 errichtete Barockkirche der

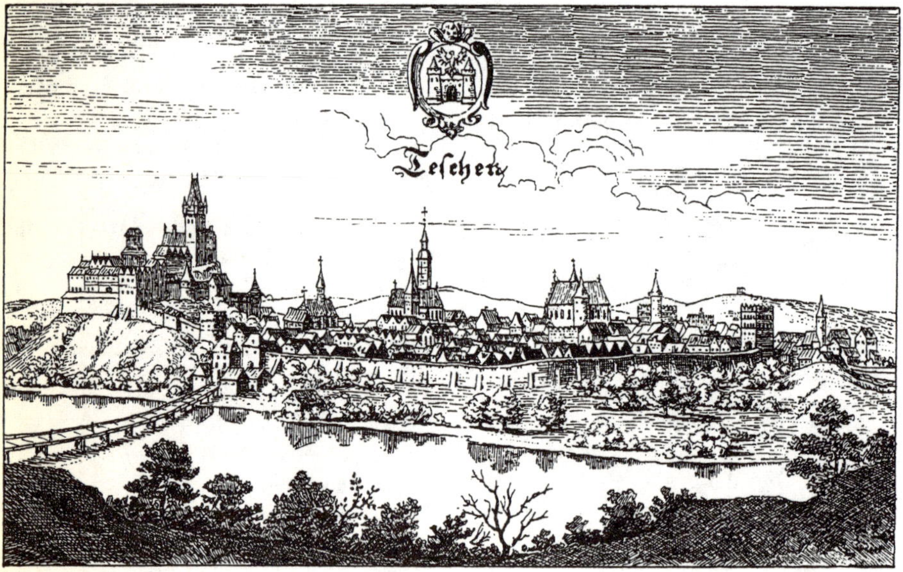

Teschen im 17. Jh.

Fürstentum Teschen

Barmherzigen Brüder und die Dominikanerkirche, seit 1790 kath. Pfarrkirche der Stadt.
Im polnischen Stadtteil Metall-, Elektro- und Textilindustrie, im tschechischen Teil Lebensmittelindustrie. 1930 waren unter den 10553 Einw. 4420 Tschechen, 3269 Deutsche, 1466 Polen und 1399 Sonstige. 1972 hatte Polnisch Teschen rund 25500, Tschechisch Teschen rund 17000 Einw.
Herbert *Czaja,* CDU-Politiker, Präsident des Bundes der Vertriebenen, * 5. 11. 1914 in Teschen, lebt in Stuttgart.

Tichau (poln. *Tychy*), Kr. Pleß, Wohnsiedlung mit Dienstleistungs- und Ergänzungsbetrieben für das südliche ostoberschlesische Industrierevier, 18 km nördlich der früheren Kreisstadt, als spätmittelalterliches Straßendorf 1467 erstmals erwähnt.
Der Ort kam 1920 zu Polen, erhielt 1933 eine städtische Verfassung, wurde nach 1945 wieder als Dorf eingestuft und 1951 endgültig zur Stadt erhoben; 1956 selbständiger Stadtkreis.
Die Standesherren von Pleß richteten um 1613 eine Brauerei ein, die noch heute zu den größten und bekanntesten des Landes gehört. Ihr folgte 1892 eine zweite, die „Bürgerliche Brauerei". Daneben Zellulose- und Papierfabrik, PKW-Montagewerk.
Zweiflügeliges Barockschloß von 1775, kath. Pfarrkirche von 1780–1782. Nach 1950 Errichtung des Stadtteiles Neu Tichau (poln. *Nowe Tychy*). 1939: rund 11000 Einw.; 1973 nach erheblicher Vergrößerung des Stadtgebietes rund 80000.
Alois Maria *Kosler,* Historiker, * 3. 8. 1901, lebt in München.

Tiefenfurt (poln. *Parowa*), Kr. Bunzlau, Heidedorf 23 km nordwestlich der Kreisstadt am Großen Hammerbach. Der westliche Ortsteil am linken Ufer entstand 1492 und gehörte bis 1938 zum Kreis Görlitz. Im östlichen Teil rechts des Flusses arbeiteten im 15. Jh. die ersten Eisenhämmer, die zur Bildung des Dorfes führten.
Die Tonlager wurden im 18. Jh. zur Töpferei genutzt. Zwischen 1865 und 1883 entstanden drei Porzellanfabriken, die vorwiegend Haushalts-

Kirche in Tichau

Epitaphien in Tillendorf

und Hotelgeschirr herstellten und in ihren Marken das „S“ von Silesia führten. 1939: 1346 Einw.

Tiefensee (poln. *Jamna*), Kr. Grottkau, Dorfgemeinde 8 km südöstlich der Kreisstadt links der Glatzer Neiße. Ehemalige herzogliche Wasserburg, 1272 erstmals belegt, Ruinen im 18. Jh. abgetragen. Ein 5 m hoher Wallrest hatte im Volksmund die Bezeichnung „Altes Schloß“. 1939: 331 Einw.

Tiefhartmannsdorf (poln. *Podgórki*), Kr. Goldberg, Dorf im Katzbachgebirge unterhalb des Berges Hogulje (722 m), um 1300 erstmals belegt. Das in einem Park gelegene Barockschloß war bis 1871 im Besitz der Familie von Zedlitz. Danach übernahm es der aus einem böhmischen Uradelsgeschlecht stammende Kunstmaler Reichsgraf Ferdinand von Harrach, der hier seine Gemälde auf- und ausstellte. Das Schloß soll 1961 durch Brand teilweise zerstört worden sein. 1939: 1081 Einw; 1959 nach Kauffung (s. d.) eingemeindet.

Tillendorf (poln. *Bolesławice*), Kr. Bunzlau, Dorfgemeinde am linken Boberufer unweit der Kreisstadt, 1264 erstmals genannt.
Die kath. Pfarrkirche aus dem 14. Jh. ist ein Nachfolgebau für die alte Burgortkirche aus dem 13. Jh. Die ev. Kirche, ein klassizistischer Bau mit Schinkel-Fassade, ersetzte 1824/1825 das Bethaus von 1741, das 1813 bei den Rückzugsgefechten der an der Katzbach geschlagenen Franzosen in Flammen aufging.
Im Dorf erinnerte ein Denkmal an den Tod des russischen Generalfeldmarschalls Fürst Kutusoff-Smolenskij, der hier bei den Nachhutkämpfen verwundet wurde und am 17. 3. 1813 kurz vor Ausbruch des Befreiungskampfes in Bunzlau starb. Auch dort erinnerte ein Denkmal an ihn. 1939: 2111 Einw.

Tillowitz (poln. *Tułowice*), Kr. Falkenberg/OS, 6 km südöstlich der Kreisstadt am linken Ufer des Neiße-Nebenflusses Steinau gelegen, Dorf und Pfarrkirche erst 1447 belegt.
Schloßanlage von 1826/1827 nach Plänen eines italienischen Architekten mit weitläufigem Park. Schloß und Gutsbesitz wurden 1929 von der Oberschlesischen Landgesellschaft zur Aufsied-

Eingang zur Burgruine Tost

lung erworben, im Schloß 1937 eine Waldarbeiterschule eingerichtet.
Aus einem alten Eisenhammer vom Ende des 18. Jh. entstanden 1783 ein Hochofen und zwei Frischfeuer, die 1823 den Namen Theresienhütte erhielten. Um 1800 folgte ein Tonwarenwerk, das 1889 in eine Porzellanfabrik überging, die nicht nur Gebrauchsgeschirr, sondern auch hochwertiges Luxusporzellan herstellte.
1939: mit 1768 Einw. die größte Landgemeinde des Kreises.

Tost (poln. *Toszek*), Kr. Gleiwitz, Landstadt und Burg am Rande der Tarnowitzer Höhen, 22,5 km nordwestlich der Kreisstadt, 250 m, 1222 erstmals erwähnt, 1309 deutsches Stadtrecht; 1327 böhmisch, 1526 habsburgisch, 1742 preußisch. Kolonistenstadt mit rechteckigem Ring in der Mitte.
Das Wahrzeichen der Stadt, die auf einer 250 m hohen Bodenschwelle stehende Burg Tost, 1222 erstmals nachgewiesen, aber als Grenzfeste gegen Polen an der Straße Breslau-Krakau wohl schon auf das Jahr 1163 zurückgehend. Sie wurde 1430 und 1433 von den Hussiten zerstört, danach wieder aufgebaut, nach einem Brand 1666 grundlegend erneuert und 1811 erneut durch Brand zerstört. Wesentliche Teile blieben dennoch erhalten.
Burg und Grundherrschaft, oberes und unteres Herrenhaus gehörten von 1797–1805 zum Besitz des Adolph Freiherrn von Eichendorff, des Vaters des Dichters Joseph Freiherr von Eichendorff („Bilderbuch aus meiner Jugend“ und Gedichte 1837).
Die kath. Pfarrkirche St. Katharina von 1715 geht auf erste Nachweise vom Jahr 1201 zurück. Die ev. Kirche wurde 1896 gebaut. Johann-Nepomuk-Säule auf dem Ring von 1725, letzter Rathausneubau 1836.

Trachenberg

Bei der Volksabstimmung vom 20. 3. 1921 stimmten 1348 Einwohner für Deutschland, 217 für Polen. Im Zweiten Weltkrieg wurde die Stadt am 22. 1. 1945 von sowjetischen Truppen besetzt und erheblich zerstört. 1939: 3625 Einw.; 1970: 4868.
Hans-Klaus *Langer*, Komponist, * 6. 12. 1903 in Tost, lebt in Berlin.

Trachenberg (poln. *Żmigród*), Kr. Militsch, 31,5 km südwestlich der Kreisstadt in der Bartschniederung, 94 m, 1253 Stadtgründung mit Goldberg-Löwenberger Recht durch Herzog Heinrich III. von Schlesien nach erster Erwähnung von 1155. Unter böhmischer Oberlehnshoheit von 1329–1526, danach habsburgisch, 1742 preußisch. Marktsiedlung mit rechteckigem Ring (80 m x 76 m).
Von der 1375 erstmals erwähnten Burg, einer Wasserfestung zwischen zwei Armen der Bartsch, ist der Wohnturm aus dem 16. Jh. erhalten. Das daneben 1683–1765 zum Teil von Langhans erbaute Schloß mit Standesherrschaft gehörte von 1641–1945 den (seit 1742) Fürsten von Hatzfeld. Letzter Besitzer war Hermann Herzog von Trachenberg, Fürst von Hatzfeld (1874–1959).
Trachenberg, eine der ältesten Standesherrschaften Schlesiens, war eine der größten und ertragreichsten Teichwirtschaften des deutschen

Ostens. Zu den Erwerbszweigen gehörten u. a. eine Zuckerfabrik, Bau- und Strumpfindustrie.
Die Stadt wurde am 23. 1. 1945 von sowjetischen Truppen besetzt und stark zerstört, Rathaus und Schloß wurden vernichtet, der alte Wehrturm blieb erhalten. 1939: 4750 Einw.; 1970: 4785.
In Trachenberg geborenen: Sir John *Retcliffe* (eigentlich Hermann Ottmar Friedrich Goedsche), Schriftsteller und Autor historisch-politischer Romane, * 12. 2. 1815, † 8. 11. 1878 in Bad Warmbrunn;
Gerhart *Pohl*, Schriftsteller, Vertrauter Gerhart Hauptmanns, * 9. 7. 1902, † 15. 8. 1966 in Berlin.

Trebnitz (poln. *Trzebnica*), Wallfahrtsort und Kreisstadt 25 km nördlich der Landeshauptstadt, 195 m, erstmals 1146 erwähnt, 1250 Neumarkter Stadtrecht durch Herzog Heinrich III. von Schlesien; 1329 böhmisch, 1526 habsburgisch, 1742 preußisch.
Herzog Heinrich I. von Schlesien gründete auf Bitten seiner Gemahlin, Hedwig von Andechs-Meran, hier das erste Frauenkloster in Schlesien für Zisterzienserinnen aus Bamberg mit Kirche St. Bartholomäus, einer dreischiffigen Basilika, die 1224 vollendet wurde. In der 1268 angefügten hochgotischen Hedwigskapelle ist die am 26. 3. 1267 heiliggesprochene Herzogin Hedwig († 14. 10. 1243) beigesetzt. Das prunkvolle Hochgrab wurde 1679/1680 von einem unbekannten Meister errichtet. Das Reliquiar mit Teilen vom Haupte Hedwigs ist 1553 gefertigt worden.

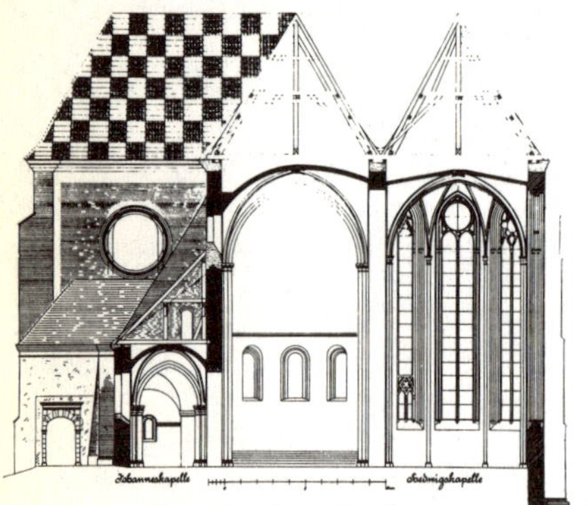

Klosterkirche in Trebnitz

Die heutigen Klostergebäude stammen aus der Zeit von 1697–1726, die Innenausstattung der Kirche mit mehreren Altären wurde 1741–1744 geschaffen. Nach der Säkularisierung 1810 war die Kirche nur noch kath. Pfarrkirche. 1857 entstand das Malteserkrankenhaus, 1899 das Generalmutterhaus der Borromäerinnen, 1910 das Johanniterkrankenhaus. Rathausbau von 1868/1869.
Die Stadt wurde am 25. 1. 1945 von sowjetischen Truppen besetzt und nach schweren Kämpfen zur Hälfte zerstört, 608 Gebäude vernichtet; die Klosterkirche blieb unbeschädigt und ist nach wie vor am St. Hedwigstag Ziel ungezählter Wallfahrer. 1939: 8491 Einw.; 1970: 7705.
Die Patenschaft über den Kreis Trebnitz hält der Kreis Goslar, Niedersachsen, seit 1952. Heimatzeitung: Trebnitzer Heimatzeitung, Scheinfeld/Ofr., seit 1956.
Hubert *Thienel*, Apostolischer Visitator, * 10. 10. 1904, † 25. 12. 1987 in Düsseldorf.

Troplowitz (poln. *Opawica*, tschech. *Opavice*), Kr. Leobschütz, Waldhufendorf 17 km südwestlich der Kreisstadt an der Oppa, 1256 erstmals genannt, ursprünglich zum mährischen Land Troppau gehörend, aus dem im 14. Jh. ein selbständiges Fürstentum innerhalb Schlesiens hervorging.
An das Dorf südlich anschließend entstand um 1400 die Stadt, die zusammen mit dem Dorf 1742 zwischen Preußen und Österreich geteilt wurde. Dadurch Absinken zum Marktflecken, schließlich zur Landgemeinde. Einige Bedeutung hatte im 19. Jh. die Damastweberei.
Die kath. Pfarrkirche Zur Hl. Dreifaltigkeit von 1701–1706 war bekannt durch ihren 1772 errichteten Hochaltar mit Schiffskanzel. 1939 hatte der preußische Teil der Stadt 555 Einw., der tschechische 243.

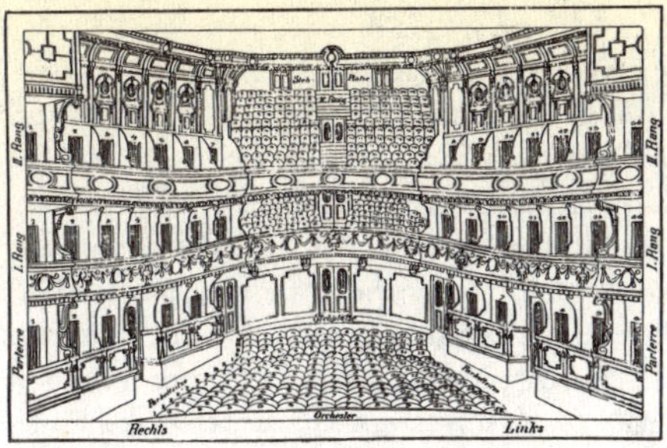

Sitzplan des Troppauer Stadttheaters

Troppau (tschech. *Opava*), die „Schlesische Hauptstadt zwischen Völkern und Grenzen“ (Ernst Schremmer), Bezirksstadt an der Oppa, 1195 erstmals erwähnt. 1224 Stadt mit Magdeburger Recht, 1318 unabhängiges Herzogtum, seit der Teilung Gesamtschlesiens 1742 Hauptstadt Österreichisch Schlesiens, 1849–1918 Hauptstadt des österreichischen Kronlandes Schlesien. Troppau war Schauplatz bedeutender historischer Ereignisse, so des Fürstenkongresses vom 20. 10.–30. 12. 1820, auf dem die Monarchen von Rußland, Preußen und Österreich auf Betreiben Metternichs die Aufrechterhaltung des Status quo in Europa und das Eingreifen bei revolutionären Bewegungen beschlossen.
Zu den denkwürdigen Gebäuden gehören das 1618 mit 72 m hohem Turm errichtete Rathaus, die Deutschordenskirche, die Minoritenkirche und das Minoritenkloster, das von 1620–1772 bestehende Jesuitenkolleg, Sitz der Landesregierung, später des Schlesischen Archivs, schließlich das 1750 eröffnete Landestheater und das 1882 gegründete Schlesische Landesmuseum.
Breit gefächerte Industrie, wie Textil-, Maschinen- und Nahrungsmittelindustrie, Buchdruckereien. 1930 hatte die Stadt 36 030 Einw., darunter 21 987 Deutsche und 11 627 Tschechen, 1990 insgesamt 59 000 Einw.
Johann Gregor *Mendel,* Naturforscher und Entdecker der nach ihm benannten Vererbungsgesetze, wurde in Heinzendorf bei Odrau, Bezirk Troppau, am 22. 7. 1822 geboren. Er starb am 6. 1. 1884 in Brünn.
Ernst *Schremmer*, Kunsthistoriker, Publizist, * 12. 6. 1916 in Troppau, lebt in Esslingen am Neckar.

Tschirnau (poln. *Czernina*), Kr. Guhrau, 1937 umbenannt in Lesten (s. d.).

Tunskirch (poln. *Tworków*), Kr. Ratibor, bis 1936 Tworkau, deutsches Angerdorf, 1258 erstmals belegt, 18 km südöstlich der Kreisstadt am Westrand des Urstromtales der oberen Oder.
Die 1691–1697 erbaute Peter-Paul-Kirche gilt als eine der wertvollsten Barock-Kirchenbauten im Kreis Ratibor und geht auf eine schon 1339 erstmals genannte Kirche zurück. Das Renaissanceschloß von 1567–1585 mit drei Gebäudeflügeln wurde 1945 zerstört. Die letzten Besitzer waren seit 1841 die Grafen von Saurma-Jeltsch. Zuvor hatte das Schloß seit 1752 der Familie von Eichendorff gehört. Joseph von Eichendorff war hier in seinen Jugendjahren häufig zu Gast. 1939: 3 179 Einw.

Turawa (poln. *Turawa*), Kr. Oppeln, 14 km nordöstlich der Kreisstadt. Aus dem Jagdschloß

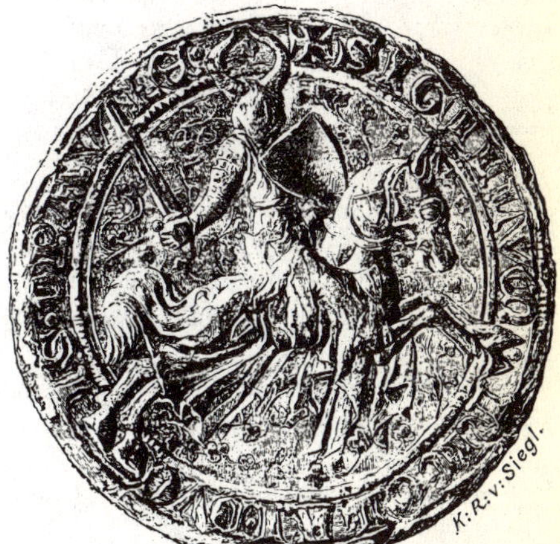

Siegel, Herzog Nikolaus II. von Troppau

Herrschaftsloge, Barockkirche Tunskirch

der einstigen Herzöge von Oppeln ist das 1728–1730 errichtete Barockschloß hervorgegangen, das 1760/1761 im Rokokostil erweitert und im 19. Jh. noch einmal umgebaut wurde. Die Herrschaft mit Rittergütern und Vorwerken war bis 1945 im Besitz der Grafen von Garnier-Turawa.
Oberhalb des Ortes der 1934 mit einem Fassungsvermögen von 90 Mio. cbm angelegte Malapane-Stausee. Das Wasserkraftwerk hatte 1940 eine Leistung von 1,44 Megawatt. 1939: 886 Einw.

Tworkau (poln. *Tworków*), Kr. Ratibor, 1936 umbenannt in Tunskirch (s. d.).

Tzschocha (poln. *Sucha*), zur Gemeinde Rengersdorf (poln. *Stankowice*), Kr. Lauban, gehörende mittelalterliche Burg auf einem Felsvorsprung über dem linken Queisufer, erstmals 1329 belegt.
Die am 1905 erbauten Stausee von Marklissa gelegene Anlage ist mit ihren Sgrafitti an Torbögen und Scheunen die besterhaltene in Schlesien und 1945 einschließlich der künstlerischen Ausstattung erhalten geblieben. Sie war 1910 letztmalig weitgehend restauriert worden.
1939 hatte die Gemeinde Rengersdorf 772 Einw.

Uhyst , Kr. Hoyerswerda, 1936 umbenannt in Spreefurt (s. d.).

Ujest (poln. *Ujazd*), Kr. Groß Strehlitz, 1937 umbenannt in Bischofstal (s. d.).

Ullersdorf am Queis (poln. *Oldrzychów*), Kr. Bunzlau, Marktgemeinde 1,7 km nordwestlich von Naumburg am Queis, 1230 deutschrechtlich umgesetzt. Gewinnung von Porzellanerde seit 1858, erste Tonwarenfabrik 1864, zuletzt noch vier Töpfereien in Betrieb. Ein Steinkohlenbergwerk wurde 1862 erschlossen. 1939: 970 Einw.; 1959: unter polnischer Verwaltung Eingemeindung nach Naumburg am Queis.

Ullersdorf (poln. *Ołdrzychowice Kłodzkie*), Kr. Glatz, 10 km südöstlich der Kreisstadt an der Biele gelegen. Dorf mit Renaissanceschloß aus dem 16. Jh. mit griechischem Tempel am Eingang des Schloßparks, 1800 zu Ehren des Besuches von König Friedrich Wilhelm III. von Preußen und Königin Luise von Preußen am 22. 8. 1800 („Luisenhalle") errichtet. Vor dem Schloß wurde aus demselben Anlaß 1801 ein 23 m hoher und 12500 kg schwerer gußeiserner Obelisk errichtet, der im Hüttenwerk Malapane gegossen worden war.

Schloß Turawa

Bei der kath. Pfarrkirche St. Johannes der Täufer das Mausoleum der Reichsgrafen von Magnis, die die Herrschaft seit 1793 im Besitz hatten. 1939: 2898 Einw.

Wahlstatt (poln. *Legnickie Pole*), Kr. Liegnitz, 10 km südöstlich der Kreisstadt, historisch bedeutender Ort für die Geschichte Schlesiens und des christlichen Abendlandes.
Hier fand am 9. 4. 1241 die Abwehrschlacht gegen das über Krakau und Breslau herangerückte mongolische Reiterheer statt, in der Herzog Heinrich II., der Fromme, an der Spitze deutscher und polnischer Ritter fiel.
Trotz ihres Sieges und ihrer dreifachen Übermacht zogen sich die Mongolen zurück, um sich ihrem Hauptheer in Ungarn anzuschließen. Der Tod des Großkhans Ügedei bewahrte das Abendland schließlich vor der Mongoleninvasion.
Auf dem Schlachtfeld ließ die Mutter des Herzogs, die am 16. 10. 1267 heiliggesprochene Herzogin Hedwig, eine Benediktinerabtei errichten, die – mit Mönchen aus Opatowitz bei Königgrätz besetzt – während der Hussitenkriege jedoch zerstört wurde.
Ein neues Kloster mit der der hl. Hedwig geweihten Klosterkirche in der Mitte des 112 m x 71 m großen Baukörpers wurde 1723–1731 als großartiges religiöses Denkmal zur Erinnerung an die Opfer der Christenheit in der Mongolenschlacht von dem Stiftsbaumeister Kilian Ignaz Dientzenhofer erbaut, der Innenraum der Kirche 1733 von Cosmas Damian Asam ausgemalt.
Von 1840–1920 war das in der Säkularisierung von 1810 aufgehobene Kloster preußische Kadettenanstalt, danach Staatliche Bildungsanstalt mit militärischer Tradition.
Die Klosterkirche wurde 1945 zwar beschädigt, blieb aber vor dem Verfall bewahrt. Die mittelalterliche ev. Kirche wurde unter polnischer Verwaltung in ein Museum mit einer Ausstellung über die Schlacht von 1241 umgewandelt. 1939: 1106 Einw.; 1973: 2200.

Waldenburg (poln. *Wałbrzych*), Kreisstadt und seit 1. 4. 1924 Stadtkreis, 65 km südwestlich der Landeshauptstadt, als Mittelpunkt des Waldenburger Berglandes am Leisebach, einem Nebenfluß der Polsnitz, gelegen, 450 m.
Um 1250 als Burgdorf entstanden, um 1400 deutsches Stadtrecht, 1526 habsburgisch, 1742 preu-

Klosterkirche in Wahlstatt

Schloß Ullersdorf, Kr. Glatz

ßisch. Offene Marktsiedlung mit rechteckigem Ring (70 m x 80 m) in der Stadtmitte.

Die kath. Marienkirche von 1714 geht geschichtlich auf das Jahr 1250 zurück, die ev. Kirche, 1785–1788 nach Plänen von Carl Gotthard Langhans erbaut, ersetzte das Bethaus von 1742; 1863 Neubau des Turmes. Letzter Rathausbau 1856.

Die wirtschaftliche Entwicklung begann im 16. Jh. mit der Leineweberei, aus der ein sich bis nach Amerika erstreckender Leinenhandel hervorging. Der seit 1366 bezeugte Bergbau entwikkelte sich im 17. und 18. Jh. zu einem bedeutenden Steinkohlenrevier, 1903 „Niederschlesisches Steinkohlen-Syndikat". Daneben vorwiegend Porzellanherstellung seit 1820.

Die 1813–1836 errichtete Porzellanfabrik Karl Krister wurde 1921 mit der Porzellanfabrik Philipp Rosenthal in Selb vereinigt und nach 1945 in Landshut in der Pfalz wieder in Betrieb genommen. In Waldenburg arbeitet der Betrieb unter polnischer Verwaltung mit der Typenbezeichnung „Krzystof" weiter.

Die Stadt wurde erst nach der Kapitulation vom 8. 5. 1945 von sowjetischen Truppen besetzt. Die bis 1934 vollzogenen Eingemeindungen wurden unter polnischer Verwaltung bis 1950 fortgeführt. 1939: 64128 Einw.; 1975 auf erneut erweitertem Stadtgebiet und als Sitz einer neu geschaffenen Wojewodschaft: rund 128000 Einw.

Als „größte Investition nach dem Kriege im niederschlesischen Kohlenbergbau" wurde 1984 mit dem Bau eines neuen Bergwerks mit dem Namen „Kopernik" begonnen, das 1990 fertiggestellt sein und „bis zu den reichsten Kohlenvorkommen vorstoßen" soll (Breslauer Zeitung „Slowo Polskie").

Patenschaft für Stadt und Kreis: Stadt Dortmund, Nordrhein-Westfalen, seit 1952. Heimatzeitung: Waldenburger Heimatbote, Norden/Ostfriesland, seit 1949.

Wolfgang *Menzel*, Schriftsteller und Literaturhistoriker, * 21. 6. 1798 in Waldenburg, † 23. 4. 1873 in Stuttgart;

Gerhard *Menzel*, Schriftsteller, * 29. 9. 1894, † 4. 5. 1966 in Comano/Tessin.

Waldenburger Bergland (poln. *Góry Wałbrzyskie*), Nordteil der mittleren Sudeten zwischen dem Riesengebirge, genauer dem Raben- und Überschargebirge, im Westen und dem Eulengebirge im Osten mit Erhebungen bis zu 936 m und mit Steinkohlenflözen im Untergrund. Abbau seit dem Anfang des 19. Jh., größter Industriebezirk in Niederschlesien; zentraler Ort ist Waldenburg (s. d.). Zahlreiche alte Burgen als

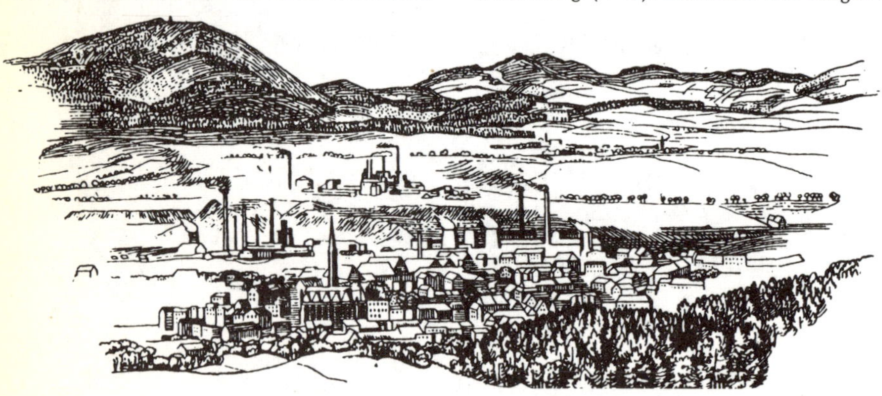

Waldenburger Industrielandschaft

ehemalige Grenzfesten nach Böhmen hin, wie Fürstenstein, Neuhaus, Kynsburg, Hornschloß (s. d.).

Waldfurt (poln. *Przechód*), Kr. Neustadt/OS, 24 km nordöstlich der Kreisstadt, bis 1936 Psychod, mittelalterliches Pfarrdorf an der Steine mit barocker Kirche von 1779, steinzeitliche Siedlungs- und Grabfunde, germanisch-wandalisches Grab aus dem 3. Jh. n. Chr. sowie frühmittelalterlicher Burgwall. Die Herrschaft Psychod gehörte seit 1784 dem preußischen Staat. 1939: 1675 Einw.

Waltersdorf (poln. *Nielestno*), Kr. Löwenberg, Dorfgemeinde mit alter Schloßanlage aus dem 15. Jh., ausgebaut 1603, 1860 erneut vergrößert. Der Ort ist 1217 erstmals genannt. Auf dem Burgberg soll zur Frühzeit eine Burg gestanden haben. 1939: 295 Einw.

Wang , 885 m hoch gelegene Stabwerkkirche aus dem Wanger Fjord bei Drontheim in Norwegen, zur Gemeinde Brückenberg, Kr. Hirschberg, gehörend (s. d.).

Wansen (poln. *Wiązów*), Kr. Strehlen, 12 km nordöstlich der Kreisstadt am rechten Ufer der Ohle, 150 m. Erstmals 1155 erwähnt, Stadtgründung 1250 mit flämischem Recht durch Bischof Thomas I. von Breslau. Planmäßig angelegte Kolonistenstadt mit rechteckigem Ring und später beseitigten Befestigungen.

Die kath. Pfarrkirche St. Nikolaus aus dem 15. Jh. geht geschichtlich auf das Jahr 1252 zurück, 1826–1833 Errichtung des Glockenturms, 1914–1917 Erweiterung. Die ev. Kirche wurde 1892–1894 errichtet. Neben einer privaten Präparandie (1850–1903) bestand hier von 1873 bis 1925 ein kath. Lehrerseminar.

Außer Landwirtschaft auch Kleinindustrie, Ziegelei, Sägewerk, Zigarrenfabrik, Gurkeneinlegerei.

Die Stadt wurde am 8. 2. 1945 von sowjetischen Truppen beim Vorstoß aus dem Brückenkopf Brieg besetzt und stark zerstört. 1939: 3155 Einw.; 1969: 2404.

Kurt *Engelbrecht*, Theologe, * 17. 7. 1866, † 12. 9. 1967 in Hildesheim.

Das alte Rathaus in Wansen (1665–1668)

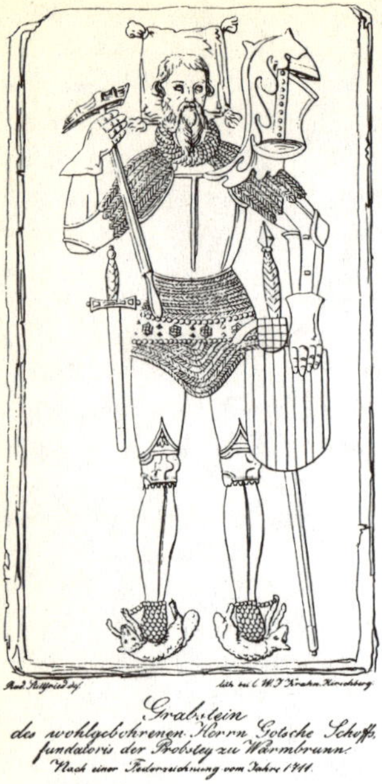

Grabmal des Gotsche Schoff

Warmbrunn, Bad (poln. *Cieplice Śląskie Zdrój*), Kr. Hirschberg, 7 km südwestlich der Kreisstadt am Fuße des Riesengebirges, 347 m, 1281 erstmals als warme Quelle erwähnt.

Der erst 1935 zur Stadt erhobene Badeort war Sitz der Grundherrschaft der späteren Reichsgrafen von Schaffgotsch und Propstei des Klosters Grüssau. Seine Bedeutung erhielt Warmbrunn durch seine radiumhaltigen, heißen Schwefelquellen, mit deren Ausbau in der zweiten Hälfte des 17. Jh. begonnen wurde.

Das 1783 abgebrannte Schloß wurde 1784–1797 durch einen klassizistischen Neubau ersetzt. Letzter Schloßherr war von 1908–1945 Reichsgraf Friedrich von Schaffgotsch († 1947). Das Schloßmuseum in der ehemaligen Propstei enthielt das Gesamtarchiv der Familie und mit 80000 Bänden eine der größten Privatbibliotheken Deutschlands sowie Sammlungen von Waffen, Siegeln, Münzen und Gläsern der Josephinenhütte (s. d.).

Das Schloß wurde bei Kriegsende 1945 nicht beschädigt, dagegen im Innern verwüstet, die Inneneinrichtung verheizt, die Bibliothek nach Polen verbracht. Zwischen 1952 und 1954 war das Schloß Sommersitz des damaligen polnischen Staatspräsidenten Bolesław Bierut (1892–1956).

Die kath. Pfarrkirche St. Johannis von 1712–1714 mit Altarbild von Michael Willmann geht geschichtlich auf die 1403 gegründete Zisterzienserpropstei zurück. Die ev. Kirche von 1774–1779 ersetzte das ev. Bethaus von 1741.

Zu den bedeutendsten Einrichtungen gehörten neben den Kuranlagen das Kurtheater, ein klassizistischer Bau von 1836, und die 1902 gegründete Holzschnitzschule, seit 1922 unter der Leitung des Südtirolers Cirillo dell'Antonio (1876–1971). Die Stadt wurde erst nach der Kapitulation vom 8.5.1945 von sowjetischen Truppen besetzt. 1939: 6036 Einw.; 1973 nach Gebietserweiterung rund 16000.

Wartha (poln. *Bardo*), Kr. Frankenstein, 12,5 km südwestlich der Kreisstadt an der Glatzer Neiße im Durchbruchtal zwischen Eulen- und Reichensteiner Gebirge, 257 m, 1096 als schlesisch-böhmische Grenzburg erwähnt, Kirchort

Kurtheater Warmbrunn (1836)

seit dem 12. Jh., 1134/1135 als „oppidum“ bzw. als „Städtchen“ bezeichnet; 1335 böhmisch, 1526 habsburgisch, 1742 preußisch.

Die 1688–1704 erbaute barocke Wallfahrtskirche mit der zweitürmigen Front ersetzte zwei Vorgängerkirchen von 1189 und 1411. Die Marienwallfahrten werden seit 1900 von den Redemptoristen betreut, seit 1905 mehrere Kapellen auf dem „Rosenkranzberg“. Niederlassung der Ursulinerinnen 1916. Das Noviziatgebäude der Breslauer Marienschwestern, 1935–1938 oberhalb der Stadt errichtet, war nach 1939 zunächst Umsiedlerlager, dann „Adolf-Hitler-Schule“ und nach 1945 unter polnischer Verwaltung Kinderheim.

Wartha wurde erst nach der Kapitulation vom 8.5.1945 von sowjetischen Truppen besetzt. 1939: 1726 Einw.; 1945 unter polnischer Verwaltung Verlust des Stadtrechtes; 1954 zur Stadtartigen Siedlung und 1969 wieder zur Stadt erhoben; 1970: 2736 Einw.

Wehrau (poln. *Osiecznica*), Kr. Bunzlau, 13 km nordwestlich der Kreisstadt am westlichen Ufer des Queis gelegen, seit 1815 preußisch bzw. schlesisch.

Schloßanlage von 1690, Glashütte von 1842, Glasschleiferei von 1936, Papierfabrik 1585–1885, im 19. Jh. auch Eisen- und Stahlhämmer. 1939: 1393 Einw.

Wallfahrtskirche Wartha

Weidenau

Abraham Gottlob *Werner*, wissenschaftlicher Begründer der Mineralogie und Geologie, Prof. an der Bergakademie Freiberg i. Sa., * 25.9.1750 in Wehrau, † 30.6.1817 in Dresden.

Weichau (poln. *Wichów*), Kr. Freystadt, um 1220 nach deutschem Recht als Waldhufendorf angelegt. Vom 17. zum 18.12.1740 übernachtete König Friedrich II. beim Einmarsch nach Schlesien im Gutshaus der Herren von Promnitz, die von 1650–1750 zu den größten Grundbesitzern in Schlesien und der Lausitz gehörten. 1939: 560 Einw.

Weichsel (poln. *Wisła*), Kr. Teschen, an der Quelle des Weichselstromes in den westlichen Beskiden gelegen, mit 110 qkm einst das flächengrößte Dorf Schlesiens. Gründung Anfang des 17. Jh. durch ev. Siedler, die in den Beskidentälern Schutz vor der Gegenreformation suchten und 1782 eine ev. Kirche errichteten. 1962 zur Stadt erhoben, 1970: 9684 Einw. Fremdenverkehrsort.

Weide (poln. *Widawa*), rechter Nebenfluß der Oder, entspringt auf einem Moränenrücken bei Groß Wartenberg und mündet nach 110 km langem Lauf bei Herrnprotsch unterhalb Breslaus in die Oder.

Weidenau (tschech. *Vidnava*), Stadt im Bezirk Freiwaldau, 18 km nordwestlich der Bezirkshauptstadt im Weidenbachtal am Fuße des Altvatergebirges, 12 km südlich von Ottmachau im Jägerndorfer Winkel gelegen, 235 m, Kolonistenstadt von 1268, Befestigungsanlagen zum Teil erhalten.

Die frühgotische Dekanatskirche Zur hl. Katharina von 1240–1250 wurde im 18. und 19. Jh. mehrfach umgebaut und erneuert. Kloster der Barmherzigen Borromäusschwestern seit 1868, vom Breslauer Erzbischof gegründetes Priesterseminar seit 1899, Fürstbischöfliches Knabenkonvikt von 1902.

Torflager, Kaolin- und Steinwerke, auch Baumwollindustrie. In der Nähe oberhalb Schwarzwassers die Ruine Kaltenstein. 1930: 2186 Einw., darunter 98 Tschechen.

Adolf *Lorenz*, Begründer der modernen Orthopädie, * 21. 4. 1854 in Weidenau, † 12. 2. 1946 in Altenberg, Niederösterreich.

Weigelsdorf (poln. *Ostroszowice*), Kr. Reichenbach, 10 km südlich der Kreisstadt am Nordrand des Eulengebirges gelegenes, um 1366 erstmals belegtes großes Pfarrdorf mit 1715–1718 um- und ausgebautem Schloß der Grafen von Seherr-Thoß, bis 1945 im Besitz der Familie. 1939: 2292 Einw.

Weißwasser

Altes Bauernhaus in Welkersdorf

Weiße Oppa s. Oppa.

Weißwasser , ehemals Kreis Rothenburg/OL, 29 km nordöstlich Hoyerswerdas, 18 km südöstlich Sprembergs gelegen, 136 m, 1452 erstmals urkundlich nachgewiesen, aber vermutlich wesentlich älter. Ursprünglich böhmisch, 1635 kursächsisch, 1815 preußisch, 1935 zur Stadt erhoben, nach 1945 als Kreisstadt zum Bezirk Cottbus, DDR, gehörend.

Die ev. Kirche wurde 1893, die kath. Kirche Zum Hl. Kreuz 1902 errichtet, 1937 gründete sich eine altkath. Gemeinde. Bau des Rathauses auf dem Markt 1912/1913.

Braunkohlentagebau, Eisen-, Maschinen-, Glas- und Porzellanindustrie, Zentrale der Glasindustrie in der DDR „Vereinigte Lausitzer Glaswerke“. 1939: rund 14400 Einwohner; 1974 rund 24900.

Weistritz (poln. *Bystrzyca*), Name dreier Flüsse in Schlesien.

Die *Schweidnitzer Weistritz*, auch Schweidnitzer

Wigstadtl

Wasser genannt, entspringt im Waldenburger Bergland und mündet nach 110 km langem Lauf nordwestlich von Breslau bei Herrnprotsch in die Oder.

Sie wird durch zwei Talsperren gestaut, in ihrem Oberlauf durch die 1914 fertiggestellte „Schlesiertalsperre" bei Kynau und der Kynsburg im Kreis Waldenburg mit 8 Mio. cbm Inhalt und in ihrem Unterlauf durch die unter polnischer Verwaltung 1985 fertiggestellte Talsperre bei Mettkau im Kreis Breslau mit 9 qkm großem Stausee und rund 70000 cbm Fassungsvermögen.

Die *Habelschwerdter Weistritz* entspringt im Gebiet der Hohen Mense im Adlergebirge und mündet bei Habelschwerdt in die Glatzer Neiße.

Die *Glatzer* oder *Reinerzer Weistritz* entspringt ebenfalls im Gebiet der Hohen Mense und mündet bei Glatz in die Glatzer Neiße.

Welkersdorf (poln. *Rząsiny*), Kr. Löwenberg, erstmals 1305 urkundlich erwähnte Dorfgemeinde mit Schloß aus dem Beginn des 16. Jh. Die 2,5 km nordöstlich auf einem Berg gelegene einstige Burg Talkenstein, um 1430 ein Raubritternest, wurde 1479 abgetragen. Reste der Ruine sind erhalten. 1939: 1007 Einw.

Wessolla (poln. *Wesoła*), Kr. Pleß-Tichau, ostoberschlesische Industriestadt, um 1740 aus einer Glashütte hervorgegangen, Zink- und Steinkohlenförderung. 1954 zur Stadtartigen Siedlung erklärt, 1962 zur Stadt erhoben. 1970: 5216 Einw.

Westsudeten s. Sudeten.

Wieschowa (poln. *Wieszowa*), Kr. Beuthen-Tarnowitz, 1935 umbenannt in Randsdorf (s. d.).

Wiesenbaude (tschech. *Luční bouda*), 1625 erbaute, älteste Riesengebirgsbaude, die erste bleibende Niederlassung auf dem Gebirgskamm zur Bewirtung und Beherbergung von Trägern und Händlern, 1410 m hoch, 4 km westlich der Schneekoppe auf der Hochfläche der „Weißen Wiese" auf der böhmischen Seite des Kammes gelegen. Die Jahreszahl 1625 trägt ein in die Grundmauer der Baude eingesetzter Baustein.

Wigandsthal (poln. *Pobiedna*), Kr. Lauban, von Wigand von Gersdorff (1620–1686) als

Wilhelmsthal mit Glatzer Schneeberg

Ev. Pfarrkirche in Wohlau

Marktort 1668 gegründete böhmisch-schlesische Exulantensiedlung unweit Flinsbergs am nördlichen Fuß der Tafelfichte und der Vorberge des Isergebirges. Verlust der Stadtrechte 1815 beim Übergang an Preußen, 1930 mit Meffersdorf vereinigt. 1939: zusammen 1299 Einw.; 1965: rund 1200.

Wigstadtl (tschech. *Vítkov*), alte deutsche Weberstadt im Kreis Troppau im Gesenke zwischen Mohra und Oder gelegen, 1301 erstmals erwähnt. Die einstige Burg wurde 1648 gesprengt und ist heute Ruine. Im Oberdorf das Schloß der Grafen von Razumovsky. Gewerbliche Kleinindustrie. Ferdinand *Hanusch*, österreichischer Sozialpolitiker, Schöpfer der Grundlagen für die Sozialpolitik der Österreichischen Republik, * 9. 11. 1866 im Oberdorf Wigstadtl, † 28. 9. 1923 in Wien.

Wilhelmsthal (poln. *Bolesławów*), Kr. Habelschwerdt, nordöstlich des Glatzer Schneeberges im Bielengebirge, 543–580 m, bis 1881 kleinste Stadt Preußens, 1882 Verzicht auf das bei der Gründung als freie Bergstadt 1578 verliehene Stadtrecht. Im Klessengrund bis zum Dreißigjährigen Krieg Bergbau nach Silber und Magneteisenstein. Fremdenverkehr, insbesondere Wintersport. 1939: 573 Einw.; 1967: nur noch 86.

Windischborau (poln. *Borów Polski*), Kr. Freystadt, Dorfgemeinde, erstmals 1295 erwähnt, mit Schloß von 1548–1550, das nur noch zum Teil erhalten ist und seit 1925 als Getreidespeicher diente. Kath. Kirche von 1414 mit 1917 eingeschmolzener Glocke von 1510. Stammsitz der Familie von Rechenberg. 1939: 123 Einw.

Winzig (poln. *Wińsko*), Kr. Wohlau, 15,5 km nordöstlich der Kreisstadt, 180 m, 1218 erstmals bezeugt, 1285 mit Steinauer Recht als deutsche Stadt ausgesetzt, 1404 Magdeburger Recht, planmäßig angelegte Marktsiedlung mit rechteckigem Ring (100 m x 54 m), Stadtmauer mit Stadttoren im 19. Jh. abgebrochen.

Die ev. Dreifaltigkeitskirche, eine dreischiffige gotische Hallenkirche aus der Mitte des 16. Jh., geht auf einen ersten massiven Kirchenbau von 1354 zurück. Kath. Kirche von 1884–1886 nach Wiedergründung einer kath. Pfarrei. Letzter Rathausbau 1878–1880. Der Landwirtschaft zugeordnete gewerbliche Kleinindustrie.

Winzig wurde am 23. 1. 1945 von sowjetischen Truppen besetzt und weitgehend zerstört. Beginn des Wiederaufbaues unter polnischer Verwaltung erst 1967, Verlust des Stadtrechtes. 1939: 2078 Einw.; 1961: rund 1200.

Wirrwitz (poln. *Wierzbice*), Kr. Breslau, 1936 umbenannt in Konradserbe (s. d.).

Wittgendorf (poln. *Witków*), Kr. Sprottau, um 1220 gegründetes deutsches Waldhufendorf mit Grabfunden aus der Frühgermanenzeit (500–300 v. Chr.) und mittelalterlichem Wohnturm aus dem 14. Jh., bis 1945 von Gutspersonal bewohnt. Kath. Kirche um 1400 aus Granitfindlingen und Raseneisenstein erbaut. 1939: 648 Einw.

Wittichenau , Kr. Hoyerswerda, 7 km südwestlich der Kreisstadt an der Schwarzen Elster, 128 m, Gründung „aus wilder Wurzel" vor 1248,

Verleihung des Magdeburger Stadtrechtes 1303; ursprünglich brandenburgisch, 1319 böhmisch, 1635 kursächsisch, 1815 preußisch. Kolonistenstadt mit fast rechteckigem Ring, Wällen und Gräben, aber ohne Stadtmauern.
Die kath. Pfarrkirche St. Maria von 1933–1935 geht geschichtlich auf Kirchenbauten von 1346 bzw. 1440 zurück. Errichtung einer ev. Kapelle 1908/1909. Pestsäule auf dem Ring um 1700. Letzter Rathausbau 1864. Wenig Industrie, darunter eine Flachbootswerft.
Die Stadt wurde erst nach der Kapitulation vom 8. 5. 1945 von sowjetischen Truppen besetzt. 1939: 3017 Einw.; 1965: rund 3500.

Wohlau (poln. *Wołów*), Kreisstadt 40 km nordwestlich der Landeshauptstadt, 113 m. Stadtgründung zu deutschem Recht um 1285 durch Herzog Heinrich III. von Schlesien. Kolonistenstadt mit rechteckigem Ring in der Stadtmitte. Mauern, Gräben und Stadttore 1644 zur Hälfte, 1855 und 1936 ganz beseitigt. Aus herzoglichem Besitz 1329 böhmisch, 1526 habsburgisch, 1742 preußisch.
Die ev. Laurentius-Kirche, ein um 1400 begonnener gotischer Hallenbau, ist erstmals 1288 urkundlich nachgewiesen. Sie wurde 1945 schwer beschädigt, ist seitdem geschlossen und wird nur gelegentlich für Gottesdienste polnischer Protestanten geöffnet. Die kath. Kirche, die ehemalige Klosterkirche der Karmeliter von 1712–1724, ist seit 1812 Pfarrkirche St. Karl Borromäus.
Das Rathaus, 1654 als Renaissancebau neu errichtet, wurde 1945 zerstört und unter polnischer Verwaltung nach 1960 in der ursprünglichen Form von 1689 mit dem Erweiterungsbau von 1915 wieder hergestellt. Das herzogliche Schloß von 1579 wurde 1653 –1672 im Stil der Renaissance umgebaut und nach 1945 in der alten Form restauriert.
Wohlau wurde am 25. 1. 1945 von sowjetischen Truppen besetzt und zu 70 v. H. zerstört, 975 Gebäude vernichtet. 1939: 7144 Einw.; 1975 als inzwischen ausgebaute Wohnstadt für die chemische Industrie von Dyhernfurth: rund 11100.
Patenschaft über Stadt und Kreis Wohlau (ohne die Stadt Winzig): Stadt Hilden, Nordrhein-Westfalen, seit 1956. Heimatzeitung: Wohlauer Rundbrief, Wiesbaden, seit 1946.

Wohnwitz (poln. *Wojnowice*), Kr. Neumarkt, 12 km nordöstlich der Kreisstadt nahe Breslau, Dorfgemeinde mit 1351 erstmals erwähntem Rittergut und alter Wasserburg von 1513. Das baugeschichtlich bedeutende gotische Schloß mit Anklängen zur Renaissance wurde 1560 vollendet und 1945 nicht zerstört. 1939: 188 Einw.

Wölfelsdorf (poln. *Wilkanów*), Kr. Habelschwerdt, Bauerndorf an der Wölfel, einem Nebenfluß der Glatzer Neiße, 1341 erstmals genannt.
Das 1681–1686 erbaute Schloß zählte zu den bedeutendsten Schloßanlagen der Grafschaft Glatz und war bis 1945 im Besitz der Reichsgrafen von Althann als Teil ihrer Standesherrschaft Mittelwalde.
Die kath. Pfarrkirche St. Georg von 1516 geht auf einen 1381 erstmals erwähnten Holzbau zurück. 1939: 1664 Einw.

Wölfelsgrund (poln. *Międzygórze*), Kr. Habelschwerdt, als Holzfäller- und Köhlerdorf in der Mitte des 16. Jh. am Fuße des Glatzer Schneeber-

Pfarrhaus in Wölfelsdorf

Kirche Maria Schnee am Spitzigen Berg

ges entstanden, Luftkurort und Wintersportplatz, 520–600 m.

Hier sammeln sich die Wasser vom Westhang des Schneeberges und des Schwarzen Berges und bilden die Wölfel mit dem Wölfelfall. Mit 30 m Sturz in eine tiefe Felsschlucht war er Preußens größter natürlicher Wasserfall. Unterhalb eine Klamm mit der Wölfeltalsperre (Staumauer 28 m hoch, 110 m lang, Länge des Staubeckens 600 m). Am Spitzigen Berg (847 m) die 1781 errichtete Wallfahrtskirche Maria Schnee. 1939: 707 Einw.

Wolfsdorf (poln. *Wilków*), Kr. Goldberg, 4 km südöstlich der Kreisstadt 1939 errichtete Arbeitersiedlung für eine zur Erschließung von Kupfererzvorkommen neu angelegte Grube. Als Grube „Lena" unter polnischer Verwaltung 1950 wieder in Betrieb genommen. 1939: 827 Einw.

Wolfshau (poln. *Wilcza Poręba*), Kr. Hirschberg, oberhalb Krummhübels am Eingang des Eulen- und des Melzergrundes und am Fuße des Riesenkammes gelegenes Gebirgsbaudendorf, 600 m, mit Brückenberg, Steinseiffen und Querseiffen zur Gemeinde „Gebirgsbauden" gehörend.

In Wolfshau hatte der Breslauer Arzt Professor Wilhelm Ercklentz 1908 ein Gebirgsbauernhaus erworben und es als Sommersitz ausgebaut. Hier fanden die unter dem Nationalsozialismus verfemten Schriftsteller Friedrich Bischoff, Werner Milch und Gerhart Pohl 1944/1945 Zuflucht. 1939: Gesamtgemeinde Gebirgsbauden 1122 Einw., davon 170 in Wolfshau.

Wünschelburg (poln. *Radków*), Kr. Glatz, Stadt am Nordrand des Heuscheuergebirges unweit der böhmischen Grenze, 22 km südöstlich der Kreisstadt, 420 m; 1290 erstmals als Kirchort genannt, 1341 und erneut 1418 Verleihung des Stadtrechtes. Ursprünglich böhmisch, 1526 habsburgisch, 1554 böhmischer Kronbesitz, 1742 preußisch.

Die kath. Pfarrkirche St. Dorothea war 1571–1580 von Protestanten errichtet und 1629 den Katholiken übergeben worden. Die ev. Kirche wurde 1906 erbaut, Rathaus von 1608.

Im Jahre 1680 fielen angeblich 500 Bewohner der Pest zum Opfer; Anlaß zur Errichtung einer Mariensäule auf dem Ring. Die aus Mecklenburg stammende und im Eulengebirge lebende Schriftstellerin Anny Mayer-Knoop (* 25. 2. 1889, † 7. 5. 1969) schrieb hierüber das sieben Szenen umfassende Hörspiel „Der schwarze Tod von Wünschelburg", das am 16. 1. 1939 vom Reichssender Breslau urgesendet wurde.

Das Reichstagsgebäude in Berlin und andere Bauten in der ehemaligen deutschen Reichshauptstadt wurden aus Wünschelburger Sandstein errichtet, gewonnen aus dem einst größten Steinsägewerk Europas. Der Name der Stadt wurde weithin

Wünschelberg unter der Heuscheuer

bekannt durch den „Echten Wünschelburger Korn“.
Die Stadt wurde erst nach der Kapitulation vom 8. 5. 1945 von sowjetischen Truppen besetzt und blieb unzerstört. 1939: 2556 Einw.; 1969: 2682.

Würben (poln. *Wierzbna*), Kr. Schweidnitz, Landgemeinde am linken Ufer der Weistritz 8 km nördlich der Kreisstadt, 1214 erstmals erwähnt, Anfang des 14. Jh. deutschrechtlich umgesetzt, seit dem 14./15. Jh. im Besitz der Klöster Kamenz und Grüssau, von 1586–1810 alleiniger Grüssauer Besitz.
Die kath. Pfarrkirche St. Maria, 1283 erstmals erwähnt, ist die älteste Dorfkirche im Schweidnitzer Gebiet. Altarbild von Michael Willmann (1630–1706).
Das 1683 eingerichtete Priorat des Klosters Grüssau wurde nach der Säkularisierung 1810 Herrensitz, das Klostergut wurde Rittergut und war von 1859–1945 im Besitz der Familie des Prinzen August Ferdinand von Preußen. In der Orangerie des Priorates wurde eine ev. Kirche mit Schule eingerichtet.
In der Nähe die 1633 von den Schweden angelegte „Würbenschanze“. 1939: 1060 Einw.

Würben

Dorfstraße in Wüstewaltersdorf

Wüstegiersdorf (poln. *Głuszyca*), Kr. Waldenburg, ehemaliges Weberdorf 16 km südöstlich der Kreisstadt am Oberlauf der Weistritz im Waldenburger Bergland, 1305 erstmals erwähnt.
Bergbau aus der Mitte des 16. Jh. zu Beginn des 17. Jh. durch die Leineweberei abgelöst, 1838 erste mechanische Baumwollweberei, 1862 Flachsgarnspinnerei im späteren Ortsteil Thannhausen, der 1929 zusammen mit Blumenau und Kaltwasser mit der ländlichen Industriegemeinde Wüstegiersdorf zusammengeschlossen wurde.
Ev. Kirche Ende des 18. Jh. unter dem Einfluß von Carl Gotthard Langhans im Stil des preußischen Klassizismus errichtet. 1939: 6952 Einw.; 1970: 6985.

Wüstewaltersdorf (poln. *Walim*), Kr. Waldenburg, Industriegemeinde 17 km südöstlich der Kreisstadt am Nordwestausläufer des Eulengebirges unterhalb der Hohen Eule, erstmals 1305 erwähnt, aber vermutlich schon um 1220 besiedelt.

Neue Siedlung im 16. Jh. für Protestanten aus Böhmen, Mähren und der Grafschaft Glatz. Die ehemals ev. Barbarakirche von 1548 ist seit 1654 katholisch, die ev. Kirche von 1751 ersetzte das Bethaus von 1742.

Seit der Mitte des 17. Jh. Mittelpunkt der Textilindustrie (Baumwollverarbeitung), Erholungs- und Wintersportzentrum. 1939: 2826 Einw.; 1970 auf erweitertem Gebiet: 3206.

Wütende Neiße s. Neiße.

Zauditz (tschech. *Sudice*), Hultschiner Ländchen, ehemals Kr. Ratibor, als deutsche Siedlung seit der ersten Hälfte des 14. Jh. nachweisbar, 1533 als „Städtchen" belegt, 1742 preußisch. Durch die nun entstandene Grenzlage benachteiligt und zu einem Marktflecken abgesunken, 1920 mit dem Hultschiner Ländchen an die Tschechoslowakei. 1939: 689 Einw.

Zawadzki (poln. *Zawadskie*), Kr. Groß Strehlitz, 1936 umbenannt in Andreashütte (s. d.).

Zeisberg (poln. *Cisów*), Gemeinde Fröhlichsdorf (poln. *Cieszów*), Kr. Waldenburg, Ruine einer Burganlage aus dem 13. Jh., auch Zeiskenschloß genannt, 1242 erstmals erwähnt. Diente dem Schutz der Handelsstraße Breslau-Prag, ver-

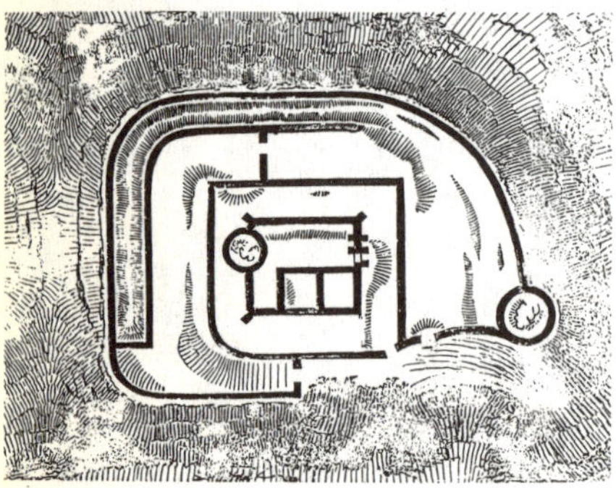

Die Zeisburg

Portal der Pfarrkirche in Ziegenhals

fiel im 18. Jh., wurde 1935–1937 freigelegt, Bergfried, Torhaus und Zugbrücke rekonstruiert. 1939: Fröhlichsdorf mit Kolonie Zeisberg 358 Einw.

Ziegenhals, Bad (poln. *Głuchołazy*), Kr. Neisse, 20 km südlich der Kreisstadt im Vorland des Altvatergebirges im Bieletal gelegen, 275 m, vor 1232 durch Bischof Lorenz von Breslau „aus wilder Wurzel" als deutsche Stadt mit flämischem Recht gegründet, 1263 als Stadt erstmals belegt; 1342 böhmisch, 1526 habsburgisch, 1742 preußisch.

Zur Sicherung der Grenze gegen Mähren angelegte Kolonistenstadt mit rechteckigem Ring (125 m x 75 m). Von der 1764 abgebrochenen Festung blieb nur das Obertor erhalten. In historischer Zeit Gold- und Erzbergbau.

Bildstock in Ziethen-Hennersdorf

Die kath. Pfarrkirche St. Laurentius, 1729 von dem kunstsinnigen Bischof Franz Ludwig von Breslau errichtet, geht geschichtlich auf die mittelalterliche Kirche von 1241–1250 zurück. Die Türme erhielten 1907 ihre Barockhauben. Eine ev. Kirche wurde 1867 gebaut.

Zur Erinnerung an die Pest wurde 1627 die St. Rochus-Kapelle errichtet. Die Pestprozession wurde noch bis 1945 begangen.

Papier-, Holzstoff-, Zellulose-, Metall- und Leinenindustrie. Moorbad, Kurbetrieb. Wegen der Kaltwasseranstalten auch das „preußische Gräfenberg" nach dem Prießnitz-Kurort Freiwaldau (s. d.) genannt.

Die Stadt wurde erst nach der Kapitulation vom 8.5.1945 von sowjetischen Truppen besetzt. 1939: 9772 Einw.; 1973: rund 15400.

Ziethen-Hennersdorf (poln. *Henryków Lubański*), Kr. Lauban, bis 1939 Katholisch Hennersdorf, mittelalterliches Waldhufendorf 5 km südwestlich der Kreisstadt.

Der Ort erhielt in der Reformationszeit als Besitz des Laubaner Magdalenerinnen-Klosters die Bezeichnung Katholisch Hennersdorf. Die 1939 eingeführte Umbenennung sollte an den preußischen Reitergeneral Hans Joachim von Ziet(h)en (1699–1786) erinnern, der hier am 25. 11. 1745 an der Spitze des Königlichen Leibhusarenregiments Teile der sächsischen Truppen überraschend und entscheidend geschlagen hatte („Ziethen aus dem Busch").

Im Kampf um Lauban fanden zwischen dem 17. Februar und dem 8. Mai 1945 bei Ziethen-Hennersdorf harte, wechselvolle Kämpfe statt. 1939: 1719 Einw.

Zillerthal-Erdmannsdorf (poln. *Mysłakowice*), Kr. Hirschberg, 8 km südöstlich der Kreisstadt gelegener Doppelort an der Lomnitz entlang der Straße Hirschberg-Landeshut, 391 m. Der Ortsteil Erdmannsdorf ist 1385 erstmals urkundlich genannt.

Schloß 1836–1840 von Karl Friedrich Schinkel aus einem alten, seit 1832 von dem preußischen König Friedrich Wilhelm III. bewohnten Herrenhaus um- und ausgebaut. Weitere bauliche Veränderungen 1832–1837 und 1841–1843 im Stile eines englisch-gotischen Landschlosses mit englischem Park. Mit den benachbarten Schlössern Fischbach, Buchwald und Schildau war Erdmannsdorf bis 1909 Sommersitz der preußischen Königsfamilie.

Auf Betreiben der Gräfin von Reden, der „Tiroler-Mutter", stellte der König 1837 einen großen Teil seines Gutsbesitzes zur Ansiedlung für die aus Glaubensgründen aus ihrer Tiroler Heimat

Tiroler Haus in Zillerthal-Erdmannsdorf

Johann Fleidl, ev. Zillerthaler

ausgewanderten Zillertaler zur Verfügung. Am 20. 9. 1837 trafen 416 ev. Tiroler aus Mayrhofen in Erdmannsdorf ein. Für sie wurden mehrere Kolonien mit Häusern im Alpencharakter angelegt.
Die ev. Kirche wurde 1837–1840 nach einem Entwurf von Schinkel in italienischem Stil mit hoch aufragendem Campanile errichtet, der später eine steile gotische Spitze erhielt.
1939: 2966 Einw.; 1957 unter polnischer Verwaltung zur Stadtartigen Siedlung erklärt und 1968/ 1969 zur Stadt erhoben; 1970: 4211 Einw.

Zirkwitz (poln. *Cerekwica*), Kr. Trebnitz, Landgemeinde nördlich der Landeshauptstadt im Katzengebirge, 1155 erstmals urkundlich erwähnt, 1252 Umsetzung zur deutschrechtlichen Stadt, nach 1740 wieder Marktflecken. Das 1864 erbaute Schloß war mit Rittergut von 1900 bis 1945 im Besitz der Grafen von Ballestrem. 1939: 546 Einw.

Zöbeln (poln. *Sobolice*), Gemeinde Friedrichslager (poln. *Bodzów*), Kr. Glogau, bis 1937 Zöbelwitz, 1257 erstmals genannt, 1283 deutschrechtlich umgesetzt. Rittergut und Schloß von 1863–1883. 1939: Zusammen mit der Gemeinde Friedrichslager 251 Einw.

Zobten am Berge (poln. *Sobótka*), Kr. Breslau, 34 km südwestlich der Landeshauptstadt und 4,5 km nordöstlich vom Gipfel des Zobtenberges (s. d.), 180 m, 1148 als ältester Marktort in Schlesien urkundlich belegt, deutschrechtliche Stadtgründung um 1221, Neuverleihung des Stadtrechtes 1399 durch König Wenzel IV. von Böhmen; 1335 böhmisch, 1526 habsburgisch, 1742 preußisch.
Die kath. Stadtpfarrkirche St. Jakobus d. Ä., eine barocke Basilika von 1739 auf Fundamenten aus der Zeit um 1200, wurde 1945 schwer beschädigt, danach unter polnischer Verwaltung wieder aufgebaut. Die um 1500 entstandene Annakapelle wurde 1712 neu gewölbt und ausgebaut.
Die ev. Kirche errichtete 1854 der Gustav-Adolf-Verein. Das 1913 von Theodor von Gosen geschaffene Lützow-Denkmal, ein Reiterstandbild aus Granit, und eine Marmortafel am Hause Schweidnitzer Straße 25 erinnerten an das hier 1813 aufgestellte Lützower Freikorps. Das Denkmal wurde nach 1945 entfernt.
Neubau des Rathauses 1730. Landwirtschaftlich ausgerichtete Industrie, daneben Magnesitabbau. Zobten war vom 8. 2. bis 8. 5. 1945 nach Ausbruch der sowjetischen Truppen aus dem Brükkenkopf Ohlau-Brieg Frontstadt im Vorfeld der Festung Breslau und wurde stark zerstört. 1939: 3410 Einw.; 1969: 5631.

Schloß Zirkwitz

Zobten, der heilige Berg Schlesiens

Zobten am Bober (poln. *Sobota*), Kr. Löwenberg, als Landgemeinde 1268 erstmals urkundlich erwähnt. Das Schloß aus der Zeit vor dem Anbau des Nordflügels 1646 war bis 1945 im Besitz der Freiherren von Zedlitz. Im Park das Mausoleum des einstigen Adjutanten Blüchers und dessen Lebensretters in der Schlacht bei Ligny 1815, August Ludwig Ferdinand Graf von Nostitz († 1866).
Das Schloß wurde 1945 von sowjetischen Truppen verwüstet und seiner Innenausstattung beraubt. 1939: 630 Einw.

Zobtenberg (poln. *Ślęża*), kegelförmiger Bergstock 30 km südwestlich von Breslau zwischen Lohe und Weistritz, mit 718 m der höchste der drei Berge des Zobtengebirges.
Der Name wird von dem wandalischen Stamm der Silingen abgeleitet, daher seit 1927 auch vielfach die Bezeichnung „Siling" für den Zobten. Ursprünglich heidnisches Heiligtum.
Burganlage aus dem Mittelalter, mehrfach zerstört, zuletzt 1471, Reste der Mauer aus Feldsteinen erhalten. Eine Wallfahrtskapelle aus dem 15. Jh. auf dem Gipfel des Berges wurde 1698–1702 neu erbaut, brannte 1834 durch Blitzschlag aus, wurde 1851/1852 wieder aufgebaut und 1949 erneut durch Blitzschlag beschädigt.
Der Zobten hat im schlesischen Raum eine beherrschende Lage, war weithin sichtbar und galt besonders für die Breslauer als Wetterprophet. Im Süden und Südosten das Silsterwitzer Tal.

Zölling (poln. *Solniki*), Kr. Freystadt, noch vor 1200 als Kirchdorf erwähnt. Die dem hl. Martin geweihte Kirche im romanischen Stil ist aus Feldsteinen vermutlich im 13. Jh. erbaut worden, im Mittelalter auch Wallfahrtskirche. Gutsbesitzer waren von 1836–1945 die Familie Gleim. 1939: 348 Einw.

Zülz (poln. *Biała*), Kr. Neustadt/OS, 10 km nordöstlich der Kreisstadt am Zülzer Wasser, das mit der Hotzenplotz südwestlich von Krappitz in die Oder mündet, 210 m, 1225 als deutschrechtliches Dorf genannt, um 1270 Stadtgründung als planmäßig angelegte Kolonistenstadt mit viereckigem Ring als Stadtmitte, Stadtmauer, Stadttürme und Stadttore, 1327 böhmisch, 1526 habsburgisch, 1742 preußisch.
Die kath. Pfarrkirche Mariä Himmelfahrt von 1285 erhielt im Spätmittelalter ihren jetzigen Bau. Die ev. Kirche wurde 1874 errichtet. Das Rathaus stammt von 1791.
Von 1874–1923 beherbergte das 1727 erbaute Schloß eine Präparandenanstalt und von 1875–1925 ein kath. Lehrerseminar. Handel und Kleingewerbe, Zuckerrübenanbau.
Im 18. Jh. starker Anteil der Juden an der Bevölkerung, zeitweilig stärker als der der Christen. Zülz hieß deshalb in Oberschlesien die „Judenstadt" oder „Judenzülz", die Juden selber nannten sie hebräisch „Makom Zadik", Ort des Gerechten; 1914 löste sich die Synagogengemeinde auf. Der älteste ostdeutsche Judenfriedhof wurde völlig restauriert und unter Denkmalschutz gestellt. Ältester Grabstein von 1645, der letzte deutsche Jude wurde 1938 bestattet.
Die Stadt wurde am 18. 3. 1945 von sowjetischen Truppen besetzt. 1939: 3 774 Einw.; 1971: 3 100.

Zyrowa (poln. *Zyrowa*), Kr. Groß Strehlitz, 1936 umbenannt in Buchenhöh (s. d.).

Zülz

PROVINZ NIEDERSCHLESIEN
Wohnbevölkerung am 17. Mai 1939

Regierungsbezirk Breslau

Stadtkreise:

Breslau	629 565

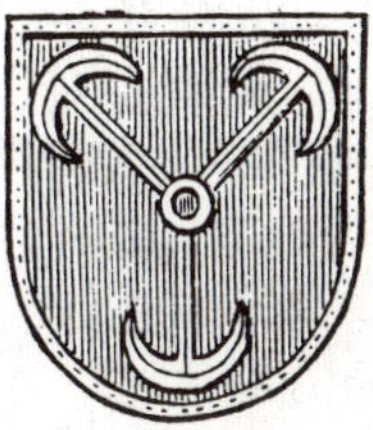

Brieg	31 419

Schweidnitz	39 052

Waldenburg	64 136

Landkreise:

Breslau	103 857
Albrechtsau	275
Albrechtsdorf	356
Altenburg	166
Altenrode	1 092
Alt Gandau	261
Althofdürr	154
Althofnaß	213
Alt Schlesing	362
Arnoldsmühle	281
Baara	164
Beilau	252
Berghuben	220
Bergmühle	375
Bettlern	952
Bismarcksfeld	108
Blankenau	122
Blüchersruh	329
Bogenau	396
Brockau, Stadt	8 689
Brückenfelde	485
Buchen	209
Burghübel	389
Burgweide	1 596
Burgweiler	132
Buschfelde	207
Damsdorf	166
Dörfel	123
Domslau	836
Drachenbrunn	615
Dreihöfen	97
Dreisteine	484
Dreiteichen	240
Eckersdorf	134
Eichdamm	129
Eichwall	210
Elfhofen	316
Erlebusch	123
Freienfeld	157
Fuchshübel	397
Fünfteichen	1 012
Fürstenau	856
Gallen	279
Gerlanden	210
Grenzhorst	68
Großbrück	953
Groß Grunau	244
Groß Mohnau	386
Groß Schottgau	378
Groß Sürding	326
Groß Tinz an der Lohe	1 068
Grünhübel	159
Grunau	92
Gutendorf	141

Haidänichen	85
Hannsfeld	199
Herdhausen	621
Herrmannsdorf	1422
Herzogshufen	1386
Hoinstein	1734
Hubertushof	360
Jürgen	109
Jungfernsee	1429
Kammendorf	254
Kammfeld	147
Kanth, Stadt	3580
Kapsdorf	417
Karben	230
Kattern	1546
Keltingen	145
Kiesgrund	114
Klarenwald	855
Klein Sürding	177
Klettendorf	2898
Königsruh	55
Konradserbe	858
Kraftborn	1946
Krichen	220
Kriptau	242
Kuhnau	209
Lamsfeld	545
Landau	370
Lanisch	308
Leipe-Petersdorf	668
Lengefeld	994
Leukirch	147
Liebethal	248
Linden am Berge	269
Lindenruh	432
Lohbrück	2975
Lohbusch	140
Lohe	451
Loheichen	107
Lorzendorf	364
Magning	216
Malsen	204
Mandelau	38
Margareth	924
Marienwald	444
Martinsgrund	837
Marxdorf	517
Mettkau	463
Michelsdorf	414
Münchau	262
Nädlau	170
Nädlingen	489
Neudorf b. Breslau	293
Neudorf b. Kanth	329
Neuen	86
Neu Schlesing	88
Niederhof	176
Nieder Struse	249
Oberhof	320
Ober Struse	336
Oldern	428
Opperau	2798
Pastern	136
Petersweiler	649
Prisselbach	465
Probstaue	63
Rankau	615
Ransern	557
Reichbergen	504
Reppline	324
Riembergshof	218
Rößlingen	1203
Rogau-Rosenau	1259
Rohrquell	276
Rolandsmühle	145
Romberg	160
Rommenau	128
Rosenborn	446
Roßweiler	307
Rothbach	1615
Rübenau	166
Sachern	175
Schalkau	279
Schildern	201
Schill	452
Schlanz	626
Schmolz	1470
Schmücken	201
Schönborn	888
Schöngarten	2365
Schönlehn	420
Schönwasser	140
Schwarzaue	297
Schwertern	552
Segen	306
Senkenberg	601
Seydlitzaue	177
Siedlingen	248
Silingau	125
Sillmenau	382
Stein	348
Steinberge	529
Steine	1324
Striegelmühle	302
Ströbel	1274
Teichlinden	220
Thauer	139
Tinz	649
Treschen	336
Trostdorf	226
Trutzflut	144
Waldtal	729
Wangern	857
Wasserborn	1337
Weide	1251
Weidengrund	124
Weidenhof	803
Weidmannsau	387
Weizengrund	102
Wernersdorf	407
Wolfskirch	504
Wüstendorf	459
Zaumgarten	280
Zindel	594
Zobten, Stadt	3524
Zweibach	179

Zweibrodt	367

Brieg 39745

Alt Hammer	342
Altköln	514
Alzenau	426
Bärzdorf	204
Bankau	515
Böhmischdorf	523
Briesen	690
Buchitz	302
Frohnau	273
Gerlachshain	1420
Giersdorf	417
Groß Döbern	886
Groß Jenkwitz	504
Groß Kauern	688
Groß Neudorf	992
Grüningen	564
Hermsdorf	1991
Jägerndorf	664
Jeschen	211
Johnsdorf	174
Kantersdorf	390
Karlsmarkt	1162
Klein Neudorf	321
Konradswaldau	981
Koppen	326
Kreisewitz	402
Laugwitz	524
Leubusch	2179
Linden	847
Löwen, Stadt	3978
Lossen	1608
Luisental	193
Mangschütz	1251
Michelau	778
Michelwitz	765
Mollwitz	620
Neuköln	264
Neu Leubusch	248
Neu Limburg	528
Neu Sorge	208
Pampitz	566
Paulau	605
Piastenthal	277
Pogarell	524
Pramsen	271
Raschwitz	409
Rathau	430
Riebnig	413
Rogelwitz	332
Rosenthal	583
Scheidelwitz	686
Schönau	600
Schönfeld	437
Schreibendorf	507
Schüsselndorf	628
Schwanowitz	415
Stoberau	935
Tarnowitz	502
Taschenberg	197
Zindel	555

Frankenstein 75338

Alt Altmannsdorf	787
Alt Heinrichau	445
Bärdorf	818
Bärwalde	769
Baitzen	579
Banau	383
Baumgarten	1023
Belmsdorf	133
Bernsdorf	722
Briesnitz	830
Brucksteine	220
Dittmannsdorf	380
Dörndorf	364
Dürr Hartha	107
Eichau b. Münsterberg	429
Eichau b. Wartha	176
Follmersdorf	706
Frankenberg	1167
Frankenstein, Stadt	10857
Frömsdorf	619
Gallenau	1118
Gierichswalde	342
Giersdorf	445
Gläsendorf	484
Glambach	288
Grochau	286
Grochwitz	138
Groß Nossen	580
Groß Olbersdorf	964
Haunold	151
Heinersdorf	243
Heinrichau	1043
Heinrichswalde	1096
Heinzendorf	173
Hemmersdorf	801
Hertwigswalde	1178
Herzogswalde	197
Johnsbach	203
Kamenz	2510
Kleutsch	249
Kobelau	204
Kosemitz	195
Krelkau	636
Kunzendorf	344
Lampersdorf	757
Lauenbrunn	1529
Leipe	320
Liebenau	831

Löwenstein	232
Maifritzdorf	814
Moschwitz	460
Münsterberg, Stadt	8923
Neu Altmannsdorf	955
Neuhaus	421
Neuhof	362
Nieder Kunzendorf	319
Nieder Pomsdorf	788
Niklasdorf	128
Ober Johnsdorf	207
Ober Kunzendorf	312
Ober Pomsdorf	274
Olbersdorf	570
Paulwitz	267
Petershagen	258
Peterwitz	1157
Pilz	302
Plottnitz	324
Protzan	740
Quickendorf	407
Rätsch	130
Raschdorf	318
Raudnitz	442
Reichenau	369
Reichenstein, Stadt	2609
Reindörfel	606
Reumen	199
Riegersdorf	399
Rosenbach	165
Sand	90
Schlause	468
Schlottendorf	290
Schönheide	910
Schönwalde	1464
Schräbsdorf	478
Schrom	166
Seitendorf	473
Silberberg, Stadt	1154
Stolz	1301
Tadelwitz	109
Tarchwitz	243
Tarnau	597
Taschenberg	178
Tomnitz	116
Wartha, Stadt	1736
Weigelsdorf	648
Wenig Nossen	146
Wiesenthal	371
Willwitz	205
Wolmsdorf	319
Zadel	774
Zesselwitz	216
Zinkwitz	169
Zülzendorf	441

Glatz	125273
Albendorf	1314
Altbatzdorf	321
Altheide, Bad	3947
Altwilmsdorf	1362
Beutengrund	829
Biebersdorf	409
Biehals	344
Birgwitz	381
Birkhagen	414
Dörnikau	164
Droschkau	181
Dürrkunzendorf	391
Ebersdorf	1396
Eckersdorf	1873
Eisersdorf	1297
Falkenberg	812
Falkenhain	870
Friedersdorf	819
Friedrichsgrund	394
Friedrichswartha	660
Gabersdorf	1179
Gellenau	614
Glatz, Stadt	22000
Goldbach	639
Grenzeck	2312
Großgeorgsdorf	121
Grunwald	779
Hallgrund	227
Hausdorf	4364
Hollenau	281
Hummelstadt, Stadt	1051
Järker	117
Jauernig	165
Kaltenbrunn	226
Kaltwasser	85
Kamnitz	271
Karlsberg	289
Kartau	148
Keilendorf	105
Kleingeorgsdorf	54
Königshain	903
Königswalde	1557
Krainsdorf	566
Kreuzdorf	71
Kudowa, Bad	1981
Kunzendorf	4440
Kuttel	85
Ludwigsdorf	3518
Märzdorf	235
Markrode	100
Mittelsteine	2206
Möhlten	244
Mügwitz	120
Mühldorf	173
Neißenfels	378
Neißgrund	194
Neißtal	72
Neudeck	347
Neudorf	487
Neurode, Stadt	10059
Neu Wilmsdorf	600
Niederhannsdorf	1299
Niederrathen	572

Niederschwedeldorf	747
Niedersteine	1 407
Oberhannsdorf	1 405
Oberrathen	436
Oberschwedeldorf	857
Obersteine	823
Passendorf	493
Rauschwitz	190
Reichenau	522
Reichenforst	115
Reinerz, Bad, Stadt	4 690
Rengersdorf	2 594
Roms	191
Roschwitz	224
Rothwaltersdorf	724
Rückers	4 503
Sackisch	1 792
Schlegel	3 701
Schloßhübel	395
Schnellau	912
Schwenz	337
Seifersdorf	400
Steinwitz	440
Stolzenau	771
Straußdörfel	488
Talheim	36
Tanz	234
Tassau	189
Tuntschendorf	905
Ullersdorf	2 889
Vierhöfe	427
Volpersdorf	2 590
Walditz	1 198
Wallisfurth	816
Wiesau	409
Wiltsch	205
Wünschelburg, Stadt	2 556
Zaughals	250

Groß Wartenberg 27 525

Alt Glashütte	236
Amalienthal	157
Bischdorf	266
Buchenhain	675
Charlottenfeld	122
Charlottenthal	164
Dalbersdorf	794
Distelwitz	327
Dyhrnfeld	102
Eichenhain	195
Erlengrund	310
Festenberg, Stadt	3 861
Görnsdorf	205
Goschütz	1 067
Goschützhammer	104
Goschütz-Neudorf	363
Grenzhammer	416
Groß Gahle	167
Groß Schönwald	263
Groß Wartenberg, Stadt	3 089
Groß Woitsdorf	328
Grünbach	147
Grunwitz	254
Hirschrode	341
Kammerau	370
Klein Kosel	581
Klein Schönwald	181
Klein Ulbersdorf	147
Kraschen	607
Kunzendorf	1 016
Landeshalt	137
Langendorf	486
Lichtenhain	494
Lindenhorst	465
Mühlenort	425
Muschlitz	257
Neuhof	264
Neumittelwalde, Stadt	1 649
Neurode	287
Neu Stradam	328
Nieder Stradam	347
Ober Stradam	841
Ossen	407
Ostfelde	154
Ottendorf	598
Rudelsdorf	570
Sandraschütz	126
Schleise	1 079
Schöneiche	209
Schön Steine	216
Schollendorf	644
Wedelsdorf	182
Weidendorf	63
Wildheide	442

Guhrau 39 895

Akrau	133
Allhilf	63
Alt Guhrau	572
Alt Neu Heidau	200
Altring	287
Austen	217
Backen	228
Bartschdorf	129
Birkenhöhe	255
Braunau	362
Bronau	206
Dahsau	349
Duchen	229
Eichenhag	344
Ellguth	416

Fallbach	173
Finkenheide	142
Friedrichsau	100
Gahle	58
Gaisbach	190
Geischen	317
Gepidau	449
Gimmel	650
Gleinig	473
Globitschen	259
Grandingen	175
Groß Kloden	135
Groß Räudchen	176
Groß Saul	131
Groß Wiersewitz	232
Guhlau	196
Guhrau, Stadt	5650
Gurkau	214
Heinzendorf	558
Herrndorf	39
Herrnlauersitz	293
Herrnstadt, Stadt	2941
Hochbeltsch	179
Hortingen	129
Hünern	552
Irrsingen	204
Jästersheim	339
Juppendorf	203
Kahrau	165
Kainzen	659
Kamin	278
Kittlau	171
Klein Kloden	94
Klein Peterwitz	212
Klein Räudchen	193
Klein Saul	152
Klein Wiersewitz	338
Königsbruch	149
Königsdorf	105
Konradswaldau	368
Korangelwitz	154
Kraschen	918

Langenau	185
Lanken	545
Lendschütz	123
Lesten, Stadt	840
Leubel	471
Logischen	184
Lübchen	543
Mechau	222
Nahrten	423
Nechlau	276
Neudorf	120
Neuguth	215
Neuvorwerk	55
Nieder Lesten	387
Nordingen	182
Ober Lesten	468
Oderbeltsch	348
Osselwitz	281
Osten	487
Peiskern	177
Pluskau	368
Quelldorf	155
Reichen-Birkendorf	358
Rützen	358
Sallschütz	442
Sandewalde	223
Schabenau	248
Schätz	226
Schlabitz	419
Schlaube	510
Schmögerle	110
Schüttlau	548
Seiffersdorf	487
Seitsch	858
Sophienthal	244
Steinbrück	159
Sulkau	244
Tarpen	257
Waffendorf	457
Waldfriedeck	251
Waldhagen	101
Waldvorwerk	125

Wallheim	96
Wandelheim	629
Wehrse	221
Wendstadt	177
Weschkau	433
Wikoline	197
Wilhelmsbruch	109
Zapplau	392
Zechen	295
Zeippern	158
Züchen	405

Habelschwerdt 56332

Alt Gersdorf	661
Alt Lomnitz	1133
Alt Mohrau	255
Alt Waltersdorf	1277
Alt Weistritz	1030
Aspenau	31
Bielendorf	352
Bobischau	594
Brand	149
Ebersdorf	1254
Freiwalde	399
Friedrichsgrund	285
Gläsendorf	347
Glasegrund	32
Glasendorf	140
Gompersdorf	700
Grafenort	1529
Habelschwerdt, Stadt	7067
Hain	175
Hammer	260
Heidelberg	89
Heinzendorf	583

Herrnpetersdorf	164
Herzogswalde	371
Heudorf	203
Hohndorf	341
Hüttenguth	49
Johannesberg	98
Kaiserswalde	639
Kamnitz	582
Karpenstein	112
Kieslingswalde	1 086
Klessengrund	240
Konradswalde	673
Krotenpfuhl	199
Kunzendorf	1 445
Landeck, Bad, Stadt	4 861
Langenbrück	507
Lauterbach	659
Leuthen	208
Lichtenwalde	665
Mariendorf	135
Marienthal	404
Martinsberg	424
Melling	140
Michaelsthal	171
Mittelwalde, Stadt	2 586
Mühlbach	150
Neißbach	411
Neu Batzdorf	322
Neubrunn	106
Neu Gersdorf	423
Neu Lomnitz	215
Neu Mohrau	252
Neundorf	459
Neu Waltersdorf	901
Neu Weistritz	601
Nieder Langenau	1 034
Ober Langenau	1 197
Olbersdorf	263
Peucker	220
Plomnitz	861
Pohldorf	501
Reyersdorf	847
Rosenthal	854
Rothflössel	69
Schönau b. Bad Landeck	358
Schönau b. Mittelwalde	382
Schönfeld	629
Schönthal	143
Schreckendorf	1 454
Schreibendorf	477
Seitenberg	973
Seitendorf	316
Spätenwalde	194
Steinbach	271
Steingrund	186
Stuhlseiffen	419
Thanndorf	498
Urnitz	483
Verlorenwasser	533
Voigtsdorf bei Habelschwerdt	462
Voigtsdorf bei Bad Landeck	108
Weißbrod	81
Weißwasser	98
Wilhelmsthal	573
Winkeldorf	209
Wölfelsdorf	1 664
Wölfelsgrund	707
Wolmsdorf	124

Militsch	48 553

Adriansdorf	267
Altenau	455
Alt Hammer-Militsch	112
Altmühlgrund	356
Amwald	254
Bargen	736
Bartnig	560
Beichau	696
Birnbäumel	149
Bornfelde	389
Brandetal	517
Buchendorf	152
Buchenhagen	205
Burgwall	243
Deutscheich	369
Deutschwehr	110
Dirschken	671
Eichdorf	466
Eichensee (Niederschles.)	371
Eindorf	677
Eisenhammer	190
Erlendorf	171
Frankenberg	303
Freihufen	433
Freyersdorf	232
Freyhan	1 373
Friedrichshöh	157
Gebhard	161
Grüntal	237
Grunewald	266
Gugelwitz	271
Hammer-Sulau	158
Hammer-Trachenberg	473
Hedwigsthal	186
Heinrichsdorf	689
Heinrichshütte	148
Hellefeld	791
Herrmenau	148
Herrnhofen	345
Hochrode	510
Hochweiler	730
Hohenwarte	145
Jagdhausen	342
Kanterwitz	274
Kesselsdorf	129
Kiefernwalde	350
Klein Peterwitz	410
Kollande	218

Konradshöh	479
Korsenz	955
Kraschnitz	2149
Kreisau	347
Labschütz	323
Lachmannshofen	427
Langendamm	174
Langhausen	336
Laubendorf	159
Liebenthal	132
Linsen	188
Lunke	197
Mansdorf	143
Meilershof	150
Militsch, Stadt	5390
Mittenwald	694
Mühlhagen	368
Nesselwitz	160
Neu Barnitz	140
Neudorf-Sulau	375
Neuschloß	342
Neuwalde	329
Podasch	537
Postel	344
Prausnitz, Stadt	2018
Preußenfeld	135
Preußental	331
Radungen	603
Ritterhof	121
Rudolfsdorf	633
Schmiegrode	626
Schönkirch	404
Scholzhofen	319
Schwertfelde	171
Seidorf	213
Steffitz	339
Sulau, Stadt	1176
Thomasort	330
Trachenberg, Stadt	4570
Urdorf	664
Waldesruh	54
Waldheide	406
Waldhöh	401
Walken	70
Wehlige	242
Weidendorf	96
Weinberge	271
Wenkendorf	107
Wiesenthal	498
Wildbahn	260
Wolfsbruch	120
Zeidel	566
Ziegelscheune	376

Namslau	32430
Altstadt	287
Bachwitz	783
Bankwitz	749
Belmsdorf	143
Buchelsdorf	448
Dammer	1264
Damnig	74
Deutsch Marchwitz	377
Eckersdorf	971
Eisdorf	329
Ellguth	226
Erbenfeld	254
Giesdorf	439
Glausche	1077
Grambschütz	638
Groß Marchwitz	1081
Gülchen	714
Haugendorf	182
Hennersdorf	349
Hönigern	408
Jakobsdorf	272
Kaulwitz	794
Krickau	250
Lankau	297
Lorzendorf	503
Michelsdorf	210
Namslau, Stadt	8194
Nassadel	420
Neuenhagen	108
Noldau	656
Obischau	174
Ordenstal	254
Paulsdorf	364
Reichen	401
Saabe	307
Schindlersfelde	125
Schmograu	678
Schwirz	869
Seydlitzruh	547
Simmelwitz	386
Städtel	499
Steinersdorf	696
Sterzendorf	725
Strehlitz	1520
Wallendorf	639
Wilkau	1288
Windisch Marchwitz	461

Neumarkt	56962
Baudis-Meesendorf	284
Beckern	635
Bertholdsdorf	566
Bischdorf	513
Blumerode	464
Bockau	646
Borne	447
Brandschütz	268
Breitenau	251
Bruch	368

Buchwald	366
Dambritsch	473
Damsdorf	770
Diesdorf	142
Dietzdorf	603
Dromsdorf-Lohnig	327
Ebersdorf	163
Eisendorf	167
Falkenhain	320
Förstchen	121
Frankenthal	382
Frobelwitz	266
Gäbersdorf	899
Gloschkau	700
Gniefgau	241
Gossendorf	139
Gräbendorf	348
Groß Bresa	412
Groß Gohlau	517
Groß Heidau	498
Groß Peterwitz	968
Guckelhausen	153
Hausdorf	285
Hirschwerder	399
Hulm	130
Jakobsdorf	292
Jenkwitz	204
Jerschendorf	273
Kadlau	382
Kammendorf	243
Kamöse	706
Kertschütz	320
Keulendorf	440
Klein Bresa	429
Kniegnitz	245
Kobelnick	172
Körnitz	174
Kostenblut	938
Krampitz	507
Krintsch	505
Kuhnern	1 143
Lampersdorf	309
Lederose	352
Leonhardwitz	271
Leuthen	1 116
Lobetinz	199
Lüssen	665
Maltsch	3 430
Marschwitz	665
Maserwitz	569
Metschkau	484
Michelsdorf	174
Muckerau	332
Neuhof	449
Neumarkt, Stadt	6 428
Nieder Mois	343
Nimkau	1 151
Nippern	1 108
Ober Mois	352
Obsendorf	338
Ossig	714
Panzkau	154
Peicherwitz	534
Peiskerwitz	131
Pfaffendorf	306
Pirschen	530
Pitschen	318
Pläswitz	470
Pohlsdorf	488
Polkendorf	141
Puschwitz	483
Rachen	158
Rackschütz	526
Radaxdorf	185
Ramfeld	438
Rauße	961
Regnitz	416
Saara	190
Sagschütz	91
Sasterhausen	239
Schadewinkel	256
Schlaupe	273
Schmellwitz	438
Schöbekirch	188
Schönau	248
Schönbach	155
Schöneiche	407
Schreibersdorf	476
Schriegwitz	223
Schweinitz	444
Seedorf	261
Simsdorf	213
Spillendorf	114
Stephansdorf	1 792
Tschammendorf	253
Tschirnau	113
Viehau	313
Weicherau	243
Weißenfeld	341
Wilkau-Zopkendorf	532
Wilxen	881
Wolfsdorf	130
Wültschkau	554
Zieserwitz	560
Zuckelnick	142

Oels	72 844

Allerheiligen	297
Alt Ellguth	643
Baruthe	224
Bernstadt, Stadt	4 858
Bogschütz	704
Bohrau	528
Briese	417
Buchenwalde	123
Buchenwerder	164
Buchwald	674
Buselwitz	214
Dammer	284

Dörndorf	219
Eichgrund	49
Fürsten Ellguth	713
Galbitz	465
Gimmel	475
Görlitz	860
Groß Ellguth	405
Groß Graben	1012
Groß Weigelsdorf	842
Groß Zöllnig	775
Grüttenberg	261
Gutwohne	605
Hönigern	247
Jackschönau	205
Jäntschdorf	459
Jenkwitz	405
Juliusburg	2068
Kaltvorwerk	134
Karlsburg	409
Klein Ellguth	720
Klein Oels	366
Klein Peterwitz	122
Kleinwaltersdorf	131
Klein Weigelsdorf	161
Klein Zöllnig	382
Korschlitz	439
Kraschen	552
Kritschen	439
Krompusch	89
Kunersdorf	754
Kunzendorf	163
Lampersdorf	580
Langenhof	553
Langewiese	895
Lauben	170
Leuchten	1425
Ludwigsdorf	490
Malen	360
Mirkau	444
Mühlatschütz	1014
Mühlwitz	608
Nauke	193

Netsche	467
Neudorf b. Bernstadt	292
Neudorf b. Juliusburg	190
Neu Ellguth	93
Neuhaus	79
Neuhof	138
Neuscholle	258
Oels, Stadt	18183
Pangau	439
Peuke	453
Pontwitz	923
Postelwitz	541
Prietzen	441
Pühlau	285
Raake	464
Rathe	985
Reesewitz	527
Rehwinkel	157
Reichenfeld	225
Sachsenau	227
Sadewitz	394
Sakrau	3124
Schickerwitz	473
Schleibitz	333
Schmarse	518
Schmollen	819
Schönau	457
Schützendorf	170
Schwierse	278
Sechskiefern	281
Sibyllenort	554
Spahlitz	669
Stampen	453
Stein	295
Strehlitz	511
Stronn	407
Süßwinkel	381
Ulbersdorf	431
Vielguth	938
Vogelgesang	111
Wabnitz	639
Weidenbach	225

Weidenfließ	354
Weißensee	288
Werden	394
Wiesegrade	217
Wildschütz	457
Wilhelminenort	564
Woitsdorf	568
Würtemberg	265
Zessel	403
Ziegelhof	85
Zucklau	633

Ohlau	53187

Altbergel-Altottag	454
Beckern	540
Birksdorf	178
Bischwitz	652
Breile	167
Bulchau	173
Chursangwitz	106
Dammelwitz	168
Daupe	486
Deutsch Breile	131
Deutsch Steine	424
Dremling	310
Eisfeld	675
Frauenhain	449
Freudenfeld	89
Gaulau	358
Giesdorf	154
Göllnerhain	272
Grasau	162
Grebelwitz	450
Groß Eichau	315
Groß Peiskerau	313

Grünaue	283
Günthersdorf	344
Gunschwitz	199
Gusten	284
Haltauf	235
Heidau	523
Hennersdorf	991
Hirschaue	226
Höckricht	214
Hohenlinde	286
Hünern	473
Jätzdorf	509
Jauer	361
Jeltsch	1307
Jungwitz	449
Kallen	219
Kauern	327
Klein Jenkwitz	171
Klein Öls	524
Klein Peiskerau	375
Klosdorf	342
Kochern	217
Krausenau	236
Kresseheim	221
Leisewitz	275
Lorzendorf	234
Märzdorf	1364
Markstädt	1357
Marschwitz	373
Mechwitz	289
Mellenau	90
Minken	1151
Neubergel	159
Neuottag	225
Neuvorwerk	376
Niehmen	567
Odersteine	551
Ohlau, Stadt	13136
Peisterwitz	3534
Peltschütz	120
Polwitz	426
Quallwitz	318

Quosdorf	88
Radwaldau	112
Rattwitz	1689
Rodeland	369
Rosenhain	722
Runzen	420
Sackerau	255
Saulwitz	356
Schockwitz	82
Seiffersdorf	347
Silingental	255
Sitzmannsdorf	249
Steindorf	1616
Tempelfeld	553
Thiergarten	857
Thomaskirch	1075
Weigwitz	355
Weisdorf	235
Würben	901
Wüstebriese	73
Zedlitz	661
Zottwitz	1030

Reichenbach 85428

Bertholsdorf	544
Breitental	271
Dankwitz	274
Dirsdorf, Bad	899
Dreißighuben	777
Endersdorf	124
Faulbrück	1475
Girlachsdorf	754
Gleinitz	242
Gnadenfrei	5904
Groß Ellguth	514
Groß Jeseritz	313
Groß Kniegnitz	1028
Groß Wilkau	591
Güttmannsdorf	674
Guhlau	144
Habendorf	927
Harthau	451
Heidersdorf	2151
Hennersdorf	432
Jordansmühl	1278
Karlsdorf-Weinberg	226
Kittelau	250
Klein Ellguth	117
Klein Kniegnitz	418
Költschen	300
Kunsdorf	250
Langenbielau, Stadt	20116
Langenöls	1128
Langseifersdorf	1530
Lauterbach	468
Lohenstein	66
Lohetal	162
Mellendorf	230
Neudorf b. Bad Dirsdorf	233
Neudorf (Eule)	551
Nimptsch, Stadt	3523
Ober Johnsdorf	213
Olbersdorf	603
Panthenau	271
Peilau	1884
Peiskersdorf	674
Petersdorf	203
Petersrode	94
Peterswaldau	6976
Pfaffendorf	514
Poseritz	210
Quanzendorf	168
Reichenbach, Stadt	17253
Rudelsdorf	419
Schlaupitz	549
Schwentnig	318
Senitz	567

Silinghain	196
Steinkunzendorf	715
Steinseifersdorf	1 416
Thomitz	139
Trebnig	217
Wättrisch	202
Weigelsdorf	2 292

Schweidnitz 94 855

Alt Jauernick	436
Arnsdorf	958
Barzdorf	507
Bergen	394
Berghof-Mohnau	591
Birkholz	174
Breitenhain	410
Bunzelwitz	627
Burkersdorf	415
Cammerau	406
Domanze	656
Eckersdorf	190
Eisdorf	315
Esdorf	585
Fehebeutel	142
Floriansdorf	489
Frauenhain	319
Freiburg, Stadt	9 309
Friedrichsrode	659
Goglau	409
Gohlitsch	165
Gräben	1 701
Gräditz	1 146
Groß Merzdorf	725
Groß Rosen	1 855
Groß Wierau	470

Grunau b. Striegau	181
Grunau-Jakobsdorf	420
Günthersdorf	339
Guhlau	349
Gutschdorf	1 760
Häslicht	1 558
Haidau	562
Halbendorf	333
Hohenposeritz	300
Hohgiersdorf	453
Hoymsberg	84
Ingramsdorf	918
Järischau	1 308
Käntchen	220
Kallendorf	456
Kaltenbrunn	793
Klein Bielau	562
Klein Merzdorf	68
Klein Wierau	401
Klettendorf	188
Königszelt	3 866
Kohlhöhe	441
Konradswaldau	1 365
Kratzkau	105
Kreisau	393
Kroischwitz	957
Krotzel	383
Kunzendorf	1 226
Laasan	1 299
Leutmannsdorf	2 922
Ludwigsdorf	568
Muhrau	304
Neudorf	423
Neu Jauernick	78
Nieder Bögendorf	1 400
Nieder Giersdorf	280
Nieder Weistritz	524
Niklasdorf	305
Nitschendorf	139
Ober Bögendorf	484
Ober Weistritz	735
Ölse	1 197

Penkendorf	378
Peterwitz	1 159
Pilgramshain	690
Pilzen	469
Preilsdorf	374
Puschkau	966
Qualkau	671
Raaben	359
Rauske	727
Saarau	3 573
Säbischdorf	120
Schmellwitz	316
Schönbrunn	1 126
Schönfeld	236
Seiferdau	584
Seifersdorf	306
Standorf	1 753
Stephanshain	675
Strehlitz	644
Streit	885
Striegau, Stadt	15 918
Tampadel	349
Tarnau	98
Teichau	88
Teichenau	212
Thomaswaldau	451
Tunkendorf	227
Ullersdorf	322
Weiß Kirschdorf	282
Weizenrodau	1 357
Wickendorf	406
Wierischau	150
Wilkau	445
Würben	1 047
Zedlitz	547
Zirlau	2 013
Zülzendorf	232

Strehlen	57505
Algersdorf	108
Altjägel	118
Alttschammendorf	118
Alt Wansen	491
Arnsdorf	637
Bärzdorf	340
Baumgarten	198
Berzdorf	393
Birkkretscham	577
Brosewitz	531
Dätzdorf	195
Danchwitz	139
Deutsch Jägel	268
Deutsch Lauden	721
Deutsch Neudorf	185
Deutsch Tschammendorf	338
Dobergast	258
Dürr Brockuth	118
Dürr Hartau	194
Eichwald	182
Eisenberg	258
Friedersdorf	425
Friedfelde	232
Friedrichstein	1517
Geppersdorf	354
Glambach	127
Glofenau	135
Gollschau	379
Gorkau	582
Grögersdorf	304
Großburg	835
Grün Hartau	629
Gurtsch	408
Habendorf	308
Hermsdorf	545
Hirschwaldau	269
Jäschkittel	367
Jexau	134
Johnwitz	103
Kaltwassertal	356
Kampen	201
Karisch	223
Karlsdorf	299
Karschau	715
Karzen	609
Klein Bresa	246
Klein Johnsdorf	197
Klein Lauden	213
Knischwitz	311
Köchendorf	544
Korschwitz	237
Krain	136
Krippitz	402
Krummendorf	515
Kummelwitz	156
Kunern	377
Kurtsch	238
Kurtwitz	606
Kuschlau	242
Leipitz-Sadewitz	190
Lindenbrunn	222
Lorenzberg	245
Louisdorf	348
Mallschau	110
Manze	156
Marienau	626
Markt Bohrau	905
Mehltheuer	885
Michelwitz	80
Mückendorf	192
Münchhof	202
Naß Brockguth	213
Niklasdorf	726
Ohletal	202
Olbendorf	912
Ottwitz	105
Pentsch	316
Peterwitz	271
Petrigau	301
Prauß	751
Prieborn	926
Pudigau	416
Reichau	208
Reisau	138
Riegersdorf	791
Rosen	629
Roßwitz	147
Roth Neudorf	176
Rothschloß	252
Rummelsdorf	470
Ruppersdorf	727
Saegen	444
Schildberg	382
Schmitzdorf	189
Schönbrunn	467
Schönfeld	246
Schönjohnsdorf	562
Schreibendorf	677
Schweinbraten	121
Siegroth	581
Silbitz	244
Spurwitz	230
Stachau	177
Steinkirche	303
Strachau b. Nimptsch	96
Strehlen, Stadt	12337
Striege	328
Tiefensee	270
Töppendorf	1452
Türpitz	457
Wäldchen	328
Waldneudorf	354
Wammelwitz	244
Wammen	132
Wansen, Stadt	3153

Trebnitz	54307

Beckern	77
Bentkau	148
Bergfelde	106
Bergkehle	55
Bingerau	274
Bischwitz	359
Blüchertal	840
Bolkohof	249
Bothendorf	162
Briesche	339
Brietzen	206
Buchwald	83
Burgwitz	124
Buschwiese	115
Deutsch Hammer	1421
Dockern	124
Droschen	92
Eichendorf	243
Erbenfelde	91
Esdorf	499
Frauenwaldau	1884
Friedensruh	145
Friedrichskirch	440
Fürstengrund	106
Gellendorf	623
Georgendorf	178
Germanengrund	379
Glockschütz	217
Grabenfurt	60
Groß Breesen	198
Groß Hammer	663
Groß Krutschen	339
Groß Leipe	518
Groß Märtinau	237
Groß Muritsch	232
Groß Peterwitz	505
Groß Raake	162
Groß Schwundnig	128
Groß Ujeschütz	493
Groß Zauche	153
Güntherwitz	234
Guhlau	61
Haasenau	350
Hagenau	250
Haltauf	91
Hartwasser	295
Hasdingen	162
Heidegrund	309
Heidewilxen	404
Hennigsdorf	686
Hochkirch	117
Hünern	770
Jagdschütz	207
Janischguth	32
Jeschütz	139
Kampern	182
Kapsdorf	346
Katharinengrund	233
Katholisch Hammer	431
Katzberg	121
Kawallen	210
Kleinau	94
Klein Graben	414
Klein Märtinau	73
Klein Muritsch	88
Klein Ujeschütz	315
Kloch-Felde	224
Kniegnitz	321
Kobelwitz	159
Konradswaldau	315
Kottwitz	378
Kotzerke	167
Krumpach	219
Kunzendorf	506
Langenau	196
Lindenhof	217
Lindenwaldau	378
Lossen	353
Lückerwitz	192
Luisengrund	151
Luzine	741
Machnitz	186
Mahlen	330
Mahliau	211
Mankerwitz	115
Margaretenmühle	202
Massel	401
Maßlisch Hammer	288
Michelwitz	98
Möwengrund	167
Moltketal	453
Mühnitz	268
Neiderei	271
Neuhof	214
Neuwalde	105
Nieder Kachel	93
Ober Glauche	473
Ober Kehle	106
Obernigk	4383
Ostwinkel	54
Pannwitz	244
Paschkerwitz	554
Paulskirch	381
Paulwitz	270
Perschütz	234
Peterwitz	389
Pflaumendorf	67
Pirschen	139
Pristelwitz	153
Pürbischau	212
Raschen	119
Raschewitz	277
Rux	211
Sachsenhof	98
Sauerbrunn	307
Schebitz	618
Schickwitz	202
Schimmelwitz	200
Schimmerau	449
Schlottau	764
Schlottauermühlen	69
Schön Ellguth	491
Senditz	172
Simsdorf	402
Sponsberg	377
Striese	523

Stroppen, Stadt	711
Tarnast	264
Teichdorf	119
Trebnitz, Stadt	8500
Waldkirch	192
Waldwinkel	123
Weidebrück	199
Wendelborn	1006
Werndorf	215
Wiese	290
Wiesenbrunn	57
Wolfswalde	127
Würzen	324
Zantkau	310
Zechelwitz	49
Zedlitz	509
Ziegenfeld	92
Zirkwitz	492

Waldenburg	117918

Adelsbach	1181
Altlässig	1697
Altreichenau	1691
Bärsdorf	424
Charlottenbrunn, Bad	1821
Dittmannsdorf	1384
Dörnhau	399
Donnerau	947
Dorfbach	592
Erlenbusch	540
Fellhammer	5866
Friedland, Stadt	4386
Fröhlichsdorf	314
Gaablau	819
Göhlenau	714
Görbersdorf	731
Gottesberg, Stadt	11011
Großhain	2276
Hausdorf	1401
Heinrichau	551
Hermsdorf	11233
Kynau	644
Langwaltersdorf	1099
Lehmwasser	1172
Liebersdorf	977
Liebichau	930
Lomnitz	516
Michelsdorf	425
Neudorf	322
Nieder Salzbrunn	4172
Ober Wüstegiersdorf	1567
Polsnitz	3818
Quolsdorf	576
Raspenau	444
Reimsbach	93
Reimswaldau	730
Reußendorf	3376
Rothenbach	4532
Rudolfswaldau	737
Salzbrunn, Bad	9779
Schmidtsdorf	561
Seitendorf	2954
Sophienau	688
Steingrund	702
Weißstein	17348
Wüstegiersdorf	6952
Wüstewaltersdorf	2826

Wohlau	65703

Alexanderwitz	111
Alteichenau	459
Althof	208
Alt Wohlau	501
Arnsdorf	144
Auras, Stadt	1673
Bartsch-Kulm	265
Berghain	124
Bielwiese	464
Birkenhain	147
Borschen	180
Brödelwitz	129
Brunnwiese	231
Buschen	210
Dahme	124
Dammitsch	162
Deichslau	479
Dieban	276
Dittersbach	139
Dombsen	212
Domnitz	79
Dyhernfurth, Stadt	2013
Eichdamm	233
Exau	243
Fichtendorf	87
Föhrenwalde	148
Friedrichshain	564
Fröschen	122
Fröschroggen	85
Garben	225
Gleinau	348
Grafenstein	136
Grosen	266
Groß Ausker	243
Großendorf	317
Groß Kreidel	688
Groß Pantken	131
Groß Pogel	306
Groß Schmograu	430
Groß Sürchen	182
Guhren	436
Gurkau	63
Hartfelde	350
Heidersdorf	117
Heidevorwerk	146

Heinzendorf	636
Herrnmotschelnitz	314
Hochbauschwitz	266
Hohenau	166
Ibsdorf	417
Iseritztal	230
Jakobsdorf	114
Jürtsch	343
Kammelwitz	139
Kirchlinden	421
Klein Ausker	200
Klein Bauschwitz	199
Klein Kreidel	526
Klein Pantken	83
Klein Pogel	271
Klein Schmograu	231
Klein Sürchen	117
Kleschwitz	101
Klieschau	193
Köben/Oder, Stadt	1649
Kranz	423
Krehlau	835
Kreischau	333
Krischütz	104
Krummwohlau	569
Kulmikau	193
Kunern	319
Kunzendorf	526
Lahse	131
Lahserwitz	71
Lampersdorf	600
Lehsewitz	263
Leipnitz	192
Leubus	4236
Liebenau	508
Loßwitz	395
Maibach	168
Mittel Nieder Dammer	256
Mönchmotschelnitz	400
Mondschütz	706
Mühlgast	141
Nährschütz	480
Neudorf b. Dyhernfurth	203
Neudorf b. Steinau/Oder	117
Niederau	176
Nistitz	283
Ölschen	250
Pathendorf	382
Paulshöhe	84
Peruschen	139
Polgsen	618
Porschwitz	554
Praukau	459
Preichau	377
Pronzendorf	732
Quallwitz	88
Radschütz	410
Rädlitz	261
Ransen	409
Rathau	262
Rayschen	159
Reichwald	296
Reudchen	218
Riemberg	1294
Röhrsborn	326
Schanzberg	202
Schlaupp	188
Schöneiche	255
Seifersdorf	370
Seifrodau	339
Siegda	138
Simonshöh	146
Stanschen	165
Steinau/Oder, Stadt	6529
Steintal	169
Sternblick	63
Steudelwitz	91
Strien	252
Striese	51
Stuben	452
Tannwald	344
Tarxdorf	536
Thauer	200
Thielau	147
Thiemendorf	1073
Thiergarten	569
Ulmenau	247
Urschkau	567
Wahren	613
Waldheim	302
Wandritsch	262
Wangern	284
Weißig	231
Wilhelmsthal	61
Winzig, Stadt	2078
Wischütz	488
Wohlau, Stadt	7402
Zechelwitz	131

Regierungsbezirk Liegnitz

Stadtkreise:

Glogau	33 495

Görlitz	93 806

Hirschberg	35 296

Liegnitz	83 681

Landkreise:

Bunzlau	74 336

Alt Jäschwitz	409
Altöls	638
Alt Warthau	1 306
Aschitzau	471
Aslau	862
Birkenbrück	598
Buchwald	348
Bunzlau, Stadt	21 946
Dobrau	301
Eckersdorf	352
Eichberg	488
Gersdorf	1 527
Gießmannsdorf	1 552
Gnadenberg	587
Gremsdorf	876
Greulich	1 322
Groß Gollnisch	325
Groß Hartmannsdorf	2 152
Groß Krauschen	560
Günthersdorf	838
Heiligensee	490
Herrmannsdorf	428
Herzogswaldau	974
Hinterheide	212
Kittlitztreben	769
Klein Krauschen	298
Klitschdorf	366
Kosel	173
Kroischwitz	410
Kromnitz	316
Lichtenwaldau	863
Liebichau	603
Linden	130
Looswitz	496
Lorenzdorf	985
Martinwaldau	518
Modlau	962
Mühlbock	734
Naumburg, Stadt	2 240
Neuen	240
Neuhammer	428
Neu Jäschwitz	318
Neundorf	445
Nieder Schönfeld	833
Nieder Thomaswaldau	598
Ober Mittlau	447
Ober Schönfeld	609
Ober Thomaswaldau	835
Ottendorf	1 066
Paritz	833
Possen	282
Prinzdorf	736
Rosenthal	476
Rothlach	334
Rückenwaldau	753
Schnellenfurt	246
Schwiebendorf	121
Seifersdorf	929
Siegersdorf	2 654
Strans	424
Thiergarten	263
Thommendorf	728
Tiefenfurt	1 364

Tillendorf	2111
Tonhain	1191
Ullersdorf	970
Urbanstreben	235
Uttig	249
Waldau	2631
Wehrau	793
Wenigtreben	173
Wiesau	380
Wolfshayn	216

Fraustadt	19894
Alt Driebitz	732
Attendorf	412
Fraustadt, Stadt	7740
Geyersdorf	599
Gurschen	340
Heyersdorf	845
Hinzendorf	406
Ilgen	484
Kaltvorwerk	286
Kandlau	363
Kursdorf	672
Lissen	794
Mittel Neu Driebitz	337
Neuguth	318
Nieder Pritschen	673
Ober Pritschen	660
Röhrsdorf	866
Schlichtingsheim, Stadt	1028
Tillendorf	430
Ulbersdorf	667
Weigmannsdorf	254
Zedlitz	973

Freystadt	54387
Aufhalt	518
Bergenwald	528
Bielitz	135
Brunzelwaldau	623
Buchwald	85
Bullendorf	83
Döringau	62
Droscheydau	223
Eichau	262
Erkelsdorf	428
Freystadt, Stadt	6669
Fürstenau	279
Großboberan	201
Großenborau	783
Groß Reichenau	621
Gutental	61
Hänchen	147
Hartmannsdorf	284
Heinzendorf	261
Herwigsdorf	1040
Heydau	234
Kattersee	168
Kleinboberan	144
Kleinwiesdorf	56
Kleppen	448
Költsch	683
Kosel	748
Kottwitz	401
Kunzendorf	420
Langhermsdorf	712
Lessendorf	327
Liebenzig	1225
Liebschütz	449
Lindau	551
Lippen	690
Louisdorf	126
Mittel Herzogswaldau	198
Modritz	516
Naumburg, Stadt	1264
Nettschütz	218
Neudorf	135
Neusalz, Stadt	17326
Neustädtel, Stadt	1708
Neuwaldau	604
Nieder Herzogswaldau	438
Nieder Siegersdorf	642
Ober Herzogswaldau	667
Ober Siegersdorf	524
Peterswaldau	180
Poppschütz	424
Poydritz	105
Pürben	202
Rauden	463
Rehlau	154
Rehwald	58
Reichenau	153
Reichenbach	350
Reinshain	294
Rohrwiese	244
Scheibau	228
Schliefen	301
Schöneich	264
Seiffersdorf	437
Steinborn	141
Streidelsdorf	559
Teichhof	117
Theuern	41
Trockenau	1689
Waldruh	162
Wallwitz	150
Weichau	532
Windischborau	123
Zäcklau	181
Zedelsdorf	72
Zissendorf	114
Zölling	348

Zollbrücken	1172
Zyrus	214

Glogau	62236
Alteichen	278
Alt Kranz	644
Altwasser	377
Andersdorf	284
Aufzug	131
Bansau	254
Beuthen/Oder, Stadt	3176
Biegnitz	405
Bismarckhöhe	195
Borkau	514
Brieg	543
Brostau	1003
Brückenfeld	184
Buchendamm	913
Buchenhang	357
Buschacker	206
Carolath	1485
Dalkau	519
Dammfeld	785
Deutscheck	1647
Dornbusch	456
Dreidorf	185
Ehrenfeld	417
Eichbach	337
Eichendamm	329
Fähreichen	339
Friedenshagen	1158
Friedrichslager	251
Fröbel	240
Glogischdorf	400
Gramschütz	1339
Groß Vorwerk	123
Guhlau	556
Gustau	197
Gutendorf	414
Hahnenfeld	373
Hainbach-Töppendorf	477
Hammer	608
Hangwalde	296
Haselquell	582
Heerwegen, Stadt	1599
Heidegrund	548
Henzegrund	116
Hermsdorf	327
Herrndorf	1018
Herzogtal	449
Hochkirch	331
Höckricht	246
Hohenborau	415
Jakobskirch	245
Kaltenfeld	196
Kladau	334
Klein Kauer	159
Klein Logisch	385
Klein Schwein	297
Klein Vorwerk	185
Klettental	423
Klopschen	802
Kosel	591
Kunzendorf	525
Kuttlau, Marktflecken	1448
Langemark	1066
Laubegast	522
Lerchenberg	2102
Linden	537
Lindenbach	770
Lindenkranz	1029
Marienquell	540
Milchau	84
Nenkersdorf	216
Neuhammer	376
Neu Strunz	285
Niederfeld	693
Nilbau	573
Oberquell, Marktflecken	1720
Ober Zauche	476
Obisch	347
Oderhorst	297
Pürschkau	397
Putschlau	190
Rabsen	270
Rauschenbach	1016
Rettkau	302
Rodetal	264
Roggendorf	253
Roggenfelde	706
Rosenthal	536
Rostersdorf	427
Sabel	150
Sandhofen	345
Schenkfeld	245
Schlesiersee, Stadt	1803
Schönau	630
Schrien	130
Schwarztal	598
Schwusen	445
Seehagen	422
Simbsen	338
Skeyden	484
Suckau	220
Tauer	181
Thiergarten	102
Urstetten	976
Vorbrücken	1045
Weißfurt	155
Weißholz	315
Wettschütz	265
Wiesau	1522
Wiesenberge	161
Wiesenbusch	277
Wolfau	945
Wühleisen	76
Würchland	430
Ziebern	366

Görlitz	60 923
Alt Kohlfurt	1 436
Arnsdorf	624
Auenblick	412
Biesig	170
Birkenlache	133
Buchholz	512
Burgundenau	254
Deutsch Ossig	838
Deutsch Paulsdorf	249
Dittmannsdorf	142
Döbschütz	245
Ebersbach	743
Florsdorf	640
Friedersdorf	650
Gersdorf	596
Girbigsdorf	777
Groß Biesnitz	1 463
Groß Krauscha	644
Gruna	511
Hagenwerder	199
Haidewaldau	301
Hennersdorf	1 079
Hermsdorf	1 031
Hilbersdorf	279
Hohkirch	355
Holtendorf	451
Jauernick-Buschbach	481
Kesselbach	764
Kieslingswalde	670
Klein Biesnitz	761
Klein Neundorf	245
Klingewalde	241
Königshain	1 511
Köslitz	273
Kohlfurt	2 741
Kosma	122
Krobnitz	181
Kuhna	332
Kunnersdorf	662
Kunnerwitz	261
Lauterbach	172
Leopoldshain	1 058
Lichtenberg	358
Liebstein	112
Lissa	714
Lomnitz	150
Margaretenhof	221
Markersdorf	882
Melaune	342
Mengelsdorf	534
Meuselwitz	378
Neuhammer	1 003
Neuhaus	122
Nieder Bielau	1 237
Nieder Langenau	1 351
Nieder Ludwigsdorf	510
Nieder Penzighammer	155
Nieder Reichenbach	320
Ober Bielau	286
Ober Langenau	668
Ober Ludwigsdorf	402
Ober Neundorf	387
Ober Penzighammer	107
Ober Reichenbach	164
Penzig	7 305
Pfaffendorf	546
Prachenau	265
Radmeritz	531
Rauscha	3 455
Reichenbach, Stadt	2 822
Rothwasser	2 977
Schlauroth	306
Schnellförtel	166
Schönberg	93
Schöps	118
Schützenhain	234
Siebenhufen	112
Stangenhain	91
Steinkirchen	648
Tauchritz	371
Thielitz	285
Troitschendorf	911
Warnsdorf	472
Weinhübel	2 411
Wolfsberg	84
Zentendorf	266
Zodel	842

Goldberg	70 243
Adelsdorf	1 356
Altenlohm	631
Alt Schönau	795
Alzenau	1 177
Bärsdorf-Trach	792
Baudmannsdorf	386
Bielau	1 073
Bischdorf	625
Brockendorf	521
Doberschau	429
Falkenhain	1 128
Georgenthal	378
Giersdorf	913
Göllschau	830
Goldberg, Stadt	7 860
Goldberger Vorwerke	537
Gröditzberg	676
Haasel	338
Harpersdorf	1 363
Haynau, Stadt	11 114
Haynauisch Hermsdorf	460
Hermsdorf a. d. Katzbach	965

Herrmannswaldau	183
Hockenau	490
Hohendorf	525
Hohenliebenthal	919
Hundorf	183
Johnsdorf	242
Kaiserswaldau	874
Kauffung	3855
Klein Helmsdorf	893
Konradsdorf	973
Konradswaldau	718
Kosendau	258
Kreibau	702
Laasnig	240
Leisersdorf	1127
Lobendau	1001
Ludwigsdorf	428
Märzdorf	827
Michelsdorfer Vorwerke	393
Modelsdorf	828
Neudorf a. Gröditzberge	739
Neudorf a. Rennwege	266
Neukirch	1575
Panthenau	573
Peiswitz	172
Pilgramsdorf	1269
Pohlswinkel	311
Prausnitz	889
Probsthain	1098
Reichwaldau	340
Reisicht	1020
Röchlitz	443
Röversdorf	726
Samitz	395
Sandwaldau	330
Schneebach	96
Schönau/Katzbach, Stadt	1911
Schönfeld	370
Schönwaldau	813
Seifersdorf	281
Steinberg	273
Steinsdorf	548
Steudnitz	165
Straupitz	263
Tammendorf	345
Tiefhartmannsdorf	1081
Ulbersdorf	926
Vorhaus	457
Wilhelmsdorf	633
Wittgendorf	552
Woitsdorf	550
Wolfsdorf	827

Grünberg	66711
Altkessel	1206
Bobernig	706
Boyadel	1780
Bruchdorf	286
Buchelsdorf	269
Dammerau	247
Deutsch Kessel	575
Deutsch Wartenberg, Stadt	926
Drentkau	520
Droschkau	377
Eichwaldau	856
Fleißwiese	239
Friedendorf	213
Friedersdorf	420
Fürsteneich	1052
Gabelsdorf	579
Großheiden	699
Groß Lessen	509
Grünberg, Stadt	26076
Grünwald	554
Günthersdorf	486
Hammer	222
Heinersdorf	1286
Jonasberg	110
Kleinitz	1455
Kolzig	1414
Kontopp	1328
Krampe	655
Kreutz	233
Kühnau	1005
Külpenau	198
Kunersdorf	248
Lache	467
Läsgen	487
Lättnitz	577
Lansitz	605
Lawaldau	1016
Loos	399
Mesche	138
Milzig	385
Nittritz	1251
Ochelhermsdorf	1283
Ostlinde	810
Ostweide	533
Pfalzdorf	152
Pirnig	847
Plothow	453
Prittag	646
Rothenburg (Oder), Stadt	1396
Ruden	93
Schäferberg	140
Schertendorf	1187
Schlabrendorf	161
Schlesisch Drebnow	564
Schlesisch Nettkow	1069
Schloin	622
Schönforst	149
Schwarmitz	801
Schweinitz	1423
Schwenten	963
Seedorf	175
Seiffersholz	95

Wenig Lessen	304
Wittgenau	390
Zahn	166
Zauche	235

Hirschberg	80 257
Agnetendorf	911
Altkemnitz	1 357
Arnsdorf	1 893
Bärndorf	387
Berbisdorf	1 293
Berthelsdorf	816
Boberröhrsdorf	1 756
Boberstein	322
Boberullersdorf	191
Buchwald	766
Buschvorwerk	237
Eichberg	477
Fischbach	1 010
Gebirgsbauden	1 122
Giersdorf	1 637
Glausnitz	170
Gotschdorf	497
Grunau	2 135
Hain	911
Hartau	167
Herischdorf	4 452
Hermsdorf (Kynast)	3 277
Hindorf	484
Hohenwiese	801
Jannowitz	1 868
Kaiserswaldau	558
Kammerswaldau	1 070
Krommenau	624
Krummhübel	2 209
Kupferberg, Stadt	637
Lomnitz	1 844
Ludwigsdorf	390
Märzdorf	344
Maiwaldau	1 362
Neudorf	237
Neukemnitz	287
Petersdorf	4 427
Quirl	1 043
Reibnitz	874
Rohrlach	705
Saalberg	395
Schildau	573
Schmiedeberg, Stadt	6 638
Schreiberhau	7 601
Schwarzbach	643
Seidorf	1 395
Seifershau	911
Seiffersdorf	777
Södrich	192
Steinseiffen	1 784
Stonsdorf	834
Straupitz	1 962
Voigtsdorf	1 265
Waltersdorf	329
Warmbrunn, Bad, Stadt	6 036
Wernersdorf	408
Zillerthal-Erdmannsdorf	2 966

Hoyerswerda	60 143
Arnsdorf	809
Bärwalde	99
Bernsdorf	4 409
Biehlen	320
Birkenheim	126
Blunau	635
Brandhofen	507
Bröthen	854
Burg	321
Burghammer	1 027
Burkersdorf	664
Dörgenhausen	555
Driewitz	138
Eichhain	276
Elsterhorst	315
Elsterode	199
Frauendorf	849
Friedersdorf	107
Geierswalde	425
Groß Partwitz	570
Groß Särchen	970
Groß Weidau	887
Grube Ostfeld	168
Grünewald	823
Grünhain	145
Guteborn	617
Hermsdorf/Spree	331
Hermsdorf b. Ruhland	533
Hohenbocka	1 538
Hosena	2 586
Hoyerswerda, Stadt	7 222
Jannowitz	303
Klein Partwitz	173
Klösterlich Neudorf	83
Koblenz	244
Kotten	371
Kroppen	707
Kühnicht	167
Laubusch	3 043
Leippe	1 891
Liebegast	96
Lieske	88
Lindenau	690
Lippen	195
Litschen	270
Lohsa	1 199

Maukendorf	275
Merzdorf	202
Michalken	260
Mönau	318
Neustadt	382
Neuwiese	523
Niemtsch	370
Peickwitz	741
Riegel	94
Ruhland, Stadt	4137
Runddorf	217
Saalau	136
Schöpsdorf	101
Schwarzbach	520
Schwarzkollm	906
Seidewinkel	452
Sollschwitz	229
Spreefurt	692
Spreewitz	1000
Steinitz	308
Tettau	589
Vogelhain	661
Wartha	335
Weißkollm	805
Werminghoff	1040
Wiednitz	1392
Wiesdorf	189
Wittichenau, Stadt	3174
Wolfsfurt	388
Zeißholz	647
Zeißig	518

Jauer	58994

Alt Jauer	1335
Alt Röhrsdorf	880
Arnoldshof	136
Baritsch	135
Bersdorf	1074
Blumenau	417
Börnchen	175
Bohrauseifersdorf	654
Bolkenhain, Stadt	4589
Bremberg	766
Dätzdorf	557
Dittersdorf	239
Dornberg	553
Einsiedel	263
Falkenberg	188
Giesmannsdorf	547
Girlachsdorf	632
Gräbel	199
Groß Neudorf	391
Halbendorf	124
Hausdorf	612
Hennersdorf	389
Herrmannsdorf	969
Hertwigswaldau	1072
Herzogswaldau	533
Hohenfriedeberg, Stadt	1094
Hohenhelmsdorf	279
Hohenpetersdorf	409
Jägendorf	277
Jakobsdorf b. Jauer	237
Jauer, Stadt	13817
Kalthaus	519
Kauder	819
Ketschdorf	872
Klonitz	150
Kolbnitz	552
Kunzendorf am Großhau	593
Langhelwigsdorf	680
Leipe	1202
Lobris	318
Malitsch	561
Merzdorf	327
Mochau	194
Möhnersdorf	161
Moisdorf	195
Neu Reichenau	364
Nieder Baumgarten	522
Nimmersath	461
Ober Baumgarten	803
Ober Hohendorf	186
Oberlauterbach	290
Ober Rohnstock	571
Peterwitz	1286
Poischwitz	2011
Polkau	330
Pombsen	793
Profen	624
Reppersdorf	564
Rohnstock	1006
Schlaup	432
Schweinhaus	428
Seckerwitz	225
Seichau	741
Seitendorf	1040
Semmelwitz	660
Simsdorf	686
Streckenbach	521
Thomasdorf	275
Triebelwitz	458
Wederau	554
Weidenwerder	325
Willmannsdorf	205
Wolmsdorf	687
Würgsdorf	1261

Landeshut	47867

Albendorf	542
Alt Weißbach	367
Berthelsdorf	371
Blasdorf	448
Buchwald	418

Erlendorf	510
Görtelsdorf	434
Grüssau	1584
Hartauforst	579
Hartmannsdorf	812
Haselbach	641
Johnsdorf	405
Kindelsdorf	213
Klein Hennersdorf	430
Krausendorf	507
Kunzendorf	456
Landeshut, Stadt	13688
Liebau, Stadt	5702
Lindenau	266
Merzdorf	1483
Michelsdorf	885
Mittelkonradswaldau	1020
Neuen	151
Neu Weißbach	108
Ober Zieder	519
Oppau	562
Petzelsdorf	212
Pfaffendorf	714
Reichhennersdorf	652
Reußendorf	428
Röhrsdorf	425
Rohnau	581
Rothenzechau	207
Rudelstadt	1512
Ruhbank	575
Schömberg, Stadt	2099
Schreibendorf	847
Schwarzwaldau	1835
Städtisch Dittersbach	615
Städtisch Hartau	142
Städtisch Hermsdorf	950
Tannengrund	402
Trautliebersdorf	402
Tschöpsdorf	208
Vogelsdorf	588
Wittgendorf	1372

Lauban 72813

Alt Seidenberg	473
Beerberg	627
Berna	864
Bertelsdorf	2340
Eckersdorf	287
Erlbachtal	93
Friedersdorf	1397
Gebhardsdorf	1638
Geibsdorf	2450
Gieshübel	319
Goldentraum	399
Hartmannsdorf	1028
Heidersdorf	1379
Holzkirch	611
Karlsberg	673
Kerzdorf	1759
Küpper	834
Kundorf	168
Langenöls	4159
Lauban, Stadt	17353
Marklissa, Stadt	2201
Mittel Gerlachsheim	658
Mittel Steinkirch	232
Mittel Thiemendorf	679
Nieder Bellmannsdorf	449
Nieder Gerlachsheim	417
Nieder Halbendorf	290
Nieder Langenöls	310
Nieder Lichtenau	346
Nieder Linde	990
Nieder Rudelsdorf	297
Nieder Schönbrunn	805
Nieder Steinkirch	225
Nieder Thiemendorf	381
Nikolausdorf	330
Ober Bellmannsdorf	467
Ober Gerlachsheim	598
Ober Halbendorf	213
Ober Lichtenau	1592
Ober Linde	758
Ober Rudelsdorf	175
Ober Schönbrunn	523
Ober Steinkirch	269
Ober Thiemendorf	537
Örtmannsdorf	694
Ostrichen	202
Pfaffendorf	726
Rengersdorf	772
Sächsisch Haugsdorf	656
Schadewalde	995
Schlesisch Haugsdorf	617
Schönberg, Stadt	1935
Schreibersdorf	1765
Schwarzbach, Bad	1588
Schwertburg	1119
Seidenberg, Stadt	2645
Steinbach	269
Stolzenberg	209
Vogelsdorf	287
Volkersdorf	909
Wiese	445
Wigandsthal	1299
Wilke	287
Wingendorf	339
Wünschendorf	743
Ziethen-Hennersdorf	1719

Liegnitz 41641

Alt Beckern	443

Alt Läst	324
Arnsdorf	2340
Ausche	183
Barschdorf	408
Berndorf	310
Bienau	447
Blüchersfelde	242
Dahme	357
Dohnau	216
Dürschwitz	319
Eichholz	336
Fellendorf	403
Gassendorf	176
Grändorf	331
Greibnig	550
Groß Baudiß	786
Groß Beckern	916
Groß Läswitz	488
Groß Tinz	360
Groß Wandriß	862
Heidau	680
Heinersdorf	583
Herrndorf	167
Hochkirch	207
Jahnsfeld	167
Jakobsdorf	479
Jenkau	242
Jeschkendorf	350
Kampern	184
Kaudewitz	208
Klein Baudiß	269
Klein Tinz	223
Klein Wandriß	314
Klemmerwitz	243
Kniegnitz	290
Koischwitz	463
Koitz	799
Krayn	247
Kroitsch	594
Kuchelberg	352
Kummernick	500
Kunitz	885
Kunzendorf	162
Langenwaldau	710
Leschwitz	562
Liebenau	202
Merschwitz	375
Mertschütz	922
Mönchhof	249
Möttig	146
Neudorf	407
Nikolstadt	440
Oyas	514
Pahlowitz	214
Pansdorf	391
Panten	462
Parchwitz, Stadt	2797
Petersdorf	343
Pfaffendorf	563
Pohlschildern	414
Pohlwitz	279
Poselwitz	252
Prinkendorf	595
Prinsnig	194
Rogau	353
Rosenau	520
Rosenig	446
Rothkirch	363
Royn	504
Rüstern	1485
Schlottnig	266
Schmochwitz	214
Schönborn	703
Schützendorf	169
Schwarzrode	155
Seifersdorf	732
Spittelndorf	299
Tentschel	479
Thiergarten	124
Wahlstatt	1106
Waldau	1191
Wangten	472
Weinberg	586
Weißenhof	160
Wildschütz	553
Zobel	332

Löwenberg	63476
Antoniwald	205
Arnsberg	177
Birkicht	274
Birngrütz	660
Blumendorf	351
Braunau	280
Deutmannsdorf	903
Dippelsdorf	219
Dürrkunzendorf	311
Egelsdorf	750
Flachenseiffen	520
Flinsberg, Bad	2803
Friedeberg, Stadt	2883
Gehnsdorf	186
Geppersdorf	440
Giehren	663
Giersdorf	716
Gräflich Kunzendorf	341
Gräflich Neundorf	451
Gräflich Röhrsdorf	656
Greiffenberg, Stadt	4349
Groß Rackwitz	334
Groß Stöckigt	475
Groß Walditz	619
Hartelangenvorwerk	420
Hartliebsdorf	708
Hayne	283
Hennersdorf	286
Höfel	157
Hohlstein	248
Hohndorf	451
Hußdorf	217

Johnsdorf	255
Kesselsdorf	846
Klein Neundorf	325
Klein Röhrsdorf	549
Kleppelsdorf	348
Krobsdorf	962
Krummöls	1061
Lähn, Stadt	1470
Langenau	1051
Lang Neundorf	650
Langwasser	1026
Lauterseiffen	387
Liebenthal, Stadt	1664
Löwenberg, Stadt	6328
Ludwigsdorf	560
Märzdorf	815
Matzdorf	396
Mauer	907
Mühlseiffen	518
Neuland	1593
Neundorf-Liebenthal	229
Nieder Görisseiffen	598
Nieder Mois	220
Ober Görisseiffen	1347
Ober Mois	262
Ottendorf	440
Petersdorf	211
Plagwitz	1868
Querbach	746
Rabishau	1373
Radmannsdorf	168
Regensberg	147
Riemendorf	247
Schiefer	363
Schmottseiffen	1786
Schosdorf	2497
Seitendorf	408
Siebeneichen	494
Sirgwitz	303
Spiller	724
Süssenbach	290
Tschischdorf	560
Ullersdorf-Liebenthal	891
Waltersdorf	295
Welkersdorf	1007
Wenig Rackwitz	246
Wenig Walditz	231
Wiesenthal	532
Wünschendorf	316
Zobten	630

Lüben	40461

Alt Raudten	297
Barschau	154
Brauchitschdorf	598
Braunau	511
Brodelwitz	230
Buchwäldchen	148
Buchwald	239
Eisemost	349
Fauljoppe	179
Friedrichswalde	67
Fuchsmühl	326
Gaffron	491
Gläsersdorf	906
Groß Heinzendorf	603
Groß Kotzenau	1396
Groß Krichen	506
Groß Rinnersdorf	308
Gugelwitz	351
Herbersdorf	478
Herzogswaldau	1063
Jakobsdorf	521
Jauschwitz	99
Kaltwasser	421
Klaptau	212
Klein Krichen	242
Kniegnitz	393
Koslitz	213
Kotzenau, Stadt	4301
Kriegheide	217
Krummlinde	452
Lerchenborn	396
Lüben, Stadt	10809
Mallmitz	636
Michelsdorf	356
Mlitsch	420
Muckendorf	119
Mühlrädlitz	924
Neudorf	264
Neuhammer	222
Neurode	140
Oberau	598
Ober Dammer	161
Ober Gläsersdorf	703
Ossig	413
Parchau	601
Petersdorf	81
Petschkendorf	442
Pilgramsdorf	318
Polach	136
Queißen	375
Raudten, Stadt	1900
Reichen	397
Sabitz	305
Schwarzau	393
Seebnitz	944
Spröttchen	238
Talbendorf	235
Töschwitz	530
Würtsch-Helle	329
Zedlitz	472
Ziebendorf	333

Rothenburg	92 337
Altliebel	181
Altmarkt	751
Altwiese	368
Beinsdorf	153
Biehain	352
Birkenstedt	1 739
Birkfähre	238
Bleichenau	834
Bogendorf	198
Boxberg	369
Bremenhain	241
Buchwalde	436
Burglehn Muskau	158
Daubitz	985
Dürrbach	198
Eichenwald	399
Förstgen	663
Gablenz	1 501
Gebelzig	669
Geheege	263
Gräfenhain	703
Grenzkirch	145
Groß Düben	471
Groß Petersdorf	731
Groß Radisch	713
Hähnichen	443
Haide	161
Halbendorf	531
Hammerstadt	180
Heideanger	992
Hermsdorf b. Priebus	361
Jänkendorf	964
Kaltwasser	408
Klein Radisch	67
Klitten	1 265
Kochsdorf	142
Kodersdorf	2 046
Köbeln	806
Kollm	404
Kosel	635
Krauschwitz	2 744
Kringelsdorf	271
Lindenhain	138
Mückenhain	339
Mühlbach	318
Mühlrose	525
Mulkwitz	351
Muskau, Stadt	7 825
Neißebrück	262
Nelkenberg	330
Neudorf	645
Neuhammer	337
Neusorge	217
Nieder Neundorf	416
Nieder Seifersdorf	1 063
Niesky, Stadt	7 729
Nochten	520
Ober Prauske	281
Pechern	488
Petershain	527
Priebus, Stadt	1 270
Quitzdorf	157
Quolsdorf b. Hähnichen	365
Quolsdorf b. Töpferstedt	401
Reichenau b. Priebus	488
Reichendorf	97
Reichwalde	723
Rietschen	2 038
Rohne	758
Roßnitz	204
Rothenburg, Stadt	1 949
Ruppendorf	194
Sänitz	1 183
Särichen	434
Sagar	1 147
Schleife	1 704
Schönborn	218
Schönlinden	364
See	1 648
Selingersruh	655
Spree	567
Sprey	115
Sproitz	484
Steinerlen	195
Steinhufen	287
Stockteich	697
Teichrode	328
Thiemendorf	334
Töpferstedt	334
Tormersdorf	696
Tränke	91
Trebendorf	628
Trebus	496
Uhsmannsdorf	781
Viereichen	206
Wällisch	163
Wehrkirch	1 947
Weigersdorf	881
Weißkeißel	1 324
Weißwasser, Stadt	14 383
Wildfelde	245
Zessendorf	279
Zibelle	877
Ziebern	250
Zimpel-Tauer	282
Zischelmühle	141
Zoblitz-Lodenau	1 139

Sprottau	101 711
Altgabel	297
Altkirch	281
Armadebrunn	421
Baierhaus	255
Bergisdorf	702
Boberwitz	266
Bockwitz	280
Brennstadt	210

Briesnitz	779
Buchwald	826
Burau	531
Charlottenthal	87
Dittersbach	927
Dittersdorf	277
Dober-Pause	356
Ebersdorf	715
Eckartswaldau	161
Eckersdorf	1 036
Eisenberg	544
Freiwaldau	2 938
Gießmannsdorf	1 150
Girbigsdorf	745
Gladisgorpe	222
Gräflich Zeisau	322
Greisitz	194
Groß Selten	528
Halbau	3 480
Hammerfeld	701
Hansdorf	428
Hartau	473
Hermsdorf	347
Hertwigswaldau	727
Hirschfeldau	912
Hirtenau	286
Hirtendorf	271
Johnsdorf	336
Kalkreuth	209
Kaltdorf	154
Kaltenbriesnitz	404
Karpfreiß	223
Klein Gläsersdorf	230
Klein Heinzendorf	194
Klein Kothau	114
Klein Polkwitz	156
Klein Selten	230
Klix	282
Kortnitz	254
Krampf	548
Küpper b. Sagan	1 576
Küpper b. Sprottau	281

Kunau	924
Kunzendorf	565
Langen	1 689
Langheinersdorf	990
Leuthen	268
Liebichau	351
Liebsen	249
Lipschau-Dohms	375
Loos	762
Machenau	1 746
Mallmitz	3 210
Mednitz	676
Merzdorf	127
Metschlau	511
Milkau	409
Neue Forst, Kolonie	435
Neugabel	757
Neuhammer	1 433
Neuhaus	306
Nieder Gorpe	402
Nieder Hartmannsdorf	1 136
Nieder Leschen	474
Nieder Zauche	305
Nikolschmiede	509
Ober Hartmannsdorf	290
Ober Leschen	1 589
Ottendorf	751
Petersdorf b. Karpfreiß	798
Petersdorf b. Sagan	608
Primkenau, Stadt	4 860
Qumälisch	134
Rengersdorf	311
Reuthau	327
Rückersdorf	1 004
Sagan, Stadt	22 770
Schadendorf	389
Schönbrunn	863
Schönthal	432
Sichdichfür	97
Silber	283
Sprottau, Stadt	12 578
Sprottischwaldau	145

Suckau	319
Tschiebsdorf	659
Wachsdorf	366
Waltersdorf	1 142
Weißig	401
Wichelsdorf	459
Wiesau	1 172
Wittgendorf	648
Wolfersdorf	250
Wolfsdorf	121
Zeipau	499
Zeisdorf	246
Zirkau	331

Gemeindefreie Grundstücke (Gutsbezirke)

Neuhammer, Truppenübungsplatz	104
Neuvorwerk, Forst	290

PROVINZ OBERSCHLESIEN

Wohnbevölkerung am 17. Mai 1939

Regierungsbezirk Oppeln

Stadtkreise:

Neisse	37859

Oppeln	52977

Ratibor	50004

Landkreise:

Blachstädt	133809

Cosel	90305
Alt Cosel	1360
Altenwall	442
Altweiler	453
Autischkau	897
Birken	1071
Blechhammer	1124
Cosel, Stadt	13337
Drosselschlag	574
Dünenfeld	1391
Ehrenforst	2549
Ehrenhöhe	416
Eichhagen	807
Eichrode	943
Eichungen	366
Fährendorf	641
Friedenau	1432
Füllstein	463
Gerolsdorf	481
Gnadenfeld	2030
Gräfenstein	456
Grenzen	2693
Grötsch	269
Groß Grauden	572
Groß Neukirch	3007
Groß Nimsdorf	789
Grünweide	698
Heinrichsdorf	260
Herberstein	223
Heydebreck	6306
Hochmühl	444
Hohenflur	372
Holderfelde	500
Jakobsdorf	220
Jakobswalde	245
Juliusburg	146
Klein Althammer	731
Klein Ellguth	363
Klein Grauden	347
Klein Nimsdorf	353
Klodnitz	4934
Kobelwitz	690
Kostenthal	1382
Kreuzlinden	746
Langlieben	1964
Lenschütz	1131
Lichtenforst	663
Liebenbach	633
Lohnau	1275
Luisental	378
Maßdorf	94
Matzkirch	937
Maxwaldau	270
Mechnitz	1101
Meisenbusch	191
Militsch	407
Mittenbrück	1762
Nesselwitz	1237
Neudeich	939
Neumannshöh	1321
Neusiedel	649
Oderhain	1115
Oderwalde	1989

Pickau	138
Rehwalde	610
Reigersfeld	2026
Reinschdorf	2332
Rodemark	221
Rosengrund	2645
Sackenhoym	327
Saßstädt	400
Scheinau	421
Schneidenburg	1966
Schönblick	1274
Schönhain	294
Steinbirn	276
Teschenau	160
Waldbrücken	761
Wolfswiesen	845

Falkenberg	40820
Annahof	807
Arnsdorf	294
Bauerngrund	213
Baumgarten	496
Bauschdorf	334
Bielitz	897
Borkenhain	540
Brande	341
Buchengrund	510
Burgstätte	517
Dambrau	1020
Dornfeld	181
Eichenried	674
Ellguth-Hammer	654
Erlenburg	624
Falkenberg, Stadt	2727
Fischbach	529
Floste	680
Freudendorf	280
Friedland, Stadt	1895
Fuchsberg	224
Geppersdorf	374
Goldmoor	922
Graase	1022
Groß Mahlendorf	516
Groß Mangersdorf	507
Groß Sarne	323
Groß Schnellendorf	350
Grüben	774
Guhrau	346
Heidersdorf	540
Heinrichshof	428
Hilbersdorf	525
Hillersdorf	191
Jakobsdorf	307
Jatzdorf	182
Julienthal	88
Karbischau	651
Kirchberg	558
Klein Mangersdorf	163
Klein Sarne	473
Klein Schnellendorf	495
Kleuschnitz	427
Korndorf	170
Lamsdorf	1126
Lippen	200
Mauschdorf	241
Michelsdorf	76
Mittenwalde	320
Mullwitz	213
Neuleipe	325
Niklasfähre	342
Nüßdorf	306
Petersdorf	170
Ranisch	180
Rauschwalde	510
Rauske	125
Rautke	157
Rogau	350
Roßdorf	313
Schadeberg	484
Schedlau	618
Schönwitz	794
Schurgast, Stadt	1224
Seifersdorf	473
Sonnenberg	462
Sorge	43
Springsdorf	111
Stefansfeld	360
Steffansgrund	403
Steinaugrund	550
Straßendorf	289
Tillowitz	1966
Waldsiedel	189
Weidendorf	231
Weidengut	1009
Weißdorf	563
Wolfsgrund	1099

Gemeindefreie Grundstücke

Lamsdorf, Truppenübungsplatz	229

Groß Strehlitz	*94062*
Alt Bischofstal	990
Alt Siedel	613
Ambach	920
Andreashütte	4500
Angerbach	671
Annatal	628
Auendorf	723
Bergstadt, Stadt	3323
Bischofstal, Stadt	2196

Blütenau	449
Buchenhöh	831
Burghof	775
Einsiedel	506
Elsenruh	472
Erlenbusch	600
Eschendorf	561
Frauenfeld	1 232
Gogolin	5 075
Grafenweiler	3 293
Groß Maßdorf	1 159
Groß Neuland	188
Groß Stein	1 617
Groß Strehlitz, Stadt	11 523
Groß Walden	1 530
Groß Zeidel	1 352
Grünheide	670
Haldenau	579
Heuerstein	1 587
Himmelwitz	2 686
Hohenwalde	394
Jarischau	879
Kaltwasser	838
Karlshorst	1 289
Karlstal	531
Karmerau	612
Keilerswalde	1 766
Klein Eichen	155
Klein Stein	796
Klein Walden	293
Klein Zeidel	1 030
Kruppamühle	562
Kurzbach	744
Läsen	957
Liebenhain	687
Mariengrund	370
Marklinden	237
Neubrücken	1 028
Neudorf	247
Nieder Birken	131
Nieder Ellguth	134
Nieder Erlen	343

Niederkirch	564
Niedersteine	500
Ober Ellguth	166
Oberwitz	753
Odergrund	814
Oderhöh	429
Odertal	4 842
Ottmütz	797
Ottmuth	3 283
Petersgrätz	1 525
Quellengrund	845
Quellental	1 367
Sakrau	693
Sandowitz	2 686
Sankt Annaberg	2 198
Scharnosin	272
Schildbach	475
Schlüsselgrund	294
Schönwiese	284
Sprentschütz	113
Starenheim	1 086
Steinfurt	547
Strelau	815
Stubendorf	1 100
Trockenfeld	646
Tschammer-Ellguth	486
Waldenstein	635
Waldhäuser	133
Wangschütz	296
Weißbuchen	146

Grottkau	40 374
Alt Grottkau	830
Auenrode	438
Boitmannsdorf	212
Breitenfeld	873
Deutsch Leippe	599
Eckwertsheide	205
Eichenau	995
Eichengrund	182
Endersdorf	494
Falkenau	1 055
Feldheim	167
Friedewalde	1 011
Gauwald	458
Geltendorf	202
Giersdorf	794
Gläsendorf	1 024
Groß Briesen	474
Groß Karlshöh	415
Grottkau, Stadt	4 867
Gührau	200
Guhlau	311
Halbendorf	825
Hennersdorf	1 186
Herzogswalde	639
Hochdorf	404
Höhendorf	373
Hönigsdorf	335
Johnsdorf	167
Klein Karlshöh	253
Klein Mahlendorf	311
Klein Neudorf	289
Klodebach	639
Koppendorf	186
Koschpendorf	257
Kühschmalz	792
Lärchenhain	309
Leuppusch	258
Lichtenberg	784
Lindenau	848
Lobedau	465
Märzdorf	568
Mühlrain	588
Neuensee	532
Niederseiffersdorf	445
Niklasdorf	267
Nittersdorf	276

Ottmachau, Stadt	4964
Perschkenstein	269
Petersheide	704
Rogau	85
Schöning	99
Schützendorf	281
Schwarzengrund	1315
Seiffersdorf	718
Steinhaus	639
Striegendorf	311
Tharnau	512
Tiefensee	331
Ullersdorf	137
Voigtsdorf	158
Waldreuth	282
Weißach	273
Winzenberg	683
Woisselsdorf	315
Würben	176
Zauritz	111
Zedlitz	204

Gemeindefreie Grundstücke

Staubecken Ottmachau	5

Guttentag	21888
Ahndorf O. S.	266
Bachheiden	665
Breitenmarkt	1463
Charlottenthal	326
Eichwege	312
Ellguth-Guttentag	885
Erzweiler	504
Flügeldorf	462
Goselgrund	434
Grenzingen	363
Guttentag, Stadt	4307
Hedwigsruh	783
Hegersfelde	629
Heidehammer	257
Heine	199
Iltenau	443
Kreuzenfeld	776
Mohntal	356
Mühlental	415
Nagelschmieden	972
Ostenwalde	1318
Raunen	1061
Teichwalde	1003
Waldwiesen	564
Wiesenau	742
Wildfurt	1209
Wilhelmshort	262
Windeck	912

Kreuzburg	51485
Albrechtsthal	38
Alteichen	420
Angersdorf	518
Auenfelde	440
Bankau	1052
Baumgarten	337
Berthelschütz	212
Bienendorf	1164
Birkdorf	52
Birkenfeld	62
Bischdorf	304
Brune	382
Buddenbrock	209
Bürgsdorf	541
Freivorwerk	55
Goslau	141
Gottersdorf	351
Grenzfelde	258
Groß Blumenau	321
Groß Deutschen	205
Jakobsdorf	304
Jeroltschütz	584
Kiefernhain	252
Kirchlinden	94
Klein Blumenau	82
Klein Deutschen	128
Klein Margsdorf	71
Kochelsdorf	347
Konstadt, Stadt	3777
Konstadt-Ellguth	398
Kornfelde	651
Kostau	558
Kreuzburg O. S., Stadt	11693
Kuhnau	2377
Ludwigsdorf	950
Margsdorf	283
Matzdorf	337
Nassadel	1127
Neudorf	461
Nieder Ellguth	901
Nieder Kunzendorf	835
Nieder Schmardt	648
Niederweiden	658
Ober Ellguth	1165
Ober Kunzendorf	1256
Ober Schmardt	633
Oberweiden	1302
Omechau	413
Pitschen, Stadt	3021
Prittwitz-Steinberg	190
Reinersdorf	1034
Röstfelde	869
Rosen	494
Sarnau	339

Schloß Ellguth	530
Schönfeld	897
Schönwald	848
Simmenau	1095
Skalung	720
Stobertal	163
Ullrichsdorf	98
Waldungen	267
Wesendorf	108
Wilmsdorf	285
Wüttendorf	337
Wundschütz	843

Leobschütz 82518

Altstett	1636
Alt Wiendorf	208
Amaliengrund	217
Auchwitz	287
Babitz	760
Badenau	1011
Bauerwitz, Stadt	4536
Berndau	176
Bladen	1365
Bleischwitz	1347
Branitz	4594
Bratsch	867
Burgfeld	474
Dirschel	1517
Dirschkenhof	357
Dittmerau	719
Dobersdorf	281
Dreimühlen	758
Eiglau	450
Geppersdorf	193
Gläsen	890
Gröbnig	1828
Hedwigsgrund	604
Hennerwitz	377
Hochkretscham	679
Hohndorf	916
Hubertusruh	1141
Jakobsfelde	400
Kasimir	1079
Katscher, Stadt	8914
Kitteldorf	355
Klemstein	252
Knispel	573
Königsdorf	598
Kösling	428
Komeise	404
Krastillau	694
Kreisewitz	344
Kreuzendorf	650
Krug	556
Leimerwitz	515
Leisnitz O. S.	1826
Leobschütz, Stadt	13505
Lindau	716
Liptin	573
Löwitz	1086
Mocker	577
Nassiedel	1183
Neudorf	463
Osterdorf	661
Pilgersdorf	417
Piltsch	1468
Pommerswitz	604
Poßnitz	711
Raden	248
Rakau	585
Roben	939
Rösnitz	1067
Rosen	383
Sabschütz	804
Sauerwitz	1013
Schirmke	455
Schmeisdorf	354
Schönau	1209
Schönbrunn	697
Schönwiese	264
Soppau	702
Steubendorf	575
Steuberwitz	1174
Stolzmütz	705
Trenkau	120
Troplowitz	555
Türmitz	427
Turkau	256
Wehen	576
Wernersdorf	338
Zietenbusch	692
Zinnatal	695

Loben 50748

Neisse 70906

Altewalde	1141
Alt Patschkau	639
Alt Wette	587
Alt Wilmsdorf	237
Arnoldsdorf	1415
Baucke	505
Bechau	419
Beigwitz	168
Bielau	1156
Bischofswalde	1017
Blumenthal	143
Bösdorf	737
Borkendorf	1291
Brünschwitz	187
Deutsch Wette	972
Dürnstein	321

Dürr Arnsdorf	725
Dürr Kunzendorf	1 260
Eilau	221
Franzdorf	200
Fuchswinkel	165
Geseß	576
Giersdorf	1 281
Glumpenau	753
Gostal	488
Greisau	358
Grenztal	1 164
Großgiesmannsdorf	1 202
Groß Kunzendorf	1 041
Groß Neundorf	1 616
Grünfließ	573
Grunau	400
Hannsdorf	124
Heidau	769
Heidersdorf	842
Heinersdorf	654
Heinzendorf	312
Hermannstein	655
Kaindorf	209
Kalkau	600
Kaundorf	451
Klein Briesen	471
Kleindorf	201
Köppernig	679
Konradsdorf	388
Kosel	300
Kupferhammer	172
Kuschdorf	147
Langendorf	2 221
Lindendorf	242
Lindewiese	710
Ludwigsdorf	863
Mannsdorf	796
Markersdorf	235
Moeckendorf	179
Mösen	373
Mohrau	504
Naasdorf	427
Natschkau	41
Neunz	744
Neusorge	394
Neuwalde	1 030
Nieder Hermsdorf	1 111
Nowag	513
Ober Hermsdorf	424
Oppersdorf	698
Patschkau, Stadt	7 522
Peterwitz	474
Preiland	541
Prockendorf	459
Rathmannsdorf	258
Reimen	329
Reinschdorf	445
Rennersdorf	284
Rieglitz	198
Riemertsheide	594
Ritterswalde	854
Rothhaus	377
Schlaubental	182
Schleibitz	285
Schmelzdorf	133
Schönwalde	621
Schubertskrosse	123
Schwammelwitz	948
Schwandorf	180
Sengwitz	175
Steinhübel	182
Steinsdorf	551
Stephansdorf	556
Struwendorf	153
Tannenberg	202
Volkmannsdorf	929
Waltdorf	815
Wiesau	652
Winsdorf	294
Würben	381
Ziegenhals, Stadt	9 772

Neustadt	96 538
Alt Kuttendorf	542
Altzülz	292
Auenwalde	285
Brandewalde	1 286
Buchelsdorf	1 102
Burgwasser	880
Deutsch Müllmen	711
Deutsch Rasselwitz	3 194
Dirschelwitz	768
Dittersdorf	774
Dittmannsdorf	813
Dobersdorf	799
Eichhäusel-Neudeck	134
Ellguth	575
Ellsnig	260
Erbersdorf	555
Ernestinenberg	692
Fichtenwalde	239
Friedersdorf	1 446
Fröbel	840
Gershain	795
Glöglichen	239
Gräflich Wiese	2 121
Groß Pramsen	630
Hartenau	982
Haselvorwerk	153
Hegerswalde	148
Hinterwalde	295
Hohenschanz	186
Jägershausen	769
Jassen	420
Josefsgrund	156
Kammersfeld	758
Kerpen	602

Klein Pramsen	745
Klein Strehlitz	1875
Körnitz	1077
Kohlsdorf	627
Krähenbusch	542
Kramelau	647
Kranzdorf	809
Kreiwitz	527
Kröschendorf	404
Kunzendorf	1370
Langenbrück	1894
Legelsdorf	214
Leuber	1241
Lichten	866
Lößtal	962
Mochau	745
Moschen	355
Mühlsdorf	233
Nassau	390
Neudorf	341
Neuhof	189
Neu Kuttendorf	138
Neustadt, Stadt	17339
Niederblasien	318
Niederrode	382
Oberglogau, Stadt	7581
Olbersdorf	543
Proben	284
Radstein	796
Repsch	504
Riegersdorf	1462
Ringwitz	961
Rosenberg	422
Roßtal	1072
Roßweide	859
Schelitz	1049
Schiegau	467
Schlagenhof	198
Schnellewalde	2070
Schobersfelde	886
Schreibersdorf	583
Schwärze	119
Schweinsdorf	273
Schwesterwitz	449
Sedschütz	1154
Simsdorf	598
Steinau	1593
Stiebendorf	765
Stöblau	1034
Teichgrund	459
Tiefengrund	282
Wackenau	373
Waldfurt	1675
Walzen	1897
Wiesengrund	1262
Wildgrund	177
Willenau	303
Zeiselwitz	482
Zellin	1449
Zülz, Stadt	3786

Oppeln	145087
Alt Baudendorf	1673
Althaus	1333
Alt Poppelau	2938
Bergdorf	1276
Birkental	398
Blumenthal	189
Bolko	8347
Brünne	1598
Buchendorf	470
Burkardsdorf	1152
Carlsruhe	2829
Dammfelde	1865
Dechantsdorf	242
Derschau	608
Döbern	4221
Ehrenfeld	4270
Eichberge	631
Eichendorf	969
Eichgrund	294
Eichhammer	1017
Eichtal	1262
Eisenau	917
Ellguth-Turawa	1057
Erlental	379
Falkendorf	578
Fallmersdorf	523
Fichten	754
Finkenstein	331
Frauendorf	1444
Frei Proskau	1106
Friedrichsfelde	277
Friedrichsgrätz	1810
Friedrichsthal	1402
Frühauf	1066
Georgenwerk	315
Glockenau	1419
Goldenau	643
Gräfenort	419
Grasen	687
Groschowitz	3780
Groß Kochen	474
Groß Schimmendorf	707
Gruden	2195
Gumpertsdorf	2175
Heidefelde	638
Heinrichsfelde	614
Hermannsthal	1148
Hinterwasser	1211
Hirschfelde	569
Hitlersee	1756
Hochfelde	940
Hopfental	729
Horst	592
Ilnau	1906
Johannsdorf	310
Kleinberg	902
Klein Kochen	1059

Klein Schimmendorf	501
Klink	230
Klosterbrück	3533
Kniedorf	534
Koben	379
Königshuld	1878
Kranst	1057
Krappitz, Stadt	5559
Kreuzthal	620
Kreuzwalde	736
Kupferberg	484
Kupp	1233
Lenzen	377
Lichtenwalde	862
Liebenau	477
Liebtal	998
Lugendorf	3001
Malapane	3998
Malsdorf	1792
Moosdorf	1021
Mühlenbach	735
Münchhausen	241
Nakel	1331
Neu Baudendorf	443
Neudorf	1729
Neuhammer	376
Neuwedel	182
Oderfelde	171
Oderfest	845
Oderwiese	1448
Oderwinkel	945
Plümkenau	347
Podewils	479
Preisdorf	877
Proskau	2489
Raschau	723
Reichenwald	619
Reisern	1214
Ringwalde	581
Rogau	1767
Rothhaus	659
Rutenau	3334

Sacken	666
Salzbrunn	602
Schalkendorf	3209
Schlacken	962
Schönhorst	1860
Schönkirch	653
Schulenburg	233
Seidlitz	199
Stobertal	1231
Süßenrode	230
Tarnau	1870
Tauentzien	259
Tempelhof	200
Thielsdorf	844
Tiefenburg	1079
Turawa	886
Vogtsdorf	1645
Vorwerk	330
Walldorf	1164
Winau	615
Winterfeld	860
Zedlitz	266

Ratibor	138074

Adamowitz	747
Antoschowitz	229
Belschnitz	763
Beneschau, Markt	1966
Berendorf	1740
Bergkirch	954
Bergwalde	802
Bielau	464
Bluschau	609
Bobrownik	640
Bogunitz	461

Bolatitz	2409
Buchenau	2630
Bukau	375
Bunzelberg	590
Buslawitz	1156
Deutsch Krawarn	3966
Eichendorffmühl	997
Ellguth-Hultschin	979
Ellguth-Tworkau	235
Gammau	682
Gregorsdorf	870
Groß Darkowitz	1022
Groß Gorschütz	2129
Groß Hoschütz	1612
Groß Peterwitz	3174
Groß Rauden	2486
Haatsch	1940
Habergrund	1258
Habicht	347
Herrenkirch	1187
Herzoglich Ellguth	212
Hochlinden	589
Hohenau	437
Hohenbirken	2611
Hoschialkowitz	1347
Hultschin, Stadt	4826
Janken	797
Jungbirken	891
Kamin	316
Kauthen	1369
Klebsch	700
Klein Darkowitz	1001
Klein Gorschütz	1565
Klein Hoschütz	1262
Klein Peterwitz	511
Klein Rauden	680
Koblau	1713
Köberwitz	2077
Kornitz	460
Kornowatz	743
Kosmütz	1211
Kranstädt	3872

Kreuzenort	1692
Kriegsbach	949
Kuchelna	747
Lubom	2661
Lubowitz	359
Ludgerstal	3880
Ludwigstal	133
Makau	1013
Markdorf	2606
Markersdorf	1263
Mettich	422
Mosern	539
Niebotschau	763
Ober Ottitz	237
Oderbrück	590
Oderfurt	829
Odersch	1313
Odrau	332
Oppau	670
Olsau	1248
Paulsgrund	1140
Petershofen	2950
Pogrzewin	947
Preußisch Krawarn	1434
Rainfelde	1674
Raschütz	1013
Ratiborhammer	3521
Ratsch	280
Rittersdorf	506
Rodenbach	452
Rogau	1527
Rohow	560
Roschkau	645
Rotental	291
Ruderswald	3185
Rudweiler	389
Salzforst	823
Sandau	1588
Schammerau	1068
Schepankowitz	1998
Schillersdorf	1416
Schlausewitz	391
Schondorf	448
Schreibersdorf	730
Silberkopf	495
Simsforst	278
Standorf	1132
Strandorf	687
Streitkirch	1609
Syrin	2305
Thröm	702
Trachkirch	990
Tunskirch	3179
Uhilsko	260
Waldeck	390
Weidental	222
Weihendorf	1419
Wellendorf	1870
Wilhelmsthal	744
Wreschin	715
Zauditz	869
Zawada bei Beneschau	377

Rosenberg	57265
Alt Rosenberg	1851
Ammern	2595
Bischdorf	1856
Bodland	3420
Borkenwalde	2124
Brückenort	2146
Donnersmark	643
Föhrendorf	2023
Freihöfen	1546
Gnadenkirch	1288
Grunsruh	2989
Hedwigstein	1498
Kiefernrode	1929
Kiefernwalde	1739
Kirchwalde	2253
Landsberg, Stadt	3049
Lindenhöhe	1724
Mühlendorf	1155
Neudorf	1900
Paulsdorf	2017
Radau	1283
Rosenberg, Stadt	7263
Sausenberg	1625
Schloßwalden	2585
Schoffschütz	687
Stoberbrück	1223
Wittenau-Richterstal	2854

Warthenau	119513

Regierungsbezirk Kattowitz

Stadtkreise:

Beuthen O. S.	101 084

Gleiwitz	117 240

Hindenburg	126 220

Kattowitz	135 000

Königshütte	115 131
Sosnowitz	128 000

Landkreise:

Bendsburg	248 837

Beuthen-Tarnowitz (Sitz: Beuthen O. S.)	94 568

Bobrek-Karf	22 095
Dramatal	3 036
Friedrichswille	2 059
Klausberg	20 260
Larischhof	2 101
Martinau	7 844
Mechtal	16 919
Pilzendorf	2 100
Randsdorf	3 897
Schomberg	7 437
Stillersfeld	6 820

Bielitz	302 042
Ilkenau	52 107

Kattowitz	387 242
Krenau	127 627

Pleß	165 594

Rybnik	219 394
Saybusch	153 370
Tarnowitz	113 063
Teschen	283 028

Tost-Gleiwitz (Sitz: Gleiwitz)	95 305

Ackerfelde	1 164
Alt Gleiwitz	1 602
Althammer	873
Bachweiler	420
Bilchengrund	2 394

Birkenau	2406	Horneck	2582	Rodenau	1460
Böhmswalde	1122	Hubenland	591	Rudgershagen	1758
Borkental	212	Hubertsgrund	708	Sandhuben	290
Braunbach	1406	Jasten	428	Sandwiesen	1134
Brunneck	803	Kellhausen	151	Sarnau	512
Buchenlust	705	Keßlern	410	Schakanau	1179
Burgfels	380	Kieferstädtel, Stadt	2120	Schönrode	766
Dramastein	953	Kirschen	378	Schönwald	5120
Dreitannen	111	Kleingarben	313	Schreibersort	503
Dürrwalde	191	Klüschau	587	Schrotkirch	771
Ebersheide	529	Kottenlust	695	Schwieben	1196
Eichenkamp	957	Kressengrund	531	Solmsdorf	448
Einhof	920	Laband	8152	Stauwerder	999
Ellerbrück	251	Lärchenhag	1180	Steineich	572
Ellguth, Anteil v. Gröling	453	Langendorf	2076	Steinrück	168
Ellguth-Tost	505	Lindenhain	1217	Stillenort	698
Fichtenrode	944	Maiwald	343	Stollenwasser	539
Flößingen	1357	Moorwies	66	Strahlheim	938
Föhrengrund	627	Muldenau	702	Stroppendorf	4345
Gottschütz	457	Neubersdorf	747	Tost, Stadt	3625
Graumannsdorf	1095	Neubersteich	308	Vatershausen	653
Grünwiese	316	Ostwalde	672	Webern	61
Gutenquell	445	Paulshofen	186	Widdenau	424
Hartlingen	1460	Peiskretscham, Stadt	7734	Wieshuben	840
Haselgrund	2264	Probstfelde	400	Wölfingen	360
Herzogshain	578	Quarghammer	317	Wohlingen	142
Hirtweiler	226	Reichenhöh	402	Wüstenrode	863
Hohenlieben	1463	Rettbach	719	Zwieborn	637

WEITERFÜHRENDE LITERATUR

Ahlfen, Hans von: Der Kampf um Schlesien, München 1963.

Ahlfen, Hans von, Niehoff, Hermann: So kämpfte Breslau, München 1960.

Bartsch, Heinrich: Die Städte Schlesiens in den Grenzen des Jahres 1937, Dortmund 1977.

Bartsch, Heinrich: Geschichte Schlesiens, Würzburg 1985.

Bernatzky, Alois, Hötzel-Strauch, Nina: Lexikon der Grafschaft Glatz, Leimen/Heidelberg 1984.

Birke, Ernst: Schlesiens Schicksal – Kleine schlesische Geschichte, Düsseldorf/Köln 1951.

Borngräber, Joachim: Schlesien – Ein Überblick über seine Geschichte, Bad Reichenhall 1956.

Burgemeister, Ludwig, Grundmann, Günther: Die Kunstdenkmäler der Stadt Breslau, Band 1–3, Breslau 1930–1934.

Chmielewski, Horst von, Hagelweide, Gert: Bestandsverzeichnis der deutschen Heimatvertriebenenpresse, München 1982.

Dressler, Walter: Das Riesengebirge, Berlin 1914.

Eberlein, Hellmut: Schlesische Kirchengeschichte, 3. Auflage, Goslar 1952.

Gawel, Heinrich, Hultsch, Gerhard: Kirchen und Gemeinden im Oderland und Steinau, Düsseldorf 1972.

Golitschek, Josef von: Schlesien – Land der Schlösser, Mannheim 1978.

Graefe, Heinz: Abschied von Schlesien, Heidenheim 1981.

Grundmann, Günther: Dome, Kirchen und Klöster in Schlesien, Frankfurt 1963.

Grundmann, Günther: Stätten der Erinnerung in Schlesien, Konstanz/Stuttgart 1964.

Grundmann, Günther: Erlebter Jahre Widerschein, München 1972.

Haase, Alfons: Schlesiens Landwirtschaft, Wolfenbüttel 1981.

Hausdorff, Karl (Hrsg.): Unser Schlesien, Stuttgart 1954.

Hausdorff, Karl (Hrsg.): Kennst Du Schlesien? Stuttgart 1963.

Historische Kommission für Schlesien (Hrsg.): Geschichte Schlesiens, Band 1 Stuttgart 1961, Band 2, Darmstadt 1973.

Hupka, Herbert (Hrsg.): Große Deutsche aus Schlesien, München 1978.

Hupka, Herbert (Hrsg.): Schlesien, Städte und Landschaften, München 1979.

Hupka, Herbert (Hrsg.): Meine Heimat Schlesien, München 1980.

Hupka, Herbert (Hrsg.): Letzte Tage in Schlesien, München 1981

Kampers, Hans: Schlesische Landeskunde, Leipzig 1913.

Kaps, Johannes (Hrsg.): Die Tragödie Schlesiens 1945/1946 in Dokumenten, München 1952/1953.

Kessler, Wolfgang: Ost- und südostdeutsche Heimatbücher und Ortsmonographien nach 1945, eine Biographie zur historischen Landeskunde der Vertreibungsgebiete, München 1979.

Klapper, Joseph: Schlesische Volkskunde, 2. Auflage, Stuttgart 1952.

Kuhn, Walter: Beiträge zur Schlesischen Siedlungsgeschichte, München 1971.

Kuhn, Walter: Neue Beiträge zur Schlesischen Siedlungsgeschichte, Sigmaringen 1984.

Lubos, Arno: Geschichte der Literatur Schlesiens, Band 1–3, München 1960–1977.

Lutsch, Hans (Hrsg.): Verzeichnis der Kunstdenkmäler der Provinz Schlesien, Band 1–6, Breslau 1888–1894.

Lutsch, Hans (Hrsg.): Bilderwerk schlesischer Kunstdenkmäler, Breslau 1903. Nachdruck Mannheim 1979, Sonderausgabe Gütersloh 1985.

Neubach, Helmut und Zylla, Waldemar (Hrsg.): Oberschlesien im Überblick, Dülmen 1986.

Neubach, Helmut: Kleine Geschichte Schlesiens, Bonn 1990.

Peuckert, Will-Erich: Schlesien, Biographie einer Landschaft, Hamburg 1950.

Peuckert, Will-Erich: Schlesische Volkskunde, Frankfurt/Main 1978.

Peuckert, Will-Erich, Fuchs, Erich: Die schlesischen Weber, Darmstadt 1971.

Rose, Ambrosius: Das Kloster Grüssau, Stuttgart 1974.

Rudin, Bärbel: Funde und Befunde zur schlesischen Theatergeschichte, Dortmund 1983.

Schreiber, Hermann: Land im Osten, Düsseldorf/Wien 1961.

Schulz, Wolfgang: Große Schlesier, Berlin 1984.

Sieber, Helmut: Schlösser in Schlesien, Frankfurt/Main 1971.

Trierenberg, Heinrich: Heimat Breslau, Mannheim 1980.

Trierenberg, Heinrich: Heimat Schlesien – Sudetenvorland, Mannheim 1982.

Trierenberg, Heinrich: Heimat Schlesien – Oderniederung, Mannheim 1982.

Trierenberg, Heinrich: Reiseführer Schlesien, 2. Auflage, Würzburg 1990.

Triest, Felix: Topographisches Handbuch von Oberschlesien, Sigmaringen 1984.

Ullmann, Klaus: Schlesien-Lexikon, 5. Auflage, Würzburg 1989.

Weber, Karl: Geschichte des Theaterwesens in Schlesien, Dortmund 1980.

Weczerka, Hugo (Hrsg.): Handbuch der historischen Stätten: Schlesien, Stuttgart 1977.

Gemeindeverzeichnisse: Statistik des Deutschen Reiches, Band 550: Amtliches Gemeindeverzeichnis für das Deutsche Reich auf Grund der Volkszählung von 1939, 2. Auflage, Berlin 1941, Neudruck Osnabrück 1975.

Müllers Verzeichnis der jenseits der Oder-Neiße gelegenen, unter fremder Verwaltung stehenden Ortschaften, unveränderter Nachdruck, Wuppertal 1980.

Oberschlesisches Gemeindeverzeichnis der Regierungsbezirke Oppeln und Kattowitz nach dem Gebietsstand vom 1. Januar 1945, Dortmund 1980.

Amtliches Gemeinde- und Ortsnamensverzeichnis der Deutschen Ostgebiete unter fremder Verwaltung (nach dem Gebietsstand am 1. 9. 1939). Band I: Amtliches Gemeindeverzeichnis, 3. Auflage, Remagen 1955; Band II: Alphabetisches Ortsnamensverzeichnis (Wohnplatzverzeichnis) deutsch-fremdsprachig; Band III: Alphabetisches Ortsnamensverzeichnis (Wohnplatzverzeichnis) fremdsprachig-deutsch.

Gemeindeverzeichnis für die Hauptwohngebiete der Deutschen außerhalb der Bundesrepublik Deutschland, Verlag für Standesamtswesen Frankfurt am Main 1982.

Zeitschriften: Vierteljahreszeitschrift Schlesien, Kunst-Wissenschaft-Volkskunde, herausgegeben von Prof. Dr. Eberhard G. Schulz, Würzburg/Nürnberg, Jg. I/1956 ff.

Jahrbücher: Jahrbuch der Schlesischen Friedrich-Wilhelms-Universität zu Breslau, Band I–XIX. herausgegeben vom Göttinger Arbeitskreis, Würzburg, Band XX ff. im Auftrag der Stiftung Kulturwerk Schlesien herausgegeben von Prof. Dr. Josef Joachim Menzel, Sigmaringen.

Bildnachweis: Aloys Bernatzky: 150 re, 158 li, 163 re, 202 re, 214 li, 247 li, 249 re, 252 re; Rudolf Bernt: 50; Theodor Blätterbauer: 75, 81 re, 84 re, 86 re, 96 re, 114 li, 124 li, 133 re, 134 re, 172 re, 187, 190 re, 195, 217 li, 222 re; Hugo Charlemont: 16; Hasso Freischlad: 44 li, 158 re, 159 li; H. Förster: 115 re, 150 li, 153 re; E. Frohnert: 219 re; Gorke: 82; Berthold Goy: 192 li; Günther Grundmann: 43 re, 53 li, 68, 114 re, 155 re, 190 li, 214 re, 225 re; Heinz Herfort: 78 re, 109, 111 li, 121 li, 143 re, 163 li, 167 re, 202 li; Fritz Herold; 125 re; 128 re, 200 re; Johannes Hinz: 42 re, 47 li, 52 li, 54 re, 55 li, 64 li, 71 re, 72 li u. re, 73 li, 74, 77, 78 li, 85 li, 88 li, 95 li, 99, 101 li, 103 li, 104 re, 106 li, 107 li, 108 re, 110 re, 112 li, 118 re, 119 li, 120 re, 123 re, 129 li, 131 li, 134 li, 137 re, 138 re, 139 li u. re, 142, 148 li, 149 re, 151 li, 160, 162 li, 164 li unten, 167 li, 175 re, 189 li, 193 re, 194 re, 196 re, 197 li, 198 re, 204 li, 206 li, 207 li u. re, 209 li, 211 re, 213 re, 215 li, 226 re, 227 re, 228 li, 233 re, 237 re, 238 li, 242 li u. re, 243 li, 248 li, 253 li, 256 re, 258, 259, 261–271, 273, 275–285, 287–296; Lotte Jaekel: 174 re; Jäschke: 41 li; M. Klein-H.: 81 li, 108 li, 117, 196 li, 224 re; R. Knötel: 27 re, 70 li, 111 re, 112 re, 155 li, 170 li, 184 li, 191 li, 193 li, 228 re, 238 re; Koger: 91; R. Kraft: 253 re; E. Kreipl: 180 re; Fritz Kruspersky: 176 li; Bruno Lademann: 86 li; Lambert u. Stahl: 66 li, 80 re, 95 re, 101 re, 127 li, 192 re; Joseph Langer: 164 re; Ludwig Loewe: 65 re, 79 re, 146 li, 161, 174 li, 199 li, 208, 220, 221 re, 248 re, 251, 255 re; Hans Lutsch: 240; J. Mandel: 19 re; Mirau: 252 li; B. Moncornet: 21 re; Morellig: 15 re; W. Müller: 153 li; Näke: 10 li; Nede: 105 re; B. Otto: 89 re; F. Paesler: 162 re; Petschelt: 201; Heinz Georg Podehl: 129 re; Rehlender: 97, 229 li, 231; Richter: 168 li; Martin Richter: 98 li u. re, 100; Curt Rothe: 232; J. D. Schleuen: 61; Joh. Gottlieb Schmidt: 23 li; Ernst Scholz: 25 re, 33, 34, 63 li, 131 re, 140 re, 184 re; Adolf Schorisch: 172 li, 189 re, 194 li, 206 re; Paul Sohst: 84 li; G. Sprenger: 87 li, 149 li, 210 re, 255 li; Elfriede Springer: 22 li, 116 re, 138 li, 140 li, 229 re; Hugo Ulbrich: 47 re, 57, 63 re, 66 li, 71 li, 90, 94 li, 116 li, 124 re, 128 li, 154, 157 re, 164 li oben, 175 li, 183 li, 186, 188, 191 re, 197 re, 204 re, 205, 211 li, 213 li, 230 re; Gerhard Wilczek: 92 li; K. Wrobel: 69; Bodo Zimmermann: 51 re, 61, 151 re, 218, 219 li, 243 re; Zwiener: 45, 178 li, 210 li, 235 re, 254 re; Verlagsarchiv: alle nicht genannten Vorlagen.

SCHLESISCHE ERDKUNDLICHE NAMEN
aus diesem Wegweiser
(p = *polnisch;* t = *tschechisch*)

Baborów p – Bauerwitz
Barcinek p – Berthelsdorf
Bardo p – Wartha
Benešov t – Beneschau
Biała p – Zülz
Biechów p – Bechau
Biedrzychowice p – Friedersdorf
Bielany Wrocławskie p – Bettlern
Bielawa p – Langenbielau
Bielsko-Biala p – Bielitz
Bieruń Stary p – Alt Berun
Bierutowice p – Brückenberg
Bierutów p – Bernstadt
Biestrzyków p – Eckersdorf
Bobolice p – Schräbsdorf
Bobrek Karb p – Bobrek-Karf
Boguszowice p – Boguschowitz
Boguszów p – Gottesberg
Bohumín t – Oderberg
Bojadła p – Boyadel
Bojków p – Schönwald
Bolesławice p – Bunzelwitz
Bolesławice p – Tillendorf
Bolesławiec p – Bunzlau
Bolesławów p – Wilhelmsthal
Bolków p – Bolkenhain
Borek Strzeliński p – Großburg
Borków p – Eckersdorf
Borowa p – Bohrau
Borów p – Markt Bohrau
Borów Polski p – Windischborau
Borzygniew p – Bergen
Borzysławice p – Borislawitz
Borzysławice p – Saßstädt
Bóbr p – Bober
Branice p – Branitz
Brochów p – Brockau
Broniszów p – Brunzelwaldau
Brzeg Dolny p – Dyhernfurth
Brzeg p – Brieg
Brzezinka p – Briese
Brzeziny Śląskie p – Birkenhain
Brzozowice-Kamień p – Brzesowitz-Kamin
Bukowiec p – Buchwald
Burkatów p – Burkersdorf
Byczyna p – Pitschen
Bystrzyca Kłodzka p – Habelschwerdt
Bystrzyca p – Weistritz
Bytom Odrzański p – Beuthen/Oder
Bytom p – Beuthen/OS
Cerekwica p – Zirkwitz
Český Těšín t – Teschen
Chałupki p – Neuhaus
Chełmsko Śląskie p – Schömberg
Chobienia p – Köben
Chocianowiec p – Groß Kotzenau
Chocianów p – Kotzenau
Chojnik p – Kynast
Chojnów p – Haynau
Chorzów p – Königshütte
Chróstniki p – Brauchitschdorf
Chruszczów p – Schomberg
Chrzelice p – Schelitz
Chudów p – Chudow
Chwalimierz p – Frankenthal
Chwałowice p – Chwallowitz
Ciechanowice p – Rudelstadt
Cieplice Śląskie Zdrój p – Warmbrunn, Bad
Ciepłowody p – Lauenbrunn
Ciepłowody p – Tepliwoda
Cieszków p – Freyhan
Cieszów p – Fröhlichsdorf

Cieszyn p – Teschen
Cisów p – Zeisberg
Ciszyca p – Ruhberg
Czarne – Schwarzbach
Czarnowąsy p – Czarnowanz
Czarnowąsy p – Klosterbrück
Czarny Bór p – Schwarzwaldau
Czechowice-Dziedzice p – Czechowitz-Dzieditz
Czerńczyce p – Kapsdorf
Czernica p – Langenau
Czernina Górna p – Ober Lesten
Czernina Górna p – Ober Tschirnau
Czernina p – Lesten
Czernina p – Tschirnau
Czerwieńsk p – Rothenburg/Oder
Czerwionka p – Czerwionka
Dąbrowa p – Dambrau
Dąbrówka Wielka p – Groß Dombrowka
Dalków p – Dalkau
Długopole Zdrój p – Langenau, Bad
Dobrodzień p – Guttentag
Dobromierz p – Hohenfriedeberg
Dobroszyce p – Juliusburg
Dolní Lipová t – Nieder Lindewiese
Domanice p – Domanze
Duszniki Zdrój p – Reinerz, Bad
Dzierżoniów p – Reichenbach/Eule
Dziewin p – Dieban
Frýdek t – Friedeck
Frývaldov t – Freiwaldau
Fulnek t – Fulnek
Gaworzyce p – Quaritz
Gawrony p – Gaffron
Giebułtów p – Gebhardsdorf
Gliwice p – Gleiwitz
Głogów p – Glogau
Głogówek p – Oberglogau
Głubczyce p – Leobschütz
Głuchołazy p – Ziegenhals, Bad
Głuszyca p – Wüstegiersdorf
Gniechowice p – Altenrode
Gniechowice p – Gnichwitz
Godnów p – Gnadenberg
Gorzanów p – Grafenort
Gorzów Śląski p – Landsberg/OS
Gościęcice p – Podiebrad
Gościęcice p – Mehltheuer
Gościęcin p – Kostenthal
Gościszów p – Gießmannsdorf
Goszcz p – Goschütz
Gozdnica p – Freiwaldau
Góra p – Guhrau
Góra Świętej Anny p – Annaberg
Górka p – Gorkau
Górna Śląska p – Oberschlesien
Góry Izerskie p – Isergebirge
Góry Kaczawskie p – Bober-Katzbach-Gebirge
Góry Sowie p – Eulengebirge
Góry Stołowe p – Heuscheuer
Góry Wałbrzyskie p – Waldenburger Bergland
Góry Złote p – Reichensteiner Gebirge
Gräfenberk t – Gräfenberg
Grębószów p – Grambschütz
Grodków p – Grottkau
Grodziec p – Friedrichsgrätz
Grodziec p – Gröditzberg
Grodziszcze p – Gräditz
Gryf p – Greiffenstein
Gryfów Śląski p – Greiffenberg
Hala Szrenicka p – Neue Schlesische Baude
Henryków Lubański p – Kath. Hennersdorf
Henryków Lubański p – Ziethen-Hennersdorf
Henryków p – Heinrichau
Hlučín t – Hultschin
Hlucínsko t – Hultschiner Ländchen
Hołdunów p – Anhalt
Huta Julia p – Josephinenhütte
Iłowa p – Halbau
Imielin p – Imielin
Jagielno p – Deutsch Jägel
Jagniątków p – Agnetendorf
Jakubów p – Jakobskirch
Jamna p – Tiefensee
Janov t – Johannesthal

Janowice Wielkie p – Jannowitz
Janowiec p – Johnsdorf
Jastrzębie Zdrój p – Königsdorf-Jastrzemb
Jawor p – Jauer
Jaworzyna Śląska p – Königszelt
Jedlina Zdrój p – Charlottenbrunn, Bad
Jędrzychów p – Groß Heinzendorf
Jelcz p – Jeltsch
Jelenia Góra p – Hirschberg
Jelenin p – Hirschfeldau
Jemielnica p – Himmelwitz
Jeseník t – Freiwaldau
Jeseník t – Gräfenberg
Jeseníky t – Altvatergebirge
Jeżów Sudecki p – Grunau
Jizera p – Groß Iser
Jizerské hory t – Isergebirge
Jordanów Śląski p – Jordansmühl
Kaczawa p – Katzbach
Kalety p – Stahlhammer
Kałków p – Kalkau
Kamień Śląski p – Groß Stein
Kamieniec Ząbkowicki p – Kamenz
Kamienna Góra p – Landeshut
Kamionna p – Kammendorf
Kanal Gliwicki p – Klodnitzkanal
Karkonosze p – Riesengebirge
Karlova Studánka t – Karlsbrunn
Karłowice p – Karlsmarkt
Karpacz p – Krummhübel
Karpień p – Karpenstein, Ruine
Karpniki p – Fischbach
Karpno p – Karpenstein
Karviná t – Karwin
Katowice p – Kattowitz
Kąty Wrocławskie p – Kanth
Kazimierz p – Kasimir
Kędzierzyn p – Heydebreck
Kędzierzyn p – Kandrzin
Kietrz p – Katscher
Klenica p – Kleinitz
Kliczków p – Klitschdorf
Kłodnica p – Klodnitz
Kłodnica p – Klodnitz (Fluß)
Kłodzko p – Glatz
Kluczbork p – Kreuzburg/OS
Knurów p – Knurow
Konary p – Kunern
Konotop p – Kontopp
Koperniki p – Köppernig
Kopice p – Koppitz
Kopice p – Schwarzengrund
Korfantów p – Friedland /OS
Kostomłoty p – Kostenblut
Kostów p – Kostau
Koszęcin p – Koschentin
Kotlarnia p – Jakobswalde
Kowary p – Schmiedeberg
Koźle p – Cosel/OS
Kożuchów p – Freystadt
Krapkowice p – Krappitz
Krasków p – Kratzkau
Králický Sněžník t – Grulicher Schneeberg
Královecký Špičák t – Königshaner Spitzberg
Krkonoše t – Riesengebirge
Krnov t – Jägerndorf
Krobielowice p – Blüchersruh
Krobielowice p – Krieblowitz
Krośnice p – Kraschnitz
Krupski Młyn p – Kruppamühle
Krzeszów p – Grüssau
Krzywina p – Krummendorf
Krzyżowa p – Kreisau
Krsiąż p – Fürstenstein, Schloß
Kudowa Zdrój p – Kudowa, Bad
Kuźnice Świdnickie p – Fellhammer
Kwisa p – Queis
Łabędy p – Laband
Lądek Zdrój p – Landeck, Bad
Łambinowice p – Lamsdorf
Laskowice Oławskie p – Laskowitz
Laskowice Oławskie p – Markstädt
Lasocin p – Lessendorf
Łażany p – Laasan

Lędziny p – Lendzin
Legnica p – Liegnitz
Legnickie Pole p – Wahlstatt
Łęknice p – Lugknitz
Leśna p – Marklissa
Leśnica p – Bergstadt
Leśnica p – Deutsch Lissa
Leśnica p – Leschnitz
Leszczyny p – Leschczin
Lewin Brzeski p – Löwen
Lewin Kłodzki p – Hummelstadt
Lewin Kłodzki p – Lewin
Lipa p – Leipe
Łomnica p – Lomnitz
Łosiów p – Lossen
Lubań p – Lauban
Lubawka p – Liebau
Lubiąż p – Leubus
Lubin p – Lüben
Lubliniec p – Lublinitz
Lubliniec p – Loben
Lubomierz p – Liebenthal
Łubowice p – Lubowitz
Lubów p – Lübchen
Luční bouda t – Wiesenbaude
Lutynia p – Leuthen
Lwówek Śląski p – Löwenberg
Maciejowiec p – Matzdorf
Maciowakrze p – Matzkirch
Maków p – Makau
Mała Panew p – Malapane (Fluß)
Malczyce p – Maltsch
Małomice p – Mallmitz
Małujowice p – Mollwitz
Malý Stav t – Kleiner Teich
Mały Staw p – Kleiner Teich
Město Albrechtice t – Olbersdorf
Mésto Javorník t – Jauernig
Miasteczko Śląskie p – Georgenberg
Michalice p – Michelsdorf
Miechowice p – Mechtal
Miechowice p – Miechowitz
Miedzianka p – Kupferberg
Międzybórz p – Neumittelwalde
Międzygórze p – Wölfelsgrund
Międzylesie p – Mittelwalde
Mieroszów p – Friedland
Mikołajowice p – Nikolstadt
Mikołów p – Nikolai
Miłaków p – Milkau
Milicz p – Militsch
Minkowskie p – Minkowsky
Minkowskie p – Seydlitzruh
Mirosławice p – Rosenborn
Mirsk p – Friedeberg
Miszkowice p – Michelsdorf
Modła p – Modlau
Mojęcice p – Mondschütz
Moravská Brána t – Mährische Pforte
Moravská Ostrava t – Mährisch Ostrau
Muchobór Wielki p – Groß Mochbern
Muchobór Wielki p – Lohbrück
Murcki p – Emanuelssegen
Mysłakowice p – Erdmannsdorf
Mysłakowice p – Zillerthal-Erdmannsdorf
Mysłowice p – Myslowitz
Nad Śnieżnimy Kotłami p – Schneegrubenbaude
Nadolice Wielkie p – Groß Nädlitz
Nadolice Wielkie p – Nädlingen
Nakło p – Naklo
Namysłów p – Namslau
Nasławice p – Naselwitz
Nasławice p – Steinberge
Nawojów Łużycki p – Sächsisch Haugsdorf
Nielestno p – Waltersdorf
Niemcza p – Nimptsch
Niemodlin p – Falkenberg/OS
Nízký Jeseník t – Gesenke
Nový Jičín t – Neutitschein
Nový Svět t – Neuwelt
Nowa Ruda p – Neurode
Nowa Sól p – Neusalz
Nowe Miasteczko p – Neustädtel
Nowogrodziec p – Naumburg am Queis

Nowogród Bobrzyński p – Naumburg am Bober
Nowy Bytom p – Halemba
Nowy Bytom p – Neu Beuthen
Nowy Kościół p – Neukirch
Nysa Kłodzka p – Glatzer Neiße
Nysa Łużicka p – Lausitzer Neiße
Nysa Łużicka p – Görlitzer Neiße
Nysa p – Neisse
Nysa Szalona p – Wütende Neiße
Oborniki Śląskie p – Obernigk
Oderské vrchy t – Odergebirge
Odra p – Oder
Odry t – Odrau
Oława p – Ohlau
Oława p – Ohle
Olbrachtowice p – Albrechtsdorf
Ołdrzychowice Kłodzkie p – Ullersdorf/Glatz
Ołdrzychów p – Ullersdorf/Queis
Oleśnica Mała p – Klein Öls
Oleśnica p – Oels
Olesno p – Rosenberg/OS
Olše t – Olsa
Olszowa p – Olschowa
Olszowa p – Erlenbusch
Olszyna p – Langenöls
Olza p – Olsa
Opava t – Oppa
Opava t – Troppau
Opavice t – Troplowitz
Opawica p – Troplowitz
Opole p – Oppeln
Orlické hory t – Adlergebirge
Orzesze p – Orzesche
Osiecznica p – Wehrau
Osoblaha t – Hotzenplotz
Osobłoga p – Hotzenplotz
Ostrava t – Ostrau
Ostroszowice p – Weigelsdorf
Oświęcim p – Auschwitz
Otmęt p – Ottmuth
Otmuchów p – Ottmachau
Otyń p – Deutsch Wartenberg
Owiesno p – Habendorf
Ozimek p – Malapane
Paczków p – Patschkau
Parchów p – Parchau
Parowa p – Tiefenfurt
Pastuchów p – Puschkau
Pątnów p – Panthenau
Pawłowiczki p – Gnadenfeld
Petrova bouda t – Peterbaude
Petrowka p – Peterbaude
Piechowice p – Petersdorf
Piekary Śląskie p – Deutsch Piekar
Pielaskowice p – Pläswitz
Pielgrzymka p – Pilgramsdorf
Pieńsk p – Penzig
Pieszyce p – Peterswaldau
Piława Górna p – Gnadenfrei
Piława p – Peilau
Pilchowice p – Mauer
Pilchowice p – Pilchowitz
Pilszcz p – Piltsch
Piotrkowice p – Groß Peterwitz
Piotrowice Świdnickie p – Peterwitz
Płakowice – Plagwitz
Pławniowice p – Flößingen
Pławniowice p – Plawniowitz
Płonina p – Nimmersath
Pobiedna p – Wigandsthal
Podgórki p – Tiefhartmannsdorf
Pogorzeliska p – Kriegheide
Pokój p – Carlsruhe/OS
Polana p – Schlingelbaude
Polanica Zdrój p – Altheide, Bad
Polkowice p – Heerwegen
Polkowice p – Polkwitz
Polska Cerekiew p – Groß Neukirch
Proboszczów p – Probsthain
Prochowice p – Parchwitz
Prószków p – Proskau
Prudnik p – Neustadt
Prusice p – Prausnitz
Przechód p – Psychod

Przechód p – Waldfurt
Przemków p – Primkenau
Przeworno p – Prieborn
Przewóz p – Priebus
Przydroże Małe p – Klein Schnellendorf
Psary p – Hünern
Pszczyna p – Pless
Pszów p – Pschow
Pyskowice p – Peiskretscham
Pyszczyn p – Pitschen
Racibórz p – Ratibor
Racibórz-Ostróg p – Ostrog
Radków p – Wünschelburg
Radzionków p – Radzionkau
Rakoszyce p – Rackschütz
Rejvíz t – Reihwiesen
Rochów p – Armenruh
Rodawie – Radau
Rogowiec p – Hornschloß
Rogoźnica p – Groß Rosen
Rogów Sobocki p – Rogau-Rosenau
Romanów p – Rummelsberg
Roztoka p – Rohnstock
Ruda p – Ruda
Ruda Śląska 5 p – Rudweiler
Ruda Śląska 6 p – Halemba
Rudna Miasto p – Raudten
Rudy p – Groß Rauden
Rybnica p – Reibnitz
Rybnik p – Rybnik
Rychlebské hory t – Reichensteiner Gebirge
Rýchory t – Rehorngebirge
Rychtal p – Reichthal
Ryczeń p – Rützen
Rydułtowy p – Rydultau
Rząsiny p – Welkersdorf
Ścinawa Mała p – Steinau
Ścinawa p – Steinau/Oder
Sędzisław p – Ruhbank
Siedlęcin p – Boberröhrsdorf
Siedlisko p – Carolath
Siemianowice Śląskie p – Laurahütte
Siemianowice Śląskie p – Siemianowitz
Skała p – Hohlstein
Skoczów p – Skotschau
Skorogoszcz p – Schurgast
Sława p – Schlawa
Sława p – Schlesiersee
Sławięcice p – Ehrenforst
Sławięcice p – Slawentzitz
Ślęza p – Lohe
Ślęża p – Zobtenberg
Słupiec p – Schlegel
Służejów p – Schlause
Smrk t – Tafelfichte
Sněžka t – Schneekoppe
Sněžné jámy bouda t – Schneegrubenbaude
Sněžné jámy t – Schneegruben
Śnieżka p – Schneekoppe
Śnieżne Kotły p – Schneegruben
Śnieżnik p – Glatzer Schneeberg
Śnieżnik p – Schneeberg, Großer
Sobieszów p – Hermsdorf/Kynast
Sobolice p – Zöbeln
Sobota p – Zobten am Bober
Sobótka p – Zobten am Berge
Sokole Góry p – Falkenberge
Sokołowsko p – Görbersdorf
Solniki p – Zölling
Sośnicowice p – Kieferstädtel
Sosnówka p – Seidorf
Spalona p – Heinersdorf
Srebrna Góra p – Silberberg
Środa Śląska p – Neumarkt
Staniszów p – Stonsdorf
Stara Kamienica p – Alt Kemnitz
Stare Bielsko p – Altbielitz
Stare Bogaczowice p – Altreichenau
Staré Město t – Mährisch Altstadt
Stary Paczków p – Alt Patschkau
Stary Zdrój p – Altwasser
Stobrawa p – Stober
Stolarzowice p – Stillersfeld
Stolarzowice p – Stollarzowitz

Stoszowice p – Peterwitz
Strachocin p – Schreckendorf
Strumień p – Schwarzwasser
Strupina p – Stroppen
Strzecha Akademicka p – Hampelbaude
Strzegom p – Striegau
Strzelce Opolskie p – Groß Strehlitz
Strzeleczki p – Klein Strehlitz
Strzelin p – Strehlen
Strzeszów p – Striese
Strzybnica p – Friedrichshütte
Sucha p – Tzschocha
Sudety p/t – Sudeten
Sudice t – Zauditz
Sulików p – Schönberg/OL
Sułow p – Sulau
Šumperk t – Mährisch Schönberg
Świdnica p – Schweidnitz
Świebodzice p – Freiburg
Świecie p – Schwertburg
Świeradów Zdrój p – Flinsberg, Bad
Świerklaniec p – Neudeck
Świerzawa p – Schönau
Świętochłowice p – Schwientochlowitz
Świętoszów p – Neuhammer
Świny p – Schweinhaus
Św. Katarzyna p – Kattern
Syców p – Groß Wartenberg
Szalejów Dolny p – Niederschwedeldorf
Szczawno Zdrój p – Salzbrunn, Bad
Szczepanów p – Ober Stephansdorf
Szczerba p – Schnallenstein
Szczodre p – Sibyllenort
Szczytna p – Rückers
Szczytniki nad Kaczawą p – Pohlschildern
Szklarska Poręba p – Schreiberhau
Szlichtyngowa p – Schlichtingsheim
Szprotawa p – Sprottau
Szprotawa p – Sprotte
Szrenica p – Reifträger
Szydłowiec p – Schedlau
Szyszak p – Sturmhaube
Tarnowskie Góry p – Tarnowitz
Toszek p – Tost
Trachy p – Althammer
Trzebień p – Kittlitztreben
Trzebina p – Kunzendorf
Trzebnica p – Trebnitz
Tułowice p – Tillowitz
Turawa p – Turawa
Turze p – Wellendorf
Twardocice p – Harpersdorf
Twardogóra p – Festenberg
Tworków p – Tunskirch
Tworków p – Tworkau
Tychy p – Tichau
Tyniec nad Ślęzą p – Groß Tinz
Ujazd p – Bischofstal
Ujazd p – Ujest
Unięcice p – Meffersdorf
Uraz p – Auras
Velké Losiny t – Groß Ullersdorf
Velký Losin t – Groß Ullersdorf
Velký Stav t – Großer Teich
Vidnava t – Weidenau
Vítkov t – Wigstadtl
Wałbrzych Główny p – Dittersbach
Wałbrzych p – Waldenburg
Wałbrzych Podzamcze p – Neuhaus
Walim p – Wüstewaltersdorf
Wambierzyce p – Albendorf
Warmątowice p – Eichholz
Warta Bolesławiecka p – Alt Warthau
Wąsosz p – Herrnstadt
Węgliniec p – Kohlfurt
Wesoła p – Wessolla
Wiązów p – Wansen
Wichów p – Weichau
Widawa p – Weide
Wielka Lipa p – Groß Leipe
Wielki Staw p – Großer Teich
Wierzbice p – Konradserbe
Wierzbice p – Schlanz
Wierzbice p – Wirrwitz

Wierzbna p – Würben
Wieszowa p – Randsdorf
Wieszowa p – Wieschowa
Wilcza Poręba p – Wolfshau
Wilkanów p – Wölfelsdorf
Wilków p – Wolfsdorf
Wilków Wielki p – Groß Wilkau
Wińsko p – Winzig
Wisła p – Weichsel
Witków p – Wittgendorf
Witostowice p – Schönjohnsdorf
Wleń p – Lähn
Wleński Gródek p – Lehnhaus
Wodzisław Śląski p – Loslau
Wojanów p – Schildau
Wojcieszów p – Kauffung
Wojnowice p – Wohnsitz
Wołczyn p – Konstadt
Wołek p – Ochsenkopf
Wołów p – Wohlau
Wrocław p – Breslau
Wrocław-Osobowice p – Oswitz
Wrocław-Pilczyce p – Pilsnitz
Wrocław-Psie Pole p – Hundsfeld
Wschowa p – Fraustadt
Wysoka Cerekiew p – Hochkirch
Zabór p – Fürsteneich
Zabór p – Saabor
Ząbkowice Śląskie p – Frankenstein
Zabrze p – Hindenburg
Żagań p – Sagan
Zagrodno p – Adelsdorf
Zakrzów p – Sakrau
Zamek Bolków p – Bolkoburg
Zamek Grodno p – Kynsburg
Żar p – Saara
Zaręba p – Lichtenau
Żarów p – Saarau
Zawadzkie p – Andreashütte
Zawadzkie p – Zawadzki
Zawidów p – Seidenberg
Zawonia p – Blüchertal
Zawonia p – Schawoine
Zebrzydowa p – Siegersdorf
Zelowice p – Silbitz
Zgorzelec p – Görlitz
Zgorzelec Ujazd p – Moys
Ziębice p – Münsterberg
Zieleniec p – Grunwald
Zielona Góra p – Grünberg
Zielone p – Hummelwitz
Złotniki Lubańskie p – Goldentraum
Złotoryja p – Goldberg
Złoty Stok p – Reichenstein
Żmigród p – Trachenberg
Żmudzona p – Rogau
Żory p – Sohrau
Żółkiewka p – Pilgramshain
Żórawina p – Rothbach
Żórawina p – Rothsürben
Żukowice p – Herrndorf
Żyrowa p – Buchenhöh
Żyrowa p – Zyrowa

Raum für Ergänzungen

Raum für Ergänzungen

Raum für Ergänzungen

Raum für Ergänzungen

Brandenburg
Sachsen
Oberlausitz
Görlitzer Heide
Schlesisch
Niederschlesien
Tschech
Rothenburg
GRÜNBERG*
Dt.Wartenbg.
Neusalz
Naumburg a.B.
FREYSTADT*
Schlawa*
Schlesiersee
FRAUSTADT*
Schlichtingsheim*
Tschirnau (Lesten)
GUHRAU*
Herrnstadt*
Beuthen a.O.*
GLOGAU*
Neustädtel
Sagan*
SPROTTAU*
Primkenau
Polkwitz (Heerwegen)
Köben
Raudten
Winzig
Steinau
Kotzenau
LÜBEN*
WOHLAU*
Dyhernfurth*
Leubus
Muskau
Priebus
Weißwasser
Haynau
Parchwitz*
LIEGNITZ*
Wahlstatt
NEUMARKT*
Ruhland
HOYERSWERDA
Wittichenau
ROTHENBURG
Niesky
BUNZLAU*
Naumburg a.Q.
Gießmannsdorf
GOLDBERG*
JAUER*
Striegau*
LÖWENBERG*
LAUBAN*
GÖRLITZ*
Reichenbach
Friedersdorf
Kl. Röhrsdorf
Lähn
Schönau*
Hohenfriedebg.
Schönberg*
Seidenberg
Marklissa
Greiffenberg*
Liebenthal
Bolkenhain*
Fürstenstein
Freiburg*
SCHWEIDNITZ*
Friedeberg
Alt Kemnitz
HIRSCHBG.*
Kupferberg
Bad Warmbr.*
Schmiedebg.
Gottesberg
WALDENBG.*
LANDESHUT
Grüssau
Krummhübel
Reimswaldau
Hohe Eule
Reifträger
Hoh. Rad.
Schneekoppe
Liebau
Schömberg
Friedland
Wünschelb
Heuscheuer
Grenzeck
Lewin (Hummelstadt)
Bad Rein
ODER
BOBER
LAUSITZER NEISSE
QUEISS
SPREE
BARTSCH
KATZBACH
SCHWARZWASSER
Reichsgrenze 1937
Oder-Neiße-Grenze
Schlesien 1937
Reg.-Bez.-Grenze
Prov.-Grenze 1919-38, 41-45
Kreisgrenze
Schlesien bis 1920
Gebietserweiterg. 1941-45
Österr. Schlesien (Sudetenschlesien)
Reg.-Bez.-Hauptstadt
Kreisstadt
kreisangehörige Stadt
Stadtkreis
* im Bild dargestellt
○ weiterer Ort mit Abb.
0
25
50 km